/ 当代世界农业丛书 /

中东欧农业

张陆彪　主编

中国农业出版社
北京

图书在版编目（CIP）数据

中东欧农业／张陆彪主编 . —北京：中国农业出
版社，2021.12
（当代世界农业丛书）
ISBN 978-7-109-28317-6

Ⅰ.①中… Ⅱ.①张… Ⅲ.①农业经济－研究－中欧
②农业经济－研究－东欧 Ⅳ.①F351.3

中国版本图书馆 CIP 数据核字（2021）第 107521 号

中东欧农业
ZHONGDONGOU NONGYE

中国农业出版社出版
地址：北京市朝阳区麦子店街 18 号楼
邮编：100125
出版人：陈邦勋
策划统筹：胡乐鸣　苑　荣　赵　刚　徐　晖　张丽四　闫保荣
策划编辑：边　疆　　责任编辑：姚　佳
版式设计：王　晨　　责任校对：吴丽婷
印刷：北京通州皇家印刷厂
版次：2021 年 12 月第 1 版
印次：2021 年 12 月北京第 1 次印刷
发行：新华书店北京发行所
开本：787mm×1092mm　1/16
印张：24.25
字数：425 千字
定价：128.00 元

当代世界农业丛书编委会

主　任：余欣荣

副主任：魏百刚　唐　珂　隋鹏飞　杜志雄　陈邦勋

编　委（按姓氏笔画排序）：

丁士军	刀青云	马学忠	马洪涛	王　晶
王凤忠	王文生	王勇辉	毛世平	尹昌斌
孔祥智	史俊宏	宁启文	朱满德	刘英杰
刘毅群	孙一恒	孙守钧	严东权	芦千文
苏　洋	李　岩	李　婷	李先德	李春顶
李柏军	杨东霞	杨敏丽	吴昌学	何秀荣
张　悦	张广胜	张永霞	张亚辉	张陆彪
苑　荣	周向阳	周应恒	周清波	封　岩
郝卫平	胡乐鸣	胡冰川	柯小华	聂凤英
高　芳	郭翔宇	曹　斌	崔宁波	蒋和平
韩一军	童玉娥	谢建民	潘伟光	魏　凤

本书编写组

主　　编：张陆彪

副 主 编：张晓婉　吕向东

执行主编：王先忠　杨　静

编写人员：（按姓氏笔画排序）

于　敏　王　丹　龙　盾　田　甜　邢晓荣

刘　兰　刘芳菲　刘淑慧　刘　博　刘　晴

李　楠　张　弦　陈宁陆　茹　蕾　柏　娜

柳苏芸　骆　翔　徐亦琦　郭　昕　康骏璞

彭勃文

序

| *Preface* |

2018 年 6 月,习近平总书记在中央外事工作会议上提出"当前中国处于近代以来最好的发展时期,世界处于百年未有之大变局"的重大战略论断,对包括农业在内的各领域以创新的精神、开放的视野,认识新阶段、坚持新理念、谋划新格局具有重要指导意义。农业是衣食之源、民生之基。中国农业现代化取得举世瞩目的巨大成就,不仅为中国经济社会发展奠定了坚实基础,而且为当代世界农业发展提供了新经验、注入了新动力。与此同时,中国农业现代化的巨大进步,与中国不断学习借鉴世界农业现代化的先进技术和成功经验,与不断融入世界农业现代化的进程是分不开的。今天,在世界处于百年未有之大变局、世界经济全球化进程深入发展、中国农业现代化进入新阶段的重要历史时刻,更加深入、系统、全面地研究和了解世界农业变化及发展规律,同时从当代世界农业发展的角度,诠释中国农业现代化的成就及其经验,是当前我国农业工作重要而紧迫的任务。为贯彻国务院领导同志的要求,2019 年 7 月农业农村部决定组织编著出版"当代世界农业丛书",专门成立了由部领导牵头的丛书编辑委员会,从全国遴选了相关部门(单位)负责人、对世界农业研究有造诣的权威专家学者和中国驻外使馆工作人员,参与丛书的编著工作。丛书共设 25 卷,包含 1 本总论卷(《当代世界农业》)和 24 本国别卷,国别卷涵盖了除中国外的所有 G20 成员,还有五大洲的其他一些农业重要国家和地区,尤其是发展中国家和地区。

在编写过程中，大家感到，丛书的编写，是一次对国内关于世界农业研究力量的总动员，业界很受鼓舞。编委会以及所有参与者表示一定要尽心尽责，把它编纂成高质量权威读物，使之对于促进中国与世界农业国际交流与合作，推动世界农业科研教学等有重要参考价值。但同时，大家也切实感到，至今我国对世界农业的研究基础薄弱，对发达国家（地区）与发展中国家（地区）的农业研究很不平衡，有关研究国外农业的理论成果少，基础资料少，获取国外资料存在诸多不便。编委会、各卷作者、编审人员本着认真负责、深入研究、质量第一的原则，克服新冠肺炎疫情带来的诸多困难。编委会多次组织召开专家研讨会，拟订丛书编写大纲、制订详细写作指南。各卷作者、编审人员千方百计收集资料，不厌其烦研讨，字斟句酌修改，一丝不苟地推进丛书编著工作。在初稿完成后，丛书编委会还先后组织农业农村部有关领导和专家对书稿进行反复审核，对有些书稿的部分章节做了大幅修改；之后又特别请中国国际问题研究院院长徐步、中国农业大学世界农业问题研究专家樊胜根对丛书进行审改。中国农业出版社高度重视，从领导到职工认真负责、精益求精。历经两年三个月时间，在国务院领导和农业农村部领导的关心、指导下，在所有参与者的无私奉献、辛勤努力下，丛书终于付梓与读者见面。在此，一并表示衷心感谢和敬意！

即便如此，呈现在广大读者面前的成书，也肯定存在许多不足之处，恳请广大读者和行业专家提出宝贵意见，以便修订再版时完善。

秦欣荣

2021 年 10 月

前　言

| Preface |

　　2021年是中国实施"十四五"规划、开启全面建设社会主义现代化国家新征程的第一年，"一带一路"建设也将在奏响强音进程中继续建成"减贫之路""增长之路"，进入人类共同繁荣的新阶段。中东欧国家作为"一带一路"特别重要的合作伙伴，与中国的经贸合作将被注入新的动力。

　　近年来，中国与中东欧国家合作不断展现蓬勃生机和活力，农业合作持续迈上新台阶。2006—2020年，中国—中东欧合作机制不断完善，打造国家农业部长会议、农业经贸合作论坛以及农业合作促进联合会等多层次多方位合作平台，现已成为世界上最具活力的跨区域农业合作机制之一；农产品贸易规模持续扩大，双边贸易额年均增速超过8%，其中中国从中东欧国家进口增幅高于出口增幅近15个百分点；投资合作迈出新步伐，2017年首个中国—中东欧国家农业合作示范区在保加利亚落地，一批有实力、有信誉的企业在保加利亚、匈牙利等国投资建厂，中东欧农产品电商物流中心也相继在保加利亚和中国正式运营。

　　为更好挖据中东欧国家与中国开展农业合作的潜力，本书汇集农业农村部外经中心和贸促中心的专家力量，根据中东欧国家经济形势、农业、人口、土地、政策等新变化，使用了联合国贸易数据库（UNComtrade）、联合国粮农组织（FAO）、经合组织（OECD）、世界银行（WB）等国际组织及各国统计局、政府官方网站数据信息，期望全方面展现中东欧国家农业现状。本书资料截止到2020年12月。

　　在本书编写过程中，农业农村部领导、部内相关司局和有关专家给予了大力支持和帮助。谨向关心本书出版的所有人士表示衷心感谢！

编　者

2021年10月

目 录

| Contents |

序

前言

第一篇　总体概况

第一章　中东欧国家概况 ·········· 3

第一节　中东欧国家政治和社会发展状况 ·········· 3
一、中东欧国家与欧盟 ·········· 3
二、中东欧国家社会发展 ·········· 4

第二节　中东欧国家经济发展状况 ·········· 6
一、总体概况 ·········· 6
二、发展现状 ·········· 7

第二章　中东欧国家农业资源 ·········· 13

第一节　农业自然资源 ·········· 13
一、气候资源 ·········· 13
二、水资源 ·········· 14
三、土地资源 ·········· 16

第二节　农业经济资源 ·········· 18
一、农业人口和劳动力 ·········· 18
二、农业技术设施 ·········· 21

第三章　中东欧农业概况 ·········· 23

第一节　中东欧农业概述 ·········· 23

一、中东欧国家农业生产 ………………………………………… 23

二、中东欧国家的农产品 ………………………………………… 26

三、中东欧国家农产品加工 ……………………………………… 63

四、中东欧国家农业发展新挑战 ………………………………… 66

第四章　中东欧农产品贸易概况 …………………………………… 68

第一节　中东欧农产品贸易总体形势 ……………………………… 68

一、中东欧农产品贸易快速发展 ………………………………… 68

二、农产品进出口品种 …………………………………………… 69

三、中东欧农产品贸易伙伴 ……………………………………… 70

第二节　中东欧 17 国主要农产品贸易情况 ……………………… 72

一、畜产品 ………………………………………………………… 72

二、饮品 …………………………………………………………… 76

三、水果 …………………………………………………………… 79

四、蔬菜 …………………………………………………………… 82

五、水产品 ………………………………………………………… 85

六、谷物 …………………………………………………………… 88

七、粮食制品 ……………………………………………………… 90

第三节　中东欧 17 国农产品贸易伙伴 …………………………… 93

一、农产品进口来源 ……………………………………………… 93

二、农产品出口目的地 …………………………………………… 95

三、中国和中东欧贸易往来情况 ………………………………… 97

第二篇　国别篇

第五章　阿尔巴尼亚农业概况 ……………………………………… 101

第一节　阿尔巴尼亚农业生产概况 ………………………………… 101

一、阿尔巴尼亚农业生产概述 …………………………………… 101

二、阿尔巴尼亚的种植业 ………………………………………… 102

三、阿尔巴尼亚的畜牧业 ………………………………………… 102

四、阿尔巴尼亚的林业 …………………………………………… 103

五、阿尔巴尼亚的渔业 …………………………………………… 103

第二节　阿尔巴尼亚农产品市场与贸易 …………………………… 104

一、阿尔巴尼亚农产品价格 ······················· 104

二、阿尔巴尼亚农产品贸易发展情况 ····················· 106

三、农产品出口贸易 ····························· 109

四、农产品进口贸易 ····························· 109

第三节 阿尔巴尼亚农业经济及其管理 ·················· 110

一、政府在农业管理中的作用 ······················ 110

二、阿尔巴尼亚税收制度 ························· 110

三、农业国际竞争力 ·························· 111

四、有机农场 ······························ 111

第四节 阿尔巴尼亚农业投资政策 ··················· 113

一、阿尔巴尼亚投资优惠政策 ······················ 113

二、阿尔巴尼亚外商投资审查机制 ···················· 113

第五节 中国和阿尔巴尼亚农业技术交流与合作 ············ 114

一、中国和阿尔巴尼亚农业合作历程 ·················· 114

二、中国和阿尔巴尼亚农业合作重点 ·················· 115

三、中国和阿尔巴尼亚农业合作产业 ·················· 116

第六章 波黑农业概况 ························· 118

第一节 波黑农业生产 ························ 118

一、波黑农业生产概述 ························· 118

二、波黑的种植业 ··························· 119

三、波黑的畜牧业 ··························· 121

四、波黑的林业 ····························· 122

五、波黑的渔业 ····························· 122

第二节 波黑农产品市场与贸易 ··················· 122

一、波黑农产品(食品)市场 ······················ 122

二、波黑农产品价格 ·························· 123

三、波黑农产品贸易发展情况 ······················ 123

四、农产品出口贸易 ·························· 125

五、农产品进口贸易 ·························· 127

六、农业贸易政策 ··························· 128

第三节 波黑农业经济及其管理 ··················· 129

一、农业改革 ······························ 130

二、政府在农业管理中的作用 ······················ 130

三、农业发展特征 ·· 131

四、农业投资政策 ·· 131

五、农业生态环境保护 ·· 132

六、农村社会公共服务与保障 ···································· 132

第四节 中国—波黑农业交流与合作 ······························ 133

一、中国—波黑农业合作历程 ···································· 133

二、对波黑投资注意事项 ·· 133

第七章 保加利亚农业概况 ·· 135

第一节 保加利亚农业生产概况 ···································· 135

一、种植业 ·· 135

二、畜牧业 ·· 136

三、农产品加工业 ·· 137

第二节 保加利亚农产品市场与贸易 ······························ 137

一、保加利亚农产品贸易发展情况 ······························ 137

二、农产品进口贸易 ··· 138

第三节 保加利亚农业经营与管理 ·································· 139

一、保加利亚农业发展政策 ······································· 139

二、农业科研机构 ·· 139

三、发展特色产业 ·· 140

第四节 中国—保加利亚农业交流与合作 ························· 142

一、中国—保加利亚农业合作历程 ······························ 142

二、农业科技合作 ·· 142

三、对保加利亚投资注意事项 ···································· 144

第八章 克罗地亚农业概况 ·· 145

第一节 克罗地亚农业生产概况 ···································· 145

一、种植业 ·· 145

二、畜牧业 ·· 146

三、林业 ·· 146

四、渔业 ·· 147

第二节 克罗地亚农产品市场与贸易 ······························ 147

一、克罗地亚农产品贸易发展情况 ······························ 147

二、农产品出口贸易 ··· 149

三、农产品进口贸易 ……………………………………… 150

第三节　克罗地亚农业科技创新与推广体系 …………… 151

　　一、重视培育良种和植物保护 ………………………… 151

　　二、大力发展农业科学研究 …………………………… 151

　　三、全面支持农业咨询服务体系 ……………………… 151

第四节　克罗地亚农业投资政策 ………………………… 152

　　一、新《鼓励投资法》 ………………………………… 153

　　二、《投资促进与改善投资环境法》 ………………… 154

　　三、克罗地亚经济特区法规 …………………………… 156

　　四、克罗地亚原产地标准 ……………………………… 157

　　五、克罗地亚其他政策条文 …………………………… 158

第五节　中国与克罗地亚农业技术交流与合作 ………… 159

　　一、中国与克罗地亚农业合作历程 …………………… 159

　　二、中国与克罗地亚经贸关系 ………………………… 160

　　三、克罗地亚农业投资潜力 …………………………… 161

第九章　捷克农业概况 …………………………………… 163

第一节　捷克农业生产概况 ……………………………… 163

　　一、农业生产概况 ……………………………………… 163

　　二、农作物 ……………………………………………… 164

　　三、畜牧业 ……………………………………………… 165

第二节　农产品贸易概况 ………………………………… 166

第三节　捷克农业政策概况 ……………………………… 168

　　一、农业稳定和发展 …………………………………… 168

　　二、农业企业现代化与转轨 …………………………… 169

　　三、政府服务 …………………………………………… 169

　　四、农业补贴 …………………………………………… 169

　　五、农业科技与推广体系 ……………………………… 169

　　六、农民教育与培训 …………………………………… 170

第四节　中国与捷克的农业合作 ………………………… 170

　　一、中国与捷克的农产品贸易概况 …………………… 170

　　二、技术交流与合作 …………………………………… 171

　　三、捷克对外合作法律政策 …………………………… 172

　　四、中国企业投资需注意的问题 ……………………… 174

第十章　爱沙尼亚农业概况 ……………………………………… 177

　第一节　爱沙尼亚农业生产 ……………………………………… 177

　　一、爱沙尼亚农业生产概述 ………………………………………… 177

　　二、爱沙尼亚的种植业 ……………………………………………… 178

　　三、爱沙尼亚的畜牧业 ……………………………………………… 179

　　四、爱沙尼亚的林业 ………………………………………………… 180

　　五、爱沙尼亚的渔业 ………………………………………………… 180

　第二节　爱沙尼亚农产品市场与贸易 ………………………… 181

　　一、爱沙尼亚农产品价格 …………………………………………… 181

　　二、爱沙尼亚农产品贸易发展情况 ………………………………… 182

　　三、农产品出口贸易 ………………………………………………… 183

　　四、农产品进口贸易 ………………………………………………… 185

　第三节　爱沙尼亚农业经济及其管理 ………………………… 187

　　一、政府在农业管理中的作用 ……………………………………… 187

　　二、爱沙尼亚农业相关政策 ………………………………………… 188

　　三、爱沙尼亚重要农业科研机构一览 ……………………………… 189

　第四节　中国与爱沙尼亚的农业合作 ………………………… 190

　　一、中爱农产品贸易情况 …………………………………………… 191

　　二、中爱未来合作前景 ……………………………………………… 191

第十一章　希腊农业概况 ……………………………………… 192

　第一节　希腊农业生产概况 …………………………………… 192

　　一、希腊农业生产概述 ……………………………………………… 192

　　二、希腊的种植业 …………………………………………………… 193

　　三、希腊的畜牧业 …………………………………………………… 196

　　四、希腊的林业 ……………………………………………………… 197

　　五、希腊的渔业 ……………………………………………………… 197

　第二节　希腊农产品市场与贸易 ……………………………… 198

　　一、希腊农产品（食品）市场构成 ………………………………… 198

　　二、希腊农产品价格 ………………………………………………… 199

　　三、希腊农产品贸易发展情况 ……………………………………… 200

　　四、农产品出口贸易 ………………………………………………… 200

　　五、农产品进口贸易 ………………………………………………… 201

六、农业贸易政策 ·· 201

第三节　希腊农业政策及效果 ································ 202

第四节　希腊农业特色 ··· 203

一、种植情况 ·· 204

二、产量和价格情况 ·· 204

三、希腊橄榄油质量管理体系 ······························ 204

四、希腊橄榄油产业扶持政策 ······························ 205

第五节　中国与希腊的农业合作 ····························· 205

一、农业合作交流情况 ·· 206

二、农业科技合作 ··· 206

三、希腊农业投资相关政策 ··································· 206

第十二章　匈牙利农业概况 ······································· 208

第一节　匈牙利农业生产概况 ······························· 208

一、匈牙利农业生产概述 ····································· 208

二、匈牙利种植业 ··· 209

三、匈牙利畜牧业 ··· 210

四、匈牙利食品加工业 ·· 211

五、匈牙利渔业 ··· 212

第二节　匈牙利农产品贸易 ··································· 212

一、匈牙利农产品贸易发展情况 ···························· 212

二、农产品出口贸易 ·· 213

三、农产品进口贸易 ·· 215

四、农业贸易政策 ··· 216

第三节　匈牙利农业在世界农业中的地位 ··················· 216

一、农业经济发展 ··· 216

二、匈牙利农业发展特征 ····································· 217

三、匈牙利农业国际竞争力 ··································· 217

四、匈牙利农业的新功能和发展趋势 ······················· 217

第四节　匈牙利农业政策 ····································· 218

一、农业支持政策 ··· 218

二、农业发展规划 ··· 218

三、农业科技政策 ··· 219

四、土地交易政策 ··· 220

第五节　匈牙利有机农业 ·· 220

一、匈牙利有机农业发展历程 ·································· 220

二、匈牙利有机农业的相关政策 ······························ 221

三、匈牙利有机农业的发展特点 ······························ 221

第六节　中国与匈牙利的农业合作前景 ·························· 222

一、中国与匈牙利的合作历程 ·································· 222

二、中匈农业合作机制 ·· 222

三、中匈农产品贸易合作 ······································ 223

四、在匈牙利农业投资注意事项 ······························ 224

第十三章　拉脱维亚农业 ·· 225

第一节　拉脱维亚农业生产情况 ································ 225

一、拉脱维亚农业生产概述 ···································· 225

二、拉脱维亚的种植业 ·· 226

三、拉脱维亚的畜牧业 ·· 226

四、拉脱维亚的林业 ·· 227

五、拉脱维亚的渔业 ·· 227

第二节　拉脱维亚农产品市场与贸易 ···························· 228

一、拉脱维亚农产品价格 ······································ 228

二、拉脱维亚农产品出口贸易 ·································· 229

三、拉脱维亚农产品进口贸易 ·································· 231

第三节　拉脱维亚农业投资政策 ································ 232

一、拉脱维亚外资参与农林业合作投资的规定 ·················· 233

二、拉脱维亚外资企业获得土地的规定 ························ 234

三、拉脱维亚经济特区及优惠政策 ···························· 234

第四节　拉脱维亚税收政策 ···································· 235

一、拉脱维亚税收法律体系 ···································· 235

二、拉脱维亚税收制度 ·· 235

第五节　中国与拉脱维亚农业交流与合作 ························ 236

一、中国与拉脱维亚农业高层互访 ···························· 236

二、中拉农业合作重点领域 ···································· 236

三、中拉农产品贸易 ·· 237

四、对拉脱维亚投资注意事项 ·································· 237

第十四章　立陶宛农业概况 ………………………………………………… 239

第一节　立陶宛农业生产 ………………………………………………… 239
一、立陶宛农业生产概述 ………………………………………………… 239
二、立陶宛的种植业 ……………………………………………………… 240
三、立陶宛的畜牧业 ……………………………………………………… 241
四、立陶宛的林业 ………………………………………………………… 242
五、立陶宛的渔业 ………………………………………………………… 243

第二节　立陶宛农产品市场与贸易 ……………………………………… 243

第三节　立陶宛农业政策 ………………………………………………… 245
一、农业政策概况 ………………………………………………………… 245
二、农业科技概况 ………………………………………………………… 246

第四节　立陶宛对外合作的法规政策 …………………………………… 246
一、对外贸易的法规和政策规定 ………………………………………… 246
二、对外投资的法规和政策规定 ………………………………………… 247
三、对外投资的优惠政策 ………………………………………………… 247

第五节　中国与立陶宛的农业合作 ……………………………………… 248
一、中国与立陶宛的农产品贸易概况 …………………………………… 248
二、技术交流与合作 ……………………………………………………… 249
三、中国企业投资需注意的问题 ………………………………………… 251

第十五章　北马其顿农业概况 ………………………………………………… 253

第一节　北马其顿农业生产概况 ………………………………………… 253
一、北马其顿农业生产概述 ……………………………………………… 253
二、北马其顿的种植业 …………………………………………………… 254
三、北马其顿的畜牧业 …………………………………………………… 258
四、北马其顿的劳动力资源 ……………………………………………… 259

第二节　北马其顿农业政策与发展趋势 ………………………………… 260
一、农业政策及其改革措施 ……………………………………………… 260
二、农业潜在发展趋势 …………………………………………………… 260
三、投资发展前景 ………………………………………………………… 261

第三节　中国与北马其顿的农业合作 …………………………………… 261
一、中国与北马其顿农业交流与合作 …………………………………… 261
二、中国与北马其顿农产品贸易 ………………………………………… 262

三、北马其顿农业投资注意事项 ·· 263

第十六章　波兰农业概况 ·· 264

第一节　波兰农业生产概况 ·· 265

一、波兰农业生产概述 ·· 265

二、波兰种植业 ·· 266

三、波兰畜牧业 ·· 268

四、波兰林业 ·· 268

五、波兰渔业 ·· 269

第二节　波兰农产品贸易概况 ·· 270

一、波兰农产品贸易总体情况 ·· 270

二、波兰农产品出口情况 ·· 271

三、波兰农产品进口情况 ·· 272

第三节　波兰农业发展政策 ·· 273

一、农业用地政策 ·· 273

二、农业支持政策 ·· 274

三、农产品贸易政策 ·· 275

四、农业利用外资政策 ·· 275

第四节　波兰农业特色 ·· 277

一、波兰农业在世界农业中的地位 ·· 277

二、波兰农业的新功能和发展趋势 ·· 277

三、波兰农场 ·· 278

四、波兰农业科技创新与推广体系 ·· 279

第五节　中国与波兰的农业合作 ·· 280

一、中国与波兰的农业科技合作 ·· 280

二、中波农产品贸易合作 ·· 281

三、在波农业投资注意事项 ·· 281

第十七章　罗马尼亚农业概况 ·· 283

第一节　罗马尼亚农业生产概况 ·· 283

一、罗马尼亚农业生产概述 ·· 283

二、罗马尼亚种植业 ·· 284

三、罗马尼亚畜牧业 ·· 285

四、罗马尼亚林业 ·· 285

五、罗马尼亚渔业 ·· 285

第二节 罗马尼亚农业贸易概况 ······························ 285

一、农产品进出口重点产品 ································ 286

二、农产品重点贸易伙伴 ·································· 287

第三节 罗马尼亚农业政策概况 ······························ 288

一、农用土地政策 ·· 288

二、农业支持政策 ·· 288

三、农业贸易政策 ·· 290

四、农业对外合作政策 ···································· 290

第四节 罗马尼亚农业经营管理与科技推广体系 ·············· 292

一、农业经营主体 ·· 292

二、农民教育培训情况 ···································· 293

三、农业科研机构 ·· 294

四、农产品国际竞争力 ···································· 295

五、农业发展趋势 ·· 295

第五节 中国与罗马尼亚的农业合作 ························· 296

一、中国与罗马尼亚的农业贸易 ···························· 296

二、中国与罗马尼亚的农业技术交流与合作 ················ 297

三、在罗马尼亚农业投资注意事项 ·························· 298

第十八章 塞尔维亚农业概况 ······························· 299

第一节 塞尔维亚农业生产概况 ····························· 299

一、农业生产概述 ·· 299

二、种植业 ·· 301

三、畜牧业 ·· 303

四、渔业 ·· 304

五、林业 ·· 305

第二节 塞尔维亚农产品市场与贸易 ························· 306

一、农产品价格 ·· 306

二、农产品贸易 ·· 307

三、农产品出口 ·· 309

四、农产品进口 ·· 310

第三节 塞尔维亚农业投资政策及发展规划 ·················· 311

一、农业投资政策 ·· 311

二、农业发展规划 ……………………………………………………… 312

第四节　中国与塞尔维亚的农业交流与合作 …………………………… 313

一、中国与塞尔维亚的农业技术交流合作 ……………………………… 313

二、中塞农业经贸合作 …………………………………………………… 314

三、中塞农业投资合作 …………………………………………………… 316

第十九章　斯洛伐克农业概况 ……………………………………………… 317

第一节　斯洛伐克农业生产概况 ………………………………………… 317

一、斯洛伐克农业生产概述 ……………………………………………… 317

二、斯洛伐克的种植业 …………………………………………………… 317

三、斯洛伐克的畜牧业 …………………………………………………… 318

四、斯洛伐克的林业 ……………………………………………………… 319

五、斯洛伐克的渔业 ……………………………………………………… 320

第二节　斯洛伐克农产品市场与贸易 …………………………………… 320

一、斯洛伐克农产品价格 ………………………………………………… 320

二、斯洛伐克农产品贸易发展情况 ……………………………………… 321

三、农产品进口贸易 ……………………………………………………… 322

四、农产品出口贸易 ……………………………………………………… 322

五、斯洛伐克的贸易政策演变 …………………………………………… 323

第三节　中国与斯洛伐克的农业合作历程及斯洛伐克农业投资政策 ……… 324

第二十章　斯洛文尼亚 ……………………………………………………… 325

第一节　斯洛文尼亚农业生产概况 ……………………………………… 325

一、农业生产概述 ………………………………………………………… 325

二、种植业 ………………………………………………………………… 326

三、畜牧养殖业 …………………………………………………………… 327

四、林业 …………………………………………………………………… 328

五、渔业 …………………………………………………………………… 328

六、狩猎 …………………………………………………………………… 328

第二节　斯洛文尼亚的农产品市场及贸易 ……………………………… 329

一、农产品贸易总体规模 ………………………………………………… 329

二、农产品贸易结构 ……………………………………………………… 330

三、农产品贸易市场分布 ………………………………………………… 332

四、农产品消费、自给率及价格情况 …………………………………… 333

第三节　斯洛文尼亚的农业政策 ································· 334

　　一、国内支持政策 ··· 334

　　二、与欧盟相关的支持政策 ································· 334

　　三、环境保护政策 ··· 335

　　四、水资源管理制度 ······································· 335

　　五、农业科技与推广情况 ··································· 336

第四节　中国与斯洛文尼亚农业合作历程 ······················· 336

　　一、协议签署 ··· 336

　　二、重要活动 ··· 337

　　三、中斯农产品贸易情况 ··································· 337

　　四、农业投资合作 ··· 338

第三篇　中国与中东欧国家农业合作

第二十一章　中国与中东欧国家农业合作历程 ·················· 341

第一节　农产品贸易带动下的起步发展期（2006—2012 年） ······ 341

　　一、合作模式 ··· 342

　　二、发展特点 ··· 342

第二节　中国—中东欧合作机制成立后的快速合作期（2012—2018 年） ····· 344

　　一、合作动力 ··· 344

　　二、合作特点 ··· 346

第三节　中东欧农业合作协调发展的战略机遇期（2019 年至今） ········· 349

　　一、合作伙伴扩增 ··· 349

　　二、合作诉求变化 ··· 350

第二十二章　中国与中东欧国家农业合作成效及前景 ············ 352

第一节　中国与中东欧国家农产品贸易合作 ····················· 352

　　一、农产品贸易快速增长 ··································· 352

　　二、农资贸易快速增长 ····································· 354

第二节　中国与中东欧国家农业投资合作 ······················· 355

　　一、中国对中东欧农业投资特点和成效 ······················· 355

　　二、中东欧国家对华农业投资 ······························· 357

第三节　中国与中东欧国家农业合作机制 ······················· 357

　　一、多边机制 ·· 357

　　二、双边机制 ·· 359

第四节　中国与中东欧国家农业科技交流合作 ···················· 359

　　一、农业科技合作主要成效 ··· 359

　　二、农业科技交流重点领域 ··· 360

第五节　中国与中东欧国家农业合作展望 ························· 361

　　一、中国与中东欧国家农业合作机遇 ····························· 361

　　二、中国与中东欧国家农业合作方向 ····························· 363

参考文献 ··· 365

第一篇

总 体 概 况

第一篇

兽禽本态

第一章 CHAPTER 1
中东欧国家概况 ▶▶▶

　　中东欧国家包括阿尔巴尼亚、波黑、保加利亚、克罗地亚、捷克、爱沙尼亚、希腊、匈牙利、拉脱维亚、立陶宛、黑山、北马其顿、波兰、罗马尼亚、塞尔维亚、斯洛伐克和斯洛文尼亚等 17 国。中东欧国家的地形特征可以分为三类：平原、山地和丘陵。波罗的海沿岸的爱沙尼亚、拉脱维亚、立陶宛地处东欧平原，波兰位于中欧平原，匈牙利、保加利亚、罗马尼亚、塞尔维亚等国家位于多瑙河平原上。捷克、斯洛伐克、斯洛文尼亚、克罗地亚、黑山、波黑、北马其顿和阿尔巴尼亚等国则处于山地和丘陵地区。罗马尼亚平原、丘陵和山地各占 1/3。

　　中东欧最长的河流多瑙河是欧洲第二长河，流经的主要平原包括维也纳平原、匈牙利平原、瓦拉几亚平原、多瑙河平原，流经的国家包括斯洛伐克、匈牙利、克罗地亚、塞尔维亚、保加利亚、罗马尼亚等国，其流域涵盖波兰、捷克等国。此外，中东河流分布均匀，河网密集，水量充足，适宜的自然地理区位和气候环境为中东欧农业的多样性和稳定性奠定了良好的发展基础。

第一节　中东欧国家政治和社会发展状况

一、中东欧国家与欧盟

　　中东欧 17 国中，保加利亚、克罗地亚、捷克、爱沙尼亚、希腊、匈牙利、拉脱维亚、立陶宛、波兰、罗马尼亚、斯洛伐克和斯洛文尼亚 12 国是欧盟成员国，阿尔巴尼亚、波黑、黑山、北马其顿、塞尔维亚 5 国被列为潜在成员国，其政治经济与欧盟联结紧密。

中东欧参与欧元区的国家有3个，分别是爱沙尼亚、斯洛伐克和斯洛文尼亚；参与申根区的国家有8个，分别是爱沙尼亚、拉脱维亚、立陶宛、波兰、捷克、斯洛伐克、匈牙利和斯洛文尼亚；参加北约的国家有7个，按照时间先后分别是匈牙利、捷克、波兰、爱沙尼亚、拉脱维亚、立陶宛、斯洛伐克。中东欧国家参与欧盟、欧元区、申根区和北约的国家有爱沙尼亚和斯洛伐克。

二、中东欧国家社会发展

（一）中东欧国家人口概况

中东欧17国总人口占欧洲总人口的1/5，在过去的10年里取代了南欧地区，成为欧洲廉价劳动力的主要来源。且中东欧劳动力的整体素质相对较好，性价比较高。[①]

统计数据显示，2019年中东欧国家整体人口数量呈下降状态，该年仅捷克、爱沙尼亚、斯洛伐克、斯洛文尼亚和北马其顿的人口较2018年有小幅增加，其中增加最多的为捷克（39 781人）。其余的12个国家人口都有不同程度的减少，其中罗马尼亚减少了116 001人，保加利亚减少了49 276人，塞尔维亚减少了37 629人，波黑、克罗地亚、希腊、立陶宛、拉脱维亚、阿尔巴尼亚的减少量均在10 000~20 000人。

在中东欧的人口中，男性人口所占比例略少于女性，2019年男性人口占总人口的百分比是：希腊49.20%、阿尔巴尼亚50.38%、保加利亚48.60%、匈牙利47.63%、波兰48.28%、罗马尼亚48.44%、爱沙尼亚46.98%、拉脱维亚45.97%、立陶宛46.10%、斯洛文尼亚49.73%、克罗地亚48.25%、捷克49.19%、斯洛伐克48.61%、北马其顿49.98%、波黑49.13%、塞尔维亚48.86%、黑山49.36%（表1-1）。

表1-1　2019年中东欧17国人口一览

	总人口（千）	男性人口数（千）	男性人口占比（%）	女性人口数（千）	女性人口占比（%）
希腊	11 102.572	5 462.64	49.20	5 639.927	50.80
阿尔巴尼亚	2 942.034	1 482.098	50.38	1 459.935	49.62
保加利亚	6 940.527	3 373.426	48.60	3 567.096	51.40
匈牙利	9 621.254	4 582.523	47.63	5 038.728	52.37

① 闫国庆，殷军杰.中东欧大数据报告［M］.北京：清华大学出版社，2019.

（续）

	总人口 （千）	男性人口数 （千）	男性人口占比 （%）	女性人口数 （千）	女性人口占比 （%）
波兰	37 942.231	18 318.572	48.28	19 623.65	51.72
罗马尼亚	19 388.362	9 391.353	48.44	9 997.007	51.56
爱沙尼亚	1 300.559	611.038	46.98	689.519	53.02
拉脱维亚	1 892.993	870.17	45.97	1 022.823	54.03
立陶宛	2 852.478	1 315.022	46.10	1 537.449	53.90
斯洛文尼亚	2 082.055	1 035.387	49.73	1 046.666	50.27
克罗地亚	4 115.947	1 985.803	48.25	2 130.139	51.75
捷克	10 633.424	5 230.385	49.19	5 403.043	50.81
斯洛伐克	5 451.4	2 649.791	48.61	2 801.605	51.39
北马其顿	2 088.035	1 043.538	49.98	1 044.498	50.02
波黑	3 498.21	1 718.628	49.13	1 779.585	50.87
塞尔维亚	8 703.942	4 252.706	48.86	4 451.242	51.14
黑山	629.397	310.646	49.36	318.747	50.64

数据来源：联合国粮食及农业组织（FAO）。

（二）基础设施建设

中东欧 17 国地处欧洲的十字路口，地理位置十分优越，作为欧洲交通要道的功能日益明显。但大多数中东欧国家铁路、公路、港口等交通设施都面临改造更新问题，亟须通过加快公路及铁路网络建设，特别是加强跨国道路及区际道路建设的区域合作，提高整个区域的外资吸引力。

公路建设是中东欧地区市场规模最大的投资领域，以高速公路建设为主要投资方向。铁路网络改造扩建和能力提升是该地区铁路建设市场的主要投资领域，以维修扩建、高铁新建、技术提升和现代化改造为市场主要投资方向。波兰、波罗的海三国（爱沙尼亚、拉脱维亚、立陶宛）、地中海和黑海沿岸国家大都具有良好的港口业基础，且地理位置优越，是欧洲通往世界各地的重要出口，近年来，随着欧洲经济一体化的发展，沿岸国家纷纷凭借得天独厚的条件，大力发展港口航运业，港口基础设施建设投资的加大也给工程承包市场带来商机。[1]

根据世界银行的统计数据，中东欧国家基础设施发展水平高的为波兰、匈牙利、捷克、拉脱维亚、爱沙尼亚，而保加利亚、塞尔维亚、波黑三国基础设施水平较低。

---

[1]　功成．中东欧交通基础设施建设市场空间分析［J］．国际工程与劳务，2015（3）：48-51.

（三）科技发展水平

根据世界银行统计的中东欧国家产业技术水平的评估结果，捷克、斯洛文尼亚、波兰、匈牙利技术环境最优，波黑、阿尔巴尼亚、北马其顿、黑山4个国家的科技发展水平是最低的。

第二节　中东欧国家经济发展状况

一、总体概况

1990年中东欧国家开始实行市场经济，取代了原本的计划经济。欧共体采取的一系列促进落后地区发展的政策，对于中东欧国家经济发展起到了积极的作用。罗马尼亚2017年的GDP增速约为6.4%，是欧盟所有成员国中增长最快的；波兰、捷克和匈牙利的GDP增速也超过了西欧主要国家。

中东欧区域的市场经济具有如下共同的特征：一是市场主导经济生活，国家在经济中发挥有限作用；二是中东欧国家为开放型经济，高度依赖外部，特别是西欧的市场、资本和技术；三是中东欧国家均保持了一定的福利制度。

在宏观经济层面，2017年中东欧地区国家GDP总量为1.5万亿美元，占欧洲GDP总量的7.2%。其人均GDP为1.2万美元，相当于欧洲人均GDP的44.5%。在过去的5年中，中东欧地区GDP的年平均增长率为3%，相较于欧洲2%的总体水平，处于较快增长的状态。

在总体经济呈现较快增长的同时，中东欧地区也呈现出区域发展的多样化和不平衡的特征。在人均GDP方面，根据国际货币基金组织2017年10月发布的《世界经济展望》，中东欧地区人均GDP较高的前三位国家是斯洛文尼亚（20 580美元）、捷克（19 820美元）和斯洛伐克（17 490美元）。在GDP增长率方面，罗马尼亚（5.5%）、斯洛文尼亚（4%）和波兰（3.8%）超过了欧洲的平均增长水平（2%）①。

2019年中东欧17个国家市场规模和人均收入排名较高的为捷克、斯洛伐克、波兰、匈牙利、斯洛文尼亚和爱沙尼亚，排名较低的是北马其顿、黑山、塞尔维亚、波黑和阿尔巴尼亚五国。

---

① 孔田平. 中东欧经济转轨30年中的制度变迁与转轨实绩［EB/OL］. http：//www. gmw. cn/xueshu/2019-08/20/content_33092687. htm，2019-08-20.

二、发展现状

20 世纪 90 年代，在经历了东欧剧变之后，中东欧国家逐渐完成了从计划经济向市场经济的转型，市场和金融体系高度开放，而后迅速融入全球经济循环。进入 21 世纪后，中东欧国家积极加入欧盟，实现与欧盟市场的制度趋同，欧盟同步开放自己的商品市场、资本市场和金融体系，这些国家与欧盟经济的一体化程度提高迅速。外来资本和市场在推动中东欧经济增长的同时，也使得中东欧国家逐渐形成了"高投资、高外债"的经济发展模式，导致国民经济账户的内外平衡高度依赖外部市场和外资。①

各国在经济转型过程中尽管遭遇过挫折，但市场导向的改革促使经济增添了新的活力；贸易自由化促使中东欧国家的产业在国际竞争中成长，贸易成为中东欧国家经济增长的发动机；来自欧盟的外商直接投资（FDI）涌入中东欧国家，外国直接投资和技术的引进将这些国家融入欧洲乃至全球产业链，推动了中东欧国家向产业链上游爬行；欧盟扩大以及成为欧盟成员国的前景为中东欧国家提供了市场需求和稳定的市场预期；欧盟的财政转移工具带动了中东欧国家的市场环境和基础设施建设；西欧银行资本占据主导地位的中东欧金融部门向居民提供了大量低利贷款，刺激了私人消费。这些都构成了促进中东欧地区经济发展的重要因素，这些因素综合造就了中东欧国家近十年的经济高速增长，GDP 增长较快，平均超过了 5%，生活水平和物品价格与欧元区持续趋同，经济增长态势较好，并形成了独特的经济发展赶超模式。充分融入欧洲大一统市场，参与欧洲一体化，成为中东欧国家快速实现经济赶超的重要特征。

在欧洲，中东欧国家长期被视为经济社会发展的"第二梯队"——体量小、起步晚、发展不平衡。但近年来，中东欧国家的自身优势逐渐显现，相对廉价的劳动力、比较宽松的生产环境，使中东欧地区成为西欧制造业转型升级的主要承接国，在制造业的带动下经济发展踏上了快车道。例如在欧盟失业率最低的捷克，约有 35% 的劳动力从事制造业，是欧盟成员国中比例最高的。该地区发展速度较快的波兰、匈牙利、捷克、罗马尼亚等国，主要承接了西欧国家的汽车制造业，欧洲经济稳健之时，其经济发展就会更加迅速（表 1-2）。

---

① 徐坡岭，张鲁平. 国际金融危机冲击下中东欧国家经济走势分析［J］. 俄罗斯研究，2009（3）：55-67.

表1-2　中东欧17国2008—2017年经济增长情况

单位：%

	2008年	2009年	2010年	2011年	2012年	2013年	2014年	2015年	2016年	2017年
希腊	−0.673 4	−4.503	−5.496 6	−8.947 9	−6.937 6	−2.754 6	1.245 7	−0.021 4	0.113 2	1.722 9
阿尔巴尼亚	8.659 2	4.366 5	4.486 6	3.031 3	1.647	1.038 7	1.711 9	2.128 6	3.246 4	3.705 3
保加利亚	6.821 2	−2.884	2.028	2.585 1	0.658 1	1.105 8	2.457 9	4.116 3	4.605 7	4.498 9
匈牙利	1.181 2	−6.298 5	0.970 6	1.962	−1.347 2	2.384	4.525 9	3.847 6	2.602 2	4.476 9
波兰	4.260 3	2.822 4	3.610 9	5.02 4	1.617 3	1.412 9	3.362 7	3.914 5	3.172 6	4.953 2
罗马尼亚	9.377 9	−4.983 4	−1.967 1	2.770 8	1.849 1	4.063 2	3.569	4.476 5	5.343	7.483 9
爱沙尼亚	−5.111 7	−14.476 6	2.545 3	7.893 2	4.584	2.196 8	3.140 5	1.909 1	2.287 2	5.079 1
拉脱维亚	−2.364 7	−13.341 4	−2.741 2	7.720 8	5.349 6	3.714 3	3.104 2	4.184	3.210 7	5.756
立陶宛	4.079 5	−13.581 5	3.103	7.555 4	5.284 4	4.876 8	4.778 1	3.061 7	3.186 5	4.786 8
斯洛文尼亚	2.738 9	−8.290 4	0.755 4	0.244 1	−2.998 1	−1.406 2	2.715 7	2.110 4	2.915 7	4.774 1
克罗地亚	2.267 1	−7.049 2	−1.178 6	0.001 4	−1.917 6	−0.056 3	0.388 3	2.920 7	4.095 2	3.508 8
捷克	2.020 2	−5.374 9	1.793 5	1.465 5	−0.968 9	−0.556 2	2.675 9	5.257 2	2.381 2	4.213 4
斯洛伐克	5.619 4	−5.455 2	4.972 2	2.713 6	1.521 6	1.339 9	2.604 5	4.050 8	3.032 6	3.123 1
马其顿①	5.374	−0.441 2	3.276 6	2.258 7	−0.535 3	2.840 4	3.542	3.765 1	2.754 6	0.146 6
波黑	5.720 7	−2.556 1	1.531 3	1.864 8	0.279 6	3.577 4	2.255 9	3.949 5	3.705 6	3.319 3
塞尔维亚	5.816 2	−2.726 6	0.989 6	2.171 1	−0.534	3.071 8	−1.352 8	1.274 8	3.337 1	2.391 9
黑山	6.925 7	−6.044 2	2.498 5	3.033 5	−2.866 7	3.432 1	1.689 7	3.307 4	2.877 4	4.659 3

数据来源：联合国粮食及农业组织（FAO）。

① 2019年2月马其顿政府于当地时间12日晚间发表声明宣布，自当天起马其顿正式更名为"北马其顿共和国"。本书图表中涉及2019年之前马其顿的相关数据时，仍使用旧称"马其顿"。涉及年份包括2019年及之后年份时，使用"北马其顿"。

（一）GDP 分区

在宏观经济层面，2017 年中东欧地区国家 GDP 总量为 1.5 万亿美元，占欧洲 GDP 总量的 7.2%。其人均 GDP 为 1.2 万美元，相当于欧洲人均 GDP 的 44.5%。在过去的 5 年中，中东欧地区 GDP 的年平均增长率为 3%，相较于欧洲 2% 的总体水平，处于较快增长的状态。

在总体经济呈现较快增长的同时，中东欧地区也呈现出区域发展的多样化和不平衡的特征。在人均 GDP 方面，根据国际货币基金组织 2017 年 10 月发布的《世界经济展望》，中东欧地区人均 GDP 较高的前三位国家是斯洛文尼亚（20 580 美元）、捷克（19 820 美元）和斯洛伐克（17 490 美元）。在 GDP 增长率方面，罗马尼亚（5.5%）、斯洛文尼亚（4%）和波兰（3.8%）超过了欧洲的平均增长水平（2%）[1]。

2019 年中东欧 17 个国家市场规模和人均收入排名较高的为捷克、斯洛伐克、波兰、匈牙利、斯洛文尼亚和爱沙尼亚，排名较低的是北马其顿、黑山、塞尔维亚、波黑和阿尔巴尼亚五国。[2]

从总体上看，中东欧国家的市场化经济转型比较成功，其建立的市场经济制度水平较高，而且在加入欧盟之后中东欧国家也实现了较快的经济增长。经过多年经济转型，中东欧国家的产业结构得到了不同程度的调整，各国的工业、农业在 GDP 中的比重明显低于服务业，目前各个国家的服务业均已占据国民经济的主导地位，除希腊、波兰、阿尔巴尼亚、罗马尼亚、克罗地亚、波黑外均已超过 60%（表 1-3）。

表 1-3　中东欧国家 2018 年 GDP 占比一览

单位：%

	国内总储蓄（占 GDP）	固定资本形成总额（占 GDP）	货物和服务进口（占 GDP）	货物和服务出口（占 GDP）	农业增加值（占 GDP）	工业增加值（占 GDP）	制造业增加值（占 GDP）
捷克	32.346 3	25.470 4	69.390 8	75.485 7	1.883	31.993 5	22.423 1
爱沙尼亚	31.379 3	26.094 3	68.581 2	72.573	2.881 9	22.736 2	12.897 6
希腊	12.533 1	11.418 9	37.197	37.187 5	3.654 9	15.282 8	9.523 3
波兰	24.834 5	18.597 4	50.492 2	55.750 2	2.153 4	28.826 7	16.889 1

[1] 黄耀，姜宏斌，柴晓萌，刘洋，普华永道中国．中国外汇｜中东欧投资指南［EB/OL］．https://xw.qq.com/cmsid/20180627B17SX600，2018-06-27.

[2] 张存洲．中国对中东欧直接投资影响因素及潜力研究［D］．保定：河北大学，2019.

（续）

	国内总储蓄（占GDP）	固定资本形成总额（占GDP）	货物和服务进口（占GDP）	货物和服务出口（占GDP）	农业增加值（占GDP）	工业增加值（占GDP）	制造业增加值（占GDP）
斯洛伐克	24.321 8	21.528 6	92.107 2	93.142 8	2.532 4	28.872 4	18.489 4
斯洛文尼亚	29.865 3	19.303	75.299 2	84.436 9	1.975	28.39 6	20.221
克罗地亚	22.243 1	20.672 7	51.704 6	51.145 2	2.78	20.172 4	12.017 9
立陶宛	22.279 2	21.123 1	72.492 7	78.088	2.955 8	25.266 8	16.168 8
拉脱维亚	22.165 9	22.860 4	59.823 6	59.906 4	3.723 4	19.209 6	10.177 7
阿尔巴尼亚	8.205 4	22.336 1	45.217 1	31.511 2	18.627 5	20.057 3	6.282 5
保加利亚	22.915	18.253 9	60.149 2	63.573 9	3.193 9	22.304 2	
波黑	3.742 7		55.728	40.152 6	6.096 2	23.737 1	12.703 6
匈牙利	32.304 2	28.600 8	79.652 5	83.328 1	3.471 8	25.980 6	18.233
马其顿	20.217 3	21.222 1	75.584 8	61.691 8	8.769 5	23.948	
黑山	9.832 4	27.675 4	65.376 2	44.077 7			
罗马尼亚	19.073	23.633 3	44.208 6	40.351 3	4.102 6	28.162 9	16.976 3
塞尔维亚	14.812 7	22.432 8	60.697 3	51.946 8	6.159 1	25.648 8	

数据来源：国际货币基金组织（IMF）、中国国家统计局。

（二）投资

2013—2020年大多数中东欧国家的全部投资占GDP的比重都超过了20%，低于20%的只有希腊、立陶宛、保加利亚、波黑四国（表1-4）。

表1-4　2013—2020年中东欧17国全部投资占GDP的比重

单位：%

	2013年	2014年	2015年	2016年	2017年	2018年	2019年	2020年
希腊	11.601	11.911	10.217	11.474	12.509	13.323	14.458	15.674
阿尔巴尼亚	27.618	27.347	26.075	24.986	23.505	22.861	22.838	22.784
保加利亚	21.052	21.544	21.189	19.144	20.086	19.238	19.035	18.743
匈牙利	20.913	23.159	22.435	19.858	22.518	26.907	29.338	31.076
波兰	18.981	20.359	20.46	19.587	19.7	20.557	21.048	21.39
罗马尼亚	25.585	24.684	25.128	23.333	23.382	23.597	22.463	21.94
爱沙尼亚	26.907	26.799	24.933	25.061	26.059	26.99	26.324	27.027
拉脱维亚	24.284	22.671	22.208	20.721	22.267	24.036	24.749	25.167
立陶宛	19.462	19.029	20.61	17.713	17.857	18.607	18.615	19.012
斯洛文尼亚	19.485	19.577	19.334	18.709	20.178	21.163	22.907	23.715
克罗地亚	19.421	18.768	20.006	20.764	20.928	20.628	20.566	20.519
捷克	24.667	25.88	27.956	25.98	25.873	26.321	26.66	26.841
斯洛伐克	20.983	21.986	24.539	22.981	22.549	23.674	23.147	22.925

（续）

	2013 年	2014 年	2015 年	2016 年	2017 年	2018 年	2019 年	2020 年
波黑	16.98	17.801	15.937	15.907	15.883	15.595	16.868	17.822
塞尔维亚	17.122	16.522	18.565	17.908	19.592	23.072	23.604	24.119
黑山	19.606	20.221	20.095	26.095	30.223	33.901	32.347	27.564

数据来源：国际货币基金组织（IMF）、中国国家统计局。

1. 中东欧与中国的投资情况

中国对中东欧国家的投资数额少规模小，中国对中东欧 16 国投资总额低于对瑞典一国的投资。而中东欧 16 国对华投资总额尚不及奥地利。[①] 缺少大的项目支持是投资领域的一个特点，也是导致投资数额相对少的重要因素。

2019 年，中国与中东欧 17 国农产品贸易额合计 14.6 亿美元，同比增长 6.2%。中国自 17 国进口 6.0 亿美元，同比增加 23.3%；向其出口 8.6 亿美元，同比减少 3.3%；贸易顺差为 2.6 亿美元，同比减少 36.0%。在中国与中东欧 17 国农产品贸易中占比最大的为波兰，达 40.3%，其后依次为立陶宛、希腊、捷克和罗马尼亚，分别占 9.3%，9.32%，9.08% 和 7.87%。2019 年中国与这 5 国的农产品贸易总额为 11.0 亿美元，约占与中东欧 17 国农产品贸易总额的 75%，与其余国家农产品贸易额所占比例均在 5.0% 以下。中国主要从 17 国进口畜产品（44.7%）、谷物（9.3%）和饮品（9.0%），主要出口水产品（20.5%）和蔬菜（11.7%）。

尽管中国与中东欧 17 国农产品贸易总体规模仍较小且集中，但双方具有比较优势的农产品差异较大，互补性强，双边农产品贸易有很大的发展空间。[②]

2. 欧盟对中东欧国家的投资情况

中东欧与欧盟经贸往来高度一体化。在欧洲一体化的进程中，中东欧国家对欧盟市场的依赖程度较高。中东欧国家的出口导向型、开放型经济特征明显，欧盟是其主要的出口市场。如果按照出口欧盟占 GDP 的比重衡量中东欧 16 国对欧盟市场的依赖性，斯洛伐克、捷克、匈牙利以及斯洛文尼亚对欧盟的依存度最高，分别达到 73.84%、69.67%、65.9%、55.44%；上述国家出

---

① 欧阳实. 次区域合作为中欧关系注入新活力［EB/OL］. http://pinglun.youth.cn/wywy/cjkj/201304/t20130403_3054729.htm, 2013-04-03.

② 史越. 中国与中东欧国家农业合作前景如何？［EB/OL］. http://www.cnfia.cn/archives/8905, 2020-08-18.

口欧盟占本国总出口额的比重分别为 85.45%、83.69%、81.40%、75.34%。欧盟也是中东欧国家的主要进口来源地，多数国家超过 60% 的进口来自欧盟市场，其中爱沙尼亚、拉脱维亚、斯洛伐克的依赖度最高，从欧盟进口额占进口总额的比重均超过 80%。

中东欧国家来自欧盟的外商投资占比高。1990—2016 年，中东欧国家的外商直接投资流入 7 832.6 亿美元，2016 年底外商直接投资余额 6 738.6 亿美元，占 GDP 的比例为 48.66%，高于欧盟平均水平 2 个百分点。其中，来自欧盟成员国的外商投资占比在 80% 左右。自中东欧大部分国家加入欧盟以来，由于地缘以及文化接近，加上劳动力成本差距大，欧洲主要国家如德国、法国、荷兰和奥地利等纷纷将一些工业生产线转移至中东欧国家，成为该地区外资的主要来源。从行业分布看，制造业、金融业、贸易等领域的外商投资占比较高。以波兰为例，截至 2015 年底，波兰的外商投资主要来自欧盟成员国，投资占比高达 92%，其中来自挪威、德国的投资存量占比最高，金额分别为 333 亿美元和 299 亿美元，占比分别为 18.15% 和 16.29%；投资占比排第 3～第 5 的国家依次为卢森堡（211 亿美元）、法国（200 亿美元）、西班牙（111 亿美元），前 5 名投资总额占 62.89%。伴随着私有化过程的推进和欧盟等外商投资的进入，中东欧国家很多重点产业或大型企业被西方国家资本控制或主导。

第二章 CHAPTER 2
中东欧国家农业资源 ▶▶▶

第一节　农业自然资源

一、气候资源

中东欧北部气候具有过渡性，但仍属于温带大陆性气候，南部属于地中海式气候。地形由南部的山地过渡到北部的平原，总的趋势是南高北低，但东南部匈牙利为多瑙河冲积平原，罗马尼亚南部和保加利亚北部为多瑙河下游平原。南部多为森林覆盖，有草甸草原，是良好的高山牧场，中北部和东南部的盆地及平原地势平坦，土壤肥沃，是种植业主要地带（表 2-1）。

表 2-1　中东欧国家气候特征一览

	气候类型	最热月份	最热月份平均气温	最冷月份	最冷月份平均气温
阿尔巴尼亚	亚热带地中海海洋性气候	7 月	24℃	1 月	7℃
爱沙尼亚	海洋性气候向大陆性气候过渡的中间类型气候	7 月	16℃	1—2 月	−5℃
保加利亚	温和的大陆性气候	7 月	20～25℃	1 月	−2～−1℃
波黑	北部属温和的大陆性气候，南部和西南部为地中海式气候	7 月	北部 20～22℃ 南部 24～27℃	1 月	北部 −2～−1℃ 南部 5～7℃
波兰	由海洋性向大陆性气候过渡的温带阔叶林气候	7 月	17～19℃	1 月	−1～4.5℃
黑山	温带大陆性气候 地中海式气候	7 月	28℃	1 月	−1℃
捷克	海洋性气候向大陆性气候过渡的温带气候	7 月	19.5℃	1 月	−0.5℃
克罗地亚	温带大陆性气候	7 月	20.9℃	1 月	−1.6℃

（续）

	气候类型	最热月份	最热月份平均气温	最冷月份	最冷月份平均气温
拉脱维亚	海洋性气候向大陆性气候过渡的中间类型	7月	23℃	1月	−3～−2℃
立陶宛	介于海洋性气候和大陆性气候之间	7月	16～20℃	1月	−4～7℃
罗马尼亚	典型的温带大陆性气候	7月	22～24℃	1月	−3℃
塞尔维亚	欧洲大陆性气候	7月	23℃	1月	2℃
斯洛伐克	海洋性向大陆性过渡的温带气候	7月	21℃	1月	−2℃
斯洛文尼亚	沿海属地中海气候，内陆属温带大陆性气候	7月	21℃	1月	−2℃
希腊	亚热带地中海式气候	7月	25～27℃	1月	5～11℃
匈牙利	是温带大陆性气候、温带海洋性气候和地中海气候的交汇点，其中受大陆性气候的影响较大，属大陆性温带落叶阔叶林气候	7—8月	21.7℃	1—2月	−1.2℃

二、水资源

中东欧国家年降水量分布在 600～1 100 毫米，有利于农作物种植。各国灌溉面积以及灌溉率如表 2-2 所示。部分国家的灌溉率一直处在较低水平上，如波黑、捷克、爱沙尼亚、拉脱维亚、立陶宛、黑山、波兰、塞尔维亚等国；部分国家的灌溉率在上升，如阿尔巴尼亚、克罗地亚、北马其顿、罗马尼亚、斯洛文尼亚等国；阿尔巴尼亚、罗马尼亚两国的灌溉率一直处在较高水平上；此外还有少数国家的灌溉面积和灌溉率有减小的趋势，如保加利亚、匈牙利等国。

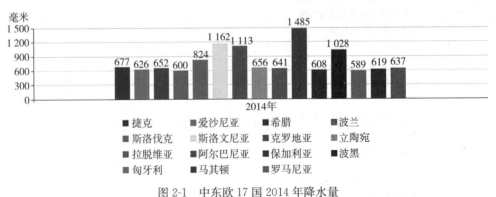

图 2-1　中东欧 17 国 2014 年降水量

数据来源：世界经济发展数据库（World Economy Development Database）。

表2-2　中东欧17国水的利用、降水量和农业灌溉状况

国别	水的利用（%）			降水量　毫米					灌溉地面积　1 000 公顷					在可耕地及永久性作物面积中所占比重　%				
	农业 1998—2007年	工业 1998—2007年	国内用 1998—2007年	1971—1980年	1981—1990年	1991—2000年	2001年	2002年	1999—2001年	2003—2005年	2006年	2007年	2008年	1999—2001年	2003—2005年	2006年	2007年	2008年
阿尔巴尼亚	62.0	11.1	26.9	1 299	1 027	1 076	1 004	1 136	340	356	365	365	365	48.6	52.0	51.8	52.3	52.4
波黑	1.6	94.7	3.7			973	1 019	903	3	3	3	3	3	0.3	0.3	0.3	0.3	0.3
保加利亚				672	550	567	446	730	624	118	108	105	102	16.5	3.4	3.3	3.2	3.1
克罗地亚						837	807	843	3	13	22	27	31	0.3	1.4	2.3	2.9	3.3
捷克	2.3	57.0	40.7			648	761	818	36	48	43	39	39	1.1	1.5	1.3	1.2	1.2
爱沙尼亚	5.1	38.0	57.0			639	784	557	4	4	4	4	4	0.5	0.7	0.7	0.7	0.7
匈牙利	1.3	82.2	13.0	582	541	564	587	559	234	197	147	141	140	4.8	4.1	3.1	2.9	2.9
拉脱维亚	13.3	33.3	53.3			624	741	560	1	1	1	1	1	0.1	0.1	0.1	0.1	0.1
立陶宛	7.4	14.8	77.8			608	670	570	7	6	3	1	1	0.3	0.3	0.1	0.1	0.1
北马其顿	68.6	17.6	13.8			581	487	716	61	122	128	128	128	9.9	24.2	26.1	27.4	27.4
黑山											2	2	2			1.2	1.2	1.2
波兰	8.3	78.7	13.0	590	552	596	660	587	96	112	120	116	116	0.7	0.9	0.9	0.9	0.9
罗马尼亚	20.2	61.4	18.4	688	580	631	647	620	3 114	3 176	3 157	3 156	3 157	31.5	33.2	33.6	35.0	34.7
塞尔维亚											116	83	89			3.2	2.3	2.5
斯洛伐克						700	812	747	181	193	172	172	166	11.8	13.5	12.3	12.3	11.8
斯洛文尼亚						942	809	989	3	5	5	9	10	1.6	2.6	2.4	4.4	4.8

数据来源：联合国粮食及农业组织数据库（FAO）。

三、土地资源

（一）国土及耕地

中东欧 17 国的土地资源条件充足，农业用地占国家面积比例大。从国别角度来看，有 11 个国家的农业用地面积占国土面积的比例超过 40%，其中阿尔巴尼亚、保加利亚、匈牙利、波兰、罗马尼亚、立陶宛和捷克等国耕地十分丰富（表 2-3、表 2-4）。

表 2-3 中东欧国家国土利用状况（2019 年）

	国家面积（千公顷）	土地面积（千公顷）	农业面积（千公顷）	农业用地面积（千公顷）	占国家面积百分比（%）	耕地面积（千公顷）	占农业用地面积百分比（%）
希腊	13 196	12 890	6 108	6 102	46.24	2 138	35.04
阿尔巴尼亚	2 875	2 740	1 169.18	1 169.18	40.67	606.9	51.91
保加利亚	11 100	10 856	5 029.52	5 029.52	45.31	3 489.08	69.37
匈牙利	9 303	9 126	5 564	5 303	57.00	4 323	81.52
波兰	31 268	30 619	14 462	14 462	46.25	10 907	75.42
罗马尼亚	23 840	23 008	13 378	13 378	56.12	8 543	63.86
爱沙尼亚	4 534	4 347	1 002	1 002	22.10	684	68.26
拉脱维亚	6 457	6 211	1 933	1 933	29.94	1 290	66.74
立陶宛	6 528.6	6 264.1	2 935.3	2 935.3	44.96	2 103.7	71.67
斯洛文尼亚	2 048	2 013.39	615.04	615.04	30.03	183.63	29.86
克罗地亚	8 807.3	5 659	1 688	1 497	17.00	817	54.58
捷克	7 887	7 721	3 521	3 521	44.64	2 498	70.95
斯洛伐克	4 903	4 808	1 911	1 879	38.32	1 343	71.47
北马其顿	2 571	2 522	1 266	1 266	49.24	417	32.94
波黑	5 121	5 120	2 228	2 228	43.51	1 060	47.58
塞尔维亚	8 836	8 746	3 419	3 419	38.69	2 595	75.90
黑山	1 381	1 345	256.3	256.3	18.56	9.2	3.59
总计	150 655.9	143 995.49	66 485.34	65 995.34	43.81	43 007.51	65.17

数据来源：联合国粮食及农业组织（FAO）。

表 2-4 中东欧 17 国耕地概况（2019 年）

	国家面积（千公顷）	农业用地面积（千公顷）	耕地和永久性农作物用地面积（千公顷）	耕地面积（千公顷）	休耕地面积（临时）（千公顷）
希腊	13 196	6 102	3 220	2 138	355
阿尔巴尼亚	2 875	1 169.18	691.1	606.9	187.8
保加利亚	11 100	5 029.52	3 637.17	3 489.08	160
匈牙利	9 303	5 303	4 499	4 323	189

（续）

	国家面积 （千公顷）	农业用地面积 （千公顷）	耕地和永久性农作物 用地面积（千公顷）	耕地面积 （千公顷）	休耕地面积（临时） （千公顷）
波兰	31 268	14 462	11 291	10 907	150
罗马尼亚	23 840	13 378	8 958	8 543	236
爱沙尼亚	4 534	1 002	688	684	13
拉脱维亚	6 457	1 933	1 298	1 290	75
立陶宛	6 528.6	2 935.3	2 139.2	2 103.7	
斯洛文尼亚	2 048	615.04	238.03	183.63	75.8
克罗地亚	8 807.3	1 497	889	817	22
捷克	7 887	3 521	2 543	2 498	26
斯洛伐克	4 903	1 879	1 361	1 343	45
北马其顿	2 571	1 266	457	417	140
波黑	5 121	2 228	1 167	1 060	466
塞尔维亚	8 836	3 419	2 803	2 595	15
黑山	1 381	256.3	14.6	9.2	

　　数据来源：联合国粮食及农业组织（FAO）。

（二）草地

　　欧洲草原面积约 8 278.3 万公顷，主要分布在东欧平原的南部，以禾本科植物为主。南乌克兰、北克里木、下伏尔加等地属于干草原，植被稀疏，除针茅属、羊茅属植物以外，还有蒿属、冰草属植物。

　　草地在中东欧国家中分布不均，塞尔维亚、罗马尼亚草地分布相对较多。阿尔巴尼亚畜牧业产值占整个农业总产值的 46%，2008—2017 年，猪存栏量均在 16 万头以上，黄牛和水牛存栏量在 50 万头以上，奶牛存栏量在 35 万头以上，山羊和绵羊存栏量在 200 万头以上；爱沙尼亚农业以畜牧业为主，主要饲养牛、猪和羊；1996 年以后，波黑畜牧业出现快速发展的态势，各类家禽和牲畜的存栏量基本都在迅速增加；拉脱维亚农业长期以畜牧业为主；塞尔维亚全国有天然优质牧场 115 万公顷，2016 年畜牧业产值达到了 137 万（2004—2006 年不变价，1 000 国际元）；保加利亚畜牧业产值占农业总产值的比例下降，其经营规模相对较小，主要是因为畜牧产品的收购价格低，导致其没有发展的机会。2016 年保加利亚畜牧业产值和农业总产值之比为 80：361。

（三）林地

　　中东欧国家森林面积广阔，共 49 583.78 千公顷，整体森林覆盖率为

32.91%。只有阿尔巴尼亚、匈牙利、罗马尼亚、克罗地亚四国的森林覆盖率不足30%，大部分国家的森林覆盖率超过了1/3，甚至拉脱维亚、斯洛文尼亚、黑山这三个国家的森林覆盖率超过50%（表2-5）。

表2-5　中东欧国家森林面积及覆盖率（2019年）

	国家面积（千公顷）	森林面积（千公顷）	森林覆盖率（%）
希腊	13 196	4 114.4	31.18
阿尔巴尼亚	2 875	769.58	26.77
保加利亚	11 100	3 857.4	34.75
匈牙利	9 303	2 078.2	22.34
波兰	31 268	9 477.4	30.31
罗马尼亚	23 840	6 999.4	29.36
爱沙尼亚	4 534	2 231.2	49.21
拉脱维亚	6 457	3 356.8	51.99
立陶宛	6 528.6	2 184	33.45
斯洛文尼亚	2 048	1 248.4	60.96
克罗地亚	8 807.3	1 922.8	21.83
捷克	7 887	2 671	33.87
斯洛伐克	4 903	1 940.4	39.58
北马其顿	2 571	998	38.82
波黑	5 121	2 185	42.67
塞尔维亚	8 836	2 722.8	30.81
黑山	1 381	827	59.88
总计	150 655.9	49 583.78	32.91

数据来源：联合国粮食及农业组织（FAO）。

第二节　农业经济资源

一、农业人口和劳动力

近年来，包括匈牙利在内的中东欧国家普遍面临生育率下降和劳动力短缺问题。由于欧盟扩容，中东欧国家人口大量向更发达的欧盟国家移民，致使劳动力进一步短缺。

据联合国统计，2018年中东欧成为世界上人口下降最快的地区。2020年，约有11%的波兰人和9%的捷克人在海外居住；在拉脱维亚，适龄工人数量比2000年减少了25%；罗马尼亚人口数量每年都在以10万人左右的速度递减。青壮年劳动力和高技术人才的不断流失，使中东欧国家经济发展前景面临挑战。维也纳国际经济研究所近期的一项研究显示，在未来两年内，劳动力短缺问题将开始抑制波兰和捷克的经济增长速度（表2-6～表2-8）。

表2-6 中东欧17国农村人口

单位：人

	2000 年	2005 年	2010 年	2015 年	2016 年	2017 年	2018 年	2019 年
捷克	2 667 547	2 695 557	2 801 381	2 797 131	2 792 682	2 788 986	2 785 892	2 782 553
爱沙尼亚	427 924	423 570	424 820	415 458	413 645	412 117	411 399	410 566
希腊	2 948 257	2 807 039	2 636 648	2 375 617	2 329 011	2 288 166	2 247 680	2 208 848
波兰	14 646 934	14 712 016	14 877 776	15 088 963	15 120 448	15 150 057	15 167 875	15 174 300
斯洛伐克	2 358 481	2 387 514	2 443 126	2 500 969	2 508 703	2 515 590	2 520 439	2 523 654
斯洛文尼亚	979 466	969 570	969 840	953 743	949 506	944 897	942 771	943 292
克罗地亚	2 080 978	1 969 090	1 926 284	1 843 070	1 819 891	1 787 283	1 759 939	1 739 182
立陶宛	1 155 337	1 108 561	1 029 629	951 939	936 019	918 778	905 487	895 831
拉脱维亚	756 030	716 416	674 553	633 204	626 640	620 063	613 959	607 846
阿尔巴尼亚	1 799 636	1 604 189	1 393 502	1 226 200	1 195 854	1 167 112	1 137 407	1 106 598
保加利亚	2 541 005	2 252 963	2 048 433	1 866 995	1 829 783	1 792 408	1 755 697	1 719 734
波黑	2 161 278	2 109 903	2 017 333	1 811 629	1 777 181	1 746 950	1 720 299	1 695 856
匈牙利	3 617 236	3 392 784	3 108 907	2 903 693	2 867 756	2 832 442	2 800 601	2 770 367
北马其顿	843 473	874 957	888 576	885 627	883 006	879 685	875 613	870 719
黑山	250 788	230 563	222 127	212 741	210 706	208 638	206 498	204 372
罗马尼亚	10 547 299	9 983 156	9 348 183	9 137 513	9 082 775	9 022 782	8 957 760	8 887 751
塞尔维亚	3 550 045	3 431 459	3 281 657	3 143 538	3 119 072	3 093 250	3 065 922	303 773

数据来源：世界银行（World Bank）。

表2-7 中东欧17国农村人口占总人口比例

单位：%

	2000 年	2005 年	2010 年	2015 年	2016 年	2017 年	2018 年	2019 年
捷克	26.012	26.398	26.745	26.523	26.43	26.325	26.208	26.079
爱沙尼亚	30.632	31.265	31.906	31.584	31.437	31.283	31.12	30.949
希腊	27.284	25.548	23.708	21.954	21.613	21.276	20.942	20.612
波兰	38.284	38.548	39.108	39.722	39.822	39.895	39.942	39.963
斯洛伐克	43.767	44.437	45.315	46.111	46.194	46.249	46.274	46.271
斯洛文尼亚	49.246	48.467	47.342	46.219	45.98	45.727	45.459	45.178
克罗地亚	46.572	45.685	44.845	43.845	43.597	43.333	43.053	42.758
立陶宛	33.014	33.365	33.243	32.77	32.634	32.484	32.321	32.145

（续）

	2000 年	2005 年	2010 年	2015 年	2016 年	2017 年	2018 年	2019 年
拉脱维亚	31.933	32	32.159	32.02	31.979	31.925	31.858	31.778
阿尔巴尼亚	58.259	53.269	47.837	42.566	41.579	40.617	39.681	38.771
保加利亚	31.101	29.416	27.698	26.01	25.671	25.331	24.992	24.653
波黑	57.616	56.035	54.442	52.827	52.482	52.124	51.755	51.374
匈牙利	35.425	33.635	31.089	29.5	29.221	28.938	28.649	28.356
北马其顿	41.452	42.468	42.911	42.592	42.437	42.252	42.037	41.792
黑山	41.456	37.535	35.86	34.194	33.859	33.523	33.187	32.85
罗马尼亚	46.996	46.826	46.171	46.113	46.1	46.064	46.002	45.916
塞尔维亚	47.231	46.117	45.007	44.304	44.19	44.058	43.908	43.74

数据来源：世界银行（World Bank）。

表 2-8　中东欧 17 国劳动力概况（2017 年）

	劳动力人口（人）	接受过小学教育的劳动力占总劳动力的百分比（%）
希腊	4 897 781	32.84
阿尔巴尼亚	1 333 543	57.60
保加利亚	3 365 570	26.52
匈牙利	4 717 813	27.80
波兰	18 478 700	17.62
罗马尼亚	956 562	31.93
爱沙尼亚	700 951	44.49
拉脱维亚	1 006 786	38.31
立陶宛	1 467 457	16.07
斯洛文尼亚	1 027 298	27.33
克罗地亚	1 825 674	18.73
捷克	5 419 640	21.32
斯洛伐克	2 760 915	21.81
马其顿	956 562	32.40
波黑	1 350 116	—
塞尔维亚	3 195 246	33.28
黑山	259 226	24.93

数据来源：世界经济发展数据库（World Economy Development Database）。

二、农业技术设施

中东欧国家农业的机械化和现代化水平参差不齐，但机械化装备状况优于其他发展中国家。保加利亚、捷克、爱沙尼亚、匈牙利、拉脱维亚、波兰、斯洛伐克等国，以平原大规模农业为主，相对装备水平较高。丘陵、山地较多的阿尔巴尼亚、克罗地亚农业机械装备水平较低。

中东欧国家有很好的使用农用机械的传统和条件，农场化生产、优良的单一品种、高附加值作物都是使用农业机械的优良条件。分析统计数据可得：中东欧国家中的主要农业国波兰、罗马尼亚、保加利亚的农业机械数量都有了明显的增长，单位面积保有农用机械量最多的斯洛文尼亚，农业机械的数量仍保持高位（表2-9、表2-10）。

表 2-9　中东欧 17 国农业机械拖拉机数量

单位：台

	2000 年	2001 年	2002 年	2003 年	2004 年	2005 年	2006 年	2007 年	2008 年	2009 年
捷克	96 716	94 778	94 440	91 648	89 350	87 039	85 426	83 813		
爱沙尼亚	50 624	52 441	36 072	36 697	37 178	32 281	33 744			
希腊	253 785	254 527	256 858	257 737	258 476	259 766	259 613			
波兰	1 306 700	1 308 520	1 364 579	1 371 340	1 365 400	1 437 183	1 495 287	1 553 390	1 566 340	1 577 290
斯洛伐克	23 479	23 102	22 046	22 615	22 053	21 837	22 748	21 182	21 372	
斯洛文尼亚	114 188	108 166	108 166	106 700	105 250	103 756				
克罗地亚	2 300	2 386	4 242							
立陶宛	102 000	102 227	103 000	105 400	107 800	110 200	113 200	114 900	117 580	
拉脱维亚	55 815	55 644	56 498	55 294	55 697	56 100	57 830	59 562		
阿尔巴尼亚	8 087	7 647	7 515	5 917	7 574	8 122	7 902	7 317	7 438	
保加利亚	34 709	32 602	32 071	31 606	30 962	36 252	41 046	46 259	53 100	
匈牙利	113 306	114 740	116 175	117 610	119 044	120 477				
马其顿	54 000	54 000	53 800	53 800	53 700	53 700	53 650	53 606		
罗马尼亚	160 053	164 221	169 240	169 177	171 811	173 043	174 563	174 003	174 790	176 841
塞尔维亚							6 793	6 279	5 844	

数据来源：世界银行（World Bank）。

表 2-10　中东欧 17 国农业机械概况（每 100 平方千米耕地拥有的拖拉机数量）

单位：台

	2000 年	2001 年	2002 年	2003 年	2004 年	2005 年	2006 年	2007 年	2008 年	2009 年
捷克	298.23	292.886 3	292.474 4	284.356 2	277.829 6	271.234	266.789 5	262.325 5		
爱沙尼亚	600.521 9	774.608 6	587.874 9	673.339 5	715.925 3	545.471 5	603.541 4			
希腊	925.884 7	935.761	945.373 6	950.357 7	983.172 3	984.335	1 004.694 3			
波兰	933.824 1	963.280 3	1 048.869 3	1 089.489 2	1 082.791 4	1 183.743 5	1 208.996 6	1 313.871 3	1 300.622 8	1 307.218 6
斯洛伐克	153.658 4	160.208	156.354 6	160.049 5	158.313	156.987 8	165.079 8	153.827 2	154.645 4	
斯洛文尼亚	6 600.462 4	6 252.369 9	6 438.452 4	6 167.630 1	5 980.113 6	5 895.227 3				
克罗地亚	27.315 9	27.971 9	49.440 6							
立陶宛	354.412 8	626.775	628.432	691.147 5	666.914 1	578.022 6	602.512 2	625.953 4	631.641 2	
拉脱维亚	575.412 4	580.835 1	580.657 8	577.784 7	552.002	513.736 3	479.917	501.363 6		
阿尔巴尼亚	139.913 5	132.301	130.017 3	102.370 2	131.038 1	150.966 5	135.308 2	126.591 7	121.934 4	
保加利亚	98.437 3	94.035 2	95.591 7	95.112 8	93.456 1	114.251 5	131.053 6	149.948 1	171.956	
匈牙利	246.210 3	249.109 9	252.225 4	255.840 8	258.903 9	261.849 6				
马其顿	972.973	950.704 2	1 078.156 3	1 142.250 5	1 164.859	1 198.660 7	1 222.095 7	1 243.758 7		
罗马尼亚	170.614	175.243 8	180.503 4	180.417	192.721 3	192.591	195.282 5	200.579 8	200.424 3	201.207 2
塞尔维亚							26.170 2	23.995	21.965 8	

数据来源：世界银行（World Bank）。

第三章 CHAPTER 3
中东欧农业概况 ▶▶▶

∷∷∷∷ **第一节　中东欧农业概述** ∷∷∷∷

中东欧农业发展比较薄弱，农业增加值占 GDP 的百分比大多在 10％ 以内。历史上，波兰、保加利亚等中东欧国家曾被称为欧洲的"果园""菜篮子"，尤其盛产食品农产品，品种丰富多样，不同国家由于气候和地理环境不同，农产品各具特色。但从欧洲范围看，西班牙、法国、荷兰、英国、德国的农业，发展技术水平高、处于产业链的高端环节。中东欧大部分国家的家庭农场规模较小，农业生产效率偏低。①

一、中东欧国家农业生产

受中东欧 17 个国家经济转型过程的影响以及农业发展环境存在差异，2006—2016 年，各国的农业发展状况差别较大。若按 2004—2006 年不变价 1 000国际元计算农业总产值，自 2006—2016 年，中东欧 17 国的合计总产值增加了 55 万 1 000 国际元。从国别来看，阿尔巴尼亚、爱沙尼亚、拉脱维亚、立陶宛、克罗地亚、北马其顿和波黑等国有不同幅度的上升，希腊、匈牙利和斯洛文尼亚等国有小幅的下降，保加利亚、捷克、斯洛伐克则相对持平（表 3-1，表 3-2）。

---

① 姜建清．多维透析"一带一路"倡议下中东欧投资机遇与挑战［EB/OL］．http：//www.yidianzixun.com/article/0HyWTIoR/amp，2017-12-23.

23

表 3-1　中东欧 17 国农业总产值（2004—2006 年不变价，1 000 国际元）

	2007 年	2008 年	2009 年	2010 年	2011 年	2012 年	2013 年	2014 年	2015 年	2016 年
希腊	7 931 741	8 080 278	8 158 858	8 144 112	8 192 971	8 293 788	7 504 281	7 712 577	7 605 106	8 035 969
阿尔巴尼亚	1 061 360	1 109 626	1 156 781	1 228 688	1 288 931	1 364 732	1 380 090	1 399 523	1 435 457	1 482 419
保加利亚	2 479 579	3 245 551	3 012 031	3 354 645	3 306 469	3 008 731	3 599 028	3 570 491	3 517 974	3 615 143
匈牙利	5 680 922	6 943 693	6 277 148	5 462 660	5 961 187	5 448 227	6 024 064	6 693 544	6 284 479	6 013 371
波兰	20 280 270	20 423 251	21 052 523	20 083 201	20 613 342	21 326 982	21 293 891	22 483 104	21 203 102	22 469 168
罗马尼亚	8 102 757	9 829 793	9 636 755	9 665 234	10 671 617	8 374 808	10 251 929	10 506 871	9 772 577	10 133 238
爱沙尼亚	575 546	554 189	588 519	566 517	608 690	630 646	653 878	698 616	769 482	655 972
拉脱维亚	909 754	923 885	905 602	872 804	888 648	1 011 433	993 144	1 032 608	1 230 211	1 124 384
立陶宛	1 932 865	1 967 831	2 021 410	1 800 534	1 932 899	2 200 569	2 130 773	2 286 176	2 497 273	2 364 824
斯洛文尼亚	755 638	770 495	733 556	741 014	735 950	684 949	671 073	710 691	740 846	715 212
克罗地亚	1 674 401	1 982 062	1 929 621	1 793 507	1 796 133	1 577 008	1 826 251	1 709 577	1 785 020	1 953 407
捷克	4 243 517	4 364 321	4 212 322	3 907 143	4 198 884	3 818 146	3 979 814	4 290 854	4 111 842	4 282 553
斯洛伐克	1 605 495	1 845 126	1 636 932	1 478 182	1 600 045	1 378 089	1 507 837	1 735 012	1 546 001	1 772 461
马其顿	787 098	835 106	843 132	876 010	852 161	826 619	863 958	842 363	925 527	935 777
波黑	963 508	1 049 979	1 086 587	1 017 561	1 031 063	927 361	1 068 722	889 723	1 001 634	1 121 980
塞尔维亚	4 257 201	4 671 381	4 808 256	4 681 973	4 734 989	3 803 817	4 628 305	4 627 189	4 298 021	4 773 131
黑山	128 170	121 854	113 714	108 309	125 274	106 543	118 542	113 088	122 563	114 524
总计	63 369 823	68 718 421	68 173 749	65 782 091	68 539 251	64 782 447	68 495 581	71 302 007	68 847 114	71 563 532

数据来源：联合国粮食及农业组织（FAO）。

表 3-2 中东欧 17 国农业净产值（2004—2006 年不变价，1 000 国际元）

	2007 年	2008 年	2009 年	2010 年	2011 年	2012 年	2013 年	2014 年	2015 年	2016 年
希腊	7 286 296	7 381 917	7 557 539	7 599 084	7 544 416	7 656 709	6 806 465	7 086 218	6 997 640	7 411 162
阿尔巴尼亚	969 807	1 008 148	1 049 357	1 105 359	1 163 427	1 240 448	1 254 422	1 322 389	1 358 063	1 405 974
保加利亚	2 162 175	2 940 403	2 659 226	2 960 085	2 948 959	2 763 605	3 336 250	3 337 694	3 287 457	3 383 691
匈牙利	4 802 894	6 056 307	5 420 444	4 633 301	5 125 045	4 690 176	5 247 598	5 758 483	5 350 488	5 079 026
波兰	16 424 178	16 768 841	17 525 028	16 728 664	17 144 119	17 843 900	18 141 084	19 233 175	18 057 086	19 309 020
罗马尼亚	6 742 695	8 090 351	8 050 536	8 039 949	8 769 150	7 353 603	8 755 089	10 022 492	9 288 198	9 648 839
爱沙尼亚	435 570	437 734	478 639	475 333	513 576	515 310	533 122	559 517	630 033	518 008
拉脱维亚	721 590	769 627	742 527	721 774	723 446	848 274	851 189	843 804	1 042 506	936 869
立陶宛	1 557 351	1 633 531	1 708 926	1 532 760	1 601 001	1 840 558	1 768 282	1 873 096	2 096 905	1 969 546
斯洛文尼亚	679 979	687 360	671 187	687 755	685 702	635 374	623 330	639 421	668 648	642 660
克罗地亚	1 419 196	1 604 830	1 637 843	1 503 688	1 531 467	1 370 464	1 545 509	1 397 149	1 473 547	1 640 798
捷克	3 686 595	3 778 266	3 624 423	3 388 585	3 669 179	3 367 874	3 511 709	3 745 579	3 570 733	3 734 106
斯洛伐克	1 441 190	1 693 138	1 493 620	1 288 919	1 398 174	1 236 750	1 372 015	1 559 366	1 410 474	1 636 814
马其顿	711 300	748 321	754 503	795 238	769 415	749 659	780 722	754 755	842 135	847 272
波黑	844 025	898 076	918 804	903 404	904 815	817 092	944 231	785 356	895 256	1 014 952
塞尔维亚	3 630 297	3 759 253	3 980 956	3 796 549	3 910 704	3 520 520	3 788 876	3 516 421	3 311 547	3 662 359
黑山	120 437	113 468	103 314	98 930	108 850	91 613	102 196	95 947	104 952	96 008
总计	53 635 575	58 369 570	58 376 874	56 259 376	58 511 446	56 541 929	59 362 090	62 570 863	60 385 668	62 937 102

数据来源：联合国粮食及农业组织（FAO）。

以美元计算年增长率来看，同一年份中东欧的增长状态趋于一致，2009 年、2012 年、2015 年中东欧各国普遍年增长率为负数，2007 年、2008 年和 2011 年各国的农业总产值有较大幅度的提升（图 3-1）。

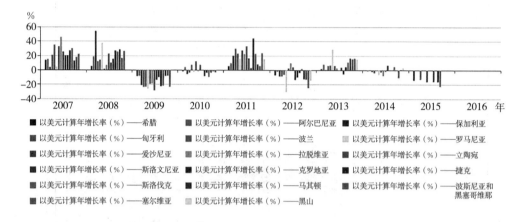

图 3-1　中东欧国家农业增长率（以美元计算年增长率）

数据来源：联合国粮食及农业组织（FAO）。

二、中东欧国家的农产品

（一）中东欧国家的农产品生产

中东欧国家拥有悠久的农业传统，无论在精细管理还是农业技术上，都有独特之处。波兰的水果加工技术、罗马尼亚的蔬菜科技、匈牙利的畜牧业养殖水平等，都长期居于欧盟前列。受益于产业扶持政策和专业化生产，大多数中东欧国家农产品生产有了长足的进步，农业产值也有了很大提高，略有减少的国家只有希腊、斯洛文尼亚两国（表 3-3）。

1. 谷物

中东欧国家谷物的种植面积占比很大，2008—2017 年，中东欧国家谷物种植面积逐渐减少，只有保加利亚、罗马尼亚、爱沙尼亚、拉脱维亚、立陶宛、波黑和黑山这 7 个国家的谷物种植面积有或多或少的扩大，其余的 10 个国家的谷物收割面积均有所减小。其中，波兰、罗马尼亚、匈牙利、保加利亚、塞尔维亚、捷克等国的谷物种植面积较大，波兰的谷物种植面积超过了中东欧 17 个国家全部谷物种植面积的 1/4，波兰、罗马尼亚和匈牙利 3 个国家谷物种植面积占中东欧谷物种植总面积的 60％以上（表 3-4）。

表3-3　中东欧国家农作物产值（2004—2006年不变价，1000 国际元）

	2007 年	2008 年	2009 年	2010 年	2011 年	2012 年	2013 年	2014 年	2015 年	2016 年
希腊	6 235 958	6 347 095	6 422 437	6 410 136	6 448 447	6 574 623	5 813 086	6 012 424	5 947 762	6 404 101
阿尔巴尼亚	490 458	569 841	608 776	669 325	709 606	766 418	768 065	786 038	818 592	858 483
保加利亚	1 521 697	2 281 550	2 049 894	2 409 582	2 376 591	2 084 779	2 678 736	2 677 026	2 641 368	2 738 562
匈牙利	3 372 987	4 609 838	3 987 602	3 322 647	3 754 389	3 274 766	3 927 894	4 553 786	4 100 813	4 029 965
波兰	10 024 274	10 696 683	11 140 656	9 961 008	10 494 481	10 986 537	10 877 990	11 980 930	10 597 283	11 858 408
罗马尼亚	4 046 457	5 980 952	5 764 336	6 042 540	7 033 351	4 842 384	6 854 776	7 062 931	6 348 533	6 778 051
爱沙尼亚	210 401	187 600	202 291	180 995	200 716	225 525	230 644	264 087	341 569	228 387
拉脱维亚	446 292	456 764	431 745	394 819	396 550	534 562	502 813	523 448	715 823	675 106
立陶宛	755 150	854 115	945 136	741 953	888 236	1 146 477	1 078 397	1 213 855	1 443 811	1 340 731
斯洛文尼亚	281 335	265 795	267 276	270 425	283 746	231 881	239 149	275 110	297 734	264 543
克罗地亚	1 129 421	1 458 462	1 395 194	1 283 749	1 268 980	1 079 543	1 349 843	1 245 735	1 315 433	1 488 588
捷克	1 856 717	2 056 312	1 987 722	1 762 174	2 068 352	1 756 356	1 987 249	2 273 748	2 062 714	2 215 763
斯洛伐克	772 049	1 018 606	882 994	706 998	917 364	715 867	832 113	1 071 855	879 961	1 098 992
马其顿	571 850	623 026	641 622	673 364	649 488	633 567	667 611	643 601	733 332	728 721
波黑	620 689	675 714	702 013	643 066	656 336	547 929	723 960	547 738	650 736	775 885
塞尔维亚	2 807 903	3 234 205	3 398 951	3 239 986	3 324 417	2 401 220	3 233 073	3 221 671	2 861 053	3 363 673
黑山	46 790	54 823	56 196	54 733	52 693	44 474	48 531	41 015	48 686	50 097
总计	35 190 428	41 371 379	40 884 842	38 767 500	41 523 742	37 846 908	41 813 931	44 394 998	41 805 202	44 898 058

数据来源：联合国粮食及农业组织（FAO）。

表 3-4 中东欧国家谷物种植面积

单位：公顷

	2008 年	2009 年	2010 年	2011 年	2012 年	2013 年	2014 年	2015 年	2016 年	2017 年
希腊	1 232 843	1 229 150	1 161 764	1 120 784	1 134 261	1 109 712	994 470	1 000 722	979 061	836 606
阿尔巴尼亚	149 100	146 200	145 700	147 599	142 800	142 000	143 149	142 600	148 084	145 799
保加利亚	1 713 492	1 829 228	1 770 374	1 769 184	1 903 165	2 006 986	1 960 700	1 835 350	1 816 636	1 729 267
匈牙利	2 903 443	2 882 230	2 599 986	2 679 290	2 757 920	2 816 940	2 817 260	2 697 704	2 565 875	2 427 698
波兰	8 598 806	8 582 827	7 597 044	7 803 026	7 704 311	7 479 452	7 484 956	7 511 852	7 400 264	7 601 996
罗马尼亚	5 181 667	5 265 063	5 019 319	5 219 738	5 424 635	5 409 272	5 423 895	5 455 244	5 480 496	5 196 103
爱沙尼亚	309 300	316 413	275 294	296 941	290 500	311 100	332 900	350 400	351 354	330 677
拉脱维亚	544 200	540 800	517 200	515 700	563 900	577 600	638 800	669 500	706 100	633 500
立陶宛	1 022 000	1 103 500	1 012 000	1 064 700	1 159 700	1 213 400	1 288 800	1 329 091	1 326 697	1 199 510
斯洛文尼亚	106 523	101 836	95 740	95 970	100 733	99 981	100 903	99 983	99 391	99 504
克罗地亚	561 332	563 446	552 508	543 158	589 156	586 869	497 945	492 151	532 801	464 902
捷克	1 561 492	1 544 454	1 465 570	1 482 187	1 457 126	1 415 798	1 412 202	1 392 348	1 361 426	1 357 032
斯洛伐克	799 375	769 436	683 483	741 475	792 817	759 838	779 581	749 217	753 845	717 472
马其顿	173 330	179 878	162 651	158 444	161 938	166 181	161 355	158 613	166 116	159 516
波黑	310 520	308 836	286 769	300 208	301 933	303 586	272 202	298 319	319 268	312 697
塞尔维亚	1 936 956	1 957 015	1 874 470	1 911 492	1 723 345	1 768 890	1 825 156	1 766 897	1 765 579	1 717 520
黑山	1 193	1 213	1 142	1 904	1 855	2 012	2 206	2 116	2 152	2 200
总计	27 105 572	27 321 525	25 221 014	25 851 800	26 210 095	26 169 617	26 136 480	25 952 107	25 775 145	24 931 999

数据来源：联合国粮食及农业组织（FAO）。

从单位面积产量来看，2008—2017 年大部分国家的谷物单位面积产量都有所提升，希腊、马其顿、波黑和塞尔维亚 4 个国家的谷物单位面积产量发生了下滑，斯洛文尼亚、黑山这两国的谷物单位面积产量十年前后持平（表 3-5）。

表 3-5 中东欧国家谷物单位面积产量

单位：千克/公顷

	2008 年	2009 年	2010 年	2011 年	2012 年	2013 年	2014 年	2015 年	2016 年	2017 年
希腊	4 515.8	4 266.2	4 064.9	4 344.1	4 206.7	4 393.3	4 287.7	4 251.5	4 028.5	3 764.0
阿尔巴尼亚	4 081.2	4 315.3	4 761.8	4 750.7	4 883.8	4 949.8	4 892.6	4 873.8	4 716.4	4 813.0
保加利亚	4 094.3	3 413.0	4 031.0	4 251.2	3 671.8	4 561.0	4 860.7	4 669.6	4 817.8	5 479.7
匈牙利	5 800.2	4 715.2	4 719.0	5 105.1	3 761.1	4 831.5	5 897.0	5 243.4	6 486.6	5 778.9
波兰	3 217.2	3 475.1	3 584.0	3 430.4	3 704.9	3 804.4	4 268.0	3 727.8	4 033.5	4 199.6
罗马尼亚	3 247.3	2 824.8	3 329.7	3 993.0	2 364.1	3 863.2	4 069.2	3 543.9	3 971.3	5 223.0
爱沙尼亚	2 792.8	2 760.5	2 464.2	2 598.9	3 412.0	3 135.6	3 669.6	4 381.6	2 658.4	3 967.3
拉脱维亚	3 104.4	3 075.3	2 775.5	2 738.0	3 767.5	3 373.8	3 486.5	4 513.1	3 828.4	4 250.2
立陶宛	3 348.2	3 449.6	2 763.5	3 029.9	4 015.3	3 687.8	3 975.2	4 564.6	3 859.8	4 230.2
斯洛文尼亚	5 474.7	5 268.3	5 981.0	6 373.8	5 761.9	4 615.5	6 472.8	6 285.1	6 467.2	5 543.3
克罗地亚	6 639.1	6 109.8	5 456.0	5 220.0	4 573.6	5 444.9	6 027.8	5 695.0	6 690.9	5 714.7
捷克	5 362.8	5 073.9	4 695.8	5 592.6	4 529.5	5 309.3	6 219.8	5 880.6	6 317.3	5 497.9
斯洛伐克	5 175.3	4 331.5	3 737.3	5 009.0	3 829.1	4 490.4	6 038.7	5 079.6	6 430.4	4 856.0
马其顿	3 536.9	3 385.9	3 329.6	3 502.1	2 839.3	3 381.3	3 899.6	3 050.9	3 858.0	2 807.4
波黑	4 427.1	4 503.1	3 853.0	3 724.9	3 000.6	4 026.9	3 977.4	3 812.1	5 191.7	3 732.1
塞尔维亚	4 570.6	4 601.1	4 958.8	4 751.4	3 701.7	5 157.8	5 959.8	4 787.1	6 167.4	3 967.7
黑山	3 239.7	3 347.9	3 321.4	3 305.7	2 638.3	3 770.6	3 451.5	3 146.5	3 261.7	3 322.7

数据来源：联合国粮食及农业组织（FAO）。

2008—2017 年，不少国家的谷物种植面积都在缩小，但由于单产提高，十年来谷物的产量没有减少的趋势。2012 年，位于巴尔干半岛的阿尔巴尼亚、波黑、保加利亚、希腊、北马其顿、罗马尼亚等国受到干旱气候的影响，谷物总产量有所减少。罗马尼亚、爱沙尼亚、拉脱维亚等国，由于谷物收割面积扩大、单产提高，使得全部谷物产量有着较大幅度的提升（表 3-6）。

表3-6 中东欧国家谷物产量

单位：吨

	2008年	2009年	2010年	2011年	2012年	2013年	2014年	2015年	2016年	2017年
希腊	5 567 224	5 243 740	4 722 508	4 868 852	4 771 539	4 875 338	4 264 028	4 254 563	3 944 171	3 148 997
阿尔巴尼亚	608 500	630 900	693 800	701 200	697 400	702 870	700 370	695 000	698 430	701 734
保加利亚	7 015 582	6 243 088	7 136 449	7 521 108	6 988 023	9 153 930	9 530 421	8 570 299	8 752 219	9 475 846
匈牙利	16 840 650	13 590 362	12 269 359	13 678 147	10 372 740	13 609 910	16 613 380	14 145 172	16 643 885	14 029 434
波兰	27 664 297	29 826 416	27 228 098	26 767 403	28 543 870	28 455 154	31 945 433	28 002 726	29 849 223	31 924 964
罗马尼亚	16 826 441	14 872 952	16 712 883	20 842 160	12 824 138	20 897 076	22 070 736	19 332 821	21 764 816	27 139 079
爱沙尼亚	863 800	873 466	678 372	771 725	991 200	975 500	1 221 600	1 535 300	934 051	1 311 893
拉脱维亚	1 689 400	1 663 100	1 435 500	1 412 000	2 124 500	1 948 700	2 227 200	3 021 500	2 703 200	2 692 500
立陶宛	3 421 900	3 806 600	2 796 700	3 225 900	4 656 600	4 474 800	5 123 200	6 066 749	5 120 821	5 074 188
斯洛文尼亚	583 181	536 505	572 622	611 690	580 413	461 462	653 125	628 401	642 787	551 579
克罗地亚	3 726 750	3 442 567	3 014 507	2 835 284	2 694 564	3 195 466	3 001 492	2 802 791	3 564 903	2 656 778
捷克	8 374 003	7 836 375	6 882 070	8 289 282	6 600 024	7 516 944	8 783 667	8 187 778	8 600 551	7 460 859
斯洛伐克	4 137 019	3 332 824	2 554 376	3 714 041	3 035 810	3 411 961	4 707 655	3 805 712	4 847 544	3 484 061
马其顿	613 044	609 057	541 567	554 881	459 788	561 903	629 255	483 913	641 017	447 818
波黑	1 374 701	1 390 724	1 104 907	1 118 257	905 975	1 222 498	1 082 655	1 137 236	1 657 556	1 167 005
塞尔维亚	8 853 133	9 004 417	9 295 194	9 082 266	6 379 255	9 123 503	10 877 517	8 458 247	10 889 047	6 814 534
黑山	3 865	4 061	3 793	6 294	4 895	7 588	7 614	6 658	7 020	7 310
总计	108 163 490	102 907 154	97 642 705	106 000 490	92 630 734	110 594 603	123 439 348	111 134 866	121 261 241	118 088 579

数据来源：联合国粮食及农业组织（FAO）。

（1）小麦。小麦是中东欧国家谷物种植的主要品种。2008—2017年中东欧国家小麦收割面积总和基本持平，稍有增加。其中爱沙尼亚、拉脱维亚、捷克、立陶宛、塞尔维亚、波黑和黑山这7个国家的谷物种植面积有或多或少的扩大，其余10个国家的谷物收割面积均有所缩小。其中，罗马尼亚、爱沙尼亚、波兰、保加利亚、匈牙利、捷克、斯洛伐克等国的谷物种植面积较大，波兰、罗马尼亚两个国家谷物种植面积之和超过中东欧国家谷物种植总面积的40%（表3-7）。

表3-7　中东欧国家小麦种植面积

单位：公顷

	2008年	2009年	2010年	2011年	2012年	2013年	2014年	2015年	2016年	2017年
希腊	747 093	779 813	737 483	687 822	688 891	659 483	571 762	502 141	536 780	414 800
阿尔巴尼亚	83 400	82 800	73 900	69 219	73 000	71 200	69 998	69 600	70 512	68 095
保加利亚	1 111 533	1 247 718	1 131 565	1 137 462	1 185 007	1 314 288	1 267 914	1 105 916	1 192 590	1 144 519
匈牙利	1 125 629	1 146 456	1 011 182	978 000	1 070 020	1 090 480	1 112 730	1 029 318	1 044 314	997 618
波兰	2 277 950	2 346 200	2 124 222	2 258 700	2 077 200	2 137 868	2 338 782	2 395 451	2 364 078	2 391 853
罗马尼亚	2 098 369	2 140 549	2 152 523	1 945 849	1 992 180	2 097 490	2 107 813	2 102 444	2 135 304	2 052 920
爱沙尼亚	107 600	113 619	119 389	128 417	124 300	124 200	154 400	169 700	164 544	169 753
拉脱维亚	256 600	285 700	301 200	306 900	352 400	369 300	391 600	447 300	479 100	446 800
立陶宛	403 500	500 000	517 600	551 100	627 000	667 400	708 000	836 200	880 534	811 947
斯洛文尼亚	35 413	34 534	31 946	29 665	34 586	31 758	33 124	30 734	31 461	28 016
克罗地亚	156 536	180 376	168 507	149 797	186 949	204 506	156 139	140 986	168 029	116 150
捷克	802 325	831 300	833 577	863 132	815 381	829 393	835 941	829 820	839 710	832 062
斯洛伐克	373 662	379 195	342 115	362 845	388 147	367 682	379 283	377 899	416 578	373 667
马其顿	85 545	88 151	79 865	76 545	79 745	80 980	76 686	73 060	79 832	72 864
波黑	64 392	67 772	54 623	58 400	60 713	67 630	59 550	60 407	71 394	70 046
塞尔维亚	487 399	567 654	484 205	493 006	603 275	631 640	604 748	589 922	595 118	556 115
黑山	313	321	278	504	516	670	739	736	747	770
总计	10 217 259	10 792 158	10 164 180	10 097 363	10 359 310	10 745 968	10 869 209	10 761 634	11 070 625	10 547 995

数据来源：联合国粮食及农业组织（FAO）。

2008—2017年，中东欧大部分国家的单位面积产量都有所提升，罗马尼亚、保加利亚、爱沙尼亚、拉脱维亚提升较多，希腊、马其顿、波黑、塞尔维亚和黑山5个国家的谷物单位面积产量发生了下滑（表3-8）。

表3-8　中东欧国家小麦单位面积产量

单位：千克/公顷

	2008年	2009年	2010年	2011年	2012年	2013年	2014年	2015年	2016年	2017年
希腊	2 776.9	2 743.6	2 604.4	2 700.4	2 665.0	2 777.7	2 746.6	2 905.0	3 099.3	2 589.2
阿尔巴尼亚	4 016.8	4 022.9	3 990.5	4 230.1	4 109.6	4 129.2	4 000.1	3 951.1	3 900.0	4 036.7

（续）

	2008 年	2009 年	2010 年	2011 年	2012 年	2013 年	2014 年	2015 年	2016 年	2017 年
保加利亚	4 167.4	3 187.3	3 618.5	3 919.7	3 759.6	4 188.5	4 217.2	4 531.6	4 748.3	5 358.3
匈牙利	5 002.4	3 854.6	3 703.8	4 199.4	3 748.5	4 638.6	4 728.8	5 179.6	5 365.4	5 249.7
波兰	4 071.6	4 172.5	4 429.0	4 134.8	4 143.8	4 436.7	4 972.1	4 574.4	4 580.2	4 877.3
罗马尼亚	3 422.2	2 430.5	2 700.0	3 665.0	2 659.3	3 478.5	3 598.4	3 787.2	3 948.4	4 888.1
爱沙尼亚	3 183.1	3 014.6	2 744.0	2 806.5	3 899.4	3 275.4	3 986.4	4 788.5	2 768.5	4 201.8
拉脱维亚	3 856.6	3 627.6	3 284.5	3 061.3	4 369.5	3 885.7	3 747.4	5 030.4	4 304.5	4 786.9
立陶宛	4 268.9	4 200.4	3 304.5	3 391.9	4 782.9	4 302.2	4 563.0	5 238.4	4 366.1	4 824.7
斯洛文尼亚	4 526.5	3 964.3	4 804.4	5 177.0	5 437.6	4 352.6	5 230.2	5 110.2	5 186.3	5 031.4
克罗地亚	5 483.3	5 189.6	4 041.5	5 223.7	5 347.3	4 884.6	4 156.0	5 380.9	5 713.8	5 874.5
捷克	5 772.6	5 242.5	4 992.4	5 692.1	4 315.6	5 667.6	6 510.4	6 355.9	6 495.9	5 670.5
斯洛伐克	4 869.3	4 055.7	3 464.6	4 495.3	3 285.6	4 580.8	5 464.0	5 509.8	5 843.4	4 738.6
马其顿	3 410.1	3 075.0	3 044.3	3 345.8	2 695.6	3 197.6	3 755.0	2 754.1	3 838.5	2 746.4
波黑	3 735.4	3 775.1	2 662.1	3 596.0	3 708.2	3 920.6	2 864.0	3 526.3	4 294.5	4 174.0
塞尔维亚	4 299.1	3 642.3	3 367.2	4 211.4	3 977.0	4 259.2	3 947.4	4 116.1	4 847.0	4 092.0
黑山	3 501.6	35 981	3 402.9	3 202.4	2 798.4	3 435.7	2 921.5	2 868.2	3 150.6	3 233.8

数据来源：联合国粮食及农业组织（FAO）。

2008—2017 年，中东欧国家小麦收割面积基本持平、略有增加，但由于单产提高，十年来小麦的产量虽有所波动，但整体产量有较大幅度的提升（表3-9）。

表 3-9　中东欧国家小麦产量

单位：吨

	2008 年	2009 年	2010 年	2011 年	2012 年	2013 年	2014 年	2015 年	2016 年	2017 年
希腊	2 074 608	2 139 472	1 920 670	1 857 429	1 835 901	1 831 869	1 570 416	1 458 705	1 663 650	1 074 000
阿尔巴尼亚	335 000	333 100	294 900	292 800	300 000	294 000	280 000	275 000	275 000	274 877
保加利亚	4 632 210	3 976 852	4 094 597	4 458 492	4 455 104	5 504 941	5 347 078	5 011 597	5 662 721	6 132 671
匈牙利	5 630 833	4 419 163	3 745 190	4 107 000	4 010 990	5 058 300	5 261 890	5 331 426	5 603 184	5 237 181
波兰	9 274 920	9 789 586	9 408 110	9 339 200	8 607 600	9 485 183	11 628 670	10 957 787	10 827 902	11 665 702
罗马尼亚	7 180 984	5 202 526	5 811 810	7 131 590	5 297 748	7 296 373	7 584 814	7 962 421	8 431 131	10 034 960
爱沙尼亚	342 500	342 520	327 600	360 400	484 700	406 800	615 500	812 600	455 543	713 263
拉脱维亚	989 600	1 036 400	989 400	939 500	1 539 800	1 435 000	1 467 500	2 250 100	2 062 300	2 138 800
立陶宛	1 722 500	2 100 200	1 710 400	1 869 300	2 998 900	2 871 300	3 230 600	4 380 330	3 844 491	3 917 372
斯洛文尼亚	160 297	136 904	153 481	153 575	188 065	138 235	173 245	157 058	163 165	140 961
克罗地亚	858 333	936 076	681 017	782 499	999 681	998 940	648 917	758 638	960 081	682 322
捷克	4 631 502	4 358 073	4 161 553	4 913 048	3 518 896	4 700 696	5 442 349	5 274 272	5 454 663	4 718 205
斯洛伐克	1 819 479	1 537 905	1 185 286	1 631 112	1 275 302	1 684 274	2 072 405	2 082 134	2 434 213	1 770 659

（续）

	2008 年	2009 年	2010 年	2011 年	2012 年	2013 年	2014 年	2015 年	2016 年	2017 年
马其顿	291 719	271 117	243 137	256 103	214 963	258 960	287 954	201 218	306 433	200 112
波黑	240 533	255 848	145 412	210 004	225 137	265 152	170 550	213 015	306 605	292 368
塞尔维亚	2 095 400	2 067 555	1 630 404	2 076 237	2 399 225	2 690 266	2 387 202	2 428 203	2 884 537	2 275 623
黑山	1 096	1 155	946	1 614	1 444	2 301	2 159	2 111	2 354	2 490
总计	42 281 514	38 904 452	36 503 913	40 379 903	38 353 456	44 922 590	48 171 249	49 556 615	51 337 973	51 271 566

数据来源：联合国粮食及农业组织（FAO）。

（2）大麦。2008—2017 年中东欧国家大麦总收割面积趋向减少。只有阿尔巴尼亚、希腊、罗马尼亚、黑山这 4 个国家的大麦收割面积有或多或少的扩大，其余的 13 个国家的大麦收割面积均有所减少。其中，爱沙尼亚、拉脱维亚、立陶宛三国的大麦种植面积减少较多。波兰一国的大麦种植面积接近中东欧 17 个国家全部谷物种植面积的 1/3，波兰和罗马尼亚两个国家的大麦种植面积之和接近中东欧国家大麦总种植面积的 50%（表 3-10）。

表 3-10　中东欧国家大麦种植面积

单位：公顷

	2008 年	2009 年	2010 年	2011 年	2012 年	2013 年	2014 年	2015 年	2016 年	2017 年
希腊	128 874	127 768	120 760	121 168	127 974	137 088	148 601	184 289	132 800	133 400
阿尔巴尼亚	1 400	1 700	2 500	2 840	2 500	2 500	2 703	2 500	3 104	3 065
保加利亚	222 659	258 499	245 328	178 993	191 432	197 464	214 697	175 957	159 830	128 365
匈牙利	329 552	320 836	281 100	261 000	275 430	262 000	288 150	296 005	313 091	266 308
波兰	1 206 560	1 157 000	970 693	1 018 000	1 160 600	819 994	808 280	839 265	915 321	953 784
罗马尼亚	386 706	514 907	510 488	419 109	423 354	494 617	512 148	468 569	480 943	455 460
爱沙尼亚	136 500	140 676	104 800	118 300	109 000	133 100	125 800	131 400	135 342	102 487
拉脱维亚	131 200	104 600	100 400	95 900	86 300	84 400	118 200	99 300	94 400	70 300
立陶宛	332 500	277 400	231 800	252 700	217 300	209 300	267 000	202 400	172 538	141 645
斯洛文尼亚	19 229	20 089	18 730	17 477	17 967	17 314	18 482	20 110	19 184	20 369
克罗地亚	65 536	59 584	52 524	48 318	56 905	53 796	46 160	43 700	56 483	53 950
捷克	482 395	454 820	388 925	372 780	382 330	348 992	350 518	365 946	325 725	327 707
斯洛伐克	213 050	195 826	133 008	135 728	147 994	121 304	138 826	139 994	114 970	120 329
马其顿	47 351	48 622	42 802	41 096	41 057	41 944	41 157	41 160	41 297	43 816
波黑	22 723	22 471	18 637	20 745	20 453	20 678	18 268	20 129	25 631	21 022
塞尔维亚	92 417	95 377	84 166	77 625	80 803	90 642	90 803	95 984	91 530	84 687
黑山	208	214	194	432	414	405	424	370	386	400
总计	3 818 860	3 800 389	3 306 855	3 182 211	3 341 813	3 035 538	3 190 217	3 127 078	3 082 575	2 927 094

数据来源：联合国粮食及农业组织（FAO）。

2008—2017 年，中东欧大部分国家的单位面积产量都有所提升，马其顿、塞尔维亚、黑山 3 个国家的谷物单位面积产量发生了下滑，希腊、斯洛文尼亚、黑山这三国的大麦单位面积产量十年间持平（表 3-11）。

表 3-11　中东欧国家大麦单位面积产量

单位：千克/公顷

	2008 年	2009 年	2010 年	2011 年	2012 年	2013 年	2014 年	2015 年	2016 年	2017 年
希腊	2 743.0	2 669.6	2 575.9	2 632.7	2 629.1	2 779.8	2 832.3	2 781.7	2 854.9	2 626.7
阿尔巴尼亚	2 571.4	2 647.1	2 920.0	3 063.4	2 800.0	2 788.0	2 700.7	2 800.0	2 899.5	2 947.8
保加利亚	3 943.3	3 321.8	3 396.6	3 950.0	3 457.8	3 691.0	3 969.5	3 966.1	4 316.1	4 637.1
匈牙利	4 451.7	3 316.0	3 357.6	3 785.4	3 616.6	4 053.4	4 423.8	4 758.6	5 091.9	5 273.4
波兰	2 999.8	3 443.3	3 499.7	3 267.1	3 601.8	3 577.6	4 051.6	3 527.7	3 759.4	3 976.8
罗马尼亚	3 127.5	2 295.7	2 568.2	3 172.7	2 329.9	3 118.1	3 343.8	3 470.8	3 778.6	4 186.3
爱沙尼亚	2 557.5	2 679.5	2 431.5	2 493.7	3 131.2	3 313.3	3 641.5	4 235.9	2 640.6	4 153.5
拉脱维亚	2 340.7	2 537.3	2 274.9	2 468.2	2 880.6	2 755.9	3 543.1	3 878.1	3 000.0	3 426.7
立陶宛	2 918.5	3 093.7	2 372.0	3 006.2	3 414.2	3 276.2	3 814.6	4 009.4	3 159.8	3 669.3
斯洛文尼亚	3 993.3	3 524.0	4 277.6	4 542.3	4 715.7	4 002.7	4 853.4	4 633.2	4 777.6	4 807.7
克罗地亚	4 258.8	4 088.5	3 281.5	4 014.3	4 143.4	3 742.6	3 804.0	4 426.8	4 659.2	4 827.2
捷克	4 651.5	4 404.0	4 073.9	4 865.3	4 227.9	4 566.8	5 611.8	5 441.8	5 665.1	5 225.0
斯洛伐克	4 183.6	3 449.4	2 717.1	3 868.0	3 179.1	3 677.1	4 868.4	4 776.2	5 084.8	4 531.6
马其顿	3 437.7	3 010.4	2 951.1	3 151.4	2 201.4	2 993.6	3 718.8	2 470.3	3 507.1	2 137.7
波黑	3 424.8	3 436.5	2 692.7	3 165.4	3 194.5	3 426.1	2 663.1	3 139.5	3 015.6	3 630.6
塞尔维亚	3 723.8	3 171.9	2 902.2	3 596.9	3 445.0	3 996.0	3 560.3	3 773.6	4 321.0	3 607.3
黑山	2 903.8	2 794.4	2 793.8	2 599.5	2 301.9	2 919.3	2 705.2	2 573.0	2 767.0	2 725.0

数据来源：联合国粮食及农业组织（FAO）。

　　2008—2017 年不少国家的大麦收割面积都在缩小，但由于单产提高，十年来大麦的产量没有减少的趋势。由于阿尔巴尼亚、罗马尼亚等国大麦收割面积扩大、单产提高，使得大麦产量有着较大幅度的提升（表 3-12）。

表 3-12　中东欧国家大麦产量

单位：吨

	2008 年	2009 年	2010 年	2011 年	2012 年	2013 年	2014 年	2015 年	2016 年	2017 年
希腊	353 497	341 084	311 067	319 003	336 461	381 071	420 880	512 628	379 130	350 400
阿尔巴尼亚	3 600	4 500	7 300	8 700	7 000	6 970	7 300	7 000	9 000	9 035
保加利亚	878 001	858 679	833 271	707 022	661 932	728 836	852 231	697 863	689 850	595 237
匈牙利	1 467 055	1 063 881	943 817	988 000	996 110	1 062 000	1 274 710	1 408 563	1 594 233	1 404 356
波兰	3 619 460	3 983 900	3 397 171	3 325 900	4 180 200	2 933 579	3 274 826	2 960 662	3 441 090	3 793 032
罗马尼亚	1 209 411	1 182 062	1 311 035	1 329 692	986 361	1 542 247	1 712 509	1 626 330	1 817 269	1 906 700
爱沙尼亚	349 100	376 945	254 822	295 000	341 300	441 000	458 100	556 600	357 387	425 683
拉脱维亚	307 100	265 400	228 400	236 700	248 600	232 600	418 800	385 100	283 200	240 900
立陶宛	970 400	858 200	550 000	759 800	741 900	685 700	1 018 500	811 500	545 191	519 732
斯洛文尼亚	76 788	70 793	80 120	79 386	84 727	69 303	89 700	93 174	91 653	97 929

（续）

	2008 年	2009 年	2010 年	2011 年	2012 年	2013 年	2014 年	2015 年	2016 年	2017 年
克罗地亚	279 106	243 609	172 359	193 961	235 778	201 339	175 592	193 451	263 165	260 426
捷克	2 243 865	2 003 032	1 584 456	1 813 679	1 616 467	1 593 760	1 967 049	1 991 415	1 845 254	1 712 279
斯洛伐克	891 317	675 475	361 390	525 001	470 482	446 049	675 853	668 644	584 602	545 285
马其顿	162 779	146 372	126 315	129 509	90 384	125 565	153 055	101 677	144 832	93 666
波黑	77 821	77 222	50 183	65 667	65 337	70 844	48 649	63 194	77 294	76 324
塞尔维亚	344 141	302 527	244 268	279 206	278 367	362 205	323 283	362 205	395 501	305 493
黑山	604	598	542	1 123	953	1 182	1 147	952	1 068	1 090
总计	13 234 045	12 454 279	10 456 516	11 057 349	11 342 359	10 884 250	12 872 184	12 440 958	12 519 719	12 337 567

数据来源：联合国粮食及农业组织（FAO）。

（3）黑麦。2008—2017 年中东欧国家黑麦总收割面积趋向减少，只有保加利亚、斯洛文尼亚、马其顿、波黑、黑山这 5 个国家的黑麦收割面积有小幅扩大，其余 12 个国家的黑麦收割面积均有明显减少，其中匈牙利、波兰、罗马尼亚、捷克、斯洛伐克、立陶宛等国的黑麦种植面积减少较多。黑麦种植在中东欧较普遍但分布很不均衡，中东欧 17 国中仅波兰一国的黑麦种植面积超过中东欧国家全部黑麦种植面积的 83%（表 3-13）。

表 3-13　中东欧国家黑麦种植面积

单位：公顷

	2008 年	2009 年	2010 年	2011 年	2012 年	2013 年	2014 年	2015 年	2016 年	2017 年
希腊	16 845	16 848	16 189	13 955	14 576	14 970	15 383	14 238	14 760	12 000
阿尔巴尼亚	1 400	1 100	1 100	1 400	1 300	1 200	1 375	1 300	1 204	1 189
保加利亚	7 406	9 953	10 795	10 298	12 617	15 458	14 441	6 304	7 468	8 237
匈牙利	43 631	40 000	37 002	32 639	35 150	35 360	33 600	37 709	27 226	25 438
波兰	1 396 520	1 395 700	1 059 568	1 085 471	1 042 046	1 172 722	886 443	725 257	775 087	873 222
罗马尼亚	13 015	15 444	14 439	12 315	8 667	10 739	10 157	9 603	10 454	9 590
爱沙尼亚	21 400	15 292	12 600	13 300	16 900	11 500	15 400	14 300	12 368	13 314
拉脱维亚	59 000	59 000	32 900	27 200	36 300	28 300	32 000	37 300	35 800	31 800
立陶宛	74 300	82 200	49 500	42 000	55 900	49 400	37 900	38 759	32 564	25 843
斯洛文尼亚	714	892	796	808	902	1 489	1 640	1 236	970	1 081
克罗地亚	1 367	998	1 035	871	846	1 019	1 373	1 093	1 285	774
捷克	43 399	38 453	30 249	24 985	30 557	37 498	25 137	21 980	20 951	22 221
斯洛伐克	25 941	19 863	15 899	12 981	15 720	22 389	14 592	11 579	11 725	9 970
马其顿	3 923	3 701	3 590	3 510	3 767	3 758	4 167	3 758	4 483	4 065
波黑	3 723	3 863	2 947	3 295	3 456	3 704	3 566	3 761	4 035	3 761
塞尔维亚	5 331	5 197	4 865	4 547	4 375	4 735	5 699	5 689	4 891	4 673

（续）

	2008 年	2009 年	2010 年	2011 年	2012 年	2013 年	2014 年	2015 年	2016 年	2017 年
黑山	52	83	67	176	157	162	183	178	184	180
总计	1 717 967	1 708 587	1 293 541	1 289 751	1 283 236	1 414 403	1 103 056	934 044	965 455	1 047 358

数据来源：联合国粮食及农业组织（FAO）。

2008—2017 年，中东欧大部分国家的单位面积产量都有所提升，希腊、立陶宛、马其顿、波黑、塞尔维亚、黑山 6 个国家的谷物单位面积产量发生了小幅下滑。各国单位面积产量差距较大，单位面积产量最高的国家（捷克）是单位面积产量最低的国家（希腊）的 2.6 倍，种植面积最大的国家（波兰）单位面积产量处于中间水平（表 3-14）。

表 3-14　中东欧国家黑麦单位面积产量

单位：千克/公顷

	2008 年	2009 年	2010 年	2011 年	2012 年	2013 年	2014 年	2015 年	2016 年	2017 年
希腊	2 367.9	2 335.4	2 273.1	2 304.3	2 000.2	2 124.9	2 057.6	2 313.2	1 990.5	1 850.0
阿尔巴尼亚	2 214.3	2 909.1	2 090.9	2 428.6	2 615.4	2 416.7	2 232.7	2 307.7	2 253.3	2 266.6
保加利亚	1 993.8	1 894.7	1 622.1	1 926.6	1 742.0	1 885.9	1 954.0	1 778.2	2 032.4	2 100.8
匈牙利	2 578.3	1 813.3	2 112.6	2 304.9	2 243.0	3 068.4	2 855.4	2 756.6	3 087.9	3 323.6
波兰	2 469.4	2 660.2	2 691.3	2 395.2	2 771.6	2 864.5	3 150.3	2 775.8	2 837.8	3 061.8
罗马尼亚	2 416.1	2 134.1	2 374.2	2 548.3	2 104.1	2 217.3	2 398.5	2 532.4	2 480.5	2 936.4
爱沙尼亚	3 065.4	2 554.9	1 984.1	2 323.1	3 378.7	1 904.3	3 220.8	3 825.2	2 615.7	3 932.5
拉脱维亚	3 303.4	2 749.2	2 133.7	2 352.9	3 421.5	2 671.4	3 571.9	4 278.8	3 935.8	4 069.2
立陶宛	2 757.7	2 529.2	1 757.6	2 023.8	2 801.4	1 953.4	2 250.7	2 782.2	2 378.3	2 440.4
斯洛文尼亚	2 913.2	2 598.7	3 361.8	3 518.6	3 793.8	3 366.0	4 107.9	3 768.6	4 101.0	4 084.2
克罗地亚	2 983.9	2 865.7	2 422.2	3 385.8	2 867.6	2 899.9	2 039.3	3 070.4	3 615.6	3 315.2
捷克	4 833.9	4 630.8	3 908.7	4 741.1	4 809.4	4 701.0	5 134.2	4 907.8	4 980.8	4 916.1
斯洛伐克	3 097.4	2 866.2	2 231.0	3 176.9	3 142.7	3 862.1	3 667.0	3 596.2	3 505.6	3 255.6
马其顿	2 526.6	2 455.8	2 465.2	2 363.8	1 934.7	2 367.7	2 736.3	2 061.5	2 277.5	2 070.4
波黑	2 978.0	3 156.1	2 519.2	2 933.2	3 110.0	3 256.1	2 795.3	2 791.0	3 291.0	2 855.5
塞尔维亚	2 552.6	2 452.0	2 152.1	2 540.4	2 432.0	2 800.0	2 053.5	2 330.4	2 903.3	2 407.0
黑山	2 865.4	3 120.5	3 089.6	3 090.9	2 095.5	3 551.7	2 879.8	1 904.5	2 126.7	2 388.9

数据来源：联合国粮食及农业组织（FAO）。

2008—2017 年，不少国家的黑麦收割面积都有明显减少，虽然单产有所提高，不足以抵消收割面积减少的影响，十年来谷物的产量有所波动，但明显趋向减少。波兰黑麦种植面积占中东欧国家黑麦总种植面积的比例较大，因此波兰黑麦种植面积的减少对中东欧国家黑麦总种植面积的减少趋势影响明显（表3-15）。

表3-15　中东欧国家黑麦产量

单位：吨

	2008年	2009年	2010年	2011年	2012年	2013年	2014年	2015年	2016年	2017年
希腊	39 887	39 346	36 800	32 156	29 155	31 809	31 651	32 935	29 380	22 200
阿尔巴尼亚	3 100	3 200	2 300	3 400	3 400	2 900	3 070	3 000	2 713	2 695
保加利亚	14 766	18 858	17 511	19 840	21 979	29 153	28 217	11 210	15 178	17 304
匈牙利	112 493	72 531	78 170	75 231	78 840	108 500	95 940	103 950	84 070	84 546
波兰	3 448 550	3 712 900	2 851 706	2 600 676	2 888 137	3 359 271	2 792 593	2 013 148	2 199 578	2 673 642
罗马尼亚	31 446	32 959	34 281	31 382	18 236	23 812	24 362	24 319	25 931	28 160
爱沙尼亚	65 600	39 069	25 000	30 900	57 100	21 900	49 600	54 700	32 351	52 357
拉脱维亚	194 900	162 200	70 200	64 000	124 200	75 600	114 300	159 600	140 900	129 400
立陶宛	204 900	207 900	87 000	85 000	156 600	96 500	85 300	107 835	77 448	63 066
斯洛文尼亚	2 080	2 318	2 676	2 843	3 422	5 012	6 737	4 658	3 978	4 415
克罗地亚	4 079	2 860	2 507	2 949	2 426	2 955	2 800	3 356	4 646	2 566
捷克	209 787	178 070	118 233	118 456	146 962	176 278	129 059	107 874	104 353	109 241
斯洛伐克	80 349	56 932	35 470	41 239	49 404	86 469	53 509	41 640	41 103	32 458
马其顿	9 912	9 089	8 850	8 297	7 288	8 898	11 402	7 747	10 210	8 416
波黑	11 087	12 192	7 424	9 665	10 748	12 063	9 968	10 497	13 279	10 740
塞尔维亚	13 608	12 743	10 470	11 551	10 640	13 258	11 702	13 258	14 200	11 248
黑山	149	259	207	544	329	574	527	339	391	430
总计	4 446 693	4 563 426	3 388 805	3 138 129	3 608 866	4 054 952	3 450 737	2 700 066	2 799 709	3 252 884

数据来源：联合国粮食及农业组织（FAO）。

（4）燕麦。2008—2017年，中东欧国家燕麦总种植面积基本保持稳定。其中希腊增加较多，波黑减少较多，其他国家燕麦种植面积有或多或少的增减。其中，波兰的燕麦种植面积较大，波兰一国的燕麦种植面积超过了中东欧17个国家全部燕麦种植面积的45%（表3-16）。

表3-16　中东欧国家燕麦种植面积

单位：公顷

	2008年	2009年	2010年	2011年	2012年	2013年	2014年	2015年	2016年	2017年
希腊	43 498	43 406	44 613	45 054	45 571	44 949	42 789	103 575	96 000	89 000
阿尔巴尼亚	13 900	13 000	14 000	12 940	12 500	13 600	14 073	14 600	14 736	15 390
保加利亚	24 868	19 996	24 353	14 794	16 640	17 891	14 886	11 076	15 323	13 266
匈牙利	61 221	52 230	50 799	53 539	53 000	51 230	50 870	45 394	36 310	33 685
波兰	550 617	525 300	574 131	546 200	513 800	433 812	478 572	460 695	472 475	491 241
罗马尼亚	200 007	201 819	181 217	184 985	194 227	181 985	179 292	173 862	169 579	165 760
爱沙尼亚	34 200	36 134	30 431	28 400	31 800	34 800	27 300	24 400	29 309	33 649

（续）

	2008 年	2009 年	2010 年	2011 年	2012 年	2013 年	2014 年	2015 年	2016 年	2017 年
拉脱维亚	66 200	60 600	56 700	58 000	59 800	61 500	65 400	59 300	62 100	54 000
立陶宛	68 000	63 800	57 800	63 200	70 800	73 600	75 900	64 152	70 758	75 987
斯洛文尼亚	1 887	1 773	1 773	1 842	1 369	1 203	1 364	1 506	1 332	1 448
克罗地亚	19 873	20 901	19 280	25 344	28 514	21 656	21 146	23 462	26 572	23 139
捷克	49 049	50 021	52 278	45 236	50 770	43 559	42 289	42 395	37 566	44 065
斯洛伐克	17 037	15 929	14 776	15 187	15 773	13 901	15 367	15 880	13 592	14 821
马其顿	2 852	2 726	2 729	2 443	2 618	2 781	2 873	3 070	3 607	3 415
波黑	15 416	13 040	9 958	10 007	10 280	9 838	9 468	9 287	9 743	9 404
塞尔维亚	39 637	35 396	34 181	31 589	34 554	33 506	30 732	32 420	27 536	28 537
黑山	180	163	159	184	180	207	210	203	207	210
总计	1 208 442	1 156 234	1 169 178	1 138 944	1 142 196	1 040 018	1 072 531	1 085 277	1 086 745	1 097 017

数据来源：联合国粮食及农业组织（FAO）。

2008—2017 年中东欧大部分国家的燕麦单位面积产量都有所提升，匈牙利、克罗地亚、马其顿三国的燕麦单位面积产量发生了小幅下滑，希腊燕麦单位面积产量发生了大幅下滑。各国燕麦单位面积产量差距不大，单位面积产量最低的国家（希腊）与其他国家差距明显（表 3-17）。

表 3-17　中东欧国家燕麦单位面积产量

单位：千克/公顷

	2008 年	2009 年	2010 年	2011 年	2012 年	2013 年	2014 年	2015 年	2016 年	2017 年
希腊	1 984.8	2 033.5	1 988.8	2 053.5	2 055.0	2 052.1	2 197.4	2 088.7	1 284.5	1 116.9
阿尔巴尼亚	1 568.3	1 923.1	1 950.0	2 310.7	2 160.0	1 985.3	2 131.7	2 054.8	2 171.8	2 213.6
保加利亚	2 191.1	1 536.5	1 726.5	1 975.8	1 852.3	1 988.8	1 805.9	1 958.6	2 047.4	2 400.8
匈牙利	2 969.4	2 128.0	2 320.5	2 412.1	2 587.7	2 568.8	2 666.0	2 834.6	2 854.2	2 720.3
波兰	2 292.7	2 694.5	2 641.5	2 529.5	2 856.9	2 743.2	3 047.9	2 647.3	2 874.4	2 981.4
罗马尼亚	1 910.1	1 465.8	1 680.1	2 031.8	1 745.4	2 053.9	2 128.5	2 001.4	2 248.9	2 460.2
爱沙尼亚	2 254.4	2 394.0	1 790.9	2 211.3	2 465.4	2 451.1	2 381.0	2 778.7	2 201.1	2 656.6
拉脱维亚	2 137.5	2 333.3	1 774.3	2 084.5	2 291.0	2 182.1	2 371.6	2 704.9	2 352.7	2 481.5
立陶宛	2 070.6	2 233.5	1 624.6	2 033.2	2 309.3	2 237.8	2 421.6	2 546.5	2 191.6	2 578.4
斯洛文尼亚	2 642.8	2 402.7	2 914.8	3 158.5	3 178.2	2 582.7	3 261.0	3 335.3	3 244.0	3 205.1
克罗地亚	3 287.3	2 980.6	2 499.5	3 047.0	3 315.6	2 778.8	2 674.5	3 057.8	3 026.3	2 953.2
捷克	3 177.8	3 318.5	2 644.4	3 632.0	3 387.4	3 193.8	3 599.8	3 646.1	3 519.7	3 232.5
斯洛伐克	2 056.4	2 173.5	1 667.2	2 367.4	2 138.1	2 203.2	2 520.0	2 708.7	2 618.5	2 357.3
马其顿	1 854.5	1 819.5	2 007.7	1 881.3	1 488.9	1 875.2	2 099.9	1 841.0	2 110.3	1 587.4
波黑	2 653.2	2 655.8	1 992.7	2 698.7	2 608.6	2 858.2	2 069.6	2 588.0	2 940.7	2 867.9
塞尔维亚	2 410.9	2 080.5	1 977.7	2 257.0	2 236.0	2 635.0	2 438.3	2 723.3	2 954.1	2 436.8
黑山	2 400.0	2 496.9	2 597.5	2 494.6	1 594.4	2 823.4	2 266.7	2 738.9	2 689.5	2 666.7

数据来源：联合国粮食及农业组织（FAO）。

2008—2017 年，不少国家的燕麦种植面积保持稳定，单产有所提高，十年来谷物的产量有所波动，但明显趋向增加。波兰燕麦种植面积占中东欧燕麦种植总面积的比例较大，因此波兰燕麦种植对中东欧国家燕麦种植总趋势影响明显（表 3-18）。

表 3-18　中东欧国家燕麦产量

单位：吨

	2008 年	2009 年	2010 年	2011 年	2012 年	2013 年	2014 年	2015 年	2016 年	2017 年
希腊	86 334	88 265	88 728	92 519	93 650	92 238	94 023	216 336	123 310	99 400
阿尔巴尼亚	21 800	25 000	27 300	29 900	27 000	27 000	30 000	30 000	32 003	34 068
保加利亚	54 489	30 723	42 045	29 230	30 822	35 581	26 883	21 694	31 372	31 849
匈牙利	181 792	111 144	117 879	129 140	137 150	131 600	135 620	128 672	103 635	91 634
波兰	1 262 390	1 415 400	1 516 542	1 381 600	1 467 900	1 190 039	1 458 623	1 219 620	1 358 079	1 464 606
罗马尼亚	382 030	295 832	304 462	375 855	338 998	373 783	381 626	347 975	381 359	407 800
爱沙尼亚	77 100	86 504	54 500	62 800	78 400	85 300	65 000	67 800	64 511	89 393
拉脱维亚	141 500	141 400	100 600	120 900	137 000	134 200	155 100	160 400	146 100	134 000
立陶宛	140 800	142 500	93 900	128 500	163 500	164 700	183 800	163 362	155 073	195 928
斯洛文尼亚	4 987	4 260	5 168	5 818	4 351	3 107	4 448	5 023	4 321	4 641
克罗地亚	65 328	62 297	48 190	77 223	94 542	60 178	56 555	71 743	80 414	68 333
捷克	155 868	165 993	138 244	164 298	171 976	139 120	152 232	154 576	132 220	142 441
斯洛伐克	35 035	34 621	24 634	35 954	33 724	30 627	38 727	43 014	35 591	34 937
马其顿	5 289	4 960	5 479	4 596	3 898	5 215	6 033	5 652	7 612	5 421
波黑	40 901	34 632	19 843	27 006	26 816	28 119	19 595	24 035	28 651	26 969
塞尔维亚	95 560	73 640	67 599	71 296	77 262	88 288	74 932	88 288	81 344	69 538
黑山	432	407	413	459	287	585	476	556	557	560
总计	2 751 635	2 717 578	2 655 526	2 737 094	2 887 276	2 589 680	2 883 673	2 748 746	2 766 152	2 901 518

数据来源：联合国粮食及农业组织（FAO）。

（5）玉米。2008—2017 年中东欧国家玉米种植总面积基本持平，稍有减少。其中希腊、匈牙利、斯洛文尼亚、克罗地亚、捷克、马其顿、波黑、塞尔维亚这 8 个国家的玉米种植面积有或多或少的减少，其余的 9 个国家的玉米种植面积有所增加。其中，罗马尼亚、塞尔维亚、匈牙利等国的玉米种植面积较大，罗马尼亚、塞尔维亚两个国家的玉米种植面积之和超过中东欧国家玉米种植总面积的 50%（表 3-19）。

表 3-19　中东欧国家玉米收割面积

单位：公顷

	2008 年	2009 年	2010 年	2011 年	2012 年	2013 年	2014 年	2015 年	2016 年	2017 年
希腊	269 079	231 438	205 984	214 049	212 912	213 259	167 883	147 086	139 380	132 500

（续）

	2008 年	2009 年	2010 年	2011 年	2012 年	2013 年	2014 年	2015 年	2016 年	2017 年
阿尔巴尼亚	49 000	47 600	54 200	61 200	53 500	53 500	55 000	54 600	58 528	58 060
保加利亚	329 345	274 229	327 525	399 421	466 789	428 300	408 404	498 644	406 942	398 152
匈牙利	1 191 804	1 177 321	1 078 825	1 230 000	1 191 290	1 242 600	1 191 420	1 146 127	1 011 563	988 060
波兰	317 193	274 100	333 375	333 300	543 800	614 300	678 250	670 295	593 514	562 105
罗马尼亚	2 432 212	2 333 501	2 094 249	2 587 102	2 722 180	2 515 541	2 504 419	2 598 633	2 578 523	2 405 240
立陶宛	7 600	5 500	7 100	9 600	12 900	17 200	19 000	11 700	12 426	9 929
斯洛文尼亚	43 698	38 611	36 433	40 185	39 166	41 857	38 331	37 743	36 388	38 290
克罗地亚	314 062	296 910	296 768	305 130	299 161	288 365	252 567	263 970	252 072	247 119
捷克	113 777	105 268	103 276	121 006	119 333	96 902	98 749	79 972	86 407	85 995
斯洛伐克	154 238	144 235	166 585	202 038	212 336	221 543	216 186	191 438	184 811	187 812
马其顿	31 013	33 482	29 480	30 283	30 040	32 002	31 231	32 506	31 779	32 004
波黑	204 266	188 688	188 752	195 970	196 504	189 554	169 948	192 659	191 719	194 266
塞尔维亚	1 273 910	1 208 640	1 223 579	1 258 437	976 020	980 334	1 057 877	1 010 227	1 010 097	1 002 319
黑山	440	432	444	608	588	569	650	629	628	640
总计	6 731 637	6 359 955	6 146 575	6 988 329	7 076 519	6 935 826	6 889 915	6 936 229	6 594 777	6 342 491

数据来源：联合国粮食及农业组织（FAO）。

2008—2017 年中东欧各国家的玉米单位面积产量保持相对稳定，阿尔巴尼亚、保加利亚、罗马尼亚玉米单位面积产量提升明显，塞尔维亚、马其顿两个国家的玉米单位面积产量发生了下滑，波黑、匈牙利、斯洛伐克 3 个国家的玉米单位面积产量波动明显（表 3-20）。

表 3-20　中东欧国家玉米单位面积产量

单位：千克/公顷

	2008 年	2009 年	2010 年	2011 年	2012 年	2013 年	2014 年	2015 年	2016 年	2017 年
希腊	10 481.0	10 432.6	10 381.8	10 706.9	10 455.9	10 668.9	11 103.4	11 670.2	10 845.3	10 282.3
阿尔巴尼亚	5 000.0	5 569.3	6 679.0	5 986.9	6 729.0	6 953.3	6 909.1	6 959.7	6 487.7	6 563.2
保加利亚	4 154.8	4 707.1	6 251.2	5 531.0	3 680.0	6 394.3	7 682.3	5 408.5	5 470.3	6 436.2
匈牙利	7 465.3	6 394.5	6 474.5	6 497.6	3 997.9	5 437.3	7 818.5	5 787.1	8 630.1	6 893.6
波兰	5 814.9	6 226.2	5 982.4	7 177.0	7 348.1	6 576.1	6 588.1	4 708.7	7 317.3	7 154.5
罗马尼亚	3 227.1	3 416.9	4 317.6	4 529.2	2 187.0	4 494.1	4 787.0	3 471.6	4 167.7	5 956.2
立陶宛	4 210.5	4 327.3	6 690.1	7 489.6	6 108.5	7 395.3	6 052.6	4 820.5	6 939.7	5 738.1
斯洛文尼亚	7 320.7	7 837.1	8 539.4	8 685.6	7 081.6	5 414.5	9 146.2	8 974.2	9 514.4	7 108.3
克罗地亚	7 975.9	7 350.8	6 967.8	5 681.7	4 337.4	6 500.0	8 104.6	6 474.8	8 547.0	6 311.3
捷克	7 544.6	8 450.6	6 706.2	8 790.8	7 777.8	6 969.7	8 427.8	5 535.8	9 788.2	6 838.0
斯洛伐克	8 173.2	6 850.3	5 530.6	7 148.9	5 511.8	5 070.4	8 391.4	4 854.0	9 253.7	5 676.9
马其顿	4 099.1	4 705.4	4 477.8	4 270.4	3 955.4	4 226.9	4 489.8	4 214.3	4 626.6	3 843.7

（续）

	2008 年	2009 年	2010 年	2011 年	2012 年	2013 年	2014 年	2015 年	2016 年	2017 年
波黑	4 916.9	5 103.2	4 521.1	3 899.2	2 745.1	4 212.5	4 704.3	4 078.2	6 146.6	3 652.7
塞尔维亚	4 834.0	5 292.1	5 890.3	5 148.9	3 619.4	5 982.1	7 516.6	5 399.4	7 303.0	4 009.1
黑山	3 600.0	3 800.9	3 795.0	4 200.7	3 200.7	5 177.5	5 084.6	4 292.5	4 218.9	4 281.3

数据来源：联合国粮食及农业组织（FAO）。

2008—2017 年中东欧不少国家的玉米种植面积都在缩小，但由于单产提高，十年来玉米的产量没有减少的趋势。罗马尼亚的玉米总产量占 17 国全部产量的 37.8%（表 3-21）。

表 3-21　中东欧国家玉米产量

单位：吨

	2008 年	2009 年	2010 年	2011 年	2012 年	2013 年	2014 年	2015 年	2016 年	2017 年
希腊	2 820 227	2 414 495	2 138 486	2 291 806	2 226 176	2 275 239	1 864 065	1 716 520	1 511 620	1 362 400
阿尔巴尼亚	245 000	265 100	362 000	366 400	360 000	372 000	380 000	380 000	379 714	381 059
保加利亚	1 368 347	1 290 833	2 047 414	2 209 204	1 717 785	2 738 671	3 137 478	2 696 923	2 226 094	2 562 569
匈牙利	8 897 138	7 528 380	6 984 872	7 992 000	4 762 710	6 756 430	9 315 100	6 632 783	8 729 915	6 811 337
波兰	1 844 440	1 706 600	1 994 391	2 392 100	3 995 900	4 039 700	4 468 403	3 156 212	4 342 910	4 021 592
罗马尼亚	7 849 083	7 973 258	9 042 032	11 717 591	5 953 352	11 305 095	11 988 553	9 021 403	10 746 387	14 326 100
立陶宛	32 000	23 800	47 500	71 900	78 800	127 200	115 000	56 400	86 233	56 974
斯洛文尼亚	319 902	302 600	311 117	349 030	277 358	226 634	350 583	338 712	346 211	272 177
克罗地亚	2 504 940	2 182 521	2 067 815	1 733 664	1 297 590	1 874 372	2 046 966	1 709 152	2 154 470	1 559 638
捷克	858 407	889 574	692 589	1 063 736	928 147	675 380	832 235	442 709	845 765	588 105
斯洛伐克	1 260 616	988 053	921 313	1 444 358	1 170 354	1 123 313	1 814 113	929 233	1 710 178	1 066 188
马其顿	127 125	157 547	132 006	129 322	118 821	135 269	140 221	136 991	147 029	123 014
波黑	1 004 359	962 921	853 376	764 119	539 432	798 500	799 487	785 701	1 178 423	709 584
塞尔维亚	6 158 120	6 396 262	7 207 191	6 479 564	3 532 602	5 864 419	7 951 583	5 454 841	7 376 738	4 018 370
黑山	1 584	1 642	1 685	2 554	1 882	2 946	3 305	2 700	2 650	2 740
总计	35 291 288	33 083 586	34 803 787	39 007 348	26 960 909	38 315 168	45 207 092	33 460 280	41 784 337	37 861 847

数据来源：联合国粮食及农业组织（FAO）。

2. 蔬菜

2008—2017 年，中东欧国家蔬菜种植总面积减少，只有阿尔巴尼亚、匈牙利、爱沙尼亚、斯洛文尼亚、马其顿这 5 个国家的蔬菜种植面积有或多或少的扩大，其余的 12 个国家的蔬菜种植面积均有所减少，斯洛伐克减少严重。罗马尼亚、波兰、波黑等国的蔬菜种植面积较大，罗马尼亚一国的蔬菜种植面积超过了中东欧 17 个国家蔬菜种植总面积的 1/5，罗马尼亚、波兰、波黑 3 个国家蔬菜种植面积之和超过中东欧国家蔬菜种植总面积的 55%（表 3-22）。

表 3-22　中东欧国家主要蔬菜种植面积

单位：公顷

	2008 年	2009 年	2010 年	2011 年	2012 年	2013 年	2014 年	2015 年	2016 年	2017 年
希腊	111 471	114 362	114 463	110 135	108 405	106 970	79 815	92 620	80 544	84 211
阿尔巴尼亚	23 463	23 198	29 395	31 505	32 698	30 652	29 972	29 523	30 550	30 482
保加利亚	29 127	24 010	25 575	24 086	22 154	20 938	17 550	25 762	35 753	25 399
匈牙利	79 751	75 218	60 998	68 455	69 733	68 810	73 170	77 662	86 195	84 468
波兰	203 387	212 152	165 970	184 480	181 070	148 478	178 383	181 466	184 354	183 459
罗马尼亚	243 030	237 740	235 697	237 142	232 199	233 540	218 427	218 292	208 199	223 984
爱沙尼亚	2 673	3 003	3 024	3 204	3 141	3 031	3 112	3 394	3 324	3 642
拉脱维亚	9 987	9 484	8 967	9 086	9 582	8 769	8 555	8 432	8 594	8 157
立陶宛	12 057	11 986	12 300	12 646	11 160	11 323	10 745	11 250	12 998	12 998
斯洛文尼亚	4 235	4 219	2 771	3 779	4 079	4 588	4 782	5 003	5 515	5 436
克罗地亚	41 568	39 608	37 758	42 091	35 681	37 391	34 156	42 216	41 436	38 527
捷克	10 717	9 797	9 574	10 321	9 079	9 259	9 886	9 849	10 844	10 873
斯洛伐克	28 095	26 686	28 121	17 529	8 015	7 076	6 972	7 752	8 327	6 139
马其顿	39 729	41 558	41 579	41 602	42 221	42 437	43 131	43 457	42 991	42 807
波黑	137 302	126 191	127 723	126 232	131 518	125 218	128 468	132 184	133 406	133 397
塞尔维亚	142 443	141 259	140 589	138 118	90 110	73 899	75 525	81 522	83 208	84 679
黑山	1 653	1 670	1 682	1 575	1 456	1 354	1 349	1 571	1 560	1 382
总计	1 120 688	1 102 141	1 046 186	1 061 986	992 301	933 733	923 998	971 955	977 798	980 040

数据来源：联合国粮食及农业组织（FAO）。

2008—2017 年中东欧大部分国家的蔬菜单位面积产量都有所提升，保加利亚、匈牙利、爱沙尼亚、立陶宛、斯洛文尼亚和克罗地亚 6 个国家的蔬菜单位面积产量发生了下滑（表 3-23）。

表 3-23　中东欧国家主要蔬菜单位面积产量

单位：千克/公顷

	2008 年	2009 年	2010 年	2011 年	2012 年	2013 年	2014 年	2015 年	2016 年	2017 年
希腊	27 451.8	28 541.3	28 292.5	27 261.5	27 039.7	27 404.4	28 528.6	30 254.9	33 166.1	29 275.2
阿尔巴尼亚	21 563.0	21 961.1	20 566.6	21 304.0	20 762.0	22 390.5	23 368.4	25 361.0	27 265.6	28 097.1
保加利亚	15 138.8	16 295.0	17 244.2	16 546.1	14 455.5	18 485.5	20 818.2	15 350.4	16 748.9	18 580.8
匈牙利	19 742.0	18 306.0	16 311.3	18 455.1	16 804.4	17 855.4	17 990.5	17 887.2	16 486.3	14 897.4
波兰	26 517.5	27 398.3	30 809.2	31 448.9	31 291.9	35 294.2	32 955.3	27 989.1	32 038.6	32 779.0
罗马尼亚	13 452.8	13 707.9	13 635.6	14 952.9	12 906.2	14 318.0	15 057.7	14 592.7	13 927.4	14 327.3
爱沙尼亚	24 129.8	23 517.8	24 434.2	27 504.7	21 032.8	26 017.8	21 326.8	25 325.6	18 998.2	16 288.4
拉脱维亚	14 278.6	19 261.0	16 854.6	18 521.6	16 849.9	16 018.8	22 367.7	23 056.6	22 981.3	19 199.2
立陶宛	19 225.7	20 511.8	14 090.4	21 897.4	23 479.4	19 463.5	21 865.9	17 573.2	17 451.0	16 422.5
斯洛文尼亚	18 348.8	19 683.0	21 688.0	19 449.5	16 572.9	15 052.1	17 390.0	19 312.9	19 323.4	17 909.1
克罗地亚	30 881.5	30 389.1	29 072.6	26 649.0	24 311.5	31 984.9	33 374.4	31 886.3	35 561.6	27 482.0

（续）

	2008 年	2009 年	2010 年	2011 年	2012 年	2013 年	2014 年	2015 年	2016 年	2017 年
捷克	18 553.5	19 619.0	17 170.5	21 208.3	19 927.7	20 344.6	23 567.5	19 802.2	22 075.3	23 289.6
斯洛伐克	11 755.6	11 088.8	9 543.2	11 622.4	11 235.8	11 443.8	15 360.8	11 851.5	13 836.7	15 323.1
马其顿	11 972.3	13 049.6	15 218.9	14 664.1	13 906.0	13 674.1	15 402.7	17 004.7	16 267.4	15 804.8
波黑	5 655.6	5 968.1	5 761.6	5 701.1	5 374.3	6 005.5	5 397.6	5 618.5	6 133.0	5 695.1
塞尔维亚	7 395.1	7 919.8	8 287.7	7 873.5	9 729.0	11 790.8	10 246.9	11 145.9	11 933.9	10 716.1
黑山	13 186.9	13 139.5	13 638.5	11 472.4	11 108.5	13 228.9	13 085.0	14 818.7	15 629.9	14 517.4

数据来源：联合国粮食及农业组织（FAO）。

虽然 2008—2017 年中东欧不少国家的蔬菜种植面积都在减少，但由于单产提高，十年来蔬菜的产量总体保持稳定，各国蔬菜总产量相对稳定（表 3-24）。

表 3-24　中东欧国家主要蔬菜产量

单位：吨

	2008 年	2009 年	2010 年	2011 年	2012 年	2013 年	2014 年	2015 年	2016 年	2017 年
希腊	3 060 070	3 264 054	3 238 432	3 002 449	2 931 237	2 931 442	2 276 999	2 802 206	2 671 340	2 465 279
阿尔巴尼亚	505 930	509 452	604 559	671 183	678 875	686 313	700 408	748 744	832 971	856 447
保加利亚	440 954	391 237	441 020	398 537	320 247	387 056	365 362	395 460	598 820	471 933
匈牙利	1 574 443	1 376 942	994 954	1 263 341	1 171 821	1 228 630	1 316 363	1 389 157	1 421 039	1 258 351
波兰	5 393 302	5 812 587	5 113 402	5 801 702	5 666 027	5 240 397	5 878 674	5 079 053	5 906 456	6 013 590
罗马尼亚	3 269 432	3 258 908	3 213 871	3 545 963	2 996 812	3 343 821	3 289 019	3 185 466	2 899 668	3 209 087
爱沙尼亚	64 499	70 624	73 889	88 125	66 064	78 860	66 369	85 955	63 150	59 329
拉脱维亚	142 600	182 671	151 135	168 287	161 456	140 469	191 366	194 408	197 501	156 608
立陶宛	231 804	245 854	173 312	276 915	262 030	220 385	234 949	197 693	226 822	213 453
斯洛文尼亚	77 707	83 042	60 097	73 500	67 601	69 059	83 159	96 622	106 568	97 354
克罗地亚	1 283 683	1 203 650	1 097 726	1 121 685	867 457	1 195 947	1 139 936	1 346 111	1 473 529	1 058 799
捷克	198 833	192 204	164 386	218 890	180 917	188 372	232 985	195 035	239 377	253 237
斯洛伐克	330 276	295 913	268 364	203 727	90 055	80 979	107 094	91 874	115 224	94 067
马其顿	475 654	542 320	632 790	610 055	587 126	580 293	664 335	738 981	699 354	676 553
波黑	776 522	753 125	735 884	719 654	706 813	751 991	693 427	742 674	818 172	759 716
塞尔维亚	1 053 387	1 118 734	1 165 155	1 087 475	876 684	871 325	773 898	908 632	992 996	907 430
黑山	21 798	21 943	22 940	18 069	16 174	17 909	17 649	23 274	24 382	20 066
总计	18 900 894	19 323 260	18 151 916	19 269 557	17 647 396	18 013 248	18 031 992	18 221 345	19 287 369	18 571 299

数据来源：联合国粮食及农业组织（FAO）。

3. 水果

2008—2017 年中东欧国家水果种植总面积减少，只有阿尔巴尼亚、波兰、立陶宛、黑山这 4 个国家的水果种植面积有或多或少的扩大，其余的 13 个国家的水果种植面积均有所减少，塞尔维亚、保加利亚和斯洛伐克水果种植面积减少严重。波兰、罗马尼亚、希腊、塞尔维亚的水果种植面积较大。波兰一国的水果种植面积接近中东欧 17 个国家水果种植总面积的 1/4，波兰、罗马尼亚两个国家水果种植面积之和超过中东欧国家水果种植总面积的 40%（表 3-25）。

表 3-25 中东欧国家主要水果种植面积

单位：公顷

	2008 年	2009 年	2010 年	2011 年	2012 年	2013 年	2014 年	2015 年	2016 年	2017 年
希腊	264 203	262 558	259 563	259 556	257 422	254 075	219 131	268 666	262 944	266 995
阿尔巴尼亚	33 562	34 982	32 266	31 843	33 920	34 141	34 139	35 737	35 944	37 215
保加利亚	141 724	133 471	123 760	119 062	97 008	86 701	62 881	76 644	75 704	74 124
匈牙利	173 720	166 079	161 109	161 940	157 080	156 804	157 360	163 323	160 043	158 825
波兰	394 788	395 746	387 125	411 394	425 852	433 739	408 660	402 897	405 614	404 667
罗马尼亚	369 015	365 032	355 341	350 310	353 833	358 188	344 575	343 774	339 167	339 148
爱沙尼亚	8 147	8 275	7 093	7 041	6 892	6 705	6 607	6 585	6 404	7 021
拉脱维亚	8 025	6 626	5 345	5 765	5 545	5 567	4 975	5 001	5 199	6 359
立陶宛	24 790	20 125	23 583	23 992	26 187	26 551	26 442	27 042	25 944	27 567
斯洛文尼亚	20 077	19 917	20 160	20 174	20 103	19 831	19 653	19 305	19 447	19 471
克罗地亚	55 724	56 885	57 519	56 191	51 565	45 906	47 397	47 171	45 349	42 090
捷克	39 520	39 205	38 172	39 034	39 243	38 300	38 033	36 983	35 917	35 434
斯洛伐克	29 534	27 336	22 081	22 795	16 082	15 852	13 618	13 374	13 155	12 696
马其顿	60 362	56 561	58 305	58 230	59 445	59 926	58 765	66 194	59 792	47 504
波黑	110 821	122 297	126 030	133 564	94 479	170 435	75 033	120 336	121 877	82 227
塞尔维亚	376 510	399 189	300 599	355 879	312 478	289 389	186 001	196 268	201 117	206 726
黑山	6 223	6 503	6 516	6 632	7 040	7 150	7 076	7 263	7 279	7 427
总计	2 116 745	2 120 787	1 984 567	2 063 402	1 964 174	2 009 260	1 710 346	1 836 563	1 820 896	1 775 496

数据来源：联合国粮食及农业组织（FAO）。

2008—2017 年中东欧大部分国家的水果单位面积产量都有所提升，匈牙利、波兰、拉脱维亚、克罗地亚和捷克这 5 个国家的水果单位面积产量发生了下滑，罗马尼亚、立陶宛、斯洛文尼亚这三国的水果单位面积产量十年前后持平（表 3-26）。

表 3-26 中东欧国家主要水果单位面积产量

单位：千克/公顷

	2008 年	2009 年	2010 年	2011 年	2012 年	2013 年	2014 年	2015 年	2016 年	2017 年
希腊	15 264.6	15 555.9	15 575.8	15 421.0	15 561.6	15 307.1	17 453.6	14 850.2	17 511.1	18 495.2
阿尔巴尼亚	15 718.5	16 172.9	19 660.8	20 841.2	20 742.9	20 270.5	20 749.4	21 405.7	22 565.0	21 519.7
保加利亚	3 900.0	3 679.6	3 696.6	4 090.5	4 646.8	6 989.7	5 505.5	7 101.3	6 660.8	7 280.8
匈牙利	9 560.9	10 094.3	7 566.7	7 317.3	9 085.8	10 022.1	11 005.7	9 043.5	9 076.8	8 372.1
波兰	9 830.2	9 312.2	7 205.5	8 439.1	9 161.9	9 675.4	10 430.8	10 373.9	11 658.0	8 020.2

（续）

	2008 年	2009 年	2010 年	2011 年	2012 年	2013 年	2014 年	2015 年	2016 年	2017 年
罗马尼亚	7 363.7	8 051.7	7 878.6	8 508.8	6 809.1	8 111.3	7 531.3	7 291.1	7 166.2	7 630.5
爱沙尼亚	673.4	1 106.5	714.9	828.6	746.4	1 139.9	771.6	986.8	1 339.6	942.5
拉脱维亚	4 178.5	2 418.0	2 447.9	1 786.3	2 273.4	3 343.8	2 668.6	2 403.8	2 658.5	1 807.3
立陶宛	3 736.9	3 516.8	1 871.9	2 519.0	3 267.7	2 797.9	2 725.0	3 372.5	3 200.5	3 701.7
斯洛文尼亚	11 639.1	12 020.9	12 780.4	12 853.7	8 557.8	11 495.7	11 288.9	13 856.1	9 372.7	10 216.1
克罗地亚	6 495.3	6 912.1	7 158.0	7 447.1	6 216.5	9 322.3	7 426.1	7 408.3	6 161.9	5 979.2
捷克	7 805.4	6 955.3	4 973.1	5 896.6	5 793.7	6 694.1	6 415.2	8 323.3	7 095.4	6 517.9
斯洛伐克	5 828.0	5 652.3	5 043.7	6 076.1	6 586.7	7 067.6	7 195.6	8 028.2	4 998.8	6 969.2
马其顿	10 245.8	9 966.7	10 092.6	9 696.9	9 646.5	10 311.0	8 640.8	10 321.6	10 941.1	8 462.5
波黑	2 579.1	2 752.0	2 637.5	2 568.9	2 786.0	2 600.7	2 919.0	2 860.6	2 837.4	3 026.7
塞尔维亚	4 980.1	5 154.2	5 165.0	5 147.7	4 356.1	6 785.1	8 004.7	8 666.9	8 443.2	7 760.8
黑山	13 210.8	12 964.7	12 664.4	12 486.2	10 212.8	10 797.9	9 469.2	11 114.6	11 488.2	10 379.0

数据来源：联合国粮食及农业组织（FAO）。

2008—2017 年，中东欧不少国家的水果种植面积减少，但由于单产的提高，十年来水果产量总体保持稳定。阿尔巴尼亚水果产量增加明显，克罗地亚和马其顿水果产量减少较多（表 3-27）。

表 3-27　中东欧国家主要水果产量

单位：吨

	2008 年	2009 年	2010 年	2011 年	2012 年	2013 年	2014 年	2015 年	2016 年	2017 年
希腊	4 032 963	4 084 321	4 042 889	4 002 616	4 005 891	3 889 138	3 824 619	3 989 744	4 604 420	4 938 120
阿尔巴尼亚	527 548	565 754	634 378	663 653	703 600	692 054	708 365	764 982	811 083	800 846
保加利亚	552 722	491 119	457 494	487 023	450 778	606 012	346 193	544 273	504 244	539 678
匈牙利	1 660 920	1 676 443	1 219 059	1 184 971	1 427 200	1 571 510	1 731 860	1 477 012	1 452 680	1 329 689
波兰	3 880 857	3 685 278	2 789 440	3 471 814	3 901 632	4 196 594	4 262 656	4 179 613	4 728 654	3 245 510
罗马尼亚	2 717 303	2 939 149	2 799 582	2 980 712	2 409 294	2 905 372	2 595 083	2 506 475	2 430 548	2 587 885
爱沙尼亚	5 486	9 156	5 071	5 834	5 144	7 643	5 098	6 498	8 579	6 617
拉脱维亚	33 533	16 022	13 084	10 299	12 606	18 615	13 276	12 023	13 822	11 492
立陶宛	92 640	70 774	44 144	60 437	85 572	74 288	72 055	91 199	83 034	102 046
斯洛文尼亚	233 678	239 421	257 655	259 313	172 040	227 970	221 862	267 488	182 276	198 915
克罗地亚	361 941	393 192	411 721	418 459	320 557	427 955	351 977	349 459	279 435	251 663
捷克	308 470	272 681	189 833	230 169	227 360	256 381	244 010	307 820	254 846	230 957
斯洛伐克	172 123	154 509	111 370	138 505	105 928	112 035	97 986	107 367	65 760	88 481
马其顿	618 457	563 721	588 448	564 652	573 433	617 897	507 779	683 228	654 189	402 000
波黑	285 822	336 558	332 405	343 116	263 217	443 258	219 019	344 236	345 812	248 877
塞尔维亚	1 875 042	2 057 513	1 552 606	1 831 952	1 361 175	1 963 543	1 488 888	1 701 027	1 698 070	1 604 367

（续）

	2008 年	2009 年	2010 年	2011 年	2012 年	2013 年	2014 年	2015 年	2016 年	2017 年
黑山	82 210	84 316	82 516	82 811	71 898	77 204	67 007	80 729	83 628	77 087
总计	17 441 715	17 639 927	15 531 695	16 736 336	16 097 325	18 087 469	16 757 733	17 413 173	18 201 080	16 664 230

数据来源：联合国粮食及农业组织（FAO）。

（1）苹果。2008—2017 年，中东欧国家苹果产量受气候影响起伏较大，总体保持稳定。阿尔巴尼亚、保加利亚、塞尔维亚这 3 个国家的苹果产量增加较多，拉脱维亚、克罗地亚、捷克、斯洛伐克、马其顿减少较多。其中，希腊、马其顿、波兰等国的苹果产量较大（表 3-28）。

表 3-28　中东欧国家苹果产量

单位：吨

	2008 年	2009 年	2010 年	2011 年	2012 年	2013 年	2014 年	2015 年	2016 年	2017 年
希腊	259 822	268 322	273 804	274 115	265 822	253 700	252 240	267 018	291 750	282 300
阿尔巴尼亚	45 000	47 202	54 604	64 000	71 300	75 730	82 060	91 736	101 532	96 338
保加利亚	23 517	35 456	43 235	40 413	30 942	55 013	54 502	58 419	44 755	44 927
匈牙利	568 600	575 368	496 916	292 810	650 600	591 870	779 850	511 460	497 108	459 612
波兰	2 830 658	2 626 273	1 877 906	2 493 078	2 877 336	3 085 074	3 195 299	3 168 818	3 604 271	2 441 393
罗马尼亚	459 016	517 491	552 860	620 362	462 935	513 580	513 195	476 059	467 259	339 570
爱沙尼亚	2 248	5 446	1 983	2 702	1 855	4 411	2 307	2 700	5 497	3 648
拉脱维亚	28 859	12 828	10 325	7 501	9 449	14 751	9 623	7 815	9 854	7 464
立陶宛	74 251	53 259	34 020	49 099	72 497	62 586	60 177	73 583	65 579	87 367
斯洛文尼亚	102 893	95 662	117 569	105 355	55 300	92 449	99 834	115 091	59 573	80 000
克罗地亚	57 341	73 924	89 124	99 676	37 414	121 738	96 703	101 752	44 781	56 570
捷克	154 063	141 996	99 801	84 594	118 709	121 803	128 292	155 361	124 997	105 280
斯洛伐克	41 803	37 689	34 215	31 355	44 481	45 949	48 494	46 250	20 722	32 478
马其顿	174 315	106 356	121 383	124 552	127 171	112 929	95 684	136 931	101 088	43 366
波黑	51 946	71 507	71 659	75 334	50 023	85 117	44 795	91 471	69 062	52 252
塞尔维亚	235 601	281 868	239 945	265 576	243 987	458 409	336 313	431 759	400 473	378 644
黑山	1 797	2 877	2 116	2 651	2 027	2 518	2 656	2 817	1 640	1 350
总计	5 111 730	4 953 524	4 121 465	4 633 173	5 121 848	5 697 627	5 802 024	5 739 040	5 909 941	4 512 559

数据来源：联合国粮食及农业组织（FAO）。

（2）柑橘类。中东欧国家柑橘类水果种植集中在希腊、阿尔巴尼亚、克罗地亚、波黑和黑山这 5 个国家，希腊柑橘类水果产量占中东欧国家全部产量的近 95%。2008—2017 年，只有克罗地亚柑橘类水果产量减少，其他 4 个国家产量均有增加（表 3-29）。

表3-29 中东欧国家全部柑橘类水果产量

单位：吨

	2008年	2009年	2010年	2011年	2012年	2013年	2014年	2015年	2016年	2017年
希腊	1 058 837	1 169 643	1 101 498	1 063 977	1 094 371	1 118 953	977 727	1 036 175	1 102 088	1 224 407
阿尔巴尼亚	8 640	10 200	13 505	15 000	18 860	19 996	21 357	29 999	40 375	41 033
克罗地亚	50 801	38 260	55 826	42 890	51 544	40 702	65 287	36 445	53 440	19 233
波黑	144	147	168	159	148	175	190	198	209	151
黑山	8 417	9 091	10 383	9 675	10 787	11 546	11 970	11 724	12 199	12 199
总计	1 126 839	1 227 341	1 181 380	1 131 701	1 175 710	1 191 372	1 076 531	1 114 541	1 208 311	1 297 023

数据来源：联合国粮食及农业组织（FAO）。

（3）葡萄。2008—2017年，中东欧国家葡萄产量受气候影响起伏较大，总体保持稳定。希腊、阿尔巴尼亚这2个国家的葡萄产量增加较多，保加利亚、匈牙利、克罗地亚、捷克、斯洛伐克、马其顿、塞尔维亚减少较多。其中，罗马尼亚、希腊等国的葡萄产量较大（表3-30）。

表3-30 中东欧国家葡萄产量

单位：吨

	2008年	2009年	2010年	2011年	2012年	2013年	2014年	2015年	2016年	2017年
希腊	667 900	668 685	652 812	621 158	624 978	620 921	1 045 990	1 044 700	1 083 000	1 012 600
阿尔巴尼亚	153 900	162 800	184 900	195 200	196 800	204 000	203 700	205 000	205 001	202 948
保加利亚	363 539	281 302	230 198	243 839	260 672	325 596	132 731	261 820	211 083	201 529
匈牙利	570 502	550 000	294 771	449 870	356 360	451 110	406 020	472 348	476 491	404 900
罗马尼亚	996 023	990 232	740 118	879 487	746 385	991 559	783 690	798 765	736 892	1 063 340
斯洛文尼亚	105 719	112 855	108 541	121 396	92 324	100 177	94 209	117 585	94 780	89 416
克罗地亚	185 256	206 437	207 743	204 373	187 550	181 096	134 941	154 227	123 651	116 307
捷克	98 323	68 737	45 923	91 253	59 990	74 721	63 533	90 608	75 905	79 774
斯洛伐克	51 617	42 131	21 120	49 015	52 209	53 227	38 450	50 158	37 832	45 859
马其顿	236 834	253 456	253 372	235 104	240 461	292 075	195 888	324 769	333 319	180 349
波黑	23 912	25 617	23 163	21 601	25 931	31 800	26 221	32 809	36 904	28 013
塞尔维亚	372 967	431 306	330 070	324 919	263 419	199 955	122 489	170 647	145 829	165 568
黑山	43 989	38 635	40 804	32 815	25 079	24 148	17 129	23 086	28 930	22 200
总计	3 870 481	3 832 193	3 133 535	3 470 030	3 132 158	3 550 385	3 264 991	3 746 522	3 589 617	3 612 803

数据来源：联合国粮食及农业组织（FAO）。

4. 蘑菇及块菌

2008—2017年，大多数中东欧国家蘑菇及块菌产量均有增加，希腊、匈牙利、波兰、罗马尼亚这4个国家的蘑菇及块菌产量增加较多，罗马尼亚增加将近9倍，拉脱维亚减少较多。其中，波兰的蘑菇及块菌产量约占中东欧全部17国产量的80%（表3-31）。

表 3-31　中东欧国家蘑菇及块菌产量

单位：吨

	2008 年	2009 年	2010 年	2011 年	2012 年	2013 年	2014 年	2015 年	2016 年	2017 年
希腊	2 987	1 478	1 397	1 378	1 712	2 549	6 724	10 449	5 000	6 000
阿尔巴尼亚	100	100	100	100	100	100	100	100	100	100
保加利亚	1 438	1 725	1 619	2 171	2 093	2 344	2 239	2 520	1 473	1 150
匈牙利	23 906	21 950	14 026	14 249	19 330	18 730	22 603	28 621	24 645	31 002
波兰	185 000	206 613	230 000	220 000	230 006	249 148	265 357	277 876	290 396	302 916
罗马尼亚	1 664	7 317	9 973	7 661	9 311	8 785	9 758	10 955	14 519	16 000
拉脱维亚		171	135	87	56	69	66	62	65	66
立陶宛	8 150	14 056	10 434	12 749	4 237	10 825	12 181	13 824	16 370	13 797
斯洛文尼亚	1 159	1 145	1 131	1 118	1 100	1 072	1 060	1 074	1 063	1 000
捷克	400	502	526	512	522	532	542	551	561	540
斯洛伐克	1 800	2 000	2 335	1 898	1 900	2 000	2 030	2 000	2 074	2 050
马其顿			2 900		2 800	2 750	2 825	2 876	2 866	2 850
波黑	1 129	1 167	1 200	1 164	1 000	1 000	1 162	1 228	1 203	1 200
塞尔维亚	5 000	5 000	5 000	5 000	5 000	5 000	5 003	5 365	5 403	5 400
黑山	600	600	600	600	600	600	600	600	600	600

数据来源：联合国粮食及农业组织（FAO）。

5. 豆类作物

2008—2017 年，大多数中东欧国家豆类作物种植面积有大幅增加，保加利亚、波兰、罗马尼亚、爱沙尼亚、拉脱维亚、立陶宛、斯洛伐克豆类种植面积增加幅度较大，只有克罗地亚、塞尔维亚、阿尔巴尼亚和波黑这 4 个国家的豆类作物种植面积稍有减少。波兰、立陶宛两国的豆类作物种植面积占中东欧国家豆类作物总种植面积的 50%（表 3-32）。

表 3-32　中东欧国家全部豆类作物种植面积

单位：公顷

	2008 年	2009 年	2010 年	2011 年	2012 年	2013 年	2014 年	2015 年	2016 年	2017 年
希腊	25 855	26 367	28 326	27 867	27 938	30 610	28 789	36 527	36 457	33 734
阿尔巴尼亚	21 359	21 028	20 350	21 633	22 390	21 950	22 140	22 324	21 090	20 422
保加利亚	7 238	7 254	7 592	5 738	5 533	6 223	2 661	17 625	30 911	84 970
匈牙利	22 000	20 129	18 685	19 274	21 047	21 190	21 899	25 675	21 267	20 947
波兰	113 431	120 064	169 427	157 007	205 310	170 765	236 754	406 945	296 042	316 208
罗马尼亚	54 505	52 460	48 138	53 154	55 014	51 986	49 697	53 722	59 945	119 170
爱沙尼亚	4 790	4 913	7 326	8 550	10 955	13 570	19 120	31 316	55 423	65 562
拉脱维亚	1 620	2 548	2 639	3 730	4 218	7 000	11 731	31 100	40 800	48 300
立陶宛	36 700	47 700	49 700	46 600	43 800	46 600	82 887	157 779	233 268	237 579
斯洛文尼亚	1 590	1 057	970	1 358	837	752	691	847	1 258	1 306

（续）

	2008年	2009年	2010年	2011年	2012年	2013年	2014年	2015年	2016年	2017年
克罗地亚	3 582	3 674	2 790	2 854	1 736	2 016	2 409	2 247	3 316	2 654
捷克	22 432	31 135	33 528	24 110	21 846	19 673	22 078	35 081	37 600	44 853
斯洛伐克	9 981	9 822	11 987	8 460	7 226	4 918	6 362	10 385	12 031	12 725
马其顿	11 594	12 390	12 491	11 852	11 424	11 251	11 473	11 823	12 191	12 443
波黑	13 310	13 343	11 523	13 207	12 999	12 285	10 835	10 115	11 256	11 182
塞尔维亚	34 931	35 632	34 198	33 098	26 415	24 754	20 430	27 111	26 944	27 861
黑山	551	621	610	564	525	534	539	539	549	551
总计	385 469	410 137	460 280	439 056	479 213	446 077	550 495	88 1161	900 348	1 060 467

数据来源：联合国粮食及农业组织（FAO）。

2008—2017年中东欧大部分国家的豆类作物单位面积产量都有所提升，保加利亚、罗马尼亚、爱沙尼亚、黑山、立陶宛提升明显，斯洛文尼亚、克罗地亚、马其顿、塞尔维亚的单位面积产量发生了下滑，捷克、希腊、阿尔巴尼亚这三国的豆类作物单位面积产量十年前后持平（表3-33）。

表3-33　中东欧国家全部豆类作物单位面积产量

单位：千克/公顷

	2008年	2009年	2010年	2011年	2012年	2013年	2014年	2015年	2016年	2017年
希腊	1 698.3	1 704.5	1 674.9	1 765.1	1 677.8	1 703.5	1 927.6	1 855.5	1 709.1	1 721.8
阿尔巴尼亚	1 139.1	1 216.3	1 307.1	1 298.6	1 340.8	1 412.3	1 484.9	1 382.9	1 317.8	1 183.4
保加利亚	1 477.4	1 214.3	1 310.6	1 264.9	1 396.5	1 394.5	1 361.1	1 736.3	2 069.0	2 416.9
匈牙利	2 209.7	1 701.3	2 007.3	2 300.0	2 090.1	2 225.0	2 301.2	2 656.0	2 397.8	2 421.6
波兰	2 037.7	2 269.7	2 100.4	2 136.2	2 341.2	2 200.1	2 296.7	1 765.4	1 812.6	1 972.9
罗马尼亚	1 146.1	1 008.7	1 274.3	1 445.4	1 144.0	1 427.6	1 436.0	1 410.7	1 656.7	2 505.3
爱沙尼亚	690.8	1 546.9	1 713.5	1 810.8	1 179.5	2 316.4	2 065.0	2 753.2	1 974.8	1 149.0
拉脱维亚	1 812.3	2 014.5	2 034.9	2 242.6	2 638.7	2 402.9	2 847.9	3 202.6	3 073.5	3 534.2
立陶宛	1 697.5	1 796.6	1 410.5	1 712.4	1 885.8	1 995.7	2 451.6	2 890.2	2 737.0	2 987.2
斯洛文尼亚	2 693.1	2 016.1	2 215.5	3 214.3	2 224.6	1 422.9	2 202.6	2 237.3	2 290.1	2 061.3
克罗地亚	2 064.0	1 893.5	1 901.5	1 918.7	1 590.4	1 551.1	1 413.0	1 290.7	1 821.7	1 551.1
捷克	2 140.4	2 080.4	1 814.5	2 731.1	1 889.0	2 062.7	2 546.2	2 803.0	2 315.1	2 292.9
斯洛伐克	1 785.3	1 562.4	1 499.5	2 146.0	1 379.6	1 870.5	2 302.3	2 597.8	2 199.3	2 038.9
马其顿	1 947.9	1 897.6	1 817.0	1 847.3	1 867.9	1 880.7	1 864.9	1 806.8	1 733.4	1 693.4
波黑	1 777.9	1 840.2	1 801.7	1 678.4	1 485.0	1 910.5	1 768.6	1 766.5	2 109.9	1 620.0
塞尔维亚	2 527.7	2 719.4	2 801.4	2 583.6	1 811.0	2 318.8	2 667.1	2 129.4	2 187.1	2 098.2
黑山	2 397.5	2 391.3	2 499.3	2 611.3	2 716.2	3 020.6	3 207.8	3 058.4	3 136.4	3 149.8

数据来源：联合国粮食及农业组织（FAO）。

2008—2017 年中东欧多数国家的豆类作物面积和单产增加，十年来豆类作物的产量有着较大幅度的提升。塞尔维亚、波黑、斯洛文尼亚、克罗地亚的产量发生了小幅下滑，立陶宛、波兰豆类作物产量较大（表 3-34）。

表 3-34　中东欧国家豆类作物产量

单位：吨

	2008 年	2009 年	2010 年	2011 年	2012 年	2013 年	2014 年	2015 年	2016 年	2017 年
希腊	43 909	44 942	47 445	49 187	46 875	52 144	55 494	67 774	62 307	58 084
阿尔巴尼亚	24 331	25 577	26 600	28 092	30 020	31 000	32 876	30 871	27 792	24 167
保加利亚	10 694	8 808	9 950	7 257	7 726	8 678	3 622	30 601	63 955	205 362
匈牙利	48 613	34 246	37 506	44 329	43 990	47 147	50 396	68 193	50 994	50 726
波兰	231 140	272 513	355 861	335 395	480 665	375 705	543 759	718 420	536 611	623 849
罗马尼亚	62 466	52 918	61 344	76 830	62 934	74 214	71 363	75 788	99 312	298 553
爱沙尼亚	3 309	7 600	12 553	15 482	12 921	31 433	39 483	86 219	109 452	75 333
拉脱维亚	2 936	5 133	5 370	8 365	11 130	16 820	33 409	99 600	125 400	170 700
立陶宛	62 300	85 700	70 100	79 800	82 600	93 000	203 207	456 006	638 445	709 704
斯洛文尼亚	4 282	2 131	2 149	4 365	1 862	1 070	1 522	1 895	2 881	2 692
克罗地亚	7 394	6 957	5 305	5 476	2 761	3 127	3 404	2 901	6 040	4 117
捷克	48 014	64 774	60 836	65 849	41 265	40 580	56 215	98 334	87 048	102 843
斯洛伐克	17 819	15 346	17 975	18 155	9 969	9 199	14 646	26 978	26 459	25 945
马其顿	22 585	23 507	22 696	21 894	21 339	21 160	21 395	21 362	21 132	21 070
波黑	23 664	24 553	20 761	22 166	19 303	23 470	19 163	17 868	23 749	18 115
塞尔维亚	88 294	96 897	95 803	85 511	47 837	57 400	54 488	57 742	58 929	58 459
黑山	1 321	1 485	1 524	1 473	1 426	1 613	1 729	1 647	1 720	1 736
总计	703 071	773 087	853 778	869 626	924 623	887 760	1 206 171	1 862 199	1 942 226	2 451 455

数据来源：联合国粮食及农业组织（FAO）。

6. 糖料作物（甜菜）

2008—2017 年，中东欧国家糖料作物种植面积略有起伏，总体增加。只有希腊、克罗地亚、马其顿这 3 个国家的糖料作物种植面积有或多或少的减少。波兰、捷克、塞尔维亚等国的糖料作物种植面积较大。波兰一国的糖料作物种植面积接近中东欧 17 个国家全部糖料作物种植面积的 1/2（表 3-35）。

表 3-35　中东欧国家甜菜种植面积

单位：公顷

	2008 年	2009 年	2010 年	2011 年	2012 年	2013 年	2014 年	2015 年	2016 年	2017 年
希腊	13 952	22 182	15 604	9 606	11 132	7 386	7 127	5 227	5 420	6 500
阿尔巴尼亚	2 000	2 000	2 000	2 000	2 000	2 000	1 924	2 072	2 239	2 285
匈牙利	9 606	13 750	13 859	15 154	18 720	18 810	15 420	15 513	15 997	15 941
波兰	187 484	199 936	206 225	203 512	212 018	193 671	197 638	180 119	203 389	231 716

（续）

	2008 年	2009 年	2010 年	2011 年	2012 年	2013 年	2014 年	2015 年	2016 年	2017 年
罗马尼亚	20 254	21 157	21 627	18 796	27 074	28 038	31 268	26 536	24 617	28 200
立陶宛	8 700	15 100	15 300	17 600	19 200	17 700	17 000	12 242	15 151	17 146
克罗地亚	22 000	23 066	23 832	21 723	23 502	20 245	21 900	13 883	15 493	19 533
捷克	50 380	52 465	56 388	58 328	61 161	62 401	62 959	57 612	60 736	66 101
斯洛伐克	11 118	15 952	17 932	18 096	19 741	20 333	22 212	21 521	21 481	22 377
马其顿	270	300	314	344	280	225	178	153	142	142
波黑	2	9	17	27	50	50	50	31	61	60
塞尔维亚	48 028	61 399	66 446	55 627	69 069	66 527	64 112	42 123	49 237	53 857
总计	373 794	427 316	439 544	420 813	463 947	437 386	441 788	377 032	413 963	463 858

数据来源：联合国粮食及农业组织（FAO）。

2008—2017 年中东欧大部分国家的甜菜单位面积产量都有所提升，匈牙利、波兰、罗马尼亚、立陶宛、捷克单位面积产量上升，阿尔巴尼亚、斯洛伐克的单位面积产量发生了下滑，希腊、马其顿、波黑、塞尔维亚这四国的甜菜单位面积产量十年前后持平（表 3-36）。

表 3-36 中东欧国家甜菜单位面积产量

单位：千克/公顷

	2008 年	2009 年	2010 年	2011 年	2012 年	2013 年	2014 年	2015 年	2016 年	2017 年
希腊	59 347.2	63 532.1	56 997.5	60 533.3	58 195.0	61 456.3	63 978.2	67 554.4	53 887.5	59 076.9
阿尔巴尼亚	20 000.0	20 000.0	20 000.0	20 000.0	20 000.0	20 000.0	19 032.6	17 027.3	15 616.4	14 910.3
匈牙利	59 666.9	53 601.0	59 090.9	56 511.0	47 100.4	52 669.3	69 179.6	58 719.5	70 091.1	67 475.4
波兰	46 484.6	54 263.4	48 357.9	57 363.5	58 247.6	58 006.6	68 250.4	51 990.4	66 492.2	67 897.6
罗马尼亚	34 889.9	38 607.3	38 743.0	35 140.3	26 585.9	36 707.6	44 728.6	39 223.2	41 117.4	41 648.9
立陶宛	38 977.0	45 165.6	46 189.5	49 875.0	52 239.6	54 638.4	59 670.6	50 603.0	61 613.9	55 811.7
克罗地亚	57 706.2	52 763.4	52 414.9	53 768.6	39 112.8	51 900.0	63 561.6	54 491.8	75 493.6	66 321.6
捷克	57 257.7	57 909.5	54 355.0	66 844.2	63 256.5	59 995.4	70 277.8	59 380.6	67 807.5	66 557.6
斯洛伐克	61 064.5	56 344.5	54 522.3	64 141.3	45 309.5	56 293.0	69 793.6	56 012.7	70 152.2	55 002.6
马其顿	29 629.6	26 000.0	29 019.5	29 839.1	29 898.9	29 828.5	29 758.1	29 687.7	29 617.3	29 546.9
波黑	18 000.0	20 397.1	20 171.6	19 997.9	20 000.0	20 000.0	20 000.0	18 399.5	18 286.8	18 768.6
塞尔维亚	47 883.9	45 564.2	50 038.3	50 729.3	35 949.0	47 800.0	54 708.1	51 829.0	54 509.0	46 669.8

数据来源：联合国粮食及农业组织（FAO）。

2008—2017 年多数国家的甜菜单产的增加，十年来甜菜的产量有着较大幅度的提升。希腊、阿尔巴尼亚、马其顿的甜菜产量发生了下滑。波兰、捷克甜菜产量较大，波兰的甜菜产量超过中东欧国家甜菜总产量的 50%（表 3-37）。

表 3-37　中东欧国家甜菜产量

单位：吨

	2008 年	2009 年	2010 年	2011 年	2012 年	2013 年	2014 年	2015 年	2016 年	2017 年
希腊	828 025	1 409 250	889 400	581 483	647 827	453 916	455 973	353 080	292 070	384 000
阿尔巴尼亚	40 000	40 000	40 000	40 000	40 000	40 000	36 627	35 281	34 962	34 069
匈牙利	573 160	737 014	818 941	856 368	881 720	990 710	1 066 750	910 915	1 121 247	1 075 625
波兰	8 715 120	10 849 200	9 972 598	11 674 153	12 349 546	11 234 194	13 488 875	9 364 467	13 523 781	15 732 952
罗马尼亚	706 660	816 814	837 895	660 497	719 788	1 029 209	1 398 570	1 040 827	1 012 186	1 174 500
立陶宛	339 100	682 000	706 700	877 800	1 003 000	967 100	1 014 400	619 482	933 512	956 947
克罗地亚	1 269 536	1 217 041	1 249 151	1 168 015	919 230	1 050 715	1 392 000	756 509	1 169 622	1 295 459
捷克	2 884 645	3 038 220	3 064 986	3 898 887	3 868 829	3 743 772	4 424 619	3 421 035	4 118 356	4 399 521
斯洛伐克	678 915	898 807	977 694	1 160 701	894 455	1 144 605	1 550 218	1 205 450	1 506 939	1 230 793
马其顿	8 000	7 800	9 112	10 269	8 374	6 707	5 293	4 543	4 195	4 195
波黑	36	180	345	534	1 000	1 000	1 000	568	1 120	1 128
塞尔维亚	2 299 770	2 797 596	3 324 847	2 821 919	2 482 962	3 180 008	3 507 441	2 183 194	2 683 860	2 513 495
总计	18 342 967	22 493 922	21 891 669	23 750 626	23 816 731	23 841 936	28 341 766	19 895 935	26 401 850	28 802 684

数据来源：联合国粮食及农业组织（FAO）。

（二）中东欧国家畜产品

1. 畜禽存栏量

猪肉生产在中东欧很普遍，但由于欧盟的猪肉供应充足，而需求则出现回落，欧洲生猪和仔猪的价格走势疲软，许多农户勉强能控制成本进行生产，这是整个欧洲猪业的趋势。中东欧国家中猪存栏量最多的波兰表现最为典型，10年间生猪存栏量共减少 30％ 左右，只有阿尔巴尼亚、斯洛文尼亚、克罗地亚、波黑和黑山五国生猪存栏量有增加，增加的量也很少（表 3-38）。

表 3-38　中东欧国家猪存栏量

单位：头

	2008 年	2009 年	2010 年	2011 年	2012 年	2013 年	2014 年	2015 年	2016 年	2017 年
希腊	881 691	861 696	839 630	819 954	792 611	761 074	724 150	713 519	743 000	744 000
阿尔巴尼亚	161 000	160 300	164 000	163 000	158 818	152 000	172 455	171 400	181 024	180 087
保加利亚	888 609	783 649	729 798	664 000	608 266	530 945	586 418	553 114	600 068	616 426
匈牙利	3 871 000	3 383 000	3 247 000	3 169 000	3 044 000	2 989 000	3 004 000	3 136 000	3 124 000	2 907 000
波兰	15 425 320	14 278 647	15 244 385	13 508 654	11 581 298	11 162 472	11 724 056	11 639 790	10 865 318	11 352 719
罗马尼亚	6 565 000	6 174 000	5 793 400	5 428 272	5 363 797	5 234 313	5 180 173	5 041 788	4 926 928	4 707 700
爱沙尼亚	379 000	364 900	365 100	371 700	365 700	375 100	358 700	357 900	304 500	265 914
拉脱维亚	414 400	383 700	376 500	389 700	375 000	355 200	367 500	349 432	334 159	336 386
立陶宛	923 200	897 100	928 200	929 400	790 300	807 500	754 600	714 157	687 822	663 915

（续）

	2008 年	2009 年	2010 年	2011 年	2012 年	2013 年	2014 年	2015 年	2016 年	2017 年
斯洛文尼亚	542 590	432 011	415 230	395 593	347 310	296 097	288 350	281 319	271 385	265 744
克罗地亚	1 103 882	1 249 874	1 230 574	1 233 406	1 182 347	1 110 650	1 156 220	1 166 888	1 163 000	1 121 032
捷克	2 432 984	1 971 417	1 909 232	1 749 092	1 578 827	1 586 627	1 617 061	1 559 648	1 609 945	1 490 775
斯洛伐克	951 934	748 515	740 862	687 260	580 393	631 464	637 167	641 827	633 116	585 843
马其顿	246 874	193 840	190 552	196 570	176 920	167 492	165 054	195 443	202 758	202 197
波黑	502 197	529 095	590 431	576 789	538 990	529 644	533 000	564 251	544 893	548 011
塞尔维亚	3 594 236	3 631 013	3 488 738	3 286 900	3 138 508	3 144 215	3 235 658	3 284 378	3 021 167	2 910 525
黑山	10 017	12 377	11 205	16 000	21 398	18 451	20 571	24 951	55 841	25 000

数据来源：联合国粮食及农业组织（FAO）。

2008—2017 年中东欧国家黄牛和水牛存栏量最多的是波兰、罗马尼亚、捷克，其中波兰一国的存栏量占中东欧国家全部存栏量的 28%（表 3-39）。

表 3-39 中东欧国家黄牛和水牛存栏量

单位：头

	2008 年	2009 年	2010 年	2011 年	2012 年	2013 年	2014 年	2015 年	2016 年	2017 年
希腊	625 286	628 065	628 977	628 979	624 852	611 131	602 214	599 850	556 559	558 702
阿尔巴尼亚	541 120	494 120	493 120	492 120	498 138	498 251	499 810	504 305	492 476	475 302
保加利亚	611 024	574 126	547 866	553 697	567 528	535 324	585 548	562 362	561 044	570 139
匈牙利	705 000	701 000	700 000	682 000	697 000	760 000	782 000	802 000	821 000	852 000
波兰	5 756 639	5 700 017	5 742 094	5 761 878	5 776 767	5 859 540	5 920 411	5 960 693	5 939 046	6 143 083
罗马尼亚	2 819 000	2 684 000	2 512 300	2 001 105	1 988 939	2 009 135	2 022 408	2 068 888	2 092 414	2 049 700
爱沙尼亚	240 500	237 900	234 700	236 300	238 300	246 000	261 400	264 700	256 200	248 236
拉脱维亚	398 700	380 200	378 200	379 500	380 600	393 100	406 500	422 019	419 084	412 314
立陶宛	787 900	770 900	759 400	748 000	752 400	729 200	713 500	736 612	722 602	694 752
斯洛文尼亚	479 581	469 983	472 878	470 151	462 300	460 063	460 576	468 253	484 192	488 598
克罗地亚	453 555	447 000	444 000	446 555	452 000	442 000	441 000	440 092	444 613	450 757
捷克	1 401 607	1 363 213	1 349 286	1 343 686	1 353 685	1 352 822	1 373 560	1 407 132	1 415 658	1 421 242
斯洛伐克	501 817	488 381	471 965	467 125	463 358	471 091	467 820	465 543	457 586	446 112
马其顿	254 113	253 161	260 527	265 939	251 890	238 983	242 257	254 088	255 409	255 682
波黑	459 218	457 743	462 368	455 258	444 595	446 893	444 000	454 810	455 191	444 522
塞尔维亚	1 057 435	1 002 295	938 038	936 570	920 762	913 144	920 068	915 641	892 751	898 650
黑山	109 378	106 494	100 835	85 844	87 173	84 701	89 058	92 452	89 269	87 000

数据来源：联合国粮食及农业组织（FAO）。

中东欧国家严重依赖欧洲市场，2008—2017 年中东欧国家奶牛存栏量大都有不同程度的减少，只有马其顿保持相对平稳，存栏量最多的是波兰、罗马尼亚（表3-40）。

表3-40　中东欧国家奶牛数量

单位：头

	2008年	2009年	2010年	2011年	2012年	2013年	2014年	2015年	2016年	2017年
希腊	213 154	212 000	230 860	213 200	214 200	159 276	158 248	130 875	106 000	97 000
阿尔巴尼亚	360 000	353 000	355 000	354 000	357 644	356 126	357 965	357 100	354 872	349 207
保加利亚	335 866	314 668	296 757	308 165	306 843	288 749	307 097	295 374	276 160	271 329
匈牙利	322 000	324 000	312 000	309 000	252 000	256 000	249 000	255 000	250 000	244 000
波兰	2 733 128	2 606 094	2 538 184	2 473 165	2 441 238	2 360 597	2 310 259	2 279 228	2 145 821	2 154 345
罗马尼亚	1 596 000	1 506 000	1 441 398	1 198 800	1 170 000	1 162 700	1 168 859	1 188 203	1 190 758	1 175 400
爱沙尼亚	103 000	96 700	96 700	96 500	96 200	96 800	97 900	95 600	90 600	86 100
拉脱维亚	180 400	170 000	165 500	164 100	164 100	164 600	165 000	165 871	162 414	154 024
立陶宛	393 300	371 440	353 506	354 593	339 484	323 499	316 179	314 044	300 489	285 751
斯洛文尼亚	116 391	113 400	113 103	109 467	109 068	111 022	109 571	107 841	112 838	107 841
克罗地亚	219 899	212 400	182 400	183 700	181 000	166 000	176 400	155 100	146 300	145 100
捷克	402 535	394 122	378 415	373 705	368 738	372 748	370 721	368 234	370 182	380 000
斯洛伐克	180 207	173 854	162 504	159 260	154 105	150 272	144 875	143 083	139 229	132 610
马其顿	126 300	114 000	124 500	131 275	119 453	126 517	126 779	127 663	132 332	130 000
波黑	296 716	293 169	277 386	263 215	250 361	250 940	246 333	247 562	242 991	232 354
塞尔维亚	561 705	518 341	523 106	500 574	493 968	446 924	456 477	431 761	426 224	429 595
黑山	73 477	70 467	67 259	59 532	59 972	61 830	63 889	62 812	59 583	60 400

数据来源：联合国粮食及农业组织（FAO）。

中东欧国家奶用绵羊集中在罗马尼亚、希腊、阿尔巴尼亚、保加利亚四国中，四国奶用绵羊存栏量占总存栏量的90%左右，其中罗马尼亚、希腊两国的存栏量接近全部存栏量的80%。10年间罗马尼亚的奶用绵羊存栏量略有增加，希腊的奶用绵羊存栏量略有减少，其他国家或增加或减少，数量变化不大（表3-41）。

表3-41　中东欧国家奶用绵羊存栏量

单位：头

	2008年	2009年	2010年	2011年	2012年	2013年	2014年	2015年	2016年	2017年
希腊	7 031 772	7 368 000	7 227 000	7 254 000	7 200 000	6 732 620	6 780 436	6 284 987	6 971 962	6 862 122
阿尔巴尼亚	1 321 000	1 309 000	1 337 000	1 349 000	1 390 270	1 412 754	1 418 737	1 417 000	1 427 983	1 407 276
保加利亚	1 122 818	1 103 936	1 071 511	1 011 999	1 096 962	999 527	1 063 599	1 029 081	1 024 550	1 026 221
匈牙利	68 000	46 000	25 000	54 000	18 000	22 000	23 000	17 000	13 000	19 000
波兰	60 287	50 044	53 049	42 160	41 676	35 282	29 890	35 946	42 026	40 577
罗马尼亚	7 257 000	7 583 000	7 818 392	8 369 728	8 453 488	8 215 000	6 658 782	6 925 276	7 128 324	7 649 700

（续）

	2008 年	2009 年	2010 年	2011 年	2012 年	2013 年	2014 年	2015 年	2016 年	2017 年
斯洛文尼亚	2 767	2 904	3 139	3 511	3 753	3 035	2 648	3 501	2 976	2 679
克罗地亚	100 629	99 200	77 600	77 100	105 600	92 800	83 000	60 000	126 100	124 100
捷克	62 200	64 500	74 470	78 522	82 489	82 346	83 969	86 055	81 736	81 308
斯洛伐克	174 074	183 636	193 215	191 556	194 773	193 181	202 780	194 111	193 716	188 217
马其顿	562 915	478 332	535 500	495 693	488 814	492 172	482 678	529 134	529 600	473 302
波黑	299 737	286 605	322 035	294 657	299 504	285 642	281 000	276 357	274 874	276 238
塞尔维亚	247 366	205 846	210 895	201 566	231 583	237 117	197 241	164 641	165 052	132 878
黑山	160 912	159 905	158 503	172 924	169 295	153 450	165 351	101 242	95 243	139 245

数据来源：联合国粮食及农业组织（FAO）。

中东欧国家奶用山羊集中在希腊、阿尔巴尼亚两国，两国奶用山羊存栏量超过总存栏量的90%，其中希腊一国的奶用山羊存栏量接近中东欧国家总存栏量的80%。10年间奶用山羊存栏量最多的希腊和阿尔巴尼亚存栏量均有所增加，其他国家中捷克、拉脱维亚奶用山羊存栏有少量增加，其余国家均有减少（表3-42）。

表 3-42　中东欧国家奶用山羊存栏量

单位：头

	2008 年	2009 年	2010 年	2011 年	2012 年	2013 年	2014 年	2015 年	2016 年	2017 年
希腊	4 075 446	3 360 000	3 400 000	3 350 000	3 315 000	3 035 693	2 987 757	2 753 399	2 350 000	4 528 233
阿尔巴尼亚	610 000	554 000	576 000	580 000	613 742	655 714	694 848	641 714	716 163	717 377
保加利亚	406 064	355 187	303 116	278 033	272 859	236 056	244 559	227 618	219 869	199 438
匈牙利	11 000	12 000	13 000	15 000	17 000	21 000	14 000	13 000	13 000	15 000
波兰	91 979	79 463	93 490	80 962	62 618	62 349	62 349	62 349	29 452	29 452
爱沙尼亚	2 500	2 600	2 600	2 800	2 800	3 100	2 000	1 900	2 000	2 100
拉脱维亚	8 600	9 600	10 100	10 200	10 000	9 900	9 400	9 123	8 769	8 985
立陶宛	10 900	9 263	9 062	9 142	9 154	8 724	8 220	8 034	8 982	8 554
斯洛文尼亚	3 817	3 947	4 958	4 333	3 180	3 192	3 188	3 992	4 467	3 388
克罗地亚	45 356	46 800	36 900	32 800	49 000	34 600	29 300	20 200	24 700	27 800
捷克	9 745	11 536	11 890	11 597	12 199	12 400	15 301	16 660	16 731	16 800
斯洛伐克	31 700	31 500	26 606	26 339	25 273	25 613	26 146	25 811	26 945	26 687
马其顿	100 654	68 270	56 800	62 713	49 828	51 805	53 781	63 948	70 082	70 100
塞尔维亚	108 000	106 941	85 696	85 491	150 424	130 381	125 925	124 338	112 344	102 871

数据来源：联合国粮食及农业组织（FAO）。

家禽和鸡蛋的全球贸易中，高致病性禽流感仍然是最主要的影响因素，这个疾病是全球性的。10年间中东欧国家蛋用家禽存栏量基本保持稳定，每年有不同程度起伏。减少的国家有希腊、爱沙尼亚、克罗地亚、捷克、马其顿、塞尔维亚，增加的国家有保加利亚、立陶宛、斯洛文尼亚、斯洛伐克、黑山，基本保持稳定的国家有波兰、罗马尼亚、拉脱维亚、波黑。蛋用家禽存栏量最多的国家是波兰和罗马尼亚，存栏量约占总存栏量的 60%（表 3-43）。

表 3-43　中东欧国家蛋用家禽存栏量

单位：千只

	2008 年	2009 年	2010 年	2011 年	2012 年	2013 年	2014 年	2015 年	2016 年	2017 年
希腊	12 416	11 984	11 152	10 000	10 700	10 350	9 552	8 252	9 000	9 000
阿尔巴尼亚	3 800	4 000	4 500	4 550	5 156	4 882	4 913	4 848	4 790	4 820
保加利亚	7 779	7 438	7 146	6 452	5 634	5 324	5 471	5 780	6 071	6 344
匈牙利	12 644	13 344	13 597	12 571	11 748	12 074	12 917	11 946	12 389	11 440
波兰	50 724	49 396	52 374	47 059	52 455	49 893	41 769	45 629	47 073	50 160
罗马尼亚	45 529	45 046	44 504	45 464	45 402	44 870	45 000	40 193	39 025	41 400
爱沙尼亚	550	645	578	569	694	717	591	627	699	401
拉脱维亚	2 260	1 941	2 126	2 550	2 316	2 395	2 431	2 444	2 335	2 310
立陶宛	7 460	8 694	8 760	8 304	8 634	8 088	8 179	8 763	13 811	10 933
斯洛文尼亚	1 378	1 553	1 504	1 365	1 145	1 380	1 358	1 458	1 718	1 764
克罗地亚	5 486	5 700	5 040	4 221	4 415	4 000	3 700	3 000	3 497	3 483
捷克	6 045	5 744	3 998	4 142	3 733	4 003	4 324	4 138	4 341	4 754
斯洛伐克	5 773	5 556	6 252	6 266	6 183	6 266	5 681	5 651	6 044	6 118
马其顿	1 668	1 533	1 500	1 494	1 430	1 241	1 437	1 353	1 353	1 466
波黑	3 705	3 942	3 795	3 618	4 209	3 778	3 803	3 981	3 775	3 773
塞尔维亚	9 869	8 526	9 412	9 101	10 432	9 697	11 488	10 220	9 131	8 852
黑山	370	370	425	448	434	554	467	542	660	560

数据来源：联合国粮食及农业组织（FAO）。

2. 禽蛋产量

蛋用家禽在中东欧国家养殖较广泛，2008—2017 年各国家禽蛋产量起伏不大，从国别来看，产量最多的波兰和罗马尼亚禽蛋产量基本保持稳定，禽蛋产量增加较多的国家有阿尔巴尼亚、爱沙尼亚、斯洛文尼亚、塞尔维亚和黑山，其他国家禽蛋产量有小幅的下降（表 3-44）。

表 3-44　中东欧国家家禽蛋产量

单位：吨

	2008 年	2009 年	2010 年	2011 年	2012 年	2013 年	2014 年	2015 年	2016 年	2017 年
希腊	101 762	108 800	99 800	93 000	96 300	116 883	107 208	105 917	102 300	105 000
阿尔巴尼亚	29 970	30 250	31 500	31 945	50 759	47 510	47 807	52 487	53 150	51 299
保加利亚	94 188	88 839	89 698	73 906	72 241	74 225	74 560	77 051	80 717	80 702

（续）

	2008 年	2009 年	2010 年	2011 年	2012 年	2013 年	2014 年	2015 年	2016 年	2017 年
匈牙利	164 324	159 922	155 570	140 880	138 281	141 524	138 850	146 388	144 850	138 543
波兰	581 740	604 994	618 496	576 711	530 228	558 330	570 195	582 349	589 338	594 560
罗马尼亚	333 153	310 561	309 960	316 372	319 878	319 389	331 818	327 767	309 120	322 893
爱沙尼亚	9 155	10 829	11 366	11 411	10 750	11 400	12 030	12 444	12 105	12 635
拉脱维亚	40 339	42 928	45 036	41 923	42 298	39 656	40 848	43 546	46 646	48 150
立陶宛	54 700	52 683	51 200	47 580	47 400	47 700	49 200	47 700	48 600	47 750
斯洛文尼亚	19 345	21 529	21 618	21 425	22 152	19 362	21 455	20 419	23 476	23 217
克罗地亚	47 458	48 534	42 591	41 785	35 379	36 611	34 381	33 476	39 940	39 384
捷克	98 941	95 827	71 082	73 099	66 064	70 899	74 394	71 594	75 492	84 420
斯洛伐克	75 638	74 807	74 690	78 846	74 549	75 662	69 765	66 897	72 254	74 450
马其顿	15 480	15 350	18 820	16 600	13 300	12 000	12 410	11 166	11 176	12 500
波黑	26 200	23 600	20 820	18 300	20 450	21 060	21 060	21 650	19 687	19 700
塞尔维亚	60 200	59 001	69 487	60 938	89 717	87 765	94 581	103 030	92 626	87 933
黑山	2 730	2 800	3 210	3 790	3 400	4 490	4 280	5 656	6 731	5 726

数据来源：联合国粮食及农业组织（FAO）。

3. 奶制品产量

受中东欧 17 个国家经济转型和畜牧业发展环境变化的影响，2007—2016 年各国的农业发展状况差别较大。若按 2004—2006 年不变 1 000 国际元计算，2006—2016 年，中东欧 17 国的农业总产值合计减少了 45 万 1 000 国际元。从国别来看，阿尔巴尼亚、波兰、爱沙尼亚和克罗地亚等国农业总产值有不同幅度的上升，希腊、保加利亚、匈牙利、罗马尼亚、拉脱维亚、立陶宛、捷克、斯洛伐克、塞尔维亚、波黑和黑山等国农业总产值有小幅的下降，斯洛文尼亚、马其顿则相对持平（表 3-45 至表 3-47）。

表 3-45　中东欧国家牛奶总产值

单位：2004—2006 年不变价，1 000 国际元

	2007 年	2008 年	2009 年	2010 年	2011 年	2012 年	2013 年	2014 年	2015 年	2016 年
希腊	707 189	711 013	710 609	708 740	704 662	701 502	700 297	705 698	667 948	648 101
阿尔巴尼亚	324 576	332 102	333 367	341 348	351 271	352 678	361 356	362 313	361 557	366 265
保加利亚	423 479	419 965	393 250	407 406	410 289	396 250	416 903	391 794	367 213	366 400
匈牙利	577 137	576 181	550 336	527 788	536 334	567 704	555 108	585 987	607 693	422 795

（续）

	2007 年	2008 年	2009 年	2010 年	2011 年	2012 年	2013 年	2014 年	2015 年	2016 年
波兰	3 781 874	3 884 179	3 891 011	3 838 155	3 880 688	3 958 871	3 974 622	4 057 910	4 136 122	4 135 493
罗马尼亚	1 817 452	1 779 710	1 694 913	1 490 917	1 523 960	1 470 703	1 488 668	1 551 023	1 511 268	1 479 876
爱沙尼亚	216 273	216 647	209 414	210 959	216 268	225 085	240 936	251 269	244 402	244 406
拉脱维亚	262 722	260 797	259 544	260 488	263 845	272 758	285 641	303 321	305 291	242 641
立陶宛	604 468	587 958	559 001	541 997	557 563	554 954	537 788	560 266	542 614	508 025
斯洛文尼亚	201 040	208 637	204 713	196 002	188 348	194 355	186 327	193 091	197 527	204 431
克罗地亚	275 962	265 475	256 604	245 645	251 158	259 060	231 659	227 832	221 263	215 923
捷克	980 681	877 590	871 652	841 206	857 596	881 844	892 356	916 533	945 494	957 529
斯洛伐克	341 473	336 028	304 950	291 346	294 501	293 561	303 290	295 379	300 514	302 998
马其顿	144 520	141 190	129 997	129 554	132 532	129 170	136 988	139 217	133 769	148 255
波黑	241 243	244 735	256 130	230 671	222 019	216 949	220 929	220 575	223 358	224 644
塞尔维亚	517 889	505 532	484 893	479 093	480 289	486 699	485 476	500 575	505 242	502 677
黑山	54 586	50 519	48 112	45 114	62 970	49 278	56 417	59 118	59 893	51 784
总计	11 472 564	11 398 258	11 158 496	10 786 429	10 934 293	11 011 421	11 074 761	11 321 901	11 331 168	11 022 243

数据来源：联合国粮食及农业组织（FAO）。

表 3-46　中东欧国家绵羊奶产量

单位：吨

	2008 年	2009 年	2010 年	2011 年	2012 年	2013 年	2014 年	2015 年	2016 年	2017 年
希腊	759 894	764 368	772 597	780 574	777 970	778 899	847 124	846 819	838 000	732 095
阿尔巴尼亚	77 000	75 000	77 000	79 000	80 613	84 000	89 000	87 000	85 446	86 927
保加利亚	88 243	87 247	85 001	89 296	87 403	94 361	74 978	74 324	79 681	69 375
匈牙利	1 959	1 415	1 817	1 639	1 733	1 749	1 690	1 744	1 655	1 149
波兰	515	515	577	443	484	449	360	389	473	552
罗马尼亚	656 833	600 444	651 317	632 913	650 912	632 582	673 477	670 633	631 419	527 503
斯洛文尼亚	470	534	541	612	473	397	504	467	447	498
克罗地亚	7 800	7 200	6 137	11 200	5 732	9 200	6 100	6 300	8 300	9 100
捷克	2 450	2 600	2 483	2 573	2 660	2 657	2 693	2 738	2 645	2 637
斯洛伐克	8 861	9 215	9 453	9 293	9 900	9 923	10 102	11 316	10 689	11 379
马其顿	39 500	34 000	33 150	25 381	38 616	34 270	35 661	40 748	41 066	35 364
波黑	19 356	18 407	18 900	18 000	17 000	16 000	16 830	16 148	16 717	16 611
塞尔维亚	14 300	10 747	9 957	11 463	11 949	18 953	20 137	19 479	17 075	14 736
黑山	7 439	7 317	7 004	8 830	9 584	9 815	9 074	8 284	8 223	8 200

数据来源：联合国粮食及农业组织（FAO）。

表 3-47 中东欧国家山羊奶产量

单位：吨

	2008 年	2009 年	2010 年	2011 年	2012 年	2013 年	2014 年	2015 年	2016 年	2017 年
希腊	485 304	483 889	471 682	470 134	462 873	454 061	444 808	432 546	353 000	562 491
阿尔巴尼亚	68 000	62 000	63 000	67 000	67 741	78 000	79 000	80 000	84 988	86 849
保加利亚	77 465	64 090	60 410	61 543	53 333	54 425	44 521	40 771	40 930	43 543
匈牙利	3 196	3 317	3 843	3 868	3 902	3 626	3 536	3 580	3 909	4 940
波兰	19 467	19 467	18 540	19 828	16 583	16 450	16 377	16 268	6 913	7 363
爱沙尼亚	556	477	626	600	528	416	369	453	463	618
拉脱维亚	3 395	3 392	3 549	3 525	3 180	3 111	2 877	2 742	2 644	2 100
立陶宛	4 643	4 063	4 015	4 077	3 555	3 559	3 941	3 794	3 810	4 061
斯洛文尼亚	1 412	1 539	1 760	1 123	1 188	1 017	1 441	1 684	1 274	1 475
克罗地亚	14 229	13 300	9 776	10 100	12 536	12 900	10 300	6 300	10 200	10 800
捷克	7 309	8 652	8 846	8 698	7 320	7 917	9 300	10 000	10 100	10 150
斯洛伐克	7 900	7 800	6 660	6 600	6 320	6 410	6 540	6 460	6 740	6 680
马其顿	31 556	19 386	14 616	15 565	14 848	14 395	13 587	15 568	19 337	19 167
塞尔维亚	19 000	15 000	15 000	16 257	33 552	35 006	39 203	45 125	37 964	33 821

数据来源：联合国粮食及农业组织（FAO）。

（三）中东欧国家化肥使用及污染排放

1. 化肥的使用

中东欧国家的化肥、农药使用量是生产水平的改变、经济转型、欧盟法律规范和标准的落实等多种因素共同作用的结果，原来化肥、农药使用量相差甚远的各国逐渐靠拢，原来化肥、农药使用量很少的黑山、罗马尼亚、马其顿、波黑、拉脱维亚、阿尔巴尼亚、爱沙尼亚、捷克、立陶宛等国化肥、农药使用量有了很大增长，化肥、农药使用量较多的克罗地亚、斯洛文尼亚等国有了明显减少（表 3-48）。

表 3-48 中东欧国家化肥使用量

单位：千克/公顷

	2007 年	2008 年	2009 年	2010 年	2011 年	2012 年	2013 年	2014 年	2015 年	2016 年
捷克	100.169 6	87.264 1	88.517	95.845 8	100.576 5	127.665 2	161.483	162.657 3	192.082 2	196.147 2
爱沙尼亚	75.871 8	100.363	69.413 1	68.389 2	71.518	81.070 1	82.355 8	85.341	116.186 7	112.681
希腊	96.903 4	119.047 7	63.096 2	122.495 9	159.707 7	109.448 8	117.232 3	123.062 5	118.272 7	123.011 2
波兰	181.172 3	157.718 2	147.265	180.478 4	169.742 3	177.885 6	179.327 3	164.000 7	174.097 6	172.817 1

（续）

	2007 年	2008 年	2009 年	2010 年	2011 年	2012 年	2013 年	2014 年	2015 年	2016 年
斯洛伐克	89.950 6	75.083 9	78.309 7	85.063 9	95.937 3	106.919 5	109.330 2	116.478 8	112.991 1	125.762 4
斯洛文尼亚	324.525 7	279.843	233.834 5	266.569 2	256.506 6	250.381 1	254.125 2	263.078 7	267.946 3	258.940 6
克罗地亚	410.063 4	495.228 3	164.679 3	297.309 8	311.011 5	191.387 9	160.810 1	192.077	181.7	119.309 6
立陶宛	90.065 4	86.681 2	44.255 7	103.534 8	77.632 8	107.056	109.635 9	111.752 2	122.582 1	131.865
拉脱维亚	67.724 8	66.947	64.883 6	77.647 9	83.232 3	91.565 4	100.656 5	101.124 1	104.759 3	104.192 5
阿尔巴尼亚	87.167 8	75.877	89.385 9	97.322 7	97.136 7	92.771 8	88.171	88.385 8	107.831 2	126.138 5
保加利亚	102.009 4	111.242 9	104.600 4	97.053 4	133.082 5	95.869 8	109.138 3	108.803 2	112.015 6	125.543 4
波黑	21.300 4	11.871	72.712 1	81.529 9	103.378 1	120.744	101.635 3	120.034 3	128.914 6	131.8
匈牙利	110.409 4	96.700 8	77.482 2	84.334 2	93.288 3	99.615 4	113.558 6	112.708 2	120.257 9	128.252 5
马其顿	67.123	56.158	56.697 6	67.111 1	63.618 4	57.594 5	69.606 1	72.205 8	66.537 2	79.314 9
黑山	15.632 2	14.791 9	11.329 5	14.354 6	12.549 1	12.490 9	324.902 6	276.916 4	262.467 8	285.207 8
罗马尼亚	44.635 8	45.635 2	48.493 2	52.546 3	54.135	49.780 9	56.235	51.519 6	60.686	59.907 5
塞尔维亚	193.712 9	142.178 9	181.101 1	144.464 1	158.292 1	221.972 9	198.692 3	168.431 6	185.347 6	244.787 1

数据来源：世界银行（World Bank）。

2. 污染排放

甲烷的来源包括自然来源和人为来源，研究发现，人为来源在甲烷的总排放量中所占的比例约为 60%。另外，比较排放量和削减量发现，前者高于后者，大气中的甲烷浓度增加。造成甲烷排放增加的主要领域为化石燃料（生产和消费）、农业活动及废弃物领域。[①]

中东欧各国间农业甲烷排放量相差悬殊，主要与各国农业产业差距相关，奶牛存栏量最多的波兰和罗马尼亚农业甲烷排放量明显高于其他国家，各国农业甲烷排放量也与各自国家牲畜存栏量呈正相关关系（表 3-49）。

一氧化二氮俗称"笑气"，自然存在于大气中，但含量甚微。然而，由于农业、化石燃料燃烧、废水处理以及工业生产等人类活动造成的排放，一氧化二氮已经成为仅次于二氧化碳和甲烷的第三大温室气体，由于它在大气中的辐射性和存留时间平均长达 120 年，因而对全球气候变暖具有重大影响。

中东欧国家农业一氧化二氮排放量得益于对农业作业流程采取了削减一氧化二氮排放量的对策，各国排放量基本能保持稳定，畜牧业发达的波兰和罗马尼亚排放量较多（表 3-50）。

---

① 客观日本．全球甲烷排放量 20 年来增加近 10%，化石燃料、农业及废弃物等人类活动为主要来源 [EB/OL]．https：//www.keguanjp.com/kgjp_keji/kgjp_kj_hj/pt20200812000003.html，2020-08-12.

表3-49 中东欧国家农业甲烷排放量

单位：千吨二氧化碳当量

	2000年	2001年	2002年	2003年	2004年	2005年	2006年	2007年	2008年
捷克	4 297.233 9	4 341.933 3	4 160.226 7	4 034.837 4	3 956.915 6	3 863.921 2	3 721.8 951	3 615.909 1	3 495.664 6
爱沙尼亚	637.962 3	633.680 4	633.367 8	625.054 1	643.581	642.996 3	652.979 4	650.421 7	654.117 4
希腊	3 679.793 7	3 704.895 8	3 649.719 5	3 632.783 5	3 638.294 8	3 645.014	3 669.775 9	3 690.626 4	3 714.588 4
波兰	14 710.399 8	14 360.579 7	14 311.167 1	15 150.612 5	14 898.836 8	15 361.729	15 261.591	15 429.213 4	15 464.392 8
斯洛伐克	1 793.383 7	1 792.943 4	1 708.664 4	1 693.989	1 548.551	1 526.051 1	1 451.424 3	1 405.430 2	1 345.917 1
斯洛文尼亚	1 111.149 4	1 175.373 6	1 173.587 1	1 167.321 7	1 123.443 4	1 124.727 6	1 101.642 2	1 082.672	1 061.909 6
克罗地亚	1 124.638 2	1 166.035 9	1 154.176 3	1 195.618 4	1 279.532 9	1 285.412 7	1 341.568 2	1 356.200 9	1 393.027
立陶宛	1 893.158 1	1 679.121 9	1 726.883 7	1 788.320 4	1 873.622 6	1 864.205	1 912.552 1	1 916.627 2	1 942.735 6
拉脱维亚	814.605	812.174 5	845.603 9	857.157 5	854.938 4	860.814 2	837.337	821.192 4	800.903 1
阿尔巴尼亚	1 794.786 8	1 765.632	1 731.390 1	1 755.944 3	1 701.343 1	1 703.130 5	1 673.555 5	1 658.301 2	1 635.964 8
保加利亚	2 359.822 1	2 146.104	2 006.779 6	2 134.607 1	2 157.037	2 055.470 3	2 028.735 8	1 975.680 3	1 942.488 2
波黑	996.738 2	960.916 2	1 008.291 4	1 045.305 8	1 121.133 5	1 161.325 1	1 205.693 4	1 239.683 8	1 279.591
匈牙利	2 962.290 8	2 886.645	2 831.049 3	2 758.340 7	2 750.559 2	2 613.358 2	2 528.415 6	2 425.029 1	2 335.481 6
马其顿	710.909	680.671	668.508 2	667.858 6	701.260 1	654.512	646.385 5	620.497 7	603.999 6
罗马尼亚	8 410.362 1	8 118.727 6	7 979.244 7	8 302.179 9	8 682.164 5	8 757.961	8 819.904	8 790.598 1	8 835.809 7

数据来源：联合国粮食及农业组织（FAO）。

表 3-50　中东欧国家农业一氧化二氮排放量

单位：千吨二氧化碳当量

	2000 年	2001 年	2002 年	2003 年	2004 年	2005 年	2006 年	2007 年	2008 年
捷克	3 204.051 1	3 521.095 4	3 303.525 5	3 289.744 7	337 1.160 6	3 273.748 3	3 160.526	3 130.408 5	3 075.639 3
爱沙尼亚	554.384 7	551.477 6	554.839 2	528.135 5	550.668 4	563.916 6	571.590 8	597.527 5	604.003 4
希腊	3 745.502 6	3 593.537 9	3 511.892 9	3 548.832 3	3 474.256 3	3 477.023 3	3 421.843 9	3 399.955 7	3 375.027
波兰	16 972.491 9	16 750.465 6	16 518.612 6	18 021.532 6	17 574.436 6	17 429.566 8	16 913.419 9	16 868.22	16 630.124 5
斯洛伐克	1 239.130 3	1 328.242 8	1 265.307 1	1 284.397 4	1 285.404 1	1 264.526 7	1 220.745 9	1 198.707 3	1 185.475 6
斯洛文尼亚	812.321 3	795.606 3	832.223 6	792.197 8	814.704 1	813.878 2	817.514 6	819.913	823.940 2
克罗地亚	1 522.508 6	1 466.591 7	1 562.349 6	1 523.545 2	1 514.848 4	1 494.032 5	1 523.272 2	1 473.251 9	1 474.819 9
立陶宛	2 010.780 1	1 906.808 2	2 016.163 8	2 073.563	2 118.956 9	2 106.981 6	2 065.471 8	2 170.808 8	2 173.885 9
拉脱维亚	857.102 4	916.010 6	923.829 4	913.595 7	925.437 6	969.970 3	1 002.19	1 014.314 3	1 015.467 5
阿尔巴尼亚	712.110 3	711.900 4	776.559 9	721.647 9	811.279 4	812.009 1	849.216 2	865.728	893.956 3
保加利亚	2 189.941 1	2 219.052 7	2 011.485 2	1 930.232 8	2 155.131 4	2 033.457 8	2 014.808	1 899.278	1 890.612 2
波黑	669.254 1	608.599 6	641.007 6	620.688	682.528 2	691.317 4	710.181 9	710.412 4	727.113 4
匈牙利	3 996.264 9	4 266.086 4	4 108.692 5	3 976.949 8	4 370.196 2	4 181.174 6	4 067.680 1	3 937.870 1	3 867.976 2
马其顿	418.319 2	382.975 6	393.569 5	370.994	403.592 6	382.807 9	382.902 3	371.228 5	368.005 2
罗马尼亚	5 961.193 9	6 347.868 4	5 864.788	5 752.351	6 617.239 5	6 487.274 8	6 492.463 6	6 186.956 6	6 320.129 5

数据来源：联合国粮食及农业组织（FAO）。

三、中东欧国家农产品加工

（一）油类和酒类加工

1. 油类加工

中东欧国家油类加工普遍但各国油类加工品种侧重点不同，17 国中只有希腊具备多种油类加工产业，分类比较如下。

大豆油加工主要集中在希腊、塞尔维亚、罗马尼亚、斯洛伐克、克罗地亚五国，产量接近中东欧 17 国总产量的 90%，产量最多的希腊占总产量的 35%。

花生油加工主要集中在波兰，其次是保加利亚、希腊和捷克，其他国家花生油产量几乎可以忽略。

初榨橄榄油产量高度集中，希腊一国的产量能达到中东欧 17 国总产量的 98%。

葵花籽油产出较普遍，主要集中在匈牙利、罗马尼亚、保加利亚、塞尔维亚四国，产量接近中东欧 17 国总产量的 90%，产量最多的匈牙利占总产量的 33%。

菜籽油产出较普遍，主要集中在波兰、捷克、罗马尼亚、匈牙利、立陶宛五国，产量接近中东欧 17 国总产量的 85%，产量最多的波兰、捷克占总产量的 75%。

芝麻油产量较少，希腊产量最多，占中东欧 17 国总产量的 52.7%，其次是波兰，占中东欧 17 国总产量的 93.4%，其他国家芝麻油产量几乎可以忽略。

玉米油产出较普遍，主要集中在匈牙利、保加利亚、克罗地亚、波兰、斯洛伐克五国，产量接近中东欧 17 国总产量的 93%，产量最多的匈牙利占总产量的 31%。

棉籽油产量高度集中，希腊一国的产量能达到中东欧 17 国总产量的 98%。

亚麻籽油产量较少，波兰产量最多，占中东欧 17 国总产量的 57%，其次是希腊，占中东欧 17 国总产量的 26%，其他国家产量几乎可以忽略（表 3-51）。

表 3-51　中东欧国家油类加工品产量一览（2014 年）

单位：吨

	大豆油产量	花生油产量	初榨橄榄油产量	葵花籽油产量	菜籽油产量	芝麻油产量	玉米油产量	棉籽油产量	亚麻籽油产量
希腊	47 800	4 200	208 900	80 213	8 600	6 178	4 700	21 000	3 400
阿尔巴尼亚	39	18	800	800				76	
保加利亚	400	4 715		318 300	26 200		7 600	100	147
匈牙利				566 100	79 800		15 750	280	34
波兰	2 955	7 475		19 080	1 116 341	4 757	7 000	2	7 440
罗马尼亚	24 869			454 576	187 119		324	0	900
爱沙尼亚					17 169				0
拉脱维亚	500			1 700	48 200				10
立陶宛	459			1 800	62 382				107
克罗地亚	9 300		274	1 920	6 978		8 900		
捷克	7 300	1 300		38 600	392 400	395			476
斯洛伐克	10 716	200		20 200	56 200		6 400		448
斯洛文尼亚			400		3 630	52	2 571		
波黑	2 462			31 325	3 166				
黑山			180						
马其顿			1 530	2 800		323			
塞尔维亚	34 774			194 288	11 700		576		

数据来源：联合国粮食及农业组织（FAO）。

2. 酒类加工

中东欧国家酒类加工普遍，但各国加工品种侧重点不同，分类比较如下。

大麦啤酒生产非常普遍，产量较多的国家有波兰、捷克、罗马尼亚、匈牙利。波兰的大麦啤酒产量最多，占中东欧总产量的 36%。

葡萄酒生产非常普遍，产量较多的国家有罗马尼亚、希腊、匈牙利、塞尔维亚、保加利亚。罗马尼亚的葡萄酒产量最多，占中东欧国家总产量的 29%。波兰葡萄酒产量很小，主要靠内销（表 3-52）。

表 3-52　中东欧国家酒类加工品产量（2014 年）

单位：吨

	大麦啤酒产量	葡萄酒产量
希腊	380 000	334 300
阿尔巴尼亚	59 000	17 500
保加利亚	489 000	130 500
匈牙利	623 900	258 520
波兰	3 990 000	

（续）

	大麦啤酒产量	葡萄酒产量
罗马尼亚	1 658 060	378 283
爱沙尼亚	163 224	11 104
拉脱维亚	97 761	2 450
立陶宛	317 144	6 005
斯洛文尼亚	200 400	13 229
克罗地亚	341 667	45 272
捷克	1 809 000	52 000
斯洛伐克	288 000	32 527
马其顿	64 112	51 013
波黑	79 504	7 524
塞尔维亚	522 921	198 183
黑山	3 645	16 000

数据来源：联合国粮食及农业组织（FAO）。

（二）畜产品加工

中东欧国家畜产品加工普遍，但各国加工品种侧重点不同。希腊、保加利亚、匈牙利、波黑等国出产黄油、奶酪制品，但炼乳、奶粉制品产量很少。阿尔巴尼亚和黑山只出产黄油、奶酪制品。中东欧国家畜产品加工分类比较如下（表3-53）。

黄油和酥油在中东欧国家都有生产，但各国间产量不均衡，波兰一国的产量能达到中东欧17国总产量的70%。

全部种类奶酪在中东欧国家都有生产，但各国间产量不均衡，波兰、捷克、希腊三国产量较多，产量接近中东欧17国总产量的75%。希腊奶酪产量最多，占中东欧17国总产量的36%。

炼乳生产集中在捷克和立陶宛，捷克炼乳产量最多，接近中东欧17国总产量的50%。

奶粉生产集中在罗马尼亚和捷克，罗马尼亚奶粉产量最多，占中东欧17国总产量的63%。

牛脂在中东欧国家生产非常普遍，产量较多的国家有希腊、塞尔维亚和波兰。希腊牛脂产量最多，占中东欧17国总产量的25%。

猪油在绝大多数中东欧国家都有生产，但各国间产量不均衡。波兰、匈牙利、罗马尼亚三国产量较多,产量接近中东欧 17 国总产量的 64%。波兰的猪油产量最多,占中东欧 17 国总产量的 38%。

表 3-53　中东欧奶类加工品一览（2014 年）

单位:吨

	黄油和酥油产量	全部种类奶酪产量	全部炼乳产量	奶粉产量	牛脂产量	猪油产量
希腊	1 994	220 100			16 135	2 400
阿尔巴尼亚	4 500	20 850				
保加利亚	1 001	83 853			1 615	10 500
匈牙利	4 310	93 082			5 564	81 280
波兰	181 000	744 044	0	5 250	8 600	152 000
罗马尼亚	8 200	87 000	570	40 000	3 456	60 906
爱沙尼亚	4 500	40 500	1 520	100	80	80
拉脱维亚	6 930	35 160	2 200	3 380	1 440	8 034
立陶宛	16 202	82 891	6 480	2 340	2 400	3 200
斯洛文尼亚	2 413	16 972	0	0	3 073	6 766
克罗地亚	3 997	32 619	240	300	3 329	16 909
捷克	21 680	568 577	11 300	12 000	4 800	21 568
斯洛伐克	6 834	48 999	1 100	1 000	1 100	15 741
马其顿	5 800	8 000	400		468	4 469
波黑	243	5 592			644	373
塞尔维亚	3 915	36 120	625	695	12 048	12 048
黑山	720	6 160				

数据来源:联合国粮食及农业组织（FAO）。

四、中东欧国家农业发展新挑战

2020 年,波兰、捷克、罗马尼亚等中东欧国家政府相继对当前持续的旱情发出警示。中东欧地区是欧洲重要的农作物产区,遭遇旱情给受新冠肺炎疫情冲击的当地经济带来新挑战。

从 2019 年入冬以来,中东欧国家的降水量较往年明显偏少,波兰、罗马尼亚、匈牙利等国的蓄水量都处在近几年的最低点。捷克多名气象学专家援引数据表示,捷克正经历“500 年来最为严重”的旱情。捷克环境部部长里查德·布拉贝茨表示,当前形势可以用“灾难性”来形容。到 2020 年 3 月,波兰年降水量为最近 30 年来最少,中部地区年降水量是长期平均水平的 67%,

部分地区低于 40%。干旱天气还引发波兰别布扎国家公园大火，过火面积超过 6 000 公顷。

中东欧地区旱情可能带来粮食减产问题。波兰农业部预测，农作物减产已成定局。罗马尼亚农业部部长奥罗斯表示，2019 年秋天种植的 300 万公顷小麦、大麦和油菜已经受到不同程度的损害，罗马尼亚已经禁止向非欧盟国家出口谷物。

中东欧地区农业从业者处境艰难。干旱和新冠肺炎疫情给波兰农业造成双重打击，一些季节性农产品面临滞销。

中东欧各国政府在针对疫情的经济刺激计划中，加大了对农业的支持。波兰增加了小型蓄水项目和农业贷款的资金投入。捷克政府 2020 年 5 月召开紧急会议，商议制定危机应对政策，拨款用于涵养水土、雨水再利用、饮用水资源开发及农作物收成保障等。

以波兰为代表的中东欧国家是欧洲主要的农产品出口国。据波兰经济研究所预测，2020 年的干旱可能影响多达 50 亿欧元的农产品出口，占波兰食品出口的 16%，将对欧盟农产品市场的稳定产生不利影响。农产品价格波动可能导致欧盟内部通货膨胀，不利于疫情后的经济恢复。[①]

---

① 于洋.中东欧多国遭遇严重旱情［EB/OL］.http：//ydyl.people.com.cn/n1/2020/0514/c411837-31708819.html，2020-05-14.

第四章 CHAPTER 4
中东欧农产品贸易概况① ▶▶▶

中东欧国家拥有较好的土地资源禀赋、适宜农业生产的气候条件、相对完备的农业基础设施以及较为充足的劳动力，为推动农业发展奠定了良好的基础条件。近年来，中东欧 17 国农产品贸易发展较快，且波兰、捷克、匈牙利等欧盟成员国得益于欧盟的贸易政策，农产品贸易发展迅速。联合国贸易数据库数据显示，1995—2019 年中东欧 17 国农产品贸易额年均增速为 8%，其中出口额增速为 8.5%，进口额增速为 7.4%。1995 年起，17 国贸易额整体处于逆差状态，至 2012 年转为顺差。2019 年，中东欧 17 国农产品贸易额为 1 875.3 亿美元，同比增长 0.4%；其中，进口额 897.2 亿美元，下降 0.4%，出口额 978.1 亿美元，增长 1.2%。

第一节　中东欧农产品贸易总体形势

一、中东欧农产品贸易快速发展

中东欧农产品贸易发展经历了三个发展阶段。第一阶段是 2000 年以前，17 国的进出口额相对稳定，年贸易额约 300 亿美元，贸易逆差 20 亿~40 亿美元。第二阶段为 2000—2008 年，农产品贸易持续快速发展，进口额从 2000 年的 159.9 亿美元增加到 2008 年的 705.5 亿美元，年均增长率高达 20.4%；出口额从 124 亿美元增长到 581.1 亿美元，年均增长率为 21.3%。第三阶段为 2009 年以后，农产品贸易额波动上涨，进口额从 2009 年的

---

① 由于阿尔巴尼亚和黑山未在联合国通报其 2019 年农产品贸易情况，因此本章在描述中东欧国家贸易情况时采用上述两国的 2018 年贸易数据近似代替其 2019 年贸易数据，其他 15 国采用 2019 年数据。

604.1亿美元增长到2019年的897.2亿美元，年均增长率为5.1%；出口额从2009年的534.6亿美元增长到2019年的978.1亿美元，年均增长率为7.8%，出口增速明显快于进口增速。在2012年，中东欧17国农产品贸易由逆差转为顺差，2012年贸易顺差为23.8亿美元，到2019年贸易顺差上升至81亿美元（图4-1）。

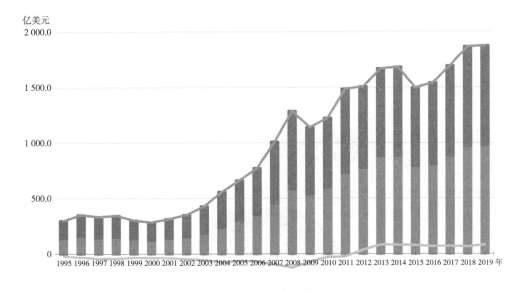

图 4-1 中东欧 17 国贸易变化情况

数据来源：联合国贸易数据库（Comtrade）。

二、农产品进出口品种

中东欧国家农产品进出口产品结构基本一致，主要贸易品种均为畜产品、饮品、水果、蔬菜、水产品和谷物（图 4-2、图 4-3）。2019 年，中东欧 17 国出口额排名前五的农产品为畜产品（226.2亿美元）、饮品（109.1亿美元）、谷物（108.5亿美元）、水果（89亿美元）和蔬菜（54.8亿美元）；进口额排名前五的农产品为畜产品（207亿美元）、饮品（144.4亿美元）、水果（100.9亿美元）、蔬菜（69.1亿美元）和水产品（62亿美元）。其中，谷物和畜产品为贸易顺差产品，贸易顺差额分别为76.1亿美元和19.2亿美元；蔬菜、水产品、水果和饮品均为贸易逆差产品，贸易逆差额分别为14.3亿美元、9亿美元、11.9 亿美元和 35.3 亿美元（图 4-2、图 4-3）。

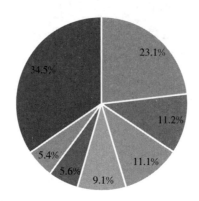

■ 畜产品　■ 饮品　■ 谷物　■ 水果　■ 蔬菜　■ 水产品　■ 其他农产品

图 4-2　2019 年中东欧 17 国主要农产品出口额占农产品出口总额的比重
数据来源：联合国贸易数据库（Comtrade）。

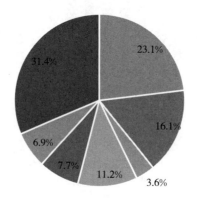

■ 畜产品　■ 饮品　■ 谷物　■ 水果　■ 蔬菜　■ 水产品　■ 其他农产品

图 4-3　2018 年中东欧 17 国主要农产品进口额占农产品进口总额的比重
数据来源：联合国贸易数据库（Comtrade）。

三、中东欧农产品贸易伙伴

中东欧 17 国接壤或相近，且多数国家为欧盟国家，运输成本较低，欧盟内部免关税等政策优势使得中东欧 17 国欧盟区域内贸易额占比较高（表 4-1、表 4-2）。中东欧 17 国中，农产品贸易额较大的国家主要有波兰、捷克、罗马尼亚、匈牙利、希腊、立陶宛、保加利亚和斯洛伐克 8 个欧盟成员国，其出口额、进口额和贸易额合计占比分别高达 86.2%、80.4% 和 83.5%。

表 4-1 2019 年中东欧 17 国贸易额及增长率情况

单位：亿美元，%

国家	贸易额	贸易额同比	出口额	出口额同比	进口额	进口额同比
波兰	591.5	17.2	351.5	17.3	240	17.2
捷克	195.5	4.6	86.7	1.7	108.8	7.1
罗马尼亚	169.5	10.9	77.1	8	92.3	13.4
匈牙利	160.9	4	97.7	1.7	63.2	7.9
希腊	159.3	8.1	76.6	11	82.7	5.6
立陶宛	103.4	6.5	58.2	5.7	45.3	7.4
保加利亚	89.8	7.9	51.6	7.8	38.2	8.1
斯洛伐克	89	9.1	34	4.4	55	12.3
克罗地亚	61.2	11.5	24.6	14	36.6	9.9
拉脱维亚	56.9	7.8	27.8	4.1	29.1	11.7
塞尔维亚	54.6	10.9	34	6.5	20.6	18.8
斯洛文尼亚	46.9	12.3	17.3	16.6	29.7	9.9
爱沙尼亚	35.6	4.4	15.9	3.5	19.7	5.1
波黑	24.5	−1.5	5.5	−13.8	19	2.7
北马其顿	15.8	7.5	6.4	5.5	9.4	8.8
黑山	7	6.1	0.6	1.6	6.4	6.5
阿尔巴尼亚	6.4	2.2	1.3	−1.9	5	3.4

数据来源：联合国贸易数据库（Comtrade）。

表 4-2 2019 年中东欧 17 国贸易额及占比

单位：亿美元，%

国家	贸易额	贸易额占比	国家	出口额	出口额占比	国家	进口额	进口额占比
波兰	591.5	31.7	波兰	351.5	36.4	波兰	240.0	26.6
捷克	195.5	10.5	匈牙利	97.7	10.1	捷克	108.8	12.1
罗马尼亚	169.5	9.1	捷克	86.7	9.0	罗马尼亚	92.3	10.2
匈牙利	160.9	8.6	罗马尼亚	77.1	8.0	希腊	82.7	9.2
希腊	159.3	8.5	希腊	76.6	7.9	匈牙利	63.2	7.0
立陶宛	103.4	5.5	立陶宛	58.2	6.0	斯洛伐克	55.0	6.1

71

（续）

国家	贸易额	贸易额占比	国家	出口额	出口额占比	国家	进口额	进口额占比
保加利亚	89.8	4.8	保加利亚	51.6	5.3	立陶宛	45.3	5.0
斯洛伐克	89.0	4.8	塞尔维亚	34.0	3.5	保加利亚	38.2	4.2
克罗地亚	61.2	3.3	斯洛伐克	34.0	3.5	克罗地亚	36.6	4.1
拉脱维亚	56.9	3.0	拉脱维亚	27.8	2.9	斯洛文尼亚	29.7	3.3
塞尔维亚	54.6	2.9	克罗地亚	24.6	2.5	拉脱维亚	29.1	3.2
斯洛文尼亚	46.9	2.5	斯洛文尼亚	17.3	1.8	塞尔维亚	20.6	2.3
爱沙尼亚	35.6	1.9	爱沙尼亚	15.8	1.6	爱沙尼亚	19.7	2.2
波黑	24.5	1.3	北马其顿	6.4	0.7	波黑	19.0	2.1
北马其顿	15.8	0.8	波黑	5.5	0.6	北马其顿	9.4	1.0
黑山	7.0	0.4	阿尔巴尼亚	1.3	0.1	黑山	6.4	0.7
阿尔巴尼亚	6.4	0.3	黑山	0.6	0.1	阿尔巴尼亚	5.0	0.6

数据来源：联合国贸易数据库（Comtrade）。

第二节　中东欧 17 国主要农产品贸易情况

中东欧 17 国农产品贸易多集中于畜产品、饮品、水果、蔬菜、水产品、谷物和粮食制品 7 大类。2019 年，畜产品、饮品、水果、蔬菜、水产品、谷物和粮食制品贸易额分别为 433.2 亿美元、253.5 亿美元、189.9 亿美元、123.9 亿美元、115 亿美元、140.9 亿美元和 92.9 亿美元，合计占中东欧农产品贸易额的 72%。其中进口额分别为 207 亿美元、144.4 亿美元、100.9 亿美元、69.1 亿美元、62 亿美元、32.4 亿美元和 41.7 亿美元，合计占中东欧农产品总进口额的 73.3%；出口额分别为 226.2 亿美元、109.1 亿美元、89 亿美元、54.8 亿美元、53 亿美元、108.5 亿美元、51.2 亿美元，合计占中东欧农产品总出口额的 70.7%。

一、畜产品

中东欧地区地势平缓、水源充足，畜牧业较发达，畜产品也是主要的贸易品种，发展较快。2019 年，畜产品是中东欧地区第一大进口产品和第一大出口产品。

（一）贸易变化情况

2010 年，中东欧 17 国畜产品出口额占农产品出口总额的 22.7%；进口额占农产品进口总额的 22.5%，分别占进出口额的近 1/4，是中东欧 17 国第一大进口产品和第一大出口产品。2010—2019 年，中东欧地区畜产品出口额从 141.9 亿美元增加到 226.2 亿美元，增幅为 59.4%，年均增长 5.3%；进口额从 148.6 亿美元增加到 207 亿美元，增幅为 39.3%，年均增长 3.8%，出口增速显著高于进口增速，并从 2011 年开始由贸易逆差转为贸易顺差（图 4-4）。到 2019 年，畜产品贸易额增长到 433.3 亿美元，占农产品贸易额的 21.8%，同比下降 0.9%，贸易量 2 220.3 万吨，同比增长 0.5%，其中出口额占农产品出口总额的 22%，出口量 1 236.5 万吨，同比增长 2.1%；进口额占农产品进口总额的 21.5%，进口量 983.8 万吨，同比下降 1.4%。

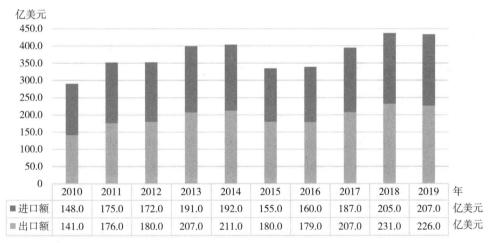

	2010	2011	2012	2013	2014	2015	2016	2017	2018	2019	年
■进口额	148.0	175.0	172.0	191.0	192.0	155.0	160.0	187.0	205.0	207.0	亿美元
■出口额	141.0	176.0	180.0	207.0	211.0	180.0	179.0	207.0	231.0	226.0	亿美元

■出口额　■进口额

图 4-4　畜产品贸易情况

数据来源：联合国贸易数据库（Comtrade）。

（二）主要贸易产品类别

中东欧 17 国的畜产品贸易主要集中在乳品、生猪产品、家禽产品和牛产品4大类。2010—2019年，乳品贸易额从88.6亿美元增长到129.6亿美元，增幅为46.3%，其中出口额从45.4亿美元增长到68.5亿美元，增幅为50.9%；进口额从43.2亿美元增长到61.1亿美元，增幅为41.5%。生猪产品贸易额从75.4亿美元增长到107.6亿美元，增幅为42.7%，其中出口额从22.4亿美元增长到31.4亿美元，增幅为39.9%；进口额从53亿美元增长到76.2亿美元，增幅为43.9%。家禽产品贸易额从47.3亿美元增长到86.8亿美元，增幅为83.7%，其中出口额从27.7亿美元增长到58.4亿美元，增幅为111.3%；进口额从19.6亿美元增长到28.4亿美元，增幅为44.7%。牛产品贸易额从37.7亿美元增长到51.5亿美元，增幅为36.6%，其中出口额从21.8亿美元增长到31.3亿美元，增幅为43.7%；进口额从15.9亿美元增长到20.2亿美元，增幅为26.8%。

（三）主要贸易产品

2019年出口额较多的为鸡肉产品（42.5亿美元，占畜产品出口总额的17.2%，同比增长2.3%）、其他乳品（主要是乳酪，37.5亿美元，占畜产品出口总额的15.2%，同比下降2.9%）、牛肉（19.4亿美元，占畜产品出口总额的7.9%，同比下降11%）、鲜奶（17.1亿美元，占畜产品出口总额的6.9%，同比下降4.8%）、猪肉（16亿美元，占畜产品出口总额的6.5%，同比下降0.8%）和奶粉（10.4亿美元，占畜产品出口总额的4.2%，同比增长7.2%）。进口额较多的为猪肉（54.7亿美元，占畜产品进口总额的24.4%，同比增长5.3%）、其他乳品（主要是乳酪，39亿美元，占畜产品进口总额的17.4%，同比增长1.3%）、鸡肉产品（22.2亿美元，占畜产品进口总额的9.9%，同比下降3.2%）、牛肉（14.7亿美元，占畜产品进口总额的6.5%，同比下降3%）、鲜奶（10.6亿美元，占乳品进品总额的4.7%，同比下降4.3%）和奶粉（10.4亿美元，占乳品进品总额的4.6%，同比增长10.9%）。

（四）畜产品贸易伙伴

欧盟是中东欧17国畜产品最大的贸易伙伴。2019年，中东欧17国向欧盟出口畜产品总额164.9亿美元，占向全球出口畜产品总额的73%，主要出口国家为德国（14.2%）、意大利（8.8%）、英国（7.3%）、荷兰

（4.6%）、斯洛伐克（4.4%）、匈牙利（3.9%）、捷克（3.9%）、法国（3.8%）和罗马尼亚（3.5%）（图4-5）。自欧盟进口畜产品总额190.1亿美元，占自全球进口畜产品总额的92.3%，主要进口国为德国（21.2%）、波兰（11.2%）、荷兰（8.8%）、西班牙（6.4%）、丹麦（5.4%）和匈牙利（5.1%）（图4-6）。

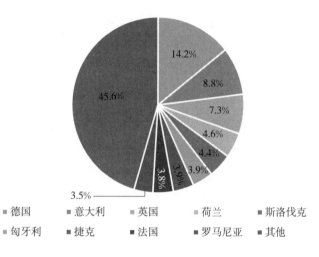

图 4-5 畜产品主要出口国家（地区）出口额占比
数据来源：联合国贸易数据库（Comtrade）。

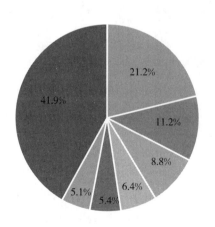

图 4-6 畜产品主要进口国家（地区）进口额占比
数据来源：联合国贸易数据库（Comtrade）。

二、饮品

（一）贸易变化情况

2010 年，中东欧 17 国饮品出口额 63.2 亿美元，占农产品出口总额的 10.1%；饮品进口额 94 亿美元，占农产品进口总额的 14.2%，是当年的第二大进口产品和第二大出口产品。2010—2019 年，饮品贸易稳步增长，贸易额年均增长率为 5.5%，其中出口额从 63.2 亿美元增加到 109.1 亿美元，增幅为 72.6%，年均增长 6.3%；进口额从 94 亿美元增加到 144.4 亿美元，增幅为 53.6%，年均增长 4.9%，出口增速显著高于进口增速，且始终处于贸易逆差状态（图 4-7）。到 2019 年，饮品贸易额增长到 253.5 亿美元，占农产品贸易额的 12.7%，同比增长 1%，贸易量 3 160.7 万吨，同比增长 0.8%，成为中东欧 17 国第二大进口产品和第二大出口产品。饮品出口量 1 497.2 万吨，同比增长 0.1%；进口量 1 663.5 万吨，同比增长 1.3%。

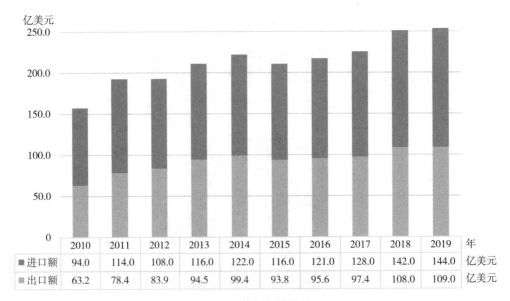

年	2010	2011	2012	2013	2014	2015	2016	2017	2018	2019	
■ 进口额	94.0	114.0	108.0	116.0	122.0	116.0	121.0	128.0	142.0	144.0	亿美元
■ 出口额	63.2	78.4	83.9	94.5	99.4	93.8	95.6	97.4	108.0	109.0	亿美元

图 4-7　饮品贸易情况

数据来源：联合国贸易数据库（Comtrade）。

（二）主要贸易产品类别

中东欧 17 国的饮品贸易主要集中在酒精、可可、咖啡和无醇饮料四大类，2019 年贸易额分别为 84.6 亿美元、48.7 亿美元、46.5 亿美元和 34.8 亿美元，近 10 年贸易额增幅分别高达 63.5%、64.3%、49% 和 65.4%，其中出口增速最快的是可可，近 10 年增幅高达 83.5%；进口增幅最快的为无醇饮料，近 10 年增幅达 63.6%。具体来看，2010—2019 年，酒精贸易额从 51.8 亿美元增长到 84.6 亿美元，增幅为 63.5%，其中出口额从 23.1 亿美元增长到 38 亿美元，增幅为 64.5%；进口额从 28.7 亿美元增长到 46.7 亿美元，增幅为 62.7%。可可贸易额从 48.7 亿美元增长到 80 亿美元，增幅为 64.3%，其中出口额从 20.1 亿美元增长到 36.8 亿美元，增幅为 83.5%；进口额从 28.6 亿美元增长到 43.2 亿美元，增幅为 50.9%。咖啡贸易额从 31.2 亿美元增长到 46.5 亿美元，增幅为 49%，其中出口额从 8.9 亿美元增长到 15.6 亿美元，增幅为 74.9%；进口额从 22.3 亿美元增长到 30.9 亿美元，增幅为 38.6%。无醇饮料贸易额从 21 亿美元增长到 34.7 亿美元，增幅为 65.4%，其中出口额从 9.6 亿美元增长到 16.1 亿美元，增幅为 67.6%；进口额从 11.4 亿美元增长到 18.6 亿美元，增幅为 63.6%。

（三）主要贸易产品

2019 年出口额较多的为可可制品（34.9 亿美元，占饮品出口总额的 28.7%，同比增长 6.8%）、无醇饮料（16.1 亿美元，占饮品出口总额的 13.3%，同比下降 5.5%）、烈性酒（10.7 亿美元，占饮品出口总额的 8.88%，同比下降 1.7%）、咖啡（10 亿美元，占饮品出口总额的 8.2%，同比下降 1%）、酒精（9.6 亿美元，占饮品出口总额的 7.9%，同比增长 11.4%）和葡萄酒（9.5 亿美元，占饮品出口总额的 7.8%，同比下降 5%）。进口额较多的为可可制品（34.8 亿美元，占饮品进口总额的 22.8%，同比增长 3.2%）、咖啡（22.8 亿美元，占饮品进口总额的 14.9%，同比下降 3.5%）、无醇饮料（18.6 亿美元，占饮品进口总额的 12.2%，同比增长 1.6%）、烈性酒（17.4 亿美元，占饮品进口总额的 11.4%，同比增长 2.3%）、葡萄酒（15.6 亿美元，占饮品进口总额的 10.2%，同比下降 3.1%）和咖啡制品（8.1 亿美元，占饮品进口总额的 5.3%，同比下降 7.3%）。

（四）饮品贸易伙伴

欧盟是中东欧 17 国饮品最大的贸易伙伴。2019 年，中东欧 17 国向欧盟出口饮品总额 71.1 亿美元，占向全球出口饮品总额的 64.9%，主要出口国为德国

（11.9%）、俄罗斯（9.8%）、英国（5.7%）、斯洛伐克（5.4%）、捷克
（4.4%）、法国（4.3%）、罗马尼亚（4.3%）、波兰（3.9%）、匈牙利（3.5%）、
荷兰（3.3%）和意大利（3.3%）（图4-8）。自欧盟进口饮品总额109.4亿美元，
占自全球进口饮品总额的77.5%，主要进口国为德国（18.5%）、意大利
（9.8%）、波兰（5.6%）、荷兰（5.3%）、法国（5.2%）、英国（5.1%）、匈牙
利（4.3%）、捷克（4%）和奥地利（3.7%）（图4-9）。

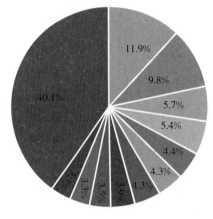

■德国　■俄罗斯　■英国　■斯洛伐克　■捷克　■法国
■罗马尼亚　■波兰　■匈牙利　■荷兰　■意大利　■其他

图4-8　饮品主要出口国家（地区）出口额占比
数据来源：联合国贸易数据库（Comtrade）。

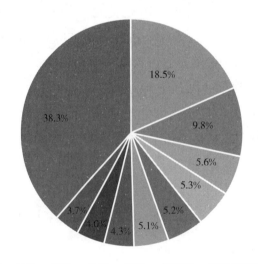

■德国　■意大利　■波兰　■荷兰　■法国　■英国　■匈牙利　■捷克共和国　■奥地利　■其他

图4-9　饮品主要进口国家（地区）进口额占比
数据来源：联合国贸易数据库（Comtrade）。

三、水果

(一) 贸易变化情况

2010 年，中东欧 17 国水果出口额占农产品出口总额的 9.8%；水果进口额占农产品进口总额的 10.7%，是当年的第三大进口产品和第三大出口产品。2010—2019 年，中东欧 17 国贸易额年均增长 4.1%，其中出口额从 61.5 亿美元增加到 89 亿美元，增幅为 44.7%，年均增长 4.2%；进口额从 70.8 亿美元增加到 100.9 亿美元，增幅为 42.5%，年均增长 4%，除 2012 和 2013 年出口额高于进口额外，其余年份均为贸易逆差（图 4-10）。到 2019 年，水果贸易额增长到 189.9 亿美元，同比降低 0.9%，占农产品贸易额 9.5%，贸易量 1 445.5 万吨，同比增长 1.3%，其中出口额占农产品总出口额的 8.6%，出口量 692.7 万吨，同比增长 7.3%，是中东欧 17 国第四大出口产品；进口额占农产品总进口额的 10.5%，进口量 752.8 万吨，同比减少 3.7%，是中东欧第三大进口产品。

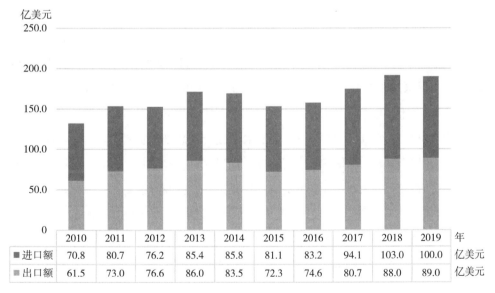

亿美元

年	2010	2011	2012	2013	2014	2015	2016	2017	2018	2019	
■进口额	70.8	80.7	76.2	85.4	85.8	81.1	83.2	94.1	103.0	100.0	亿美元
□出口额	61.5	73.0	76.6	86.0	83.5	72.3	74.6	80.7	88.0	89.0	亿美元

图 4-10　水果贸易情况

数据来源：联合国贸易数据库（Comtrade）。

(二) 主要贸易产品类别

中东欧 17 国的水果贸易为鲜冷冻水果、水果汁、加工水果和水果罐头 4

大类，进出口增幅最快的都是水果汁，近 10 年分别增长了 46.8% 和 89.7%。具体来看，2010—2019 年，鲜冷冻水果贸易额从 68.8 亿美元增长到 89.8 亿美元，增幅为 30.7%，其中出口额从 30.8 亿美元增长到 36.9 亿美元，增幅为 20%；进口额从 38 亿美元增长到 52.9 亿美元，增幅为 39.3%。水果汁贸易额从 47.4 亿美元增长到 78.7 亿美元，增幅为 66.1%，其中出口额从 21.4 亿美元增长到 40.5 亿美元，增幅为 89.7%；进口额从 26 亿美元增长到 38.2 亿美元，增幅为 46.8%。加工水果贸易额从 16.1 亿美元增长到 21.3 亿美元，增幅为 31.7%，其中出口额从 9.3 亿美元增长到 11.6 亿美元，增幅为 24.2%；进口额从 6.8 亿美元增长到 9.7 亿美元，增幅为 42%。水果罐头贸易额从 7.4 亿美元增长到 7.9 亿美元，增幅为 7.4%，其中出口额从 4.8 亿美元增长到 4.9 亿美元，增幅为 1.8%；进口额从 2.6 亿美元增长到 3 亿美元，增幅为 17.9%。

（三）主要贸易产品

2019 年出口额较多的为椰子（31.6 亿美元，占水果出口总额的 30.8%，同比增长 8.2%）、苹果（11.5 亿美元，占水果出口总额的 11.2%，同比下降 3.8%）、柑橘（4.4 亿美元，占水果出口总额的 4.3%，同比下降 12.6%）、桃（4.3 亿美元，占水果出口总额的 4.2%，同比下降 3.5%）、草莓（3.3 亿美元，占水果出口总额的 3.2%，同比下降 1.7%）和香蕉（2.8 亿美元，占水果出口总额的 2.7%，同比下降 0.1%）。进口额较多的为椰子（31.5 亿美元，占水果进口总额的 27.3%，同比增长 2.4%）、柑橘（14.7 亿美元，占水果进口总额的 12.8%，同比下降 16.1%）、香蕉（12.9 亿美元，占水果进口总额的 11.2%，同比下降 0.9%）、葡萄（5.7 亿美元，占水果进口总额的 5%，同比下降 2.8%）、苹果（3.5 亿美元，占水果进口总额的 3%，同比下降 19.8%）和桃（3.3 亿美元，占水果进口总额的 2.9%，同比下降 5.3%）。

（四）水果贸易伙伴

欧盟是中东欧 17 国水果最大的贸易伙伴。2019 年，中东欧 17 国向欧盟出口水果总额 59.6 亿美元，占向全球出口水果总额的 67%，主要出口国为德国（16.1%）、荷兰（5.4%）、英国（5.2%）、俄罗斯（4.7%）、罗马尼亚

（4.5%）、法国（4.2%）、斯洛伐克（3.7%）、奥地利（3.6%）、意大利（3.3%）和捷克（3.1%）（图4-11）。自欧盟进口水果总额68.1亿美元，占自全球进口水果总额的67.9%，主要进口国为德国（13.6%）、西班牙（8.5%）、意大利（7.7%）、荷兰（7.1%）、波兰（5.2%）、希腊（4.5%）、厄瓜多尔（4.4%）、土耳其（4%）和奥地利（3.3%）（图4-12）。

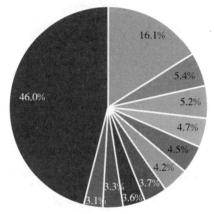

图4-11 水果主要出口国家（地区）出口额占比
数据来源：联合国贸易数据库（Comtrade）。

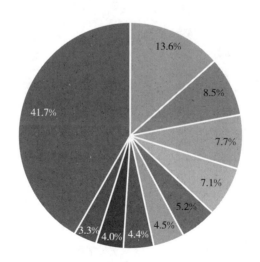

图4-12 水果主要进口国家（地区）进口额占比
数据来源：联合国贸易数据库（Comtrade）。

四、蔬菜

（一）贸易变化情况

2010 年，中东欧地区蔬菜出口额 41.4 亿美元，占农产品出口总额的 6.6％；蔬菜进口额 45.6 亿美元，占农产品进口总额的 6.9％，是当年的第四大进口产品和第五大出口产品。2010—2019 年，蔬菜贸易稳步增长，从 87 亿美元增长到 123.9 亿美元，增幅为 42.4％，年均增长 4％，其中出口额从 41.4 亿美元增长到 54.8 亿美元，增幅为 32.4％，年均增长 3.1％；进口额从 45.6 亿美元增长到 69.1 亿美元，增幅为 51.5％，年均增长 4.7％（图 4-13）。到 2019 年，蔬菜贸易额增长到 123.8 亿美元，同比增长 4.9％，占农产品贸易额的 6.2％，贸易量 1 106.8 万吨，同比增长 3.2％。其中出口额占农产品总出口额的 5.3％；出口量 435.5 万吨，同比下降 4.8％，是中东欧 17 国第五大出口产品；进口额占农产品总进口额的 7.2％，进口量 671.2 万吨，同比增长 9.2％，是中东欧 17 国第四大进口产品。

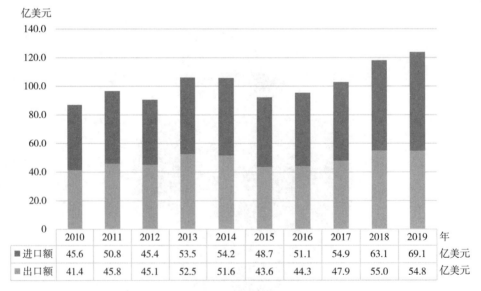

亿美元	2010	2011	2012	2013	2014	2015	2016	2017	2018	2019	年
■ 进口额	45.6	50.8	45.4	53.5	54.2	48.7	51.1	54.9	63.1	69.1	亿美元
■ 出口额	41.4	45.8	45.1	52.5	51.6	43.6	44.3	47.9	55.0	54.8	亿美元

图 4-13　蔬菜贸易情况

数据来源：联合国贸易数据库（Comtrade）。

（二）主要贸易产品类别

中东欧 17 国的蔬菜贸易为鲜冷冻蔬菜、加工保藏蔬菜、干蔬菜和蔬菜种子 4 大类。2010—2019 年，鲜冷冻蔬菜贸易额从 46.6 亿美元增长到 64.1 亿美元，增幅为 37.6%，其中出口额从 20 亿美元增长到 24 亿美元，增幅为 20%；进口额从 26.6 亿美元增长到 40.1 亿美元，增幅为 50.8%。加工保藏蔬菜贸易额从 33.8 亿美元增长到 50.2 亿美元，增幅为 48.2%，其中出口额从 19.2 亿美元增长到 27 亿美元，增幅为 40.4%；进口额从 14.6 亿美元增长到 23.2 亿美元，增幅为 58.4%。干蔬菜贸易额从 4.4 亿美元增长到 6.6 亿美元，增幅为 52.6%，其中出口额从 1.7 亿美元增长到 3 亿美元，增幅为 80.9%；进口额从 2.7 亿美元增长到 3.6 亿美元，增幅为 35.1%。蔬菜种子贸易额从 3.3 亿美元增长到 5.2 亿美元，增幅为 57.8%，其中出口额从 1 亿美元增长到 2 亿美元，增幅为 95.6%；进口额从 2.3 亿美元增长到 3.2 亿美元，增幅为 41.1%。

（三）主要贸易产品

2019 年出口额较多的为蘑菇（11.9 亿美元，占蔬菜出口总额的 12.2%，同比下降 3.1%）、大蒜（7.3 亿美元，占蔬菜出口总额的 7.5%，同比下降 0.4%）、马铃薯（5.7 亿美元，占蔬菜出口总额的 5.8%，同比增长 4.1%）、油橄榄（5.6 亿美元，占蔬菜出口总额的 5.7%，同比下降 1.3%）、松茸（5.3 亿美元，占蔬菜出口总额的 5.4%，同比下降 2.7%）、番茄（4.5 亿美元，占蔬菜出口总额的 4.7%，同比下降 2.8%）和蕨菜（4.1 亿美元，占蔬菜出口总额的 4.2%，同比增长 10.3%）。进口额较多的为马铃薯（12.9 亿美元，占蔬菜进口总额的 12.4%，同比增长 26.5%）、番茄（11.9 亿美元，占蔬菜进口总额的 11.5%，同比增长 1.2%）、辣椒（6.5 亿美元，占蔬菜进口总额的 6.3%，同比增长 5%）、大蒜（4.9 亿美元，占蔬菜进口总额的 4.8%，同比增长 3.3%）、蘑菇（4 亿美元，占蔬菜进口总额的 3.8%，同比增长 3%）、黄瓜（3.4 亿美元，占蔬菜进口总额的 3.3%，同比增长 1.3%）和蔬菜种子（3.2 亿美元，占蔬菜进口总额的 3.1%，同比下降 3.7%）。

（四）蔬菜贸易伙伴

欧盟是中东欧 17 国蔬菜最大的贸易伙伴。2019 年，中东欧 17 国向欧盟出口蔬菜总额 38.6 亿美元，占向全球出口蔬菜总额的 70.5%，主要出口国为德国（17%）、英国（7.4%）、意大利（5.8%）、罗马尼亚（4.8%）、美国（4.8%）、斯洛伐克（4.3%）、荷兰（4%）、法国（4%）和捷克（3.8%）（图4-14）。自欧盟进口蔬菜总额55.1亿美元，占自全球进口蔬菜总额的80.1%，主要进口国为波兰（8.1%）和意大利（8.1%）（图4-15）。

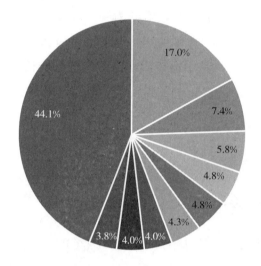

■德国 ■英国 ■意大利 ■罗马尼亚 ■美国 ■斯洛伐克 ■荷兰 ■法国 ■捷克 ■其他

图4-14 蔬菜主要出口国家（地区）出口额占比
数据来源：联合国贸易数据库（Comtrade）。

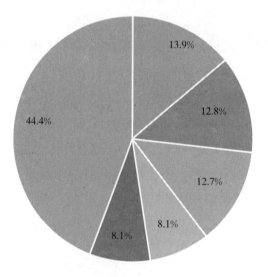

■荷兰 ■德国 ■西班牙 ■波兰 ■意大利 ■其他

图4-15 蔬菜主要进口国家（地区）进口额占比
数据来源：联合国贸易数据库（Comtrade）。

五、水产品

(一) 贸易变化情况

2010 年,中东欧地区水产品出口额占农产品出口总额的 5.3％;水产品进口额占农产品进口总额的 5.9％,是当年的第五大进口产品和第六大出口产品。2010—2019 年,水产品贸易增长较快,贸易额从 87.0 亿美元增长到123.9 亿美元,增幅为 60.2％,年均增长 5.4％;其中出口额从 41.4 亿美元增长到 54.8 亿美元,增幅为 32.4％,年均增长 5.4％,进口额从 45.6 亿美元增长到 69.1 亿美元,增幅为 51.5％,年均增长 5.3％,进出口增速基本持平,始终处于贸易逆差(图 4-16)。到 2019 年,水产品贸易额占农产品贸易额的5.8％,贸易量 289 万吨,同比增长 3.4％,其中出口额占农产品总出口额的5.1％,出口量 119.7 万吨,同比增长 4.6％,是中东欧 17 国第六大出口产品;进口额占农产品总进口额的 6.5％,进口量 169.3 万吨,同比增长 2.5％,是中东欧 17 国第五大进口产品。

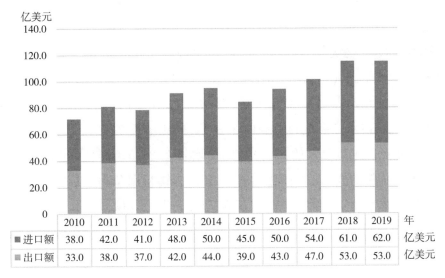

图 4-16 水产品贸易情况

数据来源:联合国贸易数据库(Comtrade)。

(二) 主要贸易产品类别

中东欧 17 国的水产品贸易集中在鲜冷冻鱼类和加工鱼类两大类。2010—

2019 年，鲜冷冻鱼类贸易额从 39.0 亿美元增长到 62.9 亿美元，增幅为 61.7%，其中出口额从 14.7 亿美元增长到 21.7 亿美元，增幅为 47.9%；进口额从 24.3 亿美元增长到 41.2 亿美元，增幅为 69.9%。加工鱼类贸易额从 20.5 亿美元增长到 34.6 亿美元，增幅为 68.8%，其中出口额从 14.1 亿美元增长到 25.3 亿美元，增幅为 79.1%；进口额从 6.4 亿美元增长到 9.3 亿美元，增幅为 45.9%。

（三）主要贸易产品

2019 年出口额较多的为鲑鱼（14.8 亿美元，占水产品出口总额的 18%，同比增长 1.6%）、鳕鱼（3.7 亿美元，占水产品出口总额的 4.4%，同比下降 8.9%）、鲷鱼（3.2 亿美元，占水产品出口总额的 3.9%，同比下降 1.4%）、鲈鱼（2.9 亿美元，占水产品出口总额的 3.5%，同比下降 3.9%）、罗非鱼（2.7 亿美元，占水产品出口总额的 3.3%，同比增长 8.4%）、鲨鱼（2.5 亿美元，占水产品出口总额的 3.1%，同比增长 7.9%）、鳗鱼（2.5 亿美元，占水产品出口总额的 3%，同比增长 11%）、鲱鱼（2.2 亿美元，占水产品出口总额的 2.7%，同比下降 6%）和鳟鱼（1.5 亿美元，占水产品出口总额的 1.8%，同比增长 6.3%）。进口额较多的为鲑鱼（17.6 亿美元，占水产品进口总额的 18.3%，同比增长 4.9%）、哲罗鱼（16.5 亿美元，占水产品进口总额的 17.2%，同比增长 4.2%）、鳕鱼（8.9 亿美元，占水产品进口总额的 9.2%，同比增长 0.7%）、对虾（2.2 亿美元，占水产品进口总额的 2.3%，同比增长 2.7%）、鲭鱼（2.1 亿美元，占水产品进口总额的 2.2%，同比增长 2.2%）、鲱鱼（2 亿美元，占水产品进口总额的 2.1%，同比增长 0.3%）、饲料用鱼粉（1.8 亿美元，占水产品进口总额的 1.9%，同比增长 5.7%）、墨鱼及鱿鱼（1.8 亿美元，占水产品进口总额的 1.9%，同比下降 4.6%）和鲨鱼（1.6 亿美元，占水产品进口总额的 1.7%，同比增长 1.7%）。

（四）水产品贸易伙伴

欧盟是中东欧 17 国水产品最大的贸易伙伴。2019 年，中东欧 17 国向欧盟出口水产品 44.4 亿美元，占向全球出口水产品总额的 83.8%，主要出口国为德国（30.8%）、意大利（12.1%）、法国（6.6%）、丹麦（4%）、西班牙

（3.8%）、英国（3.8%）和瑞典（3.3%）（图 4-17）。自欧盟进口水产品总额
28.7 亿美元，占自全球进口水产品总额的 46.5%，主要进口国为挪威
（23.7%）、瑞典（8.5%）、德国（5.8%）、西班牙（5.2%）、丹麦（4.6%）、
荷兰（3.7%）、中国（3.7%）和意大利（3.4%）（图 4-18）。

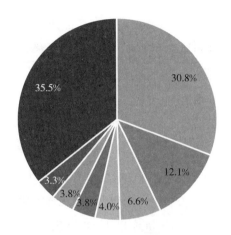

图 4-17 水产品主要出口国家（地区）出口额占比
数据来源：联合国贸易数据库（Comtrade）。

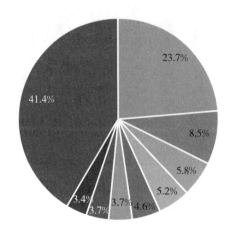

图 4-18 水产品主要进口国家（地区）进口额占比
数据来源：联合国贸易数据库（Comtrade）。

六、谷物

（一）贸易变化情况

2010 年，中东欧地区谷物出口额占农产品出口总额的 9.8％，是当年的第四大出口产品；谷物进口额 23.8 亿美元，占农产品进口总额的 3.6％。自 2010 年以来，谷物出口增长态势明显，至 2014 年后保持平稳。2010—2019 年，谷物贸易额从 84.9 亿美元增长到 140.9 亿美元，增幅为 66％，年均增长 5.8％；其中出口增长态势明显，出口额从 61.1 亿美元增长到 108.5 亿美元，增幅为 77.6％，年均增长 6.6％；进口额从 23.8 亿美元增长到 32.4 亿美元，增幅为 36.1％，年均增长 3.5％（图 4-19）。到 2019 年，谷物贸易额占农产品贸易额的 7.1％，贸易量 5 988.9 万吨，同比增长 25.6％，成为中东欧 17 国第三大出口产品，其中出口额占农产品总出口额的 10.5％，出口量 4 951.5 万吨，同比增长 33.2％；进口额占农产品总进口额的 3.4％，进口量 1 037.4 万吨，同比下降 1.4％。

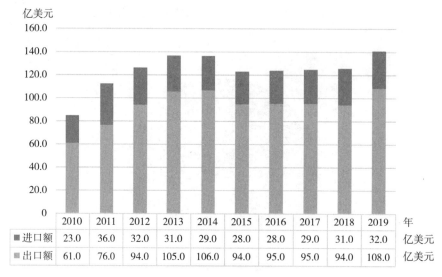

图 4-19　谷物贸易情况

数据来源：联合国贸易数据库（Comtrade）。

（二）主要贸易产品类别

中东欧 17 国的谷物贸易主要集中在小麦、玉米、稻谷和大麦 4 大类产品，其中出口增幅最大的为小麦和玉米，近 10 年出口增幅分别高达 87.5％和

80.3%。2010—2019 年，小麦产品贸易额从 40.6 亿美元增长到 69.1 亿美元，增幅为 70.2%，其中出口额从 30.1 亿美元增长到 56.4 亿美元，增幅为 87.5%；进口额从 10.5 亿美元增长到 12.7 亿美元，增幅为 20.9%。玉米产品贸易额从 29.1 亿美元增长到 50.9 亿美元，增幅为 74.9%，其中出口额从 21.9 亿美元增长到 39.6 亿美元，增幅为 80.3%；进口额从 7.2 亿美元增长到 11.3 亿美元，增幅为 57.7%。大麦产品贸易额从 6.8 亿美元增长到 8.8 亿美元，增幅为 29.4%，其中出口额从 4.9 亿美元增长到 6.5 亿美元，增幅为 32.7%；进口额从 1.9 亿美元增长到 2.3 亿美元，增幅为 21.1%。稻谷产品贸易额从 5 亿美元增长到 6.6 亿美元，增幅为 32.0%，其中出口额从 1.8 亿美元增长到 2.4 亿美元，增幅为 33.3%；进口额从 3.2 亿美元增长到 4.2 亿美元，增幅为 31.2%。

（三）主要贸易产品

2019 年出口额较多的为小麦（51.5 亿美元，占谷物出口总额的 46.5%，同比增长 10.9%）、玉米（32.6 亿美元，占谷物出口总额的 29.4%，同比增长 42.5%）、种用玉米（6.4 亿美元，占谷物出口总额的 5.7%，同比增长 6.4%；）和大麦（5.7 亿美元，占谷物出口总额的 5.2%，同比下降 15.8%）。进口额较多的为小麦（8.5 亿美元，占谷物进口总额的 25.3%，同比下降 1%）、玉米（5.9 亿美元，占谷物进口总额的 17.4%，同比增长 7.8%）、种用玉米（5 亿美元，占谷物进口总额的 14.9%，同比增长 12.4%）、大米（3.7 亿美元，占谷物进口总额的 11%，同比增长 8%）和小麦粉（3.4 亿美元，占谷物进口总额的 10%，同比增长 3.7%）。

（四）谷物贸易伙伴

欧盟是中东欧 17 国谷物最大的贸易伙伴。2019 年，中东欧 17 国向欧盟出口谷物 63.9 亿美元，占向全球出口谷物总额的 58.9%，主要出口国为德国（11.3%）、意大利（10.6%）、罗马尼亚（6.1%）、西班牙（6.1%）、沙特阿拉伯（6.1%）、土耳其（4.9%）、奥地利（4.4%）和埃及（4.1%）（图 4-20）。自欧盟进口谷物总额 24.4 亿美元，占自全球进口总额的 78.9%，主要进口国为匈牙利（16.3%）、保加利亚（13.5%）、法国（7.4%）、斯洛伐克（6.1%）、罗马尼亚（5.6%）、塞尔维亚（5%）、意大利（4.7%）、德国（4.6%）和乌克兰（4.2%）（图 4-21）。

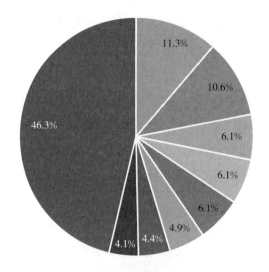

图 4-20　谷物主要出口国家（地区）出口额占比

数据来源：联合国贸易数据库（Comtrade）。

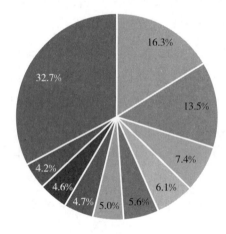

图 4-21　谷物主要进口国家（地区）进口额占比

数据来源：联合国贸易数据库（Comtrade）。

七、粮食制品

（一）贸易变化情况

2010 年，中东欧地区粮食制品出口额 25.5 亿美元，占农产品出口总额的 9.8%；粮食制品进口额 27.1 亿美元，占农产品进口总额的 4.1%，是当年的第八大进口产品和第九大出口产品。2010—2019 年，粮食制品贸易额从 52.6 亿美元增长到 92.9 亿美元，增幅为 76.6%，年均增长 6.5%，其中出口额从 25.5 亿美元增长到 51.2 亿美元，增幅为 100.8%，年均增长 8%；进口额从 27.1 亿美元增长到 41.7 亿美元，增幅为 53.9%，年均增长 4.9%（图 4-22）。中东欧 17 国粮食制品贸易增长较快，出口增速显著高于进口增速，至 2012 年转为贸易顺差。到 2019 年，粮食制品贸易额占农产品贸易额的 4.7%，贸易量 536 万吨，同比下降 4.6%；其中出口额占农产品总出口额的 5%，出口量 286.7 万吨，同比下降 9.8%，是中东欧 17 国第七大出口产品；进口额占农产品总进口额的 4.3%，进口量 249.3 万吨，同比增长 2.1%，是中东欧 17 国第六大进口产品。

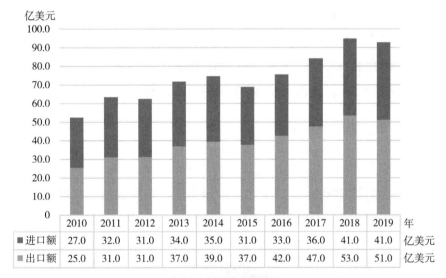

图 4-22　粮食制品贸易情况

数据来源：联合国贸易数据库（Comtrade）。

（二）主要贸易产品类别

中东欧的粮食制品贸易集中在面包糕点、膨化食品和面食 3 大类。2010—2019 年，面包糕点贸易额从 33.5 亿美元增长到 61.9 亿美元，增幅为 84.8%，其中出口额从 16.6 亿美元增长到 33.7 亿美元，增幅为 103.0%；进口额从 16.9 亿美元增长到 28.2 亿美元，增幅为 66.9%。膨化食品贸易额从 5.8 亿美元增长到 9.4 亿美元，增幅为 62.1%，其中出口额从 2.7 亿美元增长到 5.6 亿美元，增幅为 107.4%；进口额从 3.1 亿美元增长到 3.8 亿美元，增幅为 22.6%。面食贸易额从 4.9 亿美元增长到 9 亿美元，增幅为 83.7%，其中出口额从 1.7 亿美元增长到 4.2 亿美元，增幅为 147.1%；进口额从 3.2 亿美元增长到 4.8 亿美元，增幅为 50%。

（三）主要贸易产品

2019 年出口额较多的为饼干（17.4 亿美元，占粮食制品出口总额的33.9%，同比下降 0.1%）、面包糕点（15 亿美元，占粮食制品出口总额的29.3%，同比下降 15.8%）、膨化食品（5.6 亿美元，占粮食制品出口总额的10.9%，同比增长 3.3%）、面食（4.2 亿美元，占粮食制品出口总额的 8.1%，同比增长 10.5%）和麦芽（3 亿美元，占粮食制品出口总额的 5.9%，同比下降5.3%）。进口额较多的为面包糕点（16.1 亿美元，占粮食制品进口总额的38.6%，同比下降 2.4%）、饼干（11 亿美元，占粮食制品进口总额的 26.3%，同比增长 2.8%）、面食（4.8 亿美元，占粮食制品进口总额的 11.5%，同比增长5.9%）、膨化食品（3.8 亿美元，占粮食制品进口总额的 9.1%，同比下降2.6%）和麦芽（2.1 亿美元，占粮食制品进口总额的 5%，同比增长 17.4%）。

（四）粮食制品贸易伙伴

欧盟是中东欧 17 国粮食制品最大的贸易伙伴。2019 年，中东欧 17 国向欧盟出口粮食制品总额 34.8 亿美元，占向全球出口粮食制品总额的 68%，主要出口国为德国（11.9%）、英国（8.5%）、波兰（5.4%）、罗马尼亚（4.6%）、斯洛伐克（4.5%）、捷克（3.9%）、法国（3.7%）、意大利

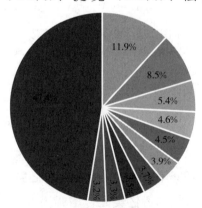

图 4-23　粮食制品主要出口国家（地区）出口额占比

数据来源：联合国贸易数据库（Comtrade）。

（3.5％）、俄罗斯（3.3％）和匈牙利（3.2％）（图4-23）。自欧盟进口粮食制品总额36.4亿美元，占自全球进口粮食制品总额的87.7％，主要进口国为德国（17.7％）、波兰（14.7％）、意大利（10.5％）、捷克（6.8％）、斯洛伐克（4.9％）、法国（3.8％）和奥地利（3.7％）（图4-24）。

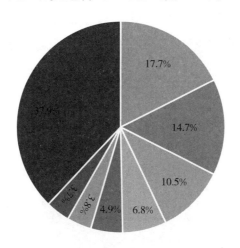

■德国　■波兰　■意大利　■捷克　■斯洛伐克　■法国　■奥地利　■其他

图4-24　粮食制品主要进口国家（地区）进口额占比

数据来源：联合国贸易数据库（Comtrade）。

第三节　中东欧17国农产品贸易伙伴

欧盟是中东欧17国最重要的贸易伙伴，2019年中东欧各国与欧盟的贸易额为1 371.5亿美元，占中东欧17国贸易总额的73.4％，其中德国、意大利、荷兰、法国和西班牙等欧盟成员国是主要的贸易对象，贸易额分别为291.1亿美元、127亿美元、113.3亿美元、68.9亿美元、67.5亿美元，分别占中东欧17国贸易总额的15.6％、6.8％、6.1％、5.3％、3.7％，合计占中东欧17国贸易总额的37.5％。欧盟以外的主要贸易伙伴为俄罗斯、土耳其、美国等，贸易额分别为37.5亿美元、30.3亿美元、28亿美元。

一、农产品进口来源

（一）进口区域

得益于地缘优势和贸易规则环境，中东欧17国进口来源以欧洲国家为主，且呈进口来源集中化的趋势。2010 年中东欧 17 国从欧洲、南美洲和亚洲进口额分别为 512.9 亿美元、37.5 亿美元和 36.8 亿美元，分别占中东欧进口总额的 83.5%、6.1% 和 6%，合计占中东欧 17 国进口总额的 95.6%（图 4-25）。到 2019 年，中东欧从欧洲、南美洲和亚洲进口额增长到 767.8 亿美元、41.2 亿美元和 46.8 亿美元，分别占中东欧 17 国进口总额的 86.3%、4.6% 和 5.3%，合计占中东欧进口总额的 96.2%（图 4-26），进口来源越来越向欧洲地区集中。

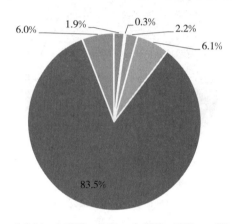

▪北美洲 ▪大洋洲 ▪非洲 ▪南美洲 ▪欧洲 ▪亚洲

图 4-25　2010 年中东欧主要进口来源及其占比
数据来源：联合国贸易数据库（Comtrade）。

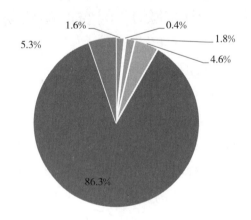

▪北美洲 ▪大洋洲 ▪非洲 ▪南美洲 ▪欧洲 ▪亚洲

图 4-26　2019 年中东欧主要进口来源及其占比
数据来源：联合国贸易数据库（Comtrade）。

（二）进口国别

中东欧 17 国主要的进口来源是德国、荷兰、意大利、法国和西班牙等欧盟成员国。2010 年，中东欧 17 国自欧盟成员国进口额为 461.3 亿美元，占中东欧 17 国进口总额的 74.8%，其中自德国、荷兰、意大利、法国和西班牙的进口额分别为 98 亿美元、53.5 亿美元、38 亿美元、27.5 亿美元和 23 亿美元，分别占中东欧 17 国进口总额的 15.9%、8.7%、6.2%、4.5% 和 3.7%。到 2019 年，中东欧 17 国自欧盟成员国进口额增长到 681.3 亿美元，占中东欧 17 国进口总额的 76.4%，其中自德国、荷兰、意大利、法国和西班牙的进口额分别为 140.9 亿美元、67.8 亿美元、53 亿美元、34.1 亿美元和 42.6 亿美元，分别占中东欧 17 国进口总额的 15.8%、7.6%、5.9%、3.8% 和 4.8%。中东欧 17 国在欧盟以外的主要进口国为巴西、阿根廷、土耳其、美国和中国，2010 年进口额分别为 15.4 亿美元、9.9 亿美元、9.5 亿美元、9.3 亿美元和 9.1 亿美元，分别占中东欧 17 国进口总额的 2.5%、1.6%、1.5%、1.5% 和 1.5%。到 2019 年，中东欧 17 国自非欧盟成员国进口主要来源于乌克兰、挪威、巴西、土耳其、美国、中国和阿根廷，进口额分别为 16.2 亿美元、15 亿美元、14.4 亿美元、12.6 亿美元、11.3 亿美元、10.9 亿美元和 9.6 亿美元，较 2010 年分别上涨 199.7%、87.8%、−6.5%、32.7%、21.7%、19.6% 和 −2.4%，涨幅最大的是自乌克兰进口，自巴西和阿根廷进口出现了负增长。

二、农产品出口目的地

（一）出口区域

中东欧 17 国出口目的地集中度呈下降态势，对非洲、亚洲和北美洲地区的出口增长一倍以上，增幅分别高达 250%、103.6% 和 100.5%。2010 年，中东欧 17 国近九成的农产品出口到欧洲地区，到 2019 年，这一比例下降到 85.6%。具体来说，2010 年中东欧 17 国的主要出口地为欧洲、亚洲和北美洲，出口额分别为 523.3 亿美元、40.4 亿美元和 10.4 亿美元，占中东欧 17 国出口总额的比例分别为 89.5%、6.9% 和 1.8%，合计占中东欧 17 国出口总额的 98.2%（图 4-27）。到 2019 年，中东欧 17 国主要的出口地区为欧洲、亚洲、非洲和北美洲，出口金额分别为 825.9 亿美元、82.3 亿美元、29.5 亿美元和 20.8 亿美元，分别占中东欧 17 国出口总额的 85.6%、8.5%、3.1% 和 2.2%（图 4-28），较 2010 年分别增长 57.8%、103.6%、250% 和 100.5%，其中非洲、亚洲和北美洲的增幅较大。

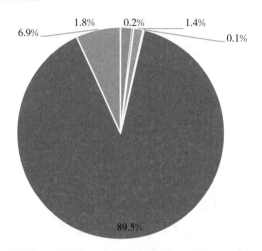

1.8%   0.2%   1.4%
6.9%   0.1%

89.5%

■北美洲 ■大洋洲 ■非洲 ■南美洲 ■欧洲 ■亚洲

图 4-27 2010 年中东欧主要出口目的地及其占比
数据来源：联合国贸易数据库（Comtrade）。

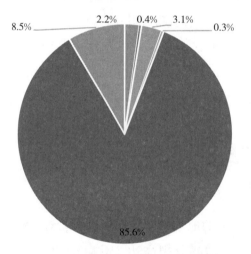

2.2%   0.4%   3.1%
8.5%   0.3%

85.6%

■北美洲 ■大洋洲 ■非洲 ■南美洲 ■欧洲 ■亚洲

图 4-28 2019 年中东欧主要出口目的地及其占比
数据来源：联合国贸易数据库（Comtrade）。

（二）出口国别

中东欧17国的主要出口对象也是以欧盟国家为主，包括德国、意大利、荷兰、法国等。2010 年，中东欧 17 国向欧盟出口总额 427.5 亿美元，占中东欧 17 国出口总额的 71.7%，其中向德国、意大利、荷兰、法国和奥地利出口额分别为 83.2 亿美元、49.4 亿美元、22.9 亿美元、22.1 亿美元和 18.7 亿美元，分别占中东欧 17 国出口总额的 13.9%、8.3%、3.8%、3.7%和 3.1%。

到 2019 年，中东欧 17 国向欧盟成员国出口额上升到 681.3 亿美元，占中东欧 17 国出口总额的 76.4%，其中向德国、意大利、荷兰、法国、匈牙利和西班牙的出口额分别为 150.1 亿美元、74 亿美元、45.6 亿美元、34.8 亿美元、28.5 亿美元和 24.9 亿美元，分别占中东欧 17 国出口总额的 15.4%、7.6%、4.7%、3.6%、2.9% 和 2.6%。欧盟以外主要出口到俄罗斯、土耳其、乌克兰和美国，2010 年出口额分别为 35.1 亿美元、15 亿美元、8.9 亿美元和 7.9 亿美元，分别占中东欧出口总额的 5.9%、2.5%、1.5% 和 1.3%；到 2019 年出口额分别为 29.4 亿美元、17.7 亿美元、11.8 亿美元和 15.7 亿美元，分别占中东欧出口总额的 3%、1.8%、1.2% 和 1.6%，较 2010 年增长 −16.3%、17.7%、33.2% 和 98%，在主要非欧盟出口国中，对美国的出口额涨幅最大。

三、中国和中东欧 17 国贸易往来情况

中东欧 17 国与中国农产品贸易相互依存度较低，农产品贸易额均不到各自农产品贸易总额的 1%，双方农产品贸易规模进一步扩大的潜力尚待挖掘（图 4-29）。在与中国农产品贸易中，中东欧 17 国基本均处于贸易逆差状态，尚未充分开拓中国市场。贸易品种方面，中东欧 17 国自中国进口肠衣、羽毛等畜产品，干辣椒、加工番茄等加工蔬菜，柑橘、草莓、梨等冷冻水果、果汁及罐头，墨鱼及鱿鱼、对虾等水产品；中国自中东欧进口的产品则各具特色，

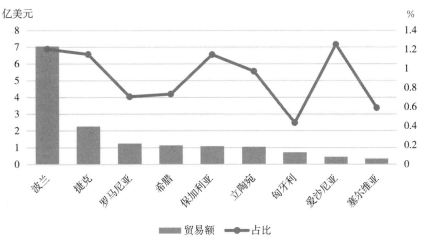

图 4-29 2019 年中东欧部分国家与中国农产品贸易情况
注：左坐标轴为农产品贸易额，右坐标轴为贸易额占中东欧部分国家各自贸易额比重。
数据来源：联合国贸易数据库（Comtrade）。

比如自波兰进口乳品、羽毛、种鸡，自捷克进口羊毛、羽毛、乳品、啤酒，自
罗马尼亚进口猪肉、葡萄酒，自匈牙利进口猪肉、羽毛，自希腊进口棉花、猕
猴桃、橄榄油，自保加利亚进口玫瑰精油、葡萄酒，自塞尔维亚进口烟草制
卷烟。

第二篇

国 别 篇

第五章 CHAPTER 5
阿尔巴尼亚农业概况▶▶▶

阿尔巴尼亚共和国位于欧洲东南部，首都是地拉那，一级行政区划设县，全国共有 12 个县。2017 年阿尔巴尼亚土地面积 287.5 万公顷，其中种植用地 696 千公顷，占总面积的 24.2%；牧场 478 千公顷，占总面积的 16.6%；森林 1 052.3 千公顷，占总面积的 36.6%；其他用地 649 千公顷，占总面积的 22.6%[①]。阿尔巴尼亚属亚热带地中海气候，夏季炎热干燥，冬季温暖湿润，降水量充沛，11 月至次年 5 月为雨季，年均降水量 1 300 毫米。2019 年阿尔巴尼亚人口 286 万人，人口年龄中位数为 35.4 岁。2020 年第三季度就业人数为 113.3 万人，占总人口的 39.6%；失业人数 8.8 万人，占总人口的 3.1%；劳动力就业率为 68.1%；平均工资为每月 52 815 列克，约等于 526.5 美元[②]。

第一节 阿尔巴尼亚农业生产概况

一、阿尔巴尼亚农业生产概述

阿尔巴尼亚是一个传统的农业国，农业在国民经济中占有十分重要的地位，农业部门就业人数占总就业人数的 40% 以上，但农业产值占国内生产总值的比例不到 1/4。2018 年农业总产值为 24.8 亿美元，农业增加值对当年 GDP 的贡献为 21.7%，农业从业人员占全国就业人口总数的 42.4%。阿尔巴尼亚的药用及香料植物、橄榄油、蜂蜜、葡萄酒等特色农产品都具有一

---

① 数据来源：阿尔巴尼亚国家统计局。
② 数据来源：贸易经济网站。

定市场竞争力。目前，阿尔巴尼亚农业生产力水平较为落后，农业科技含量较低，缺乏大型农产品加工企业，政府对发展农业机械化、现代化的愿望较为迫切[1]。

二、阿尔巴尼亚的种植业

2019 年阿尔巴尼亚生产蔬菜 125.8 万吨，同比增长 7.9%；生产谷物 66.6 万吨，同比下降 1.8%；生产土豆 26.1 万吨，同比增长 2.4%。蔬菜生产自 2013 年以来呈现增长趋势，其中新鲜蔬菜的增长最为明显，主要是因为温室的增加，其次是瓜类和干菜。新鲜蔬菜产量占蔬菜总产量的 66.2%，瓜类产量占蔬菜总产量的 23.9%，干菜产量占蔬菜总产量的 9.9%。2019 年生产新鲜蔬菜 83.3 万吨，与 2018 年相比增长 7.9%。其中，西红柿产量占蔬菜总产量的 36.0%，黄瓜产量占蔬菜总产量的 15.2%，辣椒产量占蔬菜总产量的 10.2%，干洋葱产量占干菜总产量的 87.6%，西瓜产量占瓜类总产量的 86.5%。温室蔬菜产量占蔬菜总产量的 21.4%，产量较上年增长 5.6%。

永久作物主要包括橄榄、柑橘和葡萄。2019 年橄榄产量为 9.8 万吨，同比下降 16.4%。橄榄产量最高的三个县为费里县（3.1 万吨），发罗拉县（1.8 万吨）和爱尔巴桑县（1.7 万吨）。橄榄总产量的 88.9% 用于榨取橄榄油，其他 11.1% 直接食用。2019 年生产柑橘 4.7 万吨，较上年增加 3.0%。柑橘产量最高的县为发罗拉县（3.2 万吨）。2019 年生产葡萄 19.0 万吨，较上年增加 2.7%[2]。

三、阿尔巴尼亚的畜牧业

2019 年牛存栏 41.6 万头，同比下降 11.1%。牛存栏最多的县为费里县和爱尔巴桑县。绵羊存栏 175 万头，同比减少 5.7%，其中奶绵羊占 71.5%。山羊存栏 86.3 万头，同比下降 5.9%，其中奶山羊占 77.8%。猪存栏 18.4 万头，同比下降 0.2%。

---

① 资料来源：对外投资合作国别（地区）指南：阿尔巴尼亚。
② 资料来源：阿尔巴尼亚国家统计局《Agriculture Statistics 2019》报告。

2019 年生产奶 111 万吨，同比下降 2.8%，其中牛奶占 85.1%，绵羊奶占 7.3%，山羊奶占 7.6%。全国牛奶年均产出率为 2 981 千克/头，绵羊奶年均产出率为 63 千克/头，山羊奶年均产出率为 127 千克/头。肉类生产 15.7 万吨，同比下降 2.8%。蛋类生产 8.7 亿个，同比增长 4.5%①。

四、阿尔巴尼亚的林业

2019 年阿尔巴尼亚森林牧场总面积为 174 万公顷，占国土总面积的 60.5%。其中森林面积 105.2 万公顷，牧场面积 47.8 万公顷，与之相关的非生产区域面积 21.0 万公顷。

森林总蓄积量为 5 484.7 万立方米，其中公有森林占 94.0%，私有森林占 6.0%。落叶林覆盖面积最大，占森林总面积的 49.8%，灌木覆盖面积次之，占 35.8%，第三为针叶树，占 14.3%。

自然保护区和旅游区有助于维护生物多样性，因此在阿尔巴尼亚是受保护的土地和水域。按相关性分为 6 类：严格自然保护区、国家公园、自然遗迹、物种栖息管理区、保护景观和自然资源可持续利用保护区。2019 年自然保护区总面积为 52.4 万公顷，占全国森林总面积的 30%，约占全国总面积的 18%。在 6 类自然保护区中，国家公园占地面积最大，约占自然保护区的 44%②。

五、阿尔巴尼亚的渔业

2019 年阿尔巴尼亚渔获量为 1.5 万吨，较上年增长 0.9%。渔获量最大的部分来自海洋，占总渔获量的 36.6%；第二是水产养殖，占 34.8%；第三是来自内陆水域，占 18.5%。海洋水域中捕获量最大的是欧洲凤尾鱼，占海洋捕获量的 20.7%；第二是深海玫瑰虾，占 16.2%；第三是欧洲鳕鱼，占 12.3%。内陆水域中捕获量最大的是普通鲤鱼，占内陆捕获量的 23.5%③。

---

① 资料来源：阿尔巴尼亚国家统计局《Livestock Statistics，2019》报告。
② 资料来源：阿尔巴尼亚国家统计局《Forest Statistics，2019》报告。
③ 资料来源：阿尔巴尼亚国家统计《Fishery Statistics，2019》报告。

第二节 阿尔巴尼亚农产品市场与贸易

一、阿尔巴尼亚农产品价格

（一）谷物

2010—2019 年，谷物平均生产者价格中最高的为黑麦，价格为 413.2 美元/吨，最低的为玉米，价格为 324.6 美元/吨。

小麦 2019 年生产者价格为 286.8 美元/吨，2010—2019 年平均生产者价格为 326.9 美元/吨，历史高峰出现在 2013 年，价格为 406.9 美元/吨，历史低谷出现在 2017 年，价格为 276.9 美元/吨。玉米 2019 年生产者价格为 277.0 美元/吨，2010—2019 年平均生产者价格为 324.6 美元/吨，历史高峰出现在 2013 年，价格为 416.4 美元/吨，历史低谷出现在 2019 年，价格为 277.0 美元/吨（表 5-1）。

表 5-1 阿尔巴尼亚 2010—2019 年谷物生产者价格

单位：美元/吨

	2010 年	2011 年	2012 年	2013 年	2014 年	2015 年	2016 年	2017 年	2018 年	2019 年	平均
黑麦	292.1	339.0	316.1	454.2	416.1	381.1	430.5	500.4	482.1	520.4	413.2
燕麦	346.1	367.7	342.9	463.7	373.7	317.6	329.1	322.4	342.9	339.9	354.6
大麦	307.9	339.0	316.1	482.6	431.4	341.4	319.7	303.6	302.2	306.1	345.0
小麦	279.0	406.4	360.5	406.9	360.3	301.7	296.9	276.9	294.0	286.8	326.9
玉米	288.6	386.5	360.5	416.4	353.9	293.7	290.2	278.7	300.3	277.0	324.6

资料来源：联合国粮农组织（FAO）数据库。

（二）肉类

据联合国粮农组织（以下简称"FAO"）统计，2010—2018 年肉类平均生产者价格中最高的为火鸡肉，价格为 6 763.0 美元/吨，最低的为鸡肉，价格为 3 934.1 美元/吨。

牛肉 2018 年生产者价格为 6 735.7 美元/吨，2010—2018 年平均生产者价格为 6 443.3 美元/吨，历史高峰出现在 2011 年，价格为 7 572.2 美元/吨，历

史低谷出现在 2015 年，价格为 5 702.6 美元/吨。羊肉 2018 年生产者价格为
4 500.6 美元/吨，2010—2018 年平均生产者价格为 5 382.3 美元/吨，历史高
峰出现在 2011 年，价格为 7 354.2 美元/吨，历史低谷出现在 2016 年，价格为
3 861.9 美元/吨。鸡肉 2018 年生产者价格为 3 773.1 美元/吨，2010—2018 年
平均生产者价格为 3 934.1 美元/吨，历史高峰出现在 2014 年，价格为 5 728.4
美元/吨，历史低谷出现在 2010 年，价格为 3 049.9 美元/吨（表 5-2）。

表 5-2　阿尔巴尼亚 2010—2018 年肉类生产者价格

单位：美元/吨

	2010 年	2011 年	2012 年	2013 年	2014 年	2015 年	2016 年	2017 年	2018 年	平均
火鸡肉	5 772.8	6 323.4	6 008.2	6 939.9	7 887.8	6 382.9	6 882.0	7 229.6	7 440.8	6 763.0
牛肉	6 494.4	7 572.2	6 493.5	6 731.6	6 451.5	5 702.6	5 771.4	6 037.0	6 735.7	6 443.3
羊肉	6 398.1	7 354.2	7 193.3	5 492.2	4 834.8	4 910.3	3 861.9	3 895.2	4 500.6	5 382.3
猪肉	5 031.9	5 580.1	5 546.1	4 202.9	5 028.4	4 025.0	4 099.6	4 355.4	4 890.6	4 751.1
鸡肉	3 049.9	3 350.0	4 528.2	4 807.5	5 728.4	3 660.9	3 216.3	3 292.7	3 773.1	3 934.1

资料来源：FAO 数据库。

（三）蔬菜

据 FAO 统计，2010—2019 年蔬菜平均生产者价格最高的为大蒜，价格为
1 494.3 美元/吨，最低的为卷心菜，价格为 251.3 美元/吨。

大蒜 2019 年生产者价格为 1 918.2 美元/吨，2010—2019 年平均生产者价
格为 1 494.3 美元/吨，历史高峰出现在 2018 年，价格为 1 924.8 美元/吨，低
谷出现在 2012 年，价格为 758.0 美元/吨。西红柿 2019 年生产者价格为 412.0
美元/吨，2010—2019 年平均生产者价格为 490.7 美元/吨，历史高峰出现在
2013 年，价格为 738.2 美元/吨，低谷出现在 2011 年，价格为 392.5 美元/吨
（表 5-3）。

表 5-3　阿尔巴尼亚 2010—2019 年蔬菜生产者价格

单位：美元/吨

	2010 年	2011 年	2012 年	2013 年	2014 年	2015 年	2016 年	2017 年	2018 年	2019 年	平均
大蒜	1 106.4	1 605.6	758.0	1 192.4	1 442.6	1 468.7	1 623.5	1 903.0	1 924.8	1 918.2	1 494.3
西兰花	702.4	1 011.0	637.8	1 050.5	937.0	714.5	760.9	891.3	784.0	693.7	818.3

（续）

	2010年	2011年	2012年	2013年	2014年	2015年	2016年	2017年	2018年	2019年	平均
莴苣	635.0	634.3	591.6	936.9	582.3	555.7	500.6	616.0	659.0	693.2	640.5
茄子	586.9	624.4	406.7	766.5	617.3	547.8	487.9	841.9	750.3	718.4	634.8
菠菜	586.9	535.2	443.7	899.0	542.0	524.0	493.2	563.0	786.1	707.5	608.1
洋葱青葱	606.1	545.1	425.2	766.5	593.3	508.1	456.6	639.1	673.4	787.7	600.1
黄瓜	336.7	406.4	332.8	690.8	626.5	531.9	481.7	553.7	470.2	539.8	497.1
西红柿	454.1	392.5	434.4	738.2	543.6	460.5	446.2	476.4	548.8	412.0	490.7
南瓜	336.7	436.1	360.5	548.9	544.7	404.9	421.7	626.7	557.7	586.9	482.5
胡萝卜	384.9	386.5	305.0	586.7	446.4	396.9	377.5	370.3	391.4	428.8	407.4
干洋葱	365.6	297.3	212.6	520.5	384.8	317.6	319.2	298.1	403.0	485.2	360.4
韭菜	433.0	247.8	240.3	425.9	249.9	317.6	244.5	278.5	282.3	519.4	323.9
卷心菜	211.7	287.4	203.4	331.2	214.9	317.6	202.1	180.6	206.7	357.2	251.3

资料来源：FAO 数据库。

二、阿尔巴尼亚农产品贸易发展情况

阿尔巴尼亚是食品的净进口国。2018 年农产品出口总额为 3.22 亿美元，同年农产品进口总额为 11.5 亿美元。

阿尔巴尼亚对农产品有一定的关税保护，农产品关税高于总体简单平均水平，实施最惠国关税。2015 年，农业实施平均最惠国关税是 8.7%。阿尔巴尼亚不对任何农产品实施特殊保障机制，也不实施任何出口限制和出口补贴。

2018 年阿尔巴尼亚农产品出口前五位的产品是蔬菜、水产品、药材、水果和其他农产品。2010—2018 年，蔬菜出口贸易额年均增长 32.1%，水产品年均减少 4.4%，药材年均增长 5.7%，水果年均增长 14.7%，其他农产品年均减少 0.6%（表 5-4、图 5-1）。

表 5-4　阿尔巴尼亚 2010—2018 年农产品出口贸易额

单位：万美元

	2010年	2011年	2012年	2013年	2014年	2015年	2016年	2017年	2018年
蔬菜	727.7	1 326.8	1 315.6	1 934.6	2 335.4	3 749.0	4 959.4	6 330.5	6 745.9

（续）

	2010 年	2011 年	2012 年	2013 年	2014 年	2015 年	2016 年	2017 年	2018 年
水产品	3 787.5	3 879.4	3 762.7	4 170.0	3 152.7	4 175.6	6 452.6	3 072.3	2 636.2
其他农产品	2 481.8	3 124.0	3 254.8	4 192.3	2 139.0	3 100.7	3 759.0	1 796.9	2 374.2
药材	1 400.1	1 951.0	2 112.2	2 731.3	1 958.9	2 867.5	2 959.5	1 672.9	2 183.7
水果	325.7	457.1	519.8	590.3	673.6	979.0	1 134.4	1 280.1	978.5
粮食制品	55.8	205.9	448.4	646.2	172.4	689.1	825.9	138.6	284.1
畜产品	1 893.7	2 629.7	2 798.8	1 917.9	619.6	1 006.2	1 166.3	713.6	254.6
坚果	90.0	134.1	192.2	770.0	727.3	519.4	912.9	270.7	122.2
花卉	51.7	76.7	68.8	92.9	64.7	55.0	94.5	70.1	96.6
饮品类	218.6	183.8	365.4	745.2	136.0	385.1	805.2	131.7	74.5

资料来源：联合国贸易数据库（Comtrade）。

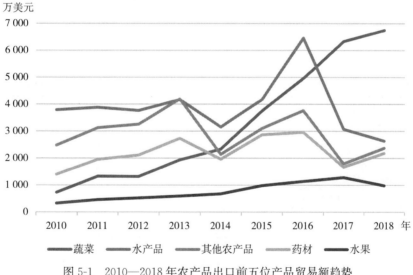

图 5-1　2010—2018 年农产品出口前五位产品贸易额趋势
资料来源：联合国贸易数据库（Comtrade）。

2019 年阿尔巴尼亚农产品进口前五位产品是饮品类、粮食（谷物）、水果、畜产品和其他农产品。2010—2018 年，饮品类进口贸易额年均减少 1.7%，粮食（谷物）年均减少 4.4%，水果年均减少 2.4%，其他农产品年均减少 10.6%，畜产品年均减少 10.2%（表 5-5、图 5-2）。

表 5-5　阿尔巴尼亚 2010—2018 年农产品进口额

单位：万美元

	2010 年	2011 年	2012 年	2013 年	2014 年	2015 年	2016 年	2017 年	2018 年
饮品类	12 551.1	14 063.0	13 611.7	14 976.6	8 222.9	11 152.6	12 663.1	9 684.3	10 904.5
粮食（谷物）	11 641.6	15 743.5	14 273.2	14 136.1	8 364.1	9 638.6	8 596.6	7 155.1	8 093.3
水果	8 818.8	8 133.3	7 484.1	7 675.5	6 769.1	6 590.5	7 358.7	5 568.6	7 254.9
其他农产品	15 629.9	14 944.7	14 991.6	16 267.7	6 495.9	8 526.7	11 514.1	5 557.9	6 356.1
畜产品	14 558.4	14 720.9	13 853.3	12 905.9	9 213.2	9 675.0	8 585.3	7 199.2	6 146.6
粮食制品	5 786.8	6 508.2	6 265.5	7 068.1	5 349.6	5 290.9	5 632.9	5 554.4	5 302.0
蔬菜	3 534.6	3 357.5	2 808.0	3 541.7	2 706.4	3 205.3	3 561.4	3 178.5	2 998.5
水产品	3 021.1	3 589.2	2 992.7	3 513.1	1 490.7	3 738.1	4 287.6	2 168.3	2 012.8
糖料及糖	3 793.3	5 250.2	4 947.2	4 267.7	3 005.0	3 166.5	3 635.5	1 134.7	1 319.4
植物油	4 713.9	5 875.6	5 474.1	4 766.2	3 463.7	3 476.9	2 940.5	2 168.7	1 297.8
饼粕	1 006.6	884.4	1 005.8	1 142.0	364.6	912.6	538.6	206.1	498.1
坚果	297.5	383.5	359.2	483.9	325.0	442.2	355.9	398.2	439.7
油籽	298.0	308.4	275.3	308.4	286.9	319.6	352.0	308.5	411.0
花卉	371.9	381.3	373.7	374.7	453.0	450.6	538.6	591.1	400.2
干豆（不含大豆）	171.6	133.5	434.9	364.3	199.9	72.3	49.5	169.3	66.9

资料来源：联合国贸易数据库（Comtrade）。

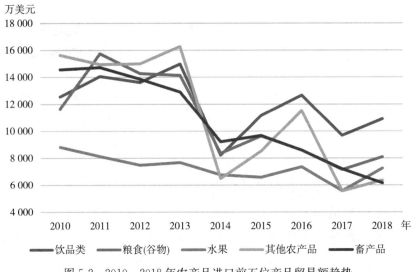

图 5-2　2010—2018 年农产品进口前五位产品贸易额趋势

资料来源：联合国贸易数据库（Comtrade）。

三、农产品出口贸易

2018 年阿尔巴尼亚农产品出口总额为 3.22 亿美元，主要出口至欧洲，出口至中国的农产品总额为 83.6 万美元，占总出口额的 0.3%。出口前三大目的地国家为意大利（45.9%）、塞尔维亚（8.9%）和瑞典（6.3%）（表 5-6）[①]。

表 5-6　阿尔巴尼亚 2018 年农产品出口额及主要贸易伙伴

	出口额（万美元）	主要贸易伙伴		
		第一位	第二位	第三位
农产品	32 200	意大利（45.9%）	塞尔维亚（8.9%）	瑞典（6.3%）
蔬菜	5 140	塞尔维亚（36.6%）	罗马尼亚（9.0%）	保加利亚（8.2%）
肉及鱼制品	5 040	意大利（50.7%）	瑞典（39.0%）	爱沙尼亚（7.7%）
纸及纸板	4 760	意大利（83.7%）	希腊（5.9%）	塞尔维亚（2.6%）
鱼	3 600	意大利（72.2%）	西班牙（8.4%）	波兰（5.8%）
含油子仁及果实	2 870	德国（34.7%）	美国（29.9%）	法国（6.5%）
木及木制品	2 220	意大利（69.0%）	希腊（14.2%）	德国（6.3%）
食用水果和坚果	1 960	意大利（48.4%）	塞尔维亚（14.1%）	德国（7.0%）

资料来源：联合国贸易数据库（Comtrade）。

四、农产品进口贸易

2018 年阿尔巴尼亚农产品进口总额为 11.5 亿美元，主要从欧洲进口，占总进口额的 82.2%，从中国进口的农产品总额为 3 020 万美元，占总进口额的 2.6%。前三大进口来源地国家为意大利（30.9%）、希腊（14.7%）和塞尔维亚（5.4%）（表 5-7）。

表 5-7　阿尔巴尼亚 2018 年进口额及主要贸易伙伴

	进口额（亿美元）	主要贸易伙伴		
		第一位	第二位	第三位
农产品	11.5	意大利（30.9%）	希腊（14.7%）	塞尔维亚（5.4%）

① 与中国对农业分类不同，联合国对农产品分类包括木材及其制品。因阿尔巴尼亚森林资源丰富，木材是其重要贸易产品，特引用联合国分类数据。

（续）

	进口额 （亿美元）	主要贸易伙伴		
		第一位	第二位	第三位
生皮及皮革	1.5	意大利（86.3%）	德国（5.9%）	西班牙（1.8%）
纸及纸板	1.3	意大利（40.5%）	希腊（19.5%）	中国（6.0%）
饮料	0.9	意大利（32.7%）	奥地利（18.4%）	塞尔维亚（9.4%）
肉	0.7	巴西（56.3%）	美国（13.9%）	意大利（6.9%）
木及木制品	0.7	土耳其（36.1%）	希腊（11.1%）	中国（9.0%）
鱼	0.7	丹麦（21.8%）	意大利（17.5%）	西班牙（11.4%）

资料来源：联合国贸易数据库（Comtrade）。

第三节　阿尔巴尼亚农业经济及其管理

一、政府在农业管理中的作用

阿尔巴尼亚农业、农村发展和水资源管理部负责农业政策制定和实施，包括农业、食品安全、动植物检疫和渔业。其职责主要包括制定符合欧盟规定的立法草案，提供教育和培训，提供灌溉排水等公共服务、农业研究和实验室控制、农业政策分析和市场服务。

阿尔巴尼亚主要农业政策为《2014—2020年阿尔巴尼亚共和国加入欧盟前援助文书》下的农业发展计划（IPARD），由欧盟进行政策设计及资金投入，属于欧盟公共农业政策（CAP）的一部分，整个项目为期6年，共投入资金9 300万欧元。该项目的总体目标是通过发展商业活动来增加就业，提高农村地区的经济水平，增加农民收入并扭转农村人口减少的趋势，平衡城乡间的差异。

二、阿尔巴尼亚税收制度

阿尔巴尼亚税收分为中央税和地方税两种，其中中央税为国家财政收入的主要来源之一，而地方税主要涉及餐厅、广告、清洁和流动小商业。中央税又可分为直接税和间接税两种，主要包括：企业所得税（公司利润税）、个人所得税、增值税、消费税、关税、不动产税、基础设施建设税、城市税等。

农业用地的不动产税税基根据农业用地面积计算。不动产税按公顷数征收，农业用地所在地不同税率也不同。农业用地不动产税的税率为每公顷700~5 600列克。

所有公历年度营业额大于500万列克的纳税人，在达到该金额后需在15日内完成增值税登记。农业生产者享受补贴政策，可以按照相关规定自愿登记而不考虑年营业额。

三、农业国际竞争力

阿尔巴尼亚奉行务实的外交政策，以加入欧盟为战略目标，注重修边睦邻和开展地区合作。20世纪90年代开始实施"回归欧洲"战略，2014年6月正式获得欧盟候选国地位。

阿尔巴尼亚于2000年9月加入世界贸易组织（WTO）；2006年6月，阿尔巴尼亚与欧盟签署《稳定与联系协议》（SAA）；2006年12月，阿尔巴尼亚加入中欧自由贸易协定（CEFTA）；2009年12月，阿尔巴尼亚同欧洲自由贸易联盟（EFTA）签署自由贸易协定。世界经济论坛《2019年全球竞争力报告》显示，阿尔巴尼亚在全球参与排名的140个国家和地区中排第76名[①]。

阿尔巴尼亚是欧洲经济发展较为落后的国家之一。农业生产总值占国民生产总值的1/2，农业生产水平仍整体不高，农业科技含量较低，缺乏大型农产品加工型企业，这主要是由于频繁的干旱、现代化设施的缺乏、财产权和土地所有权不太明确造成的。

四、有机农场

（一）农场发展特点

阿尔巴尼亚自1992年开始实行土地私有化，平均农业生产面积变小导致农业发展受到限制。阿尔巴尼亚共有38万个农场，其中90%以上的农场面积低于2公顷，约占使用土地的95%，是欧洲唯一依赖非密集小规模国内生产的国家。大多数作物的种植基本为了自我消费，收获的产品仅有30%在市场

---

① 资料来源：2019年度全球竞争力报告各国（地区）得分及排名表 http://www.mofcom.gov.cn/article/i/dxfw/nbgz/201910/20191002902920.shtml。

上销售。阿尔巴尼亚大约 50％的人口生活在农村，家庭农场是其所有者的主
要收入来源，通过生产粮食供自己消费，并在市场进行交易。家庭农场小规模
生产方式不能像规模经济一样获得丰厚的利润，因此阿尔巴尼亚发展有机农业
使其农产品质量更有竞争力[1]。

（二）有机农场发展历史

1990 年阿尔巴尼亚开始尝试有机农业，到国外学习有机农业相关技术，
并有外国专家到阿尔巴尼亚指导生态、环境和生物多样性等问题。1997 年，
阿尔巴尼亚有机农业协会（OAA）成立。1998 年，阿尔巴尼亚有机农业协会
加入国际有机农业联盟（IFPOAM），受到国际援助者的财政资助，加快推进
各种可持续农业项目。2001 年，受到瑞士政府的资金支持和瑞士有机农业研
究所的技术支持，阿尔巴尼亚进一步发展有机农业，通过改善高价值农产品的
市场准入来支持农村发展。2005 年，BioAdria 有机经营者保护协会成立，为
参与有机农业的相关农场主、加工商、贸易商和消费者提供服务，目标是发
展可持续和环境友好型农业。BioAdria 与瑞士有机农业研究所密切合作，提
供农场咨询、培训课程和农场研究活动。2006 年 Albinspekt 成立，是阿尔巴
尼亚唯一的检查和认证机构，根据阿尔巴尼亚国家标准和私人标准（比如
Bio-Suisse）以及欧洲统一有机产品标准和其他食品质量体系，为阿尔巴尼亚
国内产品提供完整的检查和认证服务，同时也对国际市场（比如瑞士）的产
品进行验证。

（三）有机农场发展成效

通过多年努力，阿尔巴尼亚已在全国发展以蔬菜、水果、葡萄和橄榄生产
为主的有机农业，牲畜养殖也将加入。新鲜有机草药和香料可出口瑞士，2004
年出口了第一批高质量橄榄油，为西方市场提供冬季蔬菜和有机精油。与此同
时，当地有机农产品市场也得到发展和支持，阿尔巴尼亚首都地拉那的绿色市
场摊位开始小范围销售有机农产品[2]。目前，阿尔巴尼亚有许多活跃的有机农
业组织，提供咨询、市场开发、检验和认证等全方位服务。

---

[1] 资料来源：阿尔巴尼亚家庭农场 http：//www. fao. org/family-farming/countries/alb/en/。

[2] 资料来源：有机欧洲 https：//www. organic-europe. net/country-info/albania/country-info-albania-report. html♯c1187。

第四节 阿尔巴尼亚农业投资政策

一、阿尔巴尼亚投资优惠政策

阿尔巴尼亚经济发展、旅游、贸易和创业部全面负责制定贸易政策。《外商投资法》对外国投资者提供法律保护，并规定外商享受国民待遇。任何投资纠纷均可提交至地拉那仲裁法庭或者阿尔巴尼亚各级法庭裁判，或者到国际仲裁机构申请仲裁。阿尔巴尼亚与包括中国在内的许多国家政府签订了《双边投资保护协定》和《避免双重征税协定》，签署了《多边投资担保机构公约》（MIGA 公约）。阿尔巴尼亚签订了 43 个保护和鼓励外商投资的双边协定和 38 个经贸技术合作双边协定。

2008 年 1 月以来，阿尔巴尼亚政府陆续批准了 9 个经济开发区的建设，包括 8 个工业园区和 1 个自贸区。2015 年 2 月，阿尔巴尼亚部长会议批准了一项针对经济开发区的财政优惠法案。根据该法案，私人投资商在园区内开设公司，5 年内免征增值税，随后 5 年减征 50%。经济开发区内生产的面向国外市场的产品免征增值税和其他直接商品税。

凡对阿尔巴尼亚公共基础设施、旅游、电力或农业领域不动产进行投资的，如投资额在 1 000 万欧元以上，并根据相关规定获得该不动产后，若出现第三方产权纠纷，阿尔巴尼亚政府将对外国投资者予以"国家特别保护"，并代与第三方进行纠纷处理。如最终需赔偿，则由政府支付，与外国投资者无关，对投资者形成保护。

二、阿尔巴尼亚外商投资审查机制

阿尔巴尼亚投资主管部门是投资发展署（AIDA），其主要任务包括吸引外国投资，提高阿尔巴尼亚经济竞争力，鼓励创新和促进出口。投资发展署的最高领导机构为董事局，董事局由阿尔巴尼亚总理埃迪·拉马亲自领导，董事成员单位包括阿尔巴尼亚财政部，交通和基础设施部，经济发展、旅游、贸易和企业部，农业、农村发展和水资源管理部，市政发展部。投资发展署署长在董事局的领导下负责日常工作。投资发展署下设四个部门：投资和服务部、中小企业和出口部、商业协调和创新中心、市场和运营部。

投资和服务部主要针对国外投资者，该部门的主要任务有：对外推介阿尔巴尼亚可投资的领域和项目；寻找并联络潜在的外国投资者；向投资人提供必要的信息和咨询服务；为外国投资者和阿尔巴尼亚政府、商业主体间的联系发挥中介作用。

第五节　中国和阿尔巴尼亚农业技术交流与合作

一、中国和阿尔巴尼亚农业合作历程

1949 年 11 月 23 日，阿尔巴尼亚与中国建交，是首批与中国建交的国家之一。1964 年，周恩来总理访问阿尔巴尼亚，阿尔巴尼亚政府赠送了一万多株油橄榄树苗，作为"中阿友谊树"正式引进中国，在长江流域 8 个省区 12 个引种点试种。中国曾向阿尔巴尼亚提供过大量经济援助，阿尔巴尼亚为恢复中国在联合国合法席位做出过重要贡献。

在"一带一路"倡议及"17＋1"合作机制引领下，中国和阿尔巴尼亚（以下简称"中阿"）双方领导人进行了多次见面会谈，加强双边经贸及农业合作。2014 年，中国与阿尔巴尼亚共同庆祝建交 65 周年。2014 年 12 月，国务院总理李克强在贝尔格莱德会见出席中国—中东欧国家领导人会晤的阿尔巴尼亚总理埃迪·拉马。2018 年 7 月，国务院总理李克强出席在保加利亚索非亚举行的第七次中国—中东欧国家领导人会晤，会见阿尔巴尼亚共和国总理埃迪·拉马，共同制定和发表《中国—中东欧国家合作索非亚纲要》。

除政府间外交活动外，中国高校与阿尔巴尼亚高校频繁合作交流。2018 年 7 月，中国农业大学与阿尔巴尼亚地拉那农业大学共同创建中阿农业科技创新中心，加强两国在农业科技创新、人才培养方面的交流合作，发挥科研示范作用，引领农业创新发展，推动农业成果转化，实现产学研一体化发展，将中阿农业务实合作提升至新的水平，为两国带来切实的民生效益、经济效益和生态效益[①]。

---

① 资料来源：中阿农业科技创新中心揭牌 http：//news. cau. edu. cn/art/2018/7/11/art ＿ 8779 ＿ 578590. html。

二、中国和阿尔巴尼亚农业合作重点

（一）农业技术

阿尔巴尼亚农业生产技术落后，为提高农产品质量，推进农业现代化建设，将引进农业技术、提高农业机械化水平作为国家战略的首要目标。中国在农业加工技术、杂交水稻技术等方面优势明显，为两国在农业技术领域的深入合作提供了更广阔的空间。目前，农产品技术开发和农业科技领域是中阿两国交流与沟通的重要内容。阿尔巴尼亚通过建立健全农业科技、绿色消费和生产、金融监管等法律制度，推动国内农业领域的改革与发展。中国向阿尔巴尼亚输出农业先进设备与生产技术，双方互相借鉴农业生产经验。

（二）农业人力资源开发

中阿双方政府均对农业领域的合作高度重视。2016 年 11 月，两国政府在拉脱维亚里加共同签署《中华人民共和国商务部和阿尔巴尼亚共和国外交部关于人力资源开发合作谅解备忘录》。2017 年 8 月，正式启动中阿农业人力资源开发合作项目，阿尔巴尼亚派学员赴华参加农业水利研修班，就农业开发、水资源管理等方面展开深入交流，并对农作物种植基地、污水处理厂和灌溉中心进行了实地考察。双方在该领域的深入合作成功将两国达成的共识转化成实际行动，推动了中阿两国农业合作不断发展。

（三）灌溉与农业基础设施建设

近年来，阿尔巴尼亚政府一直致力于改善水利灌溉设施，同时，有实力的中资企业到阿尔巴尼亚进行水利灌溉和水电工程领域的投资，对阿尔巴尼亚在灌溉管理、设备生产以及节水灌溉技术开发等农业领域给予强有力的支持。在具体实施过程中，帮助阿尔巴尼亚对沟渠和河流进行疏通，降低汛情发生率，提高农业生产效率和农产品质量，同时为阿尔巴尼亚提供农业机械设备，在基础设施及融资平台建设等中方优势领域与阿方展开合作。此外，中国水电站建设实力强，水产养殖经验丰富，未来具有更进一步合作的可能性。

（四）农产品贸易

2016 年初，中阿两国政府就农产品贸易领域加大合作力度达成一致意见，明确指出两国可通过调整本国农产品进出口结构来实现优势农产品互补，从而扩大两国农产品贸易量，拉动两国经济增长。一是通过制定有关的贸易政策来扩大两国农产品进出口规模；二是通过两国海关建立健全沟通协调机制、给予关税税率优惠、消除非关税壁垒以及加大检验检疫力度、开设绿色通道等措施促进农产品贸易的畅通发展。目前，中国可自阿尔巴尼亚进口蔬菜、蜂蜜、橄榄油、红酒、橄榄和特色瓜果等，也可向阿尔巴尼亚出口玉米、水产品、蔬菜、茶叶、褚橙和小米等，农产品贸易发展前景广阔。

三、中国和阿尔巴尼亚农业合作产业

（一）种植业

长久以来，中阿两国在农业领域有着良好的交流与互动，两国间开展的双边农业务实合作不断取得新进展。目前，两国政府建设了农机合作示范中心，通过积极搭建面向农户的服务平台及示范基地，为种植业发展提供坚实的基础。此外，阿尔巴尼亚日照充足，土壤肥沃，在农业种植方面有很大优势。其中，葡萄、橄榄的种植与加工，动植物物种资源交换是双方重点开展交流合作的领域。近年来，蔬菜种植领域成为许多中阿企业合作的重要方向。为满足国内农业生产的发展需要，阿尔巴尼亚种植业、加工产业具有很大的发展潜力。

（二）农业旅游产业

阿尔巴尼亚具有独特的自然风光和人文景观，旅游业是该国优先发展的产业。其中，贝拉特市、发罗拉市、斯库台大区、采立克市、地拉那市、卡普里市和费里市等旅游业发达的城市都有着良好的农业发展条件，农业生态环境保持较好。随着乡村振兴战略的实施，中国大力促进乡村休闲农业及生态观光农业的发展，两国在该领域的互补、互利程度相对较大，农业旅游业具有广阔的发展空间。

（三） 农业机械

中国拥有先进的农业技术和机械设备，可为阿尔巴尼亚农业生产提供经验借鉴。2016 年 10 月，中阿两国政府签署《中国水利部与阿尔巴尼亚农业、农村发展和水资源管理部在水利领域合作谅解备忘录》，为阿尔巴尼亚水利灌溉业带来了新的投资渠道。同年，阿尔巴尼亚农业部与中华人民共和国驻阿尔巴尼亚大使馆开展的双边农用挖掘机合作项目顺利实施。这批农用挖掘机的使用增加了阿尔巴尼亚河道的水流量，对于防洪、防灾、减灾起着关键作用，并有效解决了农作物灌溉不及时、不充分的难题。基于前期良好的合作基础，双方有望在农业机械设备领域继续深化务实合作。

（四） 水产养殖业

水产养殖业是中国的优势产业，而阿尔巴尼亚渔业资源匮乏，主要以海洋捕捞为主，因此中阿两国可以加强水产养殖业合作。一是依托"一带一路"和"17＋1"框架合作平台，深化中阿两国水产养殖业的交流与合作；二是中国可以前往阿尔巴尼亚开展水产养殖环境实地考察，在可承载范围内对阿提供相关成功经验，推动阿尔巴尼亚沿海地区海水或内陆淡水养殖业的发展[①]。

---

① 资料来源：农业对外合作公共信息服务平台——阿尔巴尼亚 http：//fc. facisp. cn/country-area/country/42。

第六章 CHAPTER 6
波黑农业概况 ▶▶▶

波黑国土面积 51 209 平方千米，位于东南欧巴尔干半岛中西部，地形以山地为主，山区占全国面积的 42%，丘陵占 24%，平原占 5%，喀斯特地形占 29%。波黑西南部属地中海型气候，中部属大陆性气候，北部属温和大陆性气候。森林覆盖率占其国土面积的 53%，是东南欧国家中森林覆盖率最高的，6 成以上为落叶林，其他为针叶林。基础设施在战争期间遭到严重破坏，战后在国际社会援助下，大部分遭受破坏的公路、铁路、电站、通信及供水系统等已经得到恢复和重建，现有公路总长 2.48 万千米、铁路总长 1 031 千米。根据世界银行网站数据，2019 年波黑人口为 330.1 万人，约有 60% 的人口生活在农村地区。波黑拥有大量技术熟练的木材加工业劳动力，少数工人懂英语，劳务成本低，2018 年波黑人均月净工资为 879 马克。

第一节 波黑农业生产

一、波黑农业生产概述

波黑拥有丰富的水土资源以及较好的气候条件，在发展蔬菜种植、大田作物、家畜饲养、水产养殖等方面具备一定优势。波黑多山，农业用地约 239 万公顷，仅占土地总面积的 42.2%，其中集约化农业耕地有 100 万公顷左右。另外，波黑有 104 万公顷天然草地和牧场，35 万公顷土地专用于果园、葡萄园以及种植生产医药保健品的草药和香料香草等。波黑奶制品、水果、蔬菜等均可出口欧盟。近年来，南部地区流行种植蜡菊等芳香植物，有较高的商业潜力。

二、波黑的种植业

玉米和小麦是波黑最重要的粮食作物，玉米是其畜禽养殖的主要饲料来源，小麦是最主要的面包谷物。根据联合国粮农组织（FAO）数据，波黑种植的粮食作物主要有玉米、小麦、大麦、黑麦、小黑麦等，2018 年种植面积分别为 19.2 万公顷、7.4 万公顷、2.2 万公顷、0.4 万公顷、1.5 万公顷，产量分别为 127.2 万吨、29.6 万吨、7.9 万吨、1.1 万吨、5.7 万吨。其他作物还有马铃薯、大豆、干豆、油菜籽等，2018 年种植面积分别为 3.5 万公顷、8 579 公顷、7 197 公顷、3 665 公顷，产量分别为 39.4 万吨、2.3 万吨、1 万吨、9 813 吨（表 6-1）。

表 6-1　波黑主要作物种植面积及产量

		2010 年	2011 年	2012 年	2013 年	2014 年	2015 年	2016 年	2017 年	2018 年
玉米	种植面积（万公顷）	18.9	19.6	19.7	19.0	17.0	19.3	19.2	19.4	19.2
	产量（万吨）	85.3	76.4	53.9	79.9	79.9	78.6	117.8	71.0	127.2
小麦	种植面积（万公顷）	5.5	5.8	6.1	6.8	6.0	6.0	7.1	7.0	7.4
	产量（万吨）	14.5	21.0	22.5	26.5	17.1	21.3	30.7	29.2	29.6
大麦	种植面积（万公顷）	1.9	2.1	2.0	2.1	1.8	2.0	2.6	2.1	2.2
	产量（万吨）	5.0	6.6	6.5	7.1	4.9	6.3	7.7	7.6	7.9
黑麦	种植面积（万公顷）	0.3	0.3	0.3	0.4	0.4	0.4	0.4	0.4	0.4
	产量（万吨）	0.7	1.0	1.1	1.2	1.0	1.0	1.3	1.1	1.1
小黑麦	种植面积（万公顷）	1.1	1.1	1.0	1.2	1.1	1.1	1.6	1.3	1.5
	产量（万吨）	2.8	4.1	3.8	4.7	3.3	4.0	5.2	5.0	5.7
马铃薯	种植面积（万公顷）	3.6	3.7	3.7	3.5	3.4	3.6	3.5	3.5	3.5
	产量（万吨）	37.9	41.3	30.0	37.1	30.0	35.1	41.8	33.7	39.4
大豆	种植面积（万公顷）	0.4	0.4	0.5	0.4	0.4	0.7	0.7	0.8	0.9
	产量（万吨）	0.8	0.7	0.7	0.8	0.9	1.0	1.9	1.2	2.3
干豆	种植面积（万公顷）	0.8	0.9	0.9	0.8	0.7	0.7	0.7	0.7	0.7
	产量（万吨）	1.1	1.2	0.9	1.3	0.9	0.9	1.1	1.0	1.0
油菜籽	种植面积（万公顷）	0.1	0.1	0.0	0.1	0.1	0.1	0.2	0.2	0.4
	产量（万吨）	0.1	0.2	0.1	0.2	0.2	0.2	0.4	0.6	1.0

资料来源：联合国粮农组织（FAO）。

波黑 2018 年蔬菜总种植面积为 11.3 万公顷，总产量达到 52.9 万吨，主要产品有圆白菜、西红柿、辣椒、洋葱、黄瓜、胡萝卜等，种植面积分别为

4 655公顷、3 625公顷、3 335公顷、4 828公顷、3 006公顷、1 469公顷，产量分别为 7 万吨、4.4 万吨、4.1 万吨、3.8 万吨、3.5 万吨、1.1 万吨（表 6-2）。

表 6-2　波黑主要蔬菜种植面积及产量

		2010年	2011年	2012年	2013年	2014年	2015年	2016年	2017年	2018年
圆白菜	种植面积（公顷）	5 790	5 622	5 545	5 176	5 080	4 993	4 868	4 741	4 655
	产量（万吨）	8.1	7.2	6.2	7.0	6.0	6.3	8.0	5.9	7.0
西红柿	种植面积（公顷）	3 573	3 589	3 714	3 692	3 330	3 486	3 548	3 591	3 625
	产量（万吨）	3.7	4.6	4.4	5.6	2.9	4.1	5.7	4.6	4.4
辣椒	种植面积（公顷）	3 517	3 431	3 547	3 506	3 218	3 378	3 513	3 481	3 335
	产量（万吨）	3.8	3.7	3.5	3.9	2.9	3.7	5.3	4.7	4.1
洋葱	种植面积（公顷）	4 879	5 141	5 209	4 866	4 696	4 666	4 928	4 880	4 828
	产量（万吨）	3.7	4.0	3.3	4.0	3.3	3.3	4.5	3.5	3.8
黄瓜	种植面积（公顷）	2 932	2 886	2 870	2 832	2 698	2 849	3 060	2 967	3 006
	产量（万吨）	2.8	2.7	2.3	2.8	1.8	3.0	4.2	3.7	3.5
胡萝卜	种植面积（公顷）	1 837	1 924	1 885	1 895	1 768	1 768	1 723	1 541	1 469
	产量（万吨）	2.3	2.1	1.4	2.3	2.0	2.0	1.8	1.1	1.1

注：表中辣椒为新鲜辣椒，洋葱为干洋葱。

数据来源：联合国粮农组织（FAO）。

波黑种植的水果主要有李子和树莓、苹果、梨、葡萄、覆盆子、樱桃等，2018 年种植面积分别为 9.8 万公顷、3.4 万公顷、1.4 万公顷、8 803 公顷、3 500 公顷、7 103 公顷，产量分别为 19 万吨、11.3 万吨、3.7 万吨、4 万吨、2.7 万吨、1.2 万吨（表 6-3）。

表 6-3　波黑主要水果种植面积及产量

		2010年	2011年	2012年	2013年	2014年	2015年	2016年	2017年	2018年
李子和树莓	种植面积（万公顷）	7.9	8.1	5.5	11.3	3.9	6.1	6.7	3.8	9.8
	产量（万吨）	15.8	15.8	11.1	22.7	7.4	11.7	13.2	7.4	19.0
苹果	种植面积（万公顷）	2.0	2.3	1.5	2.6	1.4	2.8	2.1	1.6	3.4
	产量（万吨）	7.2	7.5	5.0	8.5	4.5	9.1	6.9	5.2	11.3
梨	种植面积（万公顷）	0.7	0.9	0.6	1.1	0.5	1.0	0.9	0.6	1.4
	产量（万吨）	2.3	2.8	1.8	3.3	1.4	2.7	2.4	1.5	3.7
葡萄	种植面积（万公顷）	0.5	0.5	0.6	0.5	0.4	0.7	0.8	0.6	0.9
	产量（万吨）	2.3	2.2	2.6	3.2	2.6	3.3	3.7	2.8	4.0
覆盆子	种植面积（万公顷）	0.1	0.1	0.1	0.1	0.1	0.2	0.3	0.3	0.4

（续）

		2010年	2011年	2012年	2013年	2014年	2015年	2016年	2017年	2018年
	产量（万吨）	0.8	0.9	0.7	0.9	1.1	1.4	2.2	2.3	2.7
樱桃	种植面积（万公顷）	0.5	0.6	0.4	0.6	0.5	0.7	0.6	0.5	0.7
	产量（万吨）	1.0	1.1	0.8	1.1	0.9	1.1	1.0	0.8	1.2

数据来源：联合国粮农组织（FAO）。

三、波黑的畜牧业

波黑高山农牧区气候温和，草质优良，适宜饲养牛羊，奶制品是波黑最主要的农产品之一。2018年，波黑主要牲畜存栏量分别为绵羊101.3万头、猪54.2万头、牛43.8万头、山羊7.3万只、马1.4万匹，另外养殖鸡1 622.9万只、火鸡10.6万只、鸭5.9万只、蜂巢40.3万个。2018年共生产鲜牛奶67.7万吨、鸡肉6.2万吨、鸡蛋2.2万吨、鲜羊奶1.6万吨、牛肉1.2万吨、猪肉7 296吨、蜂蜜3 992吨、羊肉1 470吨、羊毛1 367吨（表6-4）。

表6-4 波黑主要畜禽存栏量及畜产品产量

		2010年	2011年	2012年	2013年	2014年	2015年	2016年	2017年	2018年
存栏量	绵羊（万只）	104.6	102.1	100.4	102.0	102.5	102.0	101.6	101.7	101.3
	猪（万头）	59.0	57.7	53.9	53.0	53.3	56.4	54.5	54.8	54.2
	牛（万头）	46.2	45.5	44.5	44.7	44.4	45.5	45.5	44.5	43.8
	山羊（万只）	6.4	6.5	6.5	6.9	7.4	7.3	7.5	7.3	7.3
	马（万匹）	1.9	1.9	1.8	1.8	1.7	1.7	1.6	1.6	1.4
	鸡（万只）	2 103.0	1 856.0	1 923.5	2 450.5	2 066.4	1 539.0	1 506.6	1 628.2	1 622.9
	火鸡（万只）	9	8	9.2	12	9.9	10.1	9	9	10.6
	鸭（万只）	5	4	5	7.1	5.8	5.7	5.1	5.1	5.9
	蜂巢（万个）	36.7	38.2	38.4	39.3	39.2	39.3	41.0	40.5	40.3
产量	鲜牛奶（万吨）	71.6	68.9	67.4	68.8	68.6	69.6	69.9	68.0	67.7
	鸡肉（万吨）	3.8	4.6	5.3	4.2	4.3	4.9	5.7	6.1	6.2
	鸡蛋（万吨）	2.1	1.8	2.0	2.1	2.1	2.2	2.3	2.2	2.2
	鲜羊奶（万吨）	1.9	1.8	1.7	1.6	1.7	1.6	1.7	1.7	1.6
	猪肉（吨）	13 290	16 570	15 695	13 013	9 663	8 534	8 523	8 771	7 296
	蜂蜜（吨）	3 340	3 059	3 107	3 644	2 678	4 926	3 148	2 635	3 992
	羊肉（吨）	2 001	2 331	2 270	1 468	1 484	1 366	1 278	1 304	1 470
	羊毛（吨）	1 382	1 331	1 276	1 298	1 308	1 391	1 399	1 406	1 367

数据来源：联合国粮农组织（FAO）。

四、波黑的林业

森林是波黑重要的资源之一。根据波黑对外贸易与经济关系部的资料，波黑森林和林地覆盖率高达 55％，已成为欧洲的森林国家之一，其景观以天然森林生态系统为特征，主要树种有榉木、橡木、松木、冷杉及云杉等。波黑木材储备约 4.35 亿立方米。其木材加工业有悠久的历史，从 19 世纪后半叶起，林业和木材加工业成为波黑经济的主要产业之一。2018 年，波黑林业和木材加工业的产值同比增长 22.6％，对波黑 GDP 增长的贡献率为 2％。波黑木材和家具及细木加工制品的 60％以上出口到德国、意大利、奥地利及斯洛文尼亚等欧盟国家。

五、波黑的渔业

波黑河湖众多，水质优良，鳟鱼和鲤鱼是主要的养殖品种，产量占鱼类总产量的比重分别为 70％和 20％，其他鱼类品种有鲫鱼、鲇鱼、梭子鱼等。经营水产养殖的主体多为私家鱼塘，工业化程度较低。

第二节　波黑农产品市场与贸易

一、波黑农产品（食品）市场

波黑食品安全领域的基本条例是《波斯尼亚和黑塞哥维那食品法》（波黑政府公报，第 50/04 号），由波黑对外贸易和经济关系部发布，由波黑食品安全局[①]与布尔奇科区以及其他州机构合作执行。

波黑的食品加工业有悠久的历史，主要分布在北部波斯尼亚河畔的多博伊市。为了争取加入欧盟，波黑已在食品、卫生、制造等各行业逐步采用欧盟标准。受地理条件的限制，波黑农业的特点是小农经济，这为大型公司整合、吸收、合并现有初级生产商和加工商提供了机会和条件。波黑希望中资企业投资

---

① 波黑食品安全局是一个独立的行政机构，于 2006 年开始工作，在《食品法》（波黑官方公报，第 50/04 号）项下根据部长理事会的决定设立。

波黑农业和食品加工业，并将波黑的葡萄酒、果汁、蜂蜜、芳香精油产品等出口到中国。

二、波黑农产品价格

根据波黑统计局数据，以 2017 年为基期，2018 年波黑消费品价格指数总体上涨 1.1％，其中酒类和烟草价格指数上涨 5.6％。

根据联合国粮农组织（FAO）统计的生产者价格数据，2018 年波黑生产的作物中，玉米、小麦、大麦、黑麦的年均价格分别为每吨 167 美元、159.7 美元、188.7 美元、209 美元；马铃薯、大豆、干豆、油菜籽的年均价格分别为每吨 297.5 美元、351.8 美元、2 343.4 美元、375.4 美元。生产的蔬菜中，圆白菜、胡萝卜、辣椒、黄瓜、洋葱、西红柿的年均价格分别为每吨 280 美元、764 美元、616.2 美元、561.3 美元、368.1 美元、610.1 美元。生产的水果中，苹果、樱桃、柠檬及酸橙、桃子及油桃、梨、李子及树莓、覆盆子、草莓、西瓜、无花果、葡萄的年均价格分别为每吨 286.1 美元、1 362.7 美元、1 339.2 美元、725.4 美元、415.2 美元、426.7 美元、946.3 美元、1 085.7 美元、172.6 美元、1 081.5 美元、704.3 美元。畜产品中，牛肉、猪肉、羊肉、鸡肉、火鸡肉、鲜牛奶、鲜羊奶、鸡蛋、羊毛、天然蜂蜜的年均价格分别为每吨 2 312 美元、1 553.4 美元、2 987.4 美元、949.9 美元、6 003.1 美元、324.7 美元、422.5 美元、2 015.7 美元、307.8 美元、4 896.2 美元。

三、波黑农产品贸易发展情况

负责对外贸易的主管部门是波黑对外贸易和经济关系部，其主要职责是制定国家的对外经济贸易发展规划及相关政策、海关法及关税税则、吸引外资的法规政策以及双边和多边经贸合作等。2010 年以来，波黑一直是农产品净进口国，常年维持贸易逆差状态，逆差额每年在 13 亿美元左右。2010 年至 2019 年，农产品贸易额由 2010 年的 21.6 亿美元增至 2019 年的 23.4 亿美元，年均增长 0.9％，其中出口额由 4.1 亿美元增至 4.9 亿美元，年均增长 2％；进口额由 17.5 亿美元增至 18.5 亿美元，年均增长 0.6％（表 6-5）。

表 6-5　波黑 2010—2019 年农产品贸易额

单位：亿美元

年份	出口额	进口额	贸易额	顺差
2010	4.1	17.5	21.6	−13.4
2011	4.7	20.4	25.1	−15.7
2012	4.6	19.3	23.9	−14.7
2013	5.1	19.4	24.5	−14.3
2014	4.8	19.4	24.2	−14.6
2015	4.9	16.8	21.7	−11.9
2016	5.6	17.1	22.7	−11.5
2017	6.4	18.5	24.9	−12.1
2018	5.5	19.0	24.5	−13.5
2019	4.9	18.5	23.4	−13.7

数据来源：联合国贸易数据库（Comtrade）。

中国与波黑的农产品贸易以中国对波黑出口为主，2010—2019 年，中国对波黑农产品出口额稳步增长，出口额由 1 544.4 万美元增至 3 455.4 万美元，年均增长 9.4%。主要贸易产品有番茄、蘑菇、甜玉米、豌豆等蔬菜，虾类、鳕鱼、鲭鱼、墨鱼及鱿鱼等水产品。中国自波黑的进口额波动较大，近年来进口额基本维持在 300 万美元左右，产品高度集中在葡萄酒和精油两个品种上（表 6-6）。

表 6-6　波黑与中国 2010—2019 年农产品贸易额

单位：万美元

年份	出口额	进口额	贸易额	顺差
2010	1 544.4	1.4	1 545.8	1 543.0
2011	1 358.2	15.9	1 374.1	1 342.3
2012	1 980.9	99.7	2 080.6	1 881.2
2013	2 078.7	132.3	2 211.0	1 946.4
2014	1 880.1	288.2	2 168.3	1 591.9
2015	2 188.8	1 391.6	3 580.4	797.2
2016	1 760.1	121.0	1 881.1	1 639.1
2017	2 227.7	280.0	2 507.7	1 947.7
2018	2 557.5	388.7	2 946.2	2 168.8
2019	3 455.4	302.2	3 757.6	3 153.2

数据来源：中国海关。

四、农产品出口贸易

波黑出口的农产品主要有畜产品、水果、植物油、饮品、蔬菜等，2019年出口额分别为12 670.4万美元、7 873.8万美元、6 828.3万美元、5 977.9万美元、3 727.4万美元，分别占农产品出口总额的25.9%、16.1%、14.0%、12.2%、7.6%（表6-7）。

表6-7　波黑2019年农产品出口情况

单位：万美元，万吨

	出口额（万美元)	出口额占比（%)	出口额同比（%)	出口量（万吨）	出口量同比（%）
畜产品	12 670.4	25.9	−26.9	13.2	7.0
水果	7 873.8	16.1	−4.3	6.1	5.3
植物油	6 828.3	14.0	2.4	8.0	8.7
饮品类	5 977.9	12.2	−10.4	12.4	−7.3
蔬菜	3 727.4	7.6	22.0	2.8	39.8
粮食制品	3 266.9	6.7	−8.9	1.8	−4.2
其他农产品	3 104.7	6.4	0.4	2.0	14.0
水产品	1 899.8	3.9	24.8	0.4	37.5
粮食（谷物）	1 407.7	2.9	−42.9	4.8	−53.4
糖料及糖	839.1	1.7	−37.6	2.0	−22.2
饼粕	830.5	1.7	−8.5	3.4	−9.7
坚果	692.9	1.4	23.7	0.4	42.9
油籽	625.0	1.3	33.5	1.1	102.5
花卉	392.0	0.8	3.6	0.2	9.5
精油	348.3	0.7	−23.7	0.0	9.8
药材	320.4	0.7	−17.6	0.1	−36.5
调味香料	99.7	0.2	68.5	—	12.6
棉麻丝	52.2	0.1	28.3	0.8	145.1
干豆（不含大豆）	13.0	—	−46.9	—	−35.9
粮食（薯类）	0.2	—	116.3	—	125.0

数据来源：联合国贸易数据库（Comtrade）。

从产品的种类看，2019年出口的畜产品主要有鲜奶、生牛马皮、鸡及其产品，出口额分别为3 609.3万美元、2 616.3万美元、2 210.3万美元。出口的水果主要为鲜冷冻水果，种类较为分散，出口额都不大，占比较大的是部分未列名的冷冻水果，出口额为 4 019 万美元。其他出口的水果还有梨、椰子、苹果等，出口额分别为 990.1 万美元、865.3 万美元、751.8 万美元。出口的植物油主要为葵花油和红花油，出口额为 6 435.5 万美元。出口的饮品主要为无醇饮料、酒精及酒类、可可及制品，出口额分别为 2 919.4 万美元、1 339.2 万美元、1 128.4 万美元。其他出口的主要品种还有粮食制品、蔬菜（表 6-8）。

表 6-8　2019 年波黑农产品出口主要品种

	出口额（万美元）	出口额同比（%）	出口量（吨）	出口量同比（%）
畜产品	12 670.4	−26.9	132 047.4	7.0
鲜奶	3 609.3	2.7	67 107.5	8.9
动物生皮	2 701.8	−43.9	15 106.9	−21.6
生牛马皮	2 616.3	−44.6	13 445.2	−24.1
鸡及其产品	2 210.3	−19.7	7 212.3	−12.0
水果	7 873.8	−4.3	61 323.1	5.3
其他鲜冷冻水果	4 019.0	−11.0	24 394.7	−9.5
梨	990.1	−15.7	8 216.0	−21.7
椰子	865.3	10.3	3 801.6	30.3
苹果	751.8	50.8	14 987.6	92.4
植物油	6 828.3	2.4	80 085.1	8.7
葵花油和红花油	6 435.5	1.2	75 444.1	6.2
饮品类	5 977.9	−10.4	124 010.6	−7.3
无醇饮料	2 919.4	−13.4	110 173.3	−8.1
酒精及酒类	1 339.2	−2.1	8 589.7	8.8
可可及制品	1 128.4	−17.4	3 995.6	−17.1
蔬菜	3 727.4	22.0	27 654.5	39.8
蘑菇	1 449.2	12.0	1 311.1	18.9
粮食制品	3 266.9	−8.9	18 383.8	−4.2
面包及糕点	3 176.2	−8.4	17 699.4	−2.3
饼干	2 483.4	−9.8	13 817.8	−2.8

数据来源：联合国贸易数据库（Comtrade）。

2019 年波黑第一大农产品出口市场为欧盟，出口额为 2 亿美元，占波黑农产品出口总额的 41.1%。其他主要出口市场均为塞尔维亚、土耳其、克罗地亚、黑山、北马其顿等周边国家，出口额占比分别为 18.2%、15.4%、14.5%、9.0%、6.6%。

五、农产品进口贸易

从波黑进口产品大类看，主要有畜产品、饮品、其他农产品、水果、粮食等，2019 年进口额分别为 3.9 亿美元、3.7 亿美元、3.4 亿美元、2.1 亿美元、1.3 亿美元，占比分别为 20.8%、20.0%、18.3%、11.4%、7.3%（表 6-9）。

表 6-9　波黑 2019 年农产品大类进口情况

	进口额（万美元）	进口额占比（%）	进口额同比（%）	进口量（万吨）	进口量同比（%）
畜产品	38 591.0	20.8	−1.5	19.3	16.4
饮品类	37 161.4	20.0	−2.7	40.9	8.8
其他农产品	34 024.8	18.3	−2.9	29.7	8.8
水果	21 169.1	11.4	5.8	22.6	10.4
粮食（谷物）	13 496.7	7.3	−11.6	60.3	−10.6
粮食制品	11 490.0	6.2	2.2	5.7	69.4
蔬菜	10 058.8	5.4	14.3	12.0	5.5
植物油	7 313.4	3.9	−6.4	9.0	8.9
糖料及糖	6 854.1	3.7	−12.0	10.9	−29.7
水产品	4 981.1	2.7	9.1	1.7	15.8
油籽	4 513.9	2.4	−19.3	10.4	−12.9
饼粕	3 064.5	1.7	−9.0	8.4	−2.5
坚果	1 721.2	0.9	10.6	0.4	12.4
花卉	1 107.6	0.6	−2.8	1.6	1.6
干豆（不含大豆）	518.9	0.3	−18.5	0.5	−13.8
棉麻丝	319.8	0.2	−33.4	0.1	−34.5
药材	245.4	0.1	−1.0	—	−14.0
调味香料	171.1	0.1	−3.6	—	26.8
粮食（薯类）	51.9	—	33.8	—	20.9
精油	50.4	—	3.3	0.0	−36.4

数据来源：联合国贸易数据库（Comtrade）。

从产品的种类看，2019 年进口的畜产品主要有牛肉、猪肉、鲜奶、香肠、鸡及其产品、加工猪肉等，进口额分别为 1.1 亿美元、4 257.7 万美元、2 996.6 万美元、2 578.4 万美元、1 546.1 万美元、1 246.1 万美元。进口的饮品主要有酒精及酒类、可可及制品、无醇饮料，进口额分别为 1.1 亿美元、1 亿美元、9 770.1 万美元。进口的水果类产品主要有水果汁和鲜冷冻椰子，进口额分别为 1 亿美元和 9 322.1 万美元。进口的谷物主要有小麦和玉米等，2019 年进口量 37.2 万吨和 18.6 万吨。其他主要进口品种还有面包及糕点、饼干等粮食制品，马铃薯、番茄等蔬菜（表 6-10）。

表 6-10　2019 年波黑农产品进口主要品种

	进口额（万美元）	进口额同比（%）	进口量（吨）	进口量同比（%）
畜产品	38 591.0	−1.5	193 222.4	16.4
牛肉	10 978.2	1.5	33 839.6	6.5
猪肉	4 257.7	7.8	15 072.3	−2.4
鲜奶	2 996.6	54.2	53 065.6	132.4
香肠	2 578.4	−10.3	8 504.0	−5.2
鸡及其产品	1 546.1	−5.5	10 812.4	−7.0
加工猪肉	1 246.1	7.7	2 970.8	11.1
饮品类	37 161.4	−2.7	409 466.0	8.8
酒精及酒类	10 528.3	−7.8	171 612.6	2.1
可可及制品	10 291.7	2.1	21 526.5	89.7
无醇饮料	9 770.1	5.3	188 883.8	10.6
水果	21 169.1	5.8	226 400.7	10.4
鲜冷冻椰子	9 322.1	5.9	20 010.2	11.9
水果汁	10 130.4	5.0	25 231.1	10.4
粮食（谷物）	13 496.7	−11.6	602 557.2	−10.6
小麦产品	8 349.4	−4.5	372 263.6	−6.0
玉米产品	3 828.5	−25.5	186 265.7	−20.1
粮食制品	11 490.0	2.2	57 407.1	69.4
面包及糕点	8 923.3	3.0	32 131.9	349.1
饼干	5 308.3	0.5	18 703.8	186.9
蔬菜	10 058.8	14.3	119 693.2	5.5
马铃薯	2 454.8	48.6	22 622.8	−12.3
番茄	1 920.9	14.7	31 888.8	21.6

数据来源：联合国贸易数据库（Comtrade）。

2019 年波黑第一大进口来源地为欧盟，德国、意大利、匈牙利、波兰是欧盟内波黑主要的贸易伙伴。主要的进口来源地还有塞尔维亚、克罗地亚、巴西等国，进口额分别占波黑进口总额的 25.3%、13.6%、4.8%。

六、农业贸易政策

波黑对外贸易和经济关系部的国家兽医局负责进出口食品和动物产品检

疫。商品进出波黑海关时，需要向海关办理报关手续，海关负责对商品进行抽查。欧盟驻波黑海关办事处负责监管出口到欧盟产品的原产地证书，动植物产品需提供输出国官方发放的检验检疫证书，入境波黑的特殊产品需具备有关的批件或证明。

目前，波黑尚未加入世界贸易组织（WTO），但波黑为加入 WTO 已做大量准备工作。2018 年 2 月，波黑就加入 WTO 与乌克兰、巴西最后阶段的谈判已经结束，加入 WTO 路线图已被采用。

截至 2019 年，波黑对外签署的区域自由贸易协定有：《中欧自由贸易协议 CEFTA》《波黑和欧盟关于稳定与联系协议》（包括《临时性贸易协议》）、《波黑和欧洲贸易联盟自由贸易协议》《波黑和土耳其自由贸易协议》和《波黑和伊朗自由贸易协议》。波黑享有欧盟给予的优惠贸易安排。通过执行区域及双边自由贸易协议，原产于波黑的商品可以免关税、免配额自由进入中东欧、欧盟、土耳其以及伊朗等国家的市场。除欧盟外，土耳其、伊朗、澳大利亚、加拿大、日本、新西兰、挪威、俄罗斯、瑞士及美国等给予波黑产品进口优惠税率。

为保护国内产业免受进口冲击，《波黑外贸政策法》中规定了防止来自国际市场商品倾销和补贴的措施。当波黑对外贸易和经济关系部收集到足够的数据和证据，明确过度进口、倾销和补贴型进口与国内生产受到损害之间存在直接因果关系后，可对国内生产受到的影响作出判断，并在征求波黑主管部门和外贸商会的意见，将报告提交波黑部长理事会审批后，可作出决定采取保护措施。

为促进本国商品出口，波黑对外贸易和经济关系部的外贸政策和外国投资部门负责提出促进货物贸易和服务贸易的措施，并负责使用财政资金支持企业参加国内外展会，并参与波黑外贸商会及协会工作，以帮助解决出口中遇到的问题。

第三节　波黑农业经济及其管理

农业是波黑经济的重要组成部分，在国内生产毛附加价值（GVA）① 中占

---

① GVA－生产的税收－生产的补贴＝GDP。

比约为 8%，是波黑第四大经济部门。除经济功能外，农业的重要性还体现在社会和环境等方面。农业部门在承载波黑农村人口就业方面贡献较大，其农业从业人口约占总劳动人口的 19%。波黑《农业、食品与农村发展法》是农业政策制定与实施的法律基础。

一、农业改革

波黑近几年一直为实现加入欧盟的目标而对农业政策进行改革，拟通过逐步采取措施使国内法律、组织等各方面与欧盟保持一致。目前，还需要在农业和农村发展、兽医、植物检疫和食品安全政策等领域使用欧盟委员会 27 000 多项不同程度的承诺条例，使用这些条例将为农业部门和农村地区的发展创造更多机会，并在满足欧盟食品安全标准的基础上扩大向欧盟市场出口农产品。此外，波黑还将建立专门的投资促进机构，以便对加入欧盟前获得的援助资金进行分散管理。

目前波黑的农业扶持方式为在国家层面下拨农业补贴，坚持国家补贴额度与经济总量、产业分配相协调，确保各地有重点、有目标地使用补贴，以降低本国农产品生产成本，提高其在国际市场和对外贸易中的竞争力。但考虑到加入 WTO 和欧盟的战略规划，波黑将按 WTO 的要求调整农业补贴政策，逐渐适当减小、放开农业扶持力度，推动农产品市场化，同时按照欧盟要求，参照克罗地亚等国的经验，着眼长期发展，积极进行农业政策改革。

二、政府在农业管理中的作用[①]

波黑负责农业管理的政府部门主要为联邦农业、水管理和林业部，共有包括农业和粮食部门、农业支付部门、兽医部门、水管理部门等在内的 12 个主管部门，主要职责有：执行当局通过的各项法律，监督条例的执行情况，管理用于发展农业的自然资源，发展粮食工业、植物生产、畜牧业、农村各项事业、渔业和狩猎、农业用地保护、食品工业、动物饲料加工、水资源管理、兽医和植物检疫保护、公共卫生保护和林业。

---

① 资料来源：波黑对外贸易与经济关系部网站及农业、水管理和林业部网站。

农业和粮食部门对本国农业发展进行直接管理，部门内共有三个司：种植司负责参与制定农业政策和相关法律法规、作物生产与植物保护、植物检验检疫、肥料应用、农业用地开发、作物生产与土地改善等；畜牧司负责制定畜牧业发展战略框架、在畜牧生产中引入国际和欧盟质量标准、制定畜牧业有机生产方案、分析市场和提出牲畜支持措施等；农业政策和分析司负责制定市场价格战略政策框架、提出有关补贴规划的措施、与波黑联邦各州和市政当局合作、分析外贸环境并编制市场价格报告、提出改善生产者组织的措施以及联系生产者与市场、提出农业融资贷款模式和其他改善信贷准入的措施、监测市场价格等。

除农业部门外，波黑对外贸易和经济关系部还负责指导和监督波黑兽医办公室和波黑植物卫生保护局的工作，并与波黑食品安全局共同确保有效执行食品安全政策。

三、农业发展特征

波黑农业发展有两大特征。波黑对外贸易与经济关系部资料显示，一方面，波黑的农业是小农经济，明显具有粗放生产的特点。主要表现为农业生产取决于天气条件，农业生产力水平低下、生产结构不合理、还未形成规模化生产格局，且基础设施和农业机械化条件较差，农业技术水平落后，种子、化肥、农药以及农业生产所需要的大量机械设备等都需要依靠进口满足。另一方面，波黑农业发展潜力巨大。自然气候条件非常适宜进行农业生产，波黑拥有大量的农作物品种资源、品质优良的农田土地、种类繁多的传统产品以及丰富的农业文化遗产尚未得到充分利用。

四、农业投资政策

波黑外国投资促进局负责吸引外资，宣传波黑的投资环境，并向外商提供投资服务。目前，除了限制或禁止外资进入生产和销售军用武器、弹药、军用设备和公共媒体领域外，外国投资者可以自由进入波黑市场。农业产业是波黑鼓励优先投资的行业，政府还提供外国投资保障基金，用于鼓励外商投资农业及食品加工、环保、再生资源、旅游等行业。

波黑通过免费或优惠提供土地、适度减免地方税等政策鼓励外资进入。波黑联邦法律规定，如果纳税人收入的 30% 来自出口，当年可免缴所得税；优惠政策规定，无论是波黑公司还是外国投资公司，新公司成立的第一年企业所得税 100% 全免，第二年免税 70%，第三年免税 30%。优惠政策还规定，外国投资股份超过 20% 的企业头 5 年可免缴企业所得税。根据国民待遇同等原则，外国投资企业在波黑的经营活动与波黑国内的企业法人和自然人一样，享有包括使用土地产权和房屋所有权在内的同等国民待遇。

五、农业生态环境保护

波黑环保主管部门是波黑对外贸易与经济关系部，主要职责是制定环保法律框架，对环保工作进行监督和协调。

波黑对外贸易和经济关系部的水资源、旅游和环境保护部门负责开展环境保护、自然资源开发和利用以及旅游业方面的政策。其中环境保护司以波黑各部门和其他行政机构批准通过的法律及相关国际环境文件为依据，负责提出环保政策，并在波黑环境保护领域与国际机构进行协调。波黑环保方面的法律基本符合欧盟标准，主要有《环境保护法》《水资源保护法》《自然保护法》《废弃物管理法》《大气保护法》《森林法》和《文化和历史遗产保护法》。

波黑是国际环保条约的签署国，这些条约为波黑在环境保护领域开展国际合作提供了框架。根据《联合国 2030 年可持续发展议程》，波黑将持续加强与大学及其他科研机构的合作，共同应对气候变化、环境保护和可持续发展。

六、农村社会公共服务与保障

波黑的农村发展和推广服务主要由农业、水管理和林业部的农村发展司和农业推广服务司负责。其中农村发展司的职责是制定农村发展政策战略框架、与农业的国家级部门开展农村发展合作、与负责农村发展的县级和市政当局开展农村发展合作、提出农村发展的信用模式、制定农村发展措施、监测农村发展措施和分析影响。农业推广服务司的职责是执行农业推广服务政策、规划设计波黑联邦农业推广服务的年度工作方案并监测执行情况、协调州和市的农业推广服务、为农村推广服务提供者制定培训方案，组织和协调波黑联邦农业信息中心、农业数据网等机构，进行农业信息收集、建立和保存农业信息登记册、与科研机构合作改进农业推广服务工作、协调在波黑联邦执行农业推广服务项目的私人服务者以及国际组织的工作。

第四节　中国—波黑农业交流与合作

一、中国—波黑农业合作历程

2000 年，两国在萨拉热窝签署《中华人民共和国与波斯尼亚和黑塞哥维那经济贸易合作协定》。2017 年，两国在北京"一带一路"国际合作高峰论坛上签署经贸合作协议和谅解备忘录。同年 4 月，时任农业部副部长屈冬玉率团赴波黑参加"16＋1"农产品和葡萄酒博览会。同年 11 月，两国在布达佩斯第六次中国—中东欧国家领导人会晤期间签署《中华人民共和国农业部与波斯尼亚和黑塞哥维那对外贸易和经济关系部农业合作协定》。2018 年 4 月，在波黑莫斯塔尔国际经贸博览会期间举办中国馆展览及"16＋1"农业投资与装备合作博览会。同年 6 月，中国食品土畜进出口商会访问波黑，开展天然香料产业考察，并与波黑对外贸易商会在萨拉热窝签署合作备忘录。同年 7 月，两国在索非亚第七次中国—中东欧国家领导人会晤期间签署《中华人民共和国政府和波斯尼亚和黑塞哥维那部长会议关于动物卫生及动物检疫的合作协定》，探讨了在波黑设立"16＋1"兽医科学合作中心的可能性。时任农业农村部部长韩长赋与波黑、塞尔维亚等四国农业主管部门代表签署合作文件，决定加强"16＋1"农产品电商物流和展示等领域的农业合作。

二、对波黑投资注意事项

投资方面，波黑失业率较高，政府主张外资企业或外资承包工程应主要雇用波黑当地的劳务工人。当前，解决或增加波黑当地的就业成为衡量当地政府政绩的主要指标。因此，在同波黑商签合同时，要充分明确用工责任条款。

波黑犯罪率较低，社会治安总体较好。1997 年，波黑加入《纽约公约》，外国投资者与波黑政府的投资争议可诉诸国际投资争端解决中心（ICSID）寻求国际仲裁。波黑国内的仲裁机构是波黑外贸商会下设的仲裁庭。在波黑境内解决商务纠纷也可通过波黑本地法院或通过波黑相关的仲裁机构解决，但目前波黑国内的法律规则与仲裁规则并不完善，且效率不高。

第七章 CHAPTER 7
保加利亚农业概况 ▶▶▶

保加利亚共和国位于欧洲东南部，巴尔干半岛东部，地处北温带，属于温和的大陆性气候，全国总面积 11.1 万平方千米，占巴尔干半岛总面积的22%，至 2019 年 12 月 31 日，人口为 6 951 482 人。保加利亚地形地貌比较复杂，分布着低洼地、平原、低山、高山、丘陵、盆地以及深的断裂谷和河谷。境内 70% 是山地和丘陵，植物种类繁多，达 3 000 种以上。巴尔干山脉（亦称斯塔拉山脉，意即老山山脉）位于保加利亚中部，把国土分为南北两部分，西起提莫赫河谷，东至黑海。保加利亚现有农业用地 549 万公顷，约占疆土面积的 50%，农业人口 100 万人，约占全国人口的 14%。

第一节 保加利亚农业生产概况

一、种植业

玉米、小麦是保加利亚较重要的粮食作物，玉米是其畜禽养殖的主要饲料来源，小麦是最主要的面包谷物。根据联合国粮农组织（FAO）数据，保加利亚种植的粮食作物主要有玉米、小麦、大麦等，2019 年种植面积分别为56.1 万公顷、119.9 万公顷、11.2 万公顷，产量分别为 405.9 万吨、5.3 万吨、56.3 万吨（表 7-1）。

表 7-1 保加利亚主要作物种植面积及产量

		2010 年	2011 年	2012 年	2013 年	2014 年	2015 年	2016 年	2017 年	2018 年	2019 年
玉米	种植面积（万公顷）	32.8	39.9	46.7	42.8	40.8	49.9	40.7	39.8	44.5	56.1

（续）

		2010 年	2011 年	2012 年	2013 年	2014 年	2015 年	2016 年	2017 年	2018 年	2019 年
小麦	产量（万吨）	204.8	220.9	171.7	273.9	313.7	269.7	222.6	256.3	352.2	405.9
	种植面积（万公顷）	113.1	113.7	118.5	131.4	126.8	110.6	119.3	114.5	121.2	119.9
大麦	产量（万吨）	3.6	3.9	3.8	4.2	4.2	4.5	4.7	5.4	4.9	5.3
	种植面积（万公顷）	24.5	17.9	19.1	19.7	21.5	17.6	16.0	12.8	10.4	11.2
马铃薯	产量（万吨）	83.3	70.7	66.2	72.9	85.2	69.6	69.0	59.5	44.9	56.3
	种植面积（万公顷）	1.4	1.6	1.5	1.3	1.0	1.1	0.8	1.3	1.4	1.4
油菜籽	产量（万吨）	25.1	23.2	15.1	18.7	13.3	16.5	12.7	22.8	26.2	19.7
	种植面积（万公顷）	21.2	23.1	13.5	13.5	19.0	17.0	17.2	16.1	18.3	15.1
	产量（万吨）	54.5	52.0	27.1	33.7	52.8	42.2	50.9	47.9	47.3	43.2

数据来源：联合国粮农组织（FAO）。

二、畜牧业

2017 年，保加利亚主要牲畜存栏量分别为绵羊 85.7 万只、猪 111.2 万头、牛 11.7 万头、山羊 15.8 万头、蜂巢 75.4 万只。2018 年共生产鲜牛奶 67.7 万吨、鸡肉 6.2 万吨、鸡蛋 2.2 万吨、鲜羊奶 1.6 万吨、牛肉 1.2 万吨、猪肉 7 296 吨、蜂蜜 3 992 吨、羊肉 1 470 吨、羊毛 1 305 吨（表 7-2）。

表 7-2　保加利亚主要畜禽存栏量及畜产品产量

		2010 年	2011 年	2012 年	2013 年	2014 年	2015 年	2016 年	2017 年	2018 年	2019 年
存栏量	绵羊（万只）	128.6	109.9	121.9	100.8	108.4	98.1	87.3	85.7	—	—
	猪（万头）	92.5	104.3	103.3	104.5	98.8	104.4	108.8	111.2	120.8	123.5
	牛（万头）	13.9	14.7	14.3	13.1	12.7	13.7	18.9	11.7	—	—
	山羊（万只）	33.2	33.8	26.5	22.6	23.4	17.4	17.5	15.8	—	—
	蜂巢（万只）	61.3	54.8	52.9	54.2	57.7	58.8	74.7	75.4	76.6	78.3
产量	鲜牛奶（万吨）	71.6	68.9	67.4	68.8	68.6	69.6	69.9	68.0	67.7	
	鸡肉（万吨）	3.8	4.6	5.3	4.2	4.3	4.9	5.7	6.1	6.2	
	鸡蛋（万吨）	2.1	1.8	2.0	2.1	2.1	2.2	2.3	2.2	2.2	
	鲜羊奶（万吨）	1.9	1.8	1.7	1.6	1.7	1.6	1.7	1.7	1.6	
	猪肉（吨）	13 290	16 570	15 695	13 013	9 663	8 534	8 523	8 771	7 296	
	蜂蜜（吨）	3 340	3 059	3 107	3 644	2 678	4 926	3 148	2 635	3 992	
	羊肉（吨）	2 001	2 331	2 270	1 468	1 484	1 366	1 278	1 304	1 470	
	羊毛（吨）	1 382	1 331	1 276	1 298	1 308	1 391	1 399	1 406	1 305	

数据来源：联合国粮农组织（FAO）。

三、农产品加工业

保加利亚一直是欧洲葡萄酒生产和出口大国之一，目前保加利亚葡萄酒（红葡萄酒、白葡萄酒、葡萄烧酒）年产量约 1.6 亿升，其中 50% 以上出口。保加利亚葡萄品种有 400 多个，其中可以用来酿酒的有 200 余种。

保加利亚酸奶制作历史可以追溯到 1 500 多年前，被称为酸奶的发源地。目前保加利亚主要乳制品除酸奶外，还有奶酪（白酪和黄酪）、乳制调味品和各种乳酸菌饮料。保加利亚年均生产液态奶约 15 亿升（其中牛奶超过 13 亿升，羊奶近 2 亿升），酸奶约 15 万吨，白奶酪 5 万吨，黄奶酪 3 万吨，有相当数量的奶酪出口其他国家。保加利亚设有从事乳制品开发的研究所，还有酸奶菌种库，积累保存了大量酸奶菌种，是保加利亚引以为傲的宝贵资源。

第二节　保加利亚农产品市场与贸易

一、保加利亚农产品贸易发展情况

2010 年以来，保加利亚一直是农产品净进口国，常年维持贸易逆差状态，逆差额每年在 13 亿美元左右。2010—2019 年，农产品贸易额由 59.9 亿美元增至 95.3 亿美元，其中出口额由 34.6 亿美元增至 54.1 亿美元，进口额由 25.3 亿美元增至 41.2 亿美元（表 7-3）。

表 7-3　2010—2019 年保加利亚农产品贸易数据

年份	出口额（万美元）	进口额（万美元）	贸易总额（万美元）	出口－进口（万美元）
2010	345 992.6	253 307.8	599 300.4	92 684.8
2011	458 571.7	314 700.3	773 272.0	143 871.4
2012	428 895.9	302 522.1	731 418.0	126 373.8
2013	539 319.8	325 667.8	864 987.5	213 652.0
2014	495 506.5	324 016.8	819 523.3	171 489.7
2015	419 692.5	297 034.4	716 726.9	122 658.1
2016	460 130.2	311 566.0	771 696.3	148 564.2

（续）

年份	出口额（万美元）	进口额（万美元）	贸易总额（万美元）	出口－进口（万美元）
2017	479 106.2	353 129.0	832 235.1	125 977.2
2018	516 270.9	381 724.4	897 995.3	134 546.5
2019	540 727.1	411 775.2	952 502.3	128 952.0

数据来源：联合国贸易数据库（Comtrade）。

从保加利亚出口产品大类看，主要有油籽类、畜产品、饮品等，2019 年出口额分别为 6.31 亿美元、5.20 亿美元、5.80 亿美元（表 7-4）。

表 7-4　保加利亚 2019 年农产品大类出口情况

	出口额（万美元）	出口额同比（%）	出口量（万吨）	出口量同比（%）
油籽	63 084.2	−2.6	1 146 236	−0.1
饮品类	57 966.11	21.9	189 888.7	−4.2
畜产品	52 049.84	−11.7	12 314.97	12.5
粮食制品	31 856.22	5.6	8 117.44	−11.4
水果	28 136.48	0.1	377 614.4	38.6
蔬菜	21 048.23	6.6	2 390.424	19.4
饼粕	12 114.43	1.4	155 518	−1.8
糖料及糖	10 361.26	−6.3	5 711.676	24.2
水产品	9 663.208	−3.2	554 534	9.7
精油	8 687.644	−27.0	20 118.47	2.9

二、农产品进口贸易

从保加利亚进口产品大类看，主要有畜产品、饮品类、其他农产品、水果，2019 年进口额分别为 9.3 亿美元、8.1 亿美元、7.2 亿美元、3.5 亿美元（表 7-5）。

表 7-5　保加利亚 2019 年农产品大类进口情况

	进口额（万美元）	进口额同比（%）	进口量（万吨）	进口量同比（%）
畜产品	93 297.99	6.6	94 805.53	8.2
饮品类	81 222.1	9.9	686 929	80.1
其他农产品	72 264.82	4.9	476 518.6	0.8
水果	35 369.3	1.7	5 315.873	−23.8

（续）

	进口额（万美元）	进口额同比（%）	进口量（万吨）	进口量同比（%）
油籽	34 006.51	36.8	1 532.812	−15.0
蔬菜	29 713.57	5.6	464 165.2	41.0
粮食制品	18 174.41	9.3	102.472	−1.4
糖料及糖	14 758.84	4.4	430 074.8	4.4
水产品	13 178.56	1.1	10 906.59	15.1
饼粕	4 772.513	−6.5	126 933	8.2
坚果	4 435.465	−3.0	9 832.394	−7.0
花卉	2 452.075	−12.3	1 916.717	−30.6
干豆（不含大豆）	1 842	−6.1	396 480.9	−0.6
棉麻丝	1 090.953	−38.5	279 379.4	13.1
精油	580.072 6	−18.4	47 905.24	0.3
药材	534.950 4	−14.6	881.03	3.6
调味香料	530.318 5	−22.0	24 408.94	−6.3
粮食（薯类）	139.955 8	41.1	182 408.8	34.0

数据来源：联合国贸易数据库（Comtrade）。

第三节　保加利亚农业经营与管理

一、保加利亚农业发展政策

2007 年加入欧盟之后，保加利亚开始实行欧盟共同农业政策，落实对国家农业的全部要求，包括向葡萄园提供保加利亚独特葡萄品种种植补贴、压缩烟草种植面积等。到 2020 年，国家完全停止补贴烟草种植。1997 年农业生产总值占国内生产总值（GDP）的比重比 1989 年提高了 15 个百分点，达 26%，2003 年下降 11%，此后持续走低，到 2008 年降至 7%。农业就业人口庞大，意味着生产效率低下。应当指出的是，2015 年农业生产总值占 GDP 的比重只有 5%。村庄不再是与农业生产有关的地区生产结构，开始转向发展旅游业，开发农业旅游和生态旅游。如今一些村民移民到欧盟发达国家，从事建筑、农业、旅游和富裕退休人员看护工作。

二、农业科研机构

保加利亚农业科学院是保加利亚最主要的农业科研机构，其下属各研究所一直是中国和保加利亚（以下简称"中保"）农业科技合作的主力，承担了1/3左右的中保科技合作例会项目。该院在本国农业科技领域的实力及对华合作基础使其成为中国主要合作对象。保加利亚农业科学院下辖25个研究所、16个实验站、2个实验基地以及国家农业展览馆，现有科研人员约600人，研究成果占全国农业科技领域的85％。保加利亚农业科学院收集、保存了国内外的大量动植物资源，占全国动植物资源保存总量的80％。其保存的植物资源尤其丰富，通过原地、异地、活体、农场等方式共保存了近13万种植物样本，共有6万多种植物种质资源长期保存在该院下属的3家研究所的基因库中。此外，该院还为全国农业发展提供技术支撑，提供的作物品种在全国农业生产中占据重要地位，全国80％的农作物生产都是由其提供种子和技术指导。

普罗夫迪夫农业大学是保加利亚农业教育中心，是保加利亚唯一专门培养农业人才的大学，也是保加利亚重要的农业科研单位。目前学校有在职教师250名左右，其中约一半是教授和副教授。学校开设有数十个涉农专业，建立至今已培养了本科生、硕士研究生和博士研究生约2.2万名，其中包括近2 000名外国学生。但是在农业教育、人才培养、学位授予等方面，普罗夫迪夫农业大学拥有无可比拟的优势地位，是中国在农业领域开展联合培养、人才交流、科研、文化等多方面综合性合作的首选合作机构。该校与中国多家高校、科研院所保持着合作关系，是中保政府间科技合作项目的重要参与单位，可作为机构合作对象与中国农业类大学及学院开展较为全面的合作。

三、发展特色产业

（一）保加利亚玫瑰产业

玫瑰被称为"花之皇后"，在古代中国被尊为"女神之花"。从玫瑰花中提取的玫瑰油价格极其昂贵，素有"液体黄金"之称。保加利亚是世界上玫瑰产业最发达的国家之一，约有300多年的历史，享有"玫瑰之国"的美誉。长期以来，保加利亚玫瑰油的产量、质量和出口量均居世界首位。

1. 全世界玫瑰精油的产量及市场需求情况

保加利亚是世界上最大的玫瑰及其相关产品的生产国和出口国。美国、法国、德国、瑞士、奥地利、荷兰、日本和沙特阿拉伯等国家是玫瑰精油及其相关产品的主要进口国。1987年，全世界玫瑰精油的产量是15～20吨，主要生

产国有保加利亚、土耳其、摩洛哥、法国、意大利、印度和中国。目前全世界
玫瑰精油的年产量为 3 000 千克。1849 年保加利亚的玫瑰油产量为 900 千克，
1852 年为 1 500 千克，1905—1914 年产量最高在 3 000～6 000 千克。1989 年
保加利亚玫瑰精油产量 2 000 千克，1993 年为 1 000 千克，2002 年为 700 千
克，2003 年为 900 千克，2004 年至今，保加利亚的玫瑰精油产量一直保持在
800～1 200 千克。

保加利亚"玫瑰谷"集中了保加利亚全国 3/4 以上的玫瑰产量，整个山谷
都种满了玫瑰花，总面积近 3 000 公顷。每当初夏来临，"玫瑰谷"就成了玫
瑰花的海洋，品种不同、颜色形态各异的玫瑰花争奇斗艳，整个"玫瑰谷"弥
漫着浓郁的玫瑰花香。著名的保加利亚玫瑰节，早就成为国际著名的热门旅游
项目之一。

2. 保加利亚的玫瑰产业发展历史

早在 1270 年，保加利亚就从叙利亚引进了大马士革系列玫瑰。在 16 世
纪，保加利亚用玫瑰提取玫瑰水，1680 年以后，保加利亚开始将大部分玫瑰
用于生产玫瑰油。18 世纪中期保加利亚玫瑰油或经土耳其的伊斯坦布尔海运、
或经罗马尼亚的布加勒斯特和奥地利的维也纳陆运出口到欧洲。19 世纪初，
"玫瑰谷"的玫瑰种植和玫瑰油生产都是以家庭作坊的方式进行，后来种植面
积不断扩大。到了 20 世纪，保加利亚已成为世界上最大的玫瑰油生产国。保
加利亚玫瑰主要种植在 5 个地区——卡赞勒克、卡洛夫、切潘、斯达拉和诺瓦
扎格拉，至 1906 年发展到了 22 个地区。20 世纪 40 年代，玫瑰种植又跌到了
低谷，种植玫瑰的地区仅剩下了 6 个。20 世纪初期，保加利亚年产玫瑰精油
3 000～6 000 千克，1917 年保加利亚玫瑰种植面积 8 000 多亩[①]，从事玫瑰生
产行业的工人约 20 万人，提供了世界玫瑰油需求量的一半以上。

近几年来，玫瑰种植和玫瑰油加工业得以恢复，保加利亚农业部也为种植
者提供信贷，以扩大玫瑰种植规模。尽管如此，玫瑰油产量仍然低于 1989 年
年产 2 000 千克的水平。目前保加利亚玫瑰种植面积只有约 1 800 公顷，计划
每年增加 200 公顷，保加利亚的玫瑰油年产量在 800～1 200 千克。

（二）红酒产业

保加利亚是酒生产和出口大国之一，酿酒业是保加利亚重要的传统产业，

---

① 亩为非法定计量单位，1 亩＝1/15 公顷。——编者注

20 世纪 70~80 年代，保加利亚是全球第二大瓶装葡萄酒出口国。保加利亚前总统珀尔瓦诺夫称"葡萄酒是保加利亚的象征，是国家经济的一道靓丽风景线"。每年在保加利亚普罗夫迪夫国际博览会举办的葡萄酒国际展会，是中东欧地区规模最大的酒类国际展会，2013 年共有来自 30 个国家的葡萄酒制造企业参加展会，游客超过 1.5 万名。在保加利亚"全国葡萄和葡萄酒协会"注册运营的葡萄酒酿造企业近 200 家。2012 年，保加利亚葡萄酒总产量约 1.31 亿升，同比增长 24.4%。国内市场销售 1.03 亿升，同比增长 10%，出口增长 0.59 亿升，同比增长 2%。其中俄罗斯、罗马尼亚、波兰、捷克、德国等仍是其主要市场。

第四节　中国—保加利亚农业交流与合作

一、中国—保加利亚农业合作历程

为推动双边农业合作，中国农业农村部与保加利亚农业、食品和林业部共同成立了中保农业合作组。2018 年 5 月，中保农业合作组举行第三次会议，肯定了自 2014 年第二次会议以来两国在农业投资、农产品贸易、农业科研合作和人员培训等合作领域取得的成果以及在中国—中东欧国家合作框架内的相互支持和密切配合。在多边合作领域，从 2006 年起每年召开中国—中东欧国家农业合作经贸论坛，2016 年论坛期间首次召开中国—中东欧国家农业部长会议，同期还举办了中国国际农产品交易会，从此形成了农业部长会议、农业合作经贸论坛和农产品交易会"三位一体"的模式。2015 年 6 月，在保加利亚成立中国—中东欧国家农业合作促进联合会，该机构每年召开两次咨询委员会会议，对农业合作进行具体指导。2018 年 7 月第七次中国—中东欧国家领导人索非亚会晤期间，首个中国—中东欧国家农业合作示范区在保加利亚揭牌。该示范区旨在推广中国—中东欧国家农业合作新模式，以传统种植和贸易为基础，发展种植业、养殖业、农产品加工业全产业链农业。

二、农业科技合作

中保农业科技合作是两国科技合作的重要组成部分。两国于 1955 年签署了中保科技合作协定，建立了科技合作委员会机制。自 20 世纪 80 年代中期以来，中保科技合作委员会每两年左右召开一次例会，迄今已召开 14 次例会。2017 年 7 月，中国农业科学院与保加利亚普罗夫迪夫农业大学、保加利亚食品科技大学联合在保加利亚第二大城市普罗夫迪夫举办"首届中国—保加利亚农业科技合作研讨会"。会议期间，双方签署了合作谅解备忘录，将在农业可持续发展、土壤科学、作物科学、品种改良、兽医科学、联合实验室建设等方面加强合作，并就适时建立果树联合实验室，开展果树育种栽培合作研究达成了共识，同意在"Erasmus＋"计划框架下加强人才交流与培养。中保科技合作领域不断扩大，农业科技合作始终是双边科技合作的重要组成部分，部分合作项目取得较为显著的成果。

1. 油玫瑰引种合作

近年来，中国一直在研究探索引种大马士革玫瑰，河北、福建、山东、甘肃、新疆等地多家科研单位和企业与保加利亚农业科学院玫瑰、植物精油与药用植物研究所等单位进行过合作。目前中国大马士革玫瑰的栽培面积约 2 000 多亩，研究水平日益向国际靠拢，产业前景广阔。河北农林科学院采用最新开发的设备，从大马士革玫瑰中提取玫瑰精油，并制造纯天然玫瑰纯露，质量达到国内领先、国际先进水平，产品远销欧、美、日、韩、南非等十余个国家和地区。

2. 果树栽培引智合作

保加利亚农业科学院丘斯滕迪尔农业研究所的布拉高夫教授是著名的果树专家，自 2002 年起连续十余年赴华进行技术交流，与山东烟台果树研究所建立起牢固的友好合作关系，在中国多地推广保加利亚优良樱桃品种和先进的种植管理技术，并合作研制了葡萄、苹果新品种。布拉高夫教授因贡献突出于 2008 年荣获中国国家友谊奖，2012 年在人民大会堂参加外国专家座谈会，受到习近平总书记的亲切接见，并作为专家代表之一在会上做了发言。

3. 水牛养殖和奶制品加工合作

广西水牛研究所自 2002 年与保加利亚农业科学院舒门农业研究所合作研究水牛良种繁育、疫病防治等技术，引进保加利亚水牛奶深加工关键生产技术，经过吸收、消化、再创新后，首次研制开发了适合中国市场的水牛奶奶酪，产品的生产技术和质量达到了国际同类产品的先进水平，拥有自主知识产权，填补了中国水牛奶深加工产品的空白。

4. 家畜胚胎冷冻移植技术引进

中国科学院动物研究所、黑龙江农业科学院在保加利亚农业科学院山地畜牧与农业研究所等单位，学习并掌握了绵羊腹腔镜子宫内输精、胚胎回收、胚胎移植、胚胎冷冻及超声波检查绵羊卵巢发育情况等实用技术。

三、对保加利亚投资注意事项

农业是中保经贸合作的重点领域，但是中国企业在保加利亚实施投资合作项目存在一定风险，主要有两个方面。

一是土地租用成本较高。保加利亚土地私有化后，农业用地被分割成 700 万块，土地所有者约为 200 万人，分散在 5 600 个村落。虽然大多数保加利亚人不愿意从事农业生产，但他们愿意持有土地。而且，小块土地所有者不愿意将土地联合起来进行集体开发利用。如果中国投资者想通过租用很多小块土地来形成大块土地进行开发，成本就会大幅提升。

二是难以找到合适的劳动力。从 1989 年起，保加利亚人口不断减少，从 1989 年的 900 万人减少到 2018 年的 700 万人。其原因除了出生率低于死亡率以外，还有不少保加利亚人移民国外。目前，大约有 250 万保加利亚人生活在国外，主要分布在德国、土耳其、美国、希腊、西班牙、英国和意大利。人口流失现象在保加利亚农村尤为明显，许多村庄已少有年轻人和受过良好教育的劳动力。根据保加利亚法律，外国企业雇佣本国员工需要达到一定的比例。因此，中国投资者有可能在保加利亚农村找不到合适的劳动力。

第八章
CHAPTER 8
克罗地亚农业概况 ▶▶▶

克罗地亚共和国位于欧洲中南部，巴尔干半岛的西北部，亚得里亚海的东岸，轮廓近似新月形，国土面积为 56 594 平方千米。克罗地亚隔亚得里亚海与意大利相望，西北部和东北部分别与斯洛文尼亚和匈牙利接壤，东部与塞尔维亚相邻，东南部与波黑、黑山为邻，领土介于北纬 42°到 47°、东经 13°至 20°之间。

第一节　克罗地亚农业生产概况

一、种植业

（一）粮食作物

谷物生产在克罗地亚种植业中占有最重要的地位，小麦和玉米是克罗地亚人民的主要粮食。2018 年谷物收获面积为 46.5 万公顷，其中玉米和小麦分别为 23.5 万公顷和 13.8 万公顷，占谷物收获面积的 80％以上。谷物总产量 324.5 万吨，其中玉米和小麦分别为 214.7 万吨和 74.4 万吨，占谷物总产量的 89.1％。玉米和小麦生产不仅可以支持国内食用、加工和饲料的需求，而且还有一定数量的出口。

（二）经济作物

克罗地亚的经济作物种类繁多，然而种植面积都不太大，其中向日葵、甜菜、烟草三大作物占 80％。油料作物主要是大豆和油菜籽等，产量分别为 24.5 万吨和 15.6 万吨。甜菜是克罗地亚基本的糖料作物，产量为 77.6 万吨。

（三）蔬菜和水果

克罗地亚蔬菜发展很快，沿海地区充分利用当地有利的条件，大力发展早熟和晚熟品种。最具代表性的蔬菜品种是土豆和西红柿。克罗地亚种植的水果可分为两大类——温带水果和亚热带水果。温带水果中李子占绝大多数，其他还有苹果、梨、桃和樱桃等。亚热带水果分布在达尔马提亚沿海地带，有柑橘、杏、胡桃、无花果、柠檬、橄榄等。葡萄为酿酒业的基本原料，2018 年产量为 14.6 万吨，在克罗地亚经济中占重要地位，所产葡萄酒以质优闻名。

二、畜牧业

畜牧业在克罗地亚农业生产中占有重要的地位。鉴于长期以来畜牧业一直处于非常不利的市场环境中，近年来，克罗地亚对畜牧业进行了大规模的调整。目前，克罗地亚畜牧业以小规模养殖牛、猪、羊、马等家畜为主；只有家禽养殖为大规模养殖。肉类生产中，养猪的地位最为重要。饲养牛的品种主要为西门塔尔牛（乳肉兼用型），其次为荷尔斯坦因牛和棕牛。

2018 年，猪、羊、牛、鸡存栏量分别为 104.9 万头、71.6 万只、41.4 万头和 1 088.1 万只，肉类总产量达 23 万吨，奶类总产量 63.1 万吨，蛋总产量 4.7 万吨。

表 8-1　2013—2018 年主要畜禽饲养量

	2013 年	2014 年	2015 年	2016 年	2017 年	2018 年
猪（万头）	111.06	115.62	116.68	116.30	112.10	104.90
牛（万头）	44.24	44.06	44.00	44.46	45.07	41.40
绵羊（万只）	61.98	60.48	60.77	61.88	63.68	63.86
山羊（万只）	6.89	6.06	6.20	7.55	7.67	7.74
鸡（万只）	930.66	1 031.71	1 018.974	985.63	1 039.94	1 088.1

数据来源：克罗地亚统计局 https://www.dzs.hr。

三、林业

克罗地亚的森林原木采伐量 2005—2010 年基本保持在 400 万～450 万立

方米，从 2011 年开始采伐量跨过 500 万立方米，在 2012 年达最高值 571.4 万
立方米。考虑采伐数量和生长量，克罗地亚最具经济价值的树种如橡木、无梗
橡木、欧洲山毛榉和银杉主要用于生产锯木、单板和其他工业圆木。近年来在
克罗地亚使用木材进行能源生产的趋势越来越明显。

四、渔业

克罗地亚拥有较长的海岸线，渔业具有悠久历史，特别是在沿海和岛屿地
区。淡水鱼养殖已有超过 120 多年的历史，分布在内陆地区，主要淡水鱼类有
鲤鱼、鲑鱼、鳟鱼、鲇鱼、鲫鱼等。克罗地亚海洋渔业规模不大，养殖技术水
平有待提高。因为亚得里亚海的海水中缺乏营养物质，所以相对产鱼不多，但
鱼的种类却很丰富，主要为海鲈鱼和金枪鱼等海鱼。

2015 年克罗地亚捕捞和养殖海产品 8.42 万吨，同比减少 5.2％。捕捞量
7.22 万吨，其中鱼类产品 6.90 万吨，甲壳类产品 875 吨，贝类产品 2 295 吨。
养殖量 1.20 万吨，其中鱼类产品 1.12 万吨，贝类产品 799 吨，没有甲壳类产
品。在捕捞产品中，远洋鱼类产品 6.51 万吨，其中沙丁鱼 5.01 万吨，凤尾鱼
1.23 万吨。其他鱼产品 3 880 吨，其中捕捞量最大的是红鲣，共计 1 167 吨。
甲壳类捕捞产品中，大虾捕捞量 562 吨，海螯虾 304 吨，龙虾 9 吨。贝类捕捞
产品中，牡蛎等 980 吨。在养殖产品中，北方蓝鳍金枪鱼产量 2 603 吨，海鲈
鱼产量 4 488 吨，金头鲷产量 4 075 吨，牡蛎等产量 799 吨。

第二节　克罗地亚农产品市场与贸易

一、克罗地亚农产品贸易发展情况

尽管克罗地亚具有很强的农产品生产潜力，但仍为农产品净进口国。1995 年
以来，克罗地亚农产品贸易逆差一直居高不下，农产品出口补偿进口的能力一
直保持在 60％左右。在 20 世纪 90 年代，克罗地亚农产品、食品贸易逆差最高
的年份可达 4.65 亿美元（1997 年）。2000 年，克罗地亚农产品贸易逆差达
2.81 亿美元，2001 年克罗地亚农产品贸易逆差达 5 亿美元。2000 年 11 月克
罗地亚加入世界贸易组织，希望以此为契机促进农产品的出口，其后 3 年间，

克罗地亚作为世贸组织的成员签署了 37 项自由化协议。通过这些协议的签订，克罗地亚的农产品进口量不断增加，随着贸易自由化加深，市场关税取消，克罗地亚的出口机会大大增加，同时国内企业也面临着更严峻的挑战。为了阻止廉价农产品、食品对本国市场的冲击，提高本国产品的国际竞争力，克罗地亚颁布了《农业法》。

2010—2019 年，克罗地亚农产品贸易额持续增长，且出口额与进口额年增长率较平衡，均为 6%。由于这十年克罗地亚农产品贸易一直处于逆差状态，因此克罗地亚农产品出口总额增长的同时，贸易逆差进一步加大。2019年，克罗地亚农产品出口额为 24.8 亿美元，同比增长 1%，比 2010 年增长79%；进口总额为 39 亿美元，同比增长 6.6%，比 2010 年增长 78%。由此可以看出，十年来，克罗地亚农产品贸易发展较稳定，但自给率不足，长期依赖别国进口（表 8-2）。

表 8-2　克罗地亚 2010—2019 年农产品贸易额情况

单位：亿美元

年份	出口额	进口额	贸易额	贸易额差
2010	13.8	21.9	35.7	−8.1
2011	15.9	26.2	42.1	−10.3
2012	16.2	25.7	41.9	−9.5
2013	16	28.3	44.3	−12.3
2014	17.8	31.1	48.9	−13.3
2015	17.6	28.4	46	−10.8
2016	19.8	29.5	49.3	−9.7
2017	21.6	33.3	54.9	−11.7
2018	24.6	36.6	61.2	−12
2019	24.8	39	63.8	−14.2

数据来源：联合国贸易统计数据库（Comtrade）。

从表 8-3 可看出，2010—2019 年，克罗地亚农产品贸易主要集中在肉及杂碎、水海产品、粮食、乳品、鲜果、食糖、酒类、饮料等。

（一）贸易伙伴

从贸易伙伴看，约 75% 的农产品贸易发生在欧盟国家内部。2019 年，克罗地亚向欧盟国家出口额为 16 亿美元（占克罗地亚出口总额的 64.5%）；克罗地亚自欧盟国家进口额为 33.8 亿美元（占克罗地亚进口总额的 86.7%）。

（二）贸易产品

克罗地亚主要出口精制糖、香烟、其他巧克力产品、玉米、非酒精饮料、啤酒、小麦、婴儿食品、葵花籽、大豆、华夫饼干；主要进口新鲜猪肉、面粉、糕饼、粗糖、豆粕、咖啡豆、全奶奶酪、宠物食品、葵花籽油、非酒精饮料。

表 8-3　克罗地亚 2010－2019 年农产品进出口情况

单位：亿美元

	2010 年	2011 年	2012 年	2013 年	2014 年	2015 年	2016 年	2017 年	2018 年	2019 年
肉及杂碎	2.48	2.92	3.00	3.75	4.62	4.23	4.60	5.24	5.65	5.98
水海产品	2.43	3.08	2.75	2.88	3.17	3.25	3.35	3.69	4.23	4.40
冻鱼、冻鱼片	0.27	0.32	0.41	0.42	0.44	0.48	0.50	0.53	0.66	0.78
蔬菜	1.65	1.74	1.66	1.95	2.30	2.22	2.36	2.52	2.89	3.30
粮食	2.11	2.22	2.80	2.95	3.01	3.48	3.36	4.07	4.31	4.72
谷物及谷物粉	1.59	1.66	2.19	2.24	2.34	2.54	2.46	2.76	3.41	3.53
大豆	0.32	0.29	0.36	0.38	0.40	0.70	0.64	1.07	0.61	0.88
鲜、干水果及坚果	1.76	1.86	1.88	2.03	2.37	2.15	2.24	2.33	2.59	2.73
乳品	2.46	2.98	2.79	3.57	3.38	3.07	3.38	4.23	4.60	4.73
鲜蛋	0.00	0.00	0.12	0.11	0.16	0.17	0.14	0.16	0.17	0.16
天然蜂蜜	0.04	0.03	0.02	0.02	0.03	0.05	0.06	0.06	0.07	0.05
豆饼、豆粕	0.58	0.76	0.83	0.83	1.12	1.04	0.86	0.85	0.90	0.61
食用植物油	0.60	0.79	1.23	1.20	1.19	0.94	1.23	1.29	1.36	1.40
豆油	0.09	0.11	0.11	0.08	0.04	0.08	0.13	0.09	0.06	0.11
橄榄油	0.09	0.09	0.10	0.12	0.14	0.17	0.19	0.21	0.22	0.20
食糖	1.49	2.57	3.08	1.51	1.89	1.79	2.69	2.01	1.04	1.13
酒类及饮料	2.60	3.09	2.88	3.03	3.54	3.29	3.65	4.14	4.75	4.83
果蔬汁	0.20	0.24	0.17	0.18	0.19	0.19	0.26	0.33	0.29	0.26

数据来源：联合国贸易统计数据库（Comtrade）。

二、农产品出口贸易

2019 年，克罗地亚农产品出口金额为 24.8 亿美元，同比增长 1%；出口量为 411.9 万吨，同比增长 17.8%。

（一）出口数量

出口量方面，克罗地亚出口量较多的农产品为饮品类、粮食（谷物）、油籽、畜产品，其出口量占总出口量的比例分别为 33.2%、31.7%、9.2%、5.7%。

（二）出口额

出口额方面，克罗地亚出口额较大的农产品为畜产品、饮品类、粮食（谷物）、水产品。其中，畜产品出口额为 4.7 亿美元，同比减少 3.8%；饮品类出口额 4 亿美元，同比增长 6.5%；粮食（谷物）出口额 2.5 亿美元，同比增长 4.9%；水产品出口额 2.4 亿美元，同比减少 1.3%。

2019 年，自克罗地亚进口农产品的国家和地区中，按金额排名第一位是意大利，金额为 4.1 亿美元，同比增长 4.7%；第二位是斯洛文尼亚，金额为 3.8 美元，同比减少 2.7%；第三位是波黑，金额为 3.1 亿美元，同比减少 9.9%。

三、农产品进口贸易

2019 年，克罗地亚农产品进口金额为 39 亿美元，同比增长 6.6%，进口量为 299.5 万吨，同比增长 4.5%。

（一）进口数量

克罗地亚进口量较多的农产品为饮品类、水果、蔬菜、糖料及糖，其进口量占克罗地亚农产品总进口量的比例分别为 15.9%、9.1%、8.5%、8.2%。

（二）进口额

克罗地亚进口额较大的农产品为畜产品、水果、蔬菜、水产品。其中，畜产品进口额为 10.3 亿美元，同比增长 4.9%；水果进口额为 3.9 亿美元，同比增长 3.3%；蔬菜进口额为 2.9 亿美元，同比增长 12.4%；水产品进口额为 2.1 亿美元，同比增加 10.5%。

2019 年，对克罗地亚出口农产品的国家和地区中，按金额排名第一位是德国，金额为 5.7 亿美元，同比增长 5%；第二位是意大利，金额为 4.5 亿美元，同比增长 1%；第三位是斯洛文尼亚，金额为 3.9 亿美元，同比增长 6.9%。

第三节 克罗地亚农业科技创新与推广体系

一直以来,克罗地亚的农业发展与国家重视推广农业技术有密切的关系。克罗地亚从以下几个方面促进农业科研发展,即重视培育良种和植物保护、大力发展农业科学研究、重视发展农产品加工业、全面支持农业咨询服务体系。

一、重视培育良种和植物保护

在种植业和畜牧业中,国家都制定出一套科学、先进的工艺制度,如对种子的处理方法、播种时间、所用工具、灌溉时间、灌溉次数、施肥种类以及田间管理方法等,都有明确规定。为了提高作物单产,克罗地亚重视培育良种和植物保护,颁布了种子法,严禁使用不合格种子。各地方都设有植物检疫机构,负责技术推广,监督化学农药和兽药的使用,开展预测、预报和检疫试验等工作。作为克罗地亚农业部下属的重要机构,克罗地亚农业、食品和农村中心包括植物保护研究所,葡萄栽培和酿酒研究所,种子种苗研究所以及果实生长部。这四个研究机构除了为农业部提供专业技术支持,还分别担负不同的职责。植物保护研究所的基本任务是保护农作物免受有害生物的侵害;葡萄栽培和酿酒研究所的基本任务是保障葡萄和葡萄酒的质量安全;种子种苗研究所的基本任务是提供优质的植物繁殖材料;果实生长部的主要任务是改善国内的果实生长。

二、大力发展农业科学研究

促进农业发展的一个重要环节,是大力发展农业科学研究和培养农业技术人员。目前农业部与教育部集中了农业科研的主要力量,以奥西耶克农业学院和萨格勒布大学农学院为主体,与分布在全国的科研机构紧密合作,形成自上而下的农业科研网络。各种科研成果通过农业咨询直接应用于生产实践。

三、全面支持农业咨询服务体系

政府重视咨询服务人员的再教育工作,提供咨询人员的再教育费用及部分差旅费用。其咨询服务保证了农民能从研究部门获得最新的科学和经营管理技术。地方咨询中心遍布全国，承担了农业技术推广、产前产中产后的服务、农民教育与培训等职能。克罗地亚还有很多推广农业科技的网站，如植物保护产品部、兽医局、渔业管理局的官网，常年提供相关信息，开展各种活动，对农业科技的普及起到了巨大的推动作用。

第四节 克罗地亚农业投资政策

自1993年10月实施旨在制止恶性通货膨胀的稳定计划之后，克罗地亚经济就进入伴随着低通货膨胀的稳定增长阶段。1995—2006年GDP平均增长率达4.4%；2007年GDP增长率达5.1%；以当年价格计，2008年人均GDP达到1.072 2万欧元；随后受美国次贷危机影响，经济陷入衰退，2009年经济负增长率高达6.9%，新增登记失业人数由危机前的20万人激增至27.1万人，涨幅达35%。尽管克罗地亚政府出台了一系列措施以提振经济，但各项关键指标显示宏观经济至今仍未恢复到衰退前水平。2012年，实体经济增长乏力，难以走出负增长阴影；失业人数增速放缓，但绝对量持续增至33.9万人，其中男性就业受冲击较大，失业率由危机前2008年的37.6%增至47%。2014年失业率略有下降，但2015年就业情况持续恶化，克罗地亚政府以提高就业为前提进一步扩大招商引资力度。近年来，克罗地亚迫切期望引入外资，克罗地亚政府提出的施政纲领主要目标之一是吸引外资规模达10亿欧元以上。

外国在克罗地亚投资需要特许的领域包括：矿山开采、港口扩建、公路建设、国有农业土地的使用、狩猎权、海港的使用、电信服务、占用无线广播电视发射频率、国有自然保护公园的开发和利用、水资源和水道的使用、铁路建设。以上各类项目的投资建设，均需通过国际公开招标获取。

在克罗地亚，投资设立企业的形式包括一般公共企业、股份制公共企业、股份公司、有限责任公司、经济利益联合体、隐名合伙企业。成立一家股份公司的最少股本为20万库纳（约合2.8万欧元），单股票面价值最少为10库纳。成立一家有限责任公司的最少股本为2万库纳（约合2 800欧元），个人持股额最少为200库纳。外国自然人只有获得手工业执照才可以在克罗地亚经营手工业。

一、新《鼓励投资法》

为与欧盟法律接轨，2006 年 12 月 8 日克罗地亚议会通过了新《鼓励投资法》，新法于 2007 年 1 月 1 日生效。新法适用于克罗地亚国内外投资商，不仅给予外商国民待遇，而且为国内投资者创造了平等、公平的竞争机会。新法将享受优惠措施的最小投资额由原先的 400 万库纳（约合 55 万欧元）降为 30 万欧元。同时，新法还引入了"国家地区资助分布图"对向特定区域进行的投资给予额外资助。

新《鼓励投资法》向投资者提供税务、关税优惠，对新增就业、在职培训、设立技术发展与创新中心、从事战略性商业协助活动、有重要经济利益的大型投资项目提供一定的资助。

（一）税务优惠

对数额在 150 万欧元以内、3 年内最少创造 10 个新就业岗位的投资，给予 10 年内减免 50% 利润税的待遇。对数额在 150 万～400 万欧元、3 年内最少创造 30 个新就业岗位的投资，给予 10 年内减免 65% 利润税的待遇。对数额在 400 万～800 万欧元、3 年内最少创造 50 个新就业岗位的投资，给予 10 年内减免 85% 利润税的待遇。对数额在 800 万欧元以上、3 年内最少创造 75 个新就业岗位的投资，给予 10 年内减免 100% 利润税的待遇。

（二）对新增就业的资助

在失业率低于 10% 的地区，给予创造就业费用 10% 的资助，但每个新增就业岗位的资助费用最高限额为 1 500 欧元。在失业率为 10%～20% 的地区，给予创造就业费用 15% 的资助，但每个新增就业岗位的资助费用最高限额为 2 000 欧元。在失业率高于 20% 的地区，给予创造就业岗位费用 20% 的资助，但每个新增就业岗位的资助费用最高限额为 3 000 欧元。

（三）对在职培训的资助

对理论和实践技能培训，给予大企业的资助不超过培训费用的 35%，给予中小企业的资助不超过培训费用的 45%。对普通知识培训，给予大企业的资助不超过培训费用的 60%，给予中小企业的资助不超过培训费用的 80%。

（四）对设立技术发展与创新中心的资助

给予创造就业费用 50% 的资助，并给予设备费 5% 的资助，但设备费资助的最高限额为 50 万欧元，且必须为高新设备。对从事战略性商业协助活动（消费者服务中心、跨国企业服务中心、分拨中心、信息通信中心），给予创造就业费用 25% 的资助。

（五）对有重要经济利益的大型项目（最低投资额为 1 500 万欧元，并至少创造 100 个就业岗位）的资助

在失业率高于 20% 的地区，对大型项目给予投资额（厂房建设费、设备费）5% 的资助，但资助最高限额为 100 万欧元，其中设备费至少占 40%，而高新设备至少占设备费的 50%。对有重要经济利益的大型项目，给予基础设施新建或扩建费用 5% 的资助，但资助最高限额为 500 万欧元。

二、《投资促进与改善投资环境法》

克罗地亚遭受全球金融危机影响所面临的严峻经济形势，需要以促进投资、改善投资和营商环境来克服，增强克罗地亚参与国际贸易的能力，提高克罗地亚企业的投资和竞争能力，实现克罗地亚经济的复苏与增长。克罗地亚于 2012 年 9 月 21 日新颁布了《投资促进与改善投资环境法》，在鼓励投资、增加就业方面给予了具体优惠政策。按照欧盟的相关规定，《投资促进与改善投资环境法》明确的鼓励措施适用于投资发展的领域：生产制造加工业、创新与发展产业、高附加值产业和旅游业等产业。同时，实施项目能达到以下目标：引进先进技术和设备、增加就业和员工培训、提高产品和服务附加值、提高企业竞争能力、利于克罗地亚地区均衡发展等。

（一）微型企业激励机制

微型企业投资 5 万欧元，创造 3 个新的就业岗位的，并承诺维持 3 年的，将给予 5 年内减免 50% 所得税。

（二）　税收优惠政策

投资 100 万欧元以下，创造 5 个新的就业岗位的企业，政府将给予 10 年内减免 50% 所得税；投资 100 万～300 万欧元，创造 10 个新的就业岗位的企业，政府将给予 10 年内减免 75% 所得税；投资 300 万欧元以上，创造 15 个新的就业岗位的企业，政府将给予 10 年内减免 100% 所得税。以上保持投资项目的期限不能短于享受鼓励措施的年限，大型企业至少保持 5 年，中小型企业至少保持 3 年。

（三）　关税优惠政策

投资项目进口的机器和设备将按照海关税法第 84～90 章予以免进口关税。

（四）　创造新的劳动岗位激励机制

在失业率低于 10% 的地区进行投资，政府对企业创造的每个新的劳动岗位给予投资额 10% 的无偿补助，最高补助现金 3 000 欧元。在失业率 10%～20% 的地区进行投资，政府对企业创造的每个新的劳动岗位将给予投资额 20% 的无偿补助，最高补助现金 6 000 欧元。在失业率高于 20% 的地区进行投资，政府对企业创造的每个新的劳动岗位将给予投资额 30% 的无偿补助，最高补助现金 9 000 欧元。以上新的劳动岗位必须保持 5 年。

（五）　就业劳动岗位培训激励机制

就业劳动岗位培训是指与投资项目有关的新就业工人的岗位培训。培训分为一般知识培训和特种理论技能培训。特种培训费补助：对大型企业补助费用的 25%；对中型企业补助费用的 35%；对小型企业补助费用的 45%。综合性培训费补助：对大型企业补助费用的 60%；对中型企业补助费用的 70%；对小型企业补助费用的 80%。以上补助金额包括劳动岗位补助额，不得超其合法投资成本的 50%。

（六）　创新发展、营销和增值服务的激励机制

创新发展的领域是指：产品、生产线、生产工序及生产技术。企业对创新发展领域投资，政府将在对新就业岗位补助额的基础上再加 50%。企业对营

销和增值服务领域投资，政府将在对新就业岗位补助额的基础上再加 25%。企业对创新发展领域投资，购买高新技术的机器设备，政府无偿补助 20% 的费用，补助额不得超过 50 万欧元。

（七）投资固定资产项目激励机制

投资固定资产项目是指：新建厂房、购置工业厂房和新建旅游酒店设施、购买高新技术的新机器和生产设备。企业在失业率 10%～20% 的地区进行固定资产投资 500 万欧元以上，创造 50 个新的劳动岗位，并承诺维持 3 年以上，政府将给予无偿补助投资额 10% 的资金，但最高补助额为 50 万欧元，附加条件是机器和生产设备的费用至少要占投资成本总额的 40%，购买高新技术的新机器和生产设备费用必须占机器设备购置费总额的 50%。企业在失业率 20% 以上的地区进行固定资产投资 500 万欧元以上，企业创造 50 个新的劳动岗位，并承诺维持 3 年以上，政府将给予无偿补助投资额 20% 的资金，但最高补助额为 100 万欧元，附加条件是机器和生产设备的费用至少要占投资成本总额的 40%，购买高新技术的新机器和生产设备费用必须占机器设备购置费总额的 50%。

（八）劳动密集型投资项目就业激励机制

企业创造 100 个以上新的劳动岗位，并承诺维持 3 年以上，政府将给予在对新就业岗位无偿补助额的基础上再加 25%。企业创造 300 个以上新的劳动岗位，并承诺维持 3 年以上，政府将在对新就业岗位无偿补助额的基础上再加 50%。企业创造 500 个以上新的劳动岗位，并承诺维持 3 年以上，政府将在对新就业岗位无偿补助额的基础上再加 100%。

三、克罗地亚经济特区法规

自由区是为便利企业进出口，降低企业运输和监管成本，政府通过行政手段划出的一块区域，并以围墙、篱笆或其他实物障碍与外界区域隔离。政府对自由区的企业给予关税和国内增值税减免优惠。克罗地亚自由区适用的法律为《自由区法》《关税条例》《投资促进与改善投资环境法》《增值税条例》。2013 年 7 月 1 日克罗地亚加入欧盟之后，全面实行欧盟各项法规、条例。

自由区投资优先领域是加工活动、创新发展性活动、商业支持性活动（顾客/客户联络活动、物流中心、软件发展中心）、高附加值服务活动、旅游服务活动、劳动密集型项目。

园区优惠政策包括：①园区内克罗地亚公民、外国公民个人或法人团队（外资公司）可在克罗地亚境内按《克罗地亚公司法》注册公司；②境内货物及境外货物均可进入自由区内，无存储时间限制；自由区内货物可以免税、不受海关监管运出境外；③政府对自由区内的企业给予关税和国内增值税减免优惠。

克罗地亚现有 11 个自由区，主要包括别洛瓦尔自由区、奥西耶克自由区、萨格勒布自由区、库克雅诺沃自由区、普拉港自由区、斯普利特港自由区、乌科瓦尔自由区、里耶卡港自由区等。克罗地亚自由区均位于海港、空港、河港、国际公路等重要交通枢纽毗邻区域。

四、克罗地亚原产地标准

克罗地亚原产地标准与大部分中东欧国家一样，主要有普通原产地证、泛欧洲原产地证及针对享受普惠制待遇国家的原产地证。向世界不同市场出口的商品采用的是不同的原产地标准，因此在克罗地亚投资的外国投资者必须明确不同原产地标准的内容，这样才能知道其所生产的商品在不同市场上所享受的待遇情况。

（一）普通原产地证

普通原产地证书（Certificate of origin）所依据的标准是世界贸易组织（WTO）制定的统一的原产地标准，不以规定当地加工附加值的含量比例为主，而是以"产品发生了重要变化、改变了商品编号（至少改变商品编号中的第四位）……"等表述的内容为主。另外，该标准还明确规定，仅进行产品的包装、分选等简单的加工不能获得原产地证书。获有普通原产地证的商品可以享受世界贸易组织内的优惠待遇，但无法享受该地区国家间自由贸易协定给予的优惠，也不能享受欧盟给予该地区国家的优惠待遇。

（二）泛欧洲原产地标准

泛欧洲原产地标准是指根据自由贸易协定和欧盟联系国协定，在特定的欧洲国家市场上享受特殊关税优惠的出口产品的原产地标准，这些特定的欧洲国家主要是指欧盟国家以及相互间签有《自由贸易协定》的欧洲国家，如中欧自由贸易协定组织（CEFTA）成员国、欧洲自由贸易联盟（EFTA）成员国、波罗的海三国、前南斯拉夫部分国家。

按泛欧洲原产地标准颁发的原产地证书称为"欧1格式"（EUR1）和"欧2格式"（EUR2），其中"欧2格式"为"欧1格式"的简化型，用于小批量货物的贸易。"欧1格式"按《国际商品统一编号》列出产品清单，对每一种产品都单独制定了原产地标准，有的列明产品价值中所含国外商品价值的比例，有的没有列明比例，只是做出了"产品经过加工发生了质的变化"等类似的规定。在列明所含国外价值比例的商品中，每种商品的比例差别很大，有的低于50%，有的为30%，有的甚至精确到47.3%。对纺织品还单独制定了原产地标准，条文更为详细。

因此，就单独某种产品而言，只有通过翻查泛欧洲原产地标准具体说明，才能得到该产品获得泛欧洲原产地证书的具体条件。

（三）"A格式"原产地证书（Forma A）

该原产地证书主要用于发达国家对不发达国家单方面实行普惠制优惠的产品。"A格式"的制定原则同"欧1格式"的原则一样，也按《国际商品统一编号》列出产品清单，每一种产品都单独制定原产地标准。

五、克罗地亚其他政策条文

（一）土地法

克罗地亚土地大部分为私人所有，政府征用土地将按照法律规定，根据土地性质及市场价格给予补偿。

1. 外资企业获得土地的规定

克罗地亚2009年修订的《所有权和其他物权法》规定，欧盟成员国的个人和法人可以在克罗地亚购买除农业用地和自然保护区以外的一切不动产，并且没有任何特殊条件，即享受国民待遇。除欧盟成员国外，其他与克罗地亚签有双边对等条约的国家公民和企业亦可在克罗地亚购买不动产。目前，中国公民和企业在克罗地亚不能购买土地，但中国公民和企业在克罗地亚注册的公司享有克罗地亚国民待遇，可以在克罗地亚购买土地等不动产。

2. 外资企业参与当地农（林）业投资合作的规定

允许外资企业获得农业耕地（林地）承包经营权。

（二）外国人在克罗地亚工作的规定

根据克罗地亚《外国人法》，外国人在得到劳动许可或经营许可后，可以在克罗地亚工作。

1. 工作许可

根据业主申请，克罗地亚内务部依据劳动合同发放一定时限的工作许可，工作许可有效期最长不超过 2 年。克罗地亚政府根据移民政策和劳动力市场状况，确定年度外国人劳动许可数额。企业创建者、董事会成员、监事会成员等关键人物不需要申请劳动许可。

2. 经营许可

经登记的手工业者、自由职业者、企业的领导者和管理者可以申请经营许可。经营许可由克罗地亚内务部发放。

（三）外汇管理与融资政策

根据克罗地亚《外汇法》，在克罗地亚注册的外国企业可以在克罗地亚银行开设外汇账户，用于进出口结算。外汇进出克罗地亚需要申报。外汇汇出克罗地亚无须缴纳特别税金。携带现金出入境需要申报，限定数额为 1 万欧元或等值的其他币种。在克罗地亚工作的外国人，其合法税后收入可全部转出国外。

融资方面，外资企业与当地企业享受同等待遇。根据克罗地亚《商业公司法》，企业可以通过增股方式进行融资。

第五节　中国与克罗地亚农业技术交流与合作

一、中国与克罗地亚农业合作历程

2015 年 1 月，农业部副部长牛盾在萨格勒布与克罗地亚农业部部长蒂霍米尔·亚科维纳举行了会谈，双方就进一步加强中国与克罗地亚（以下简称"中克"）农业交流与合作达成许多共识。牛盾积极评价了中克农业合作情况，指出两国农业合作在多边、双边合作机制下逐步深入，合作领域不断拓宽，农业科技合作逐渐展开，农产品贸易额稳步增长。牛盾提议，两国农业部门应进一步积极推进两国农业交流与合作的机制化建设，共同促进农产品贸易，深化农业科技交流与合作。亚科维纳同意相关合作建议，表示克方愿与中方一道共同推动双边务实合作。会后双方共同签署了《中华人民共和国农业部与克罗地亚共和国农业部 2015—2016 年农业领域合作行动计划》。2017 年 3 月，农业部副部长屈冬玉在别洛瓦尔会见了克罗地亚农业部副部长图戈米尔·马伊达克，双方就进一步加强中克农业务实合作进行了深入交流。屈冬玉指出，中克传统友谊深厚，双方农业方面高层互访较为频繁，具有良好的合作基础，近年来中国"一带一路"倡议的实施为深化双边农业合作提供了新的历史性机遇。屈冬玉表示，中克农业务实合作潜力很大，一是欢迎克罗地亚农业企业赴华参加中国国际农产品交易会等大型展会，让中国消费者更多地了解克罗地亚优质农产品，推动双边农产品贸易快速发展；二是两国加强政策沟通交流，携手推进农业领域产能合作，鼓励中国农业企业到克罗地亚投资，促进双边经贸合作再上台阶；三是充分利用"16＋1"等多边平台，实现中克双边农业合作全面升级。图戈米尔·马伊达克对此表示完全赞同。他表示，克方高度重视"一带一路"带来的机遇，愿与中方一起努力，创造更加有利的政策环境，推动双边农业经贸投资合作深入发展。会后，双方签署了《中华人民共和国农业部与克罗地亚共和国农业部 2017—2018 年农业领域合作行动计划》。

二、中国与克罗地亚经贸关系

中国与克罗地亚一直保持着良好的经贸关系。伴随着克罗地亚向市场经济和私有化过渡，以及中国改革开放和社会主义市场经济政策的进一步推行，中国与克罗地亚的经贸关系在经历了十余年的磨合后，已逐步形成平稳发展、稳中有升的局面。双方经贸部门和企业的接触与往来明显增加，对合作经营、合资经营、技术合作等经济合作方式进行了积极的探讨，多渠道、多层次、多形式的发展格局初步形成。中国和克罗地亚作为转型国家，都有加强农业合作的愿望。近年来，中克双方为推动中克农业深入交流积极作为。一是双方农业方面高层互访频繁；二是两国积极组织开展有关农产品贸易的活动，包括产品推介会、展览会、国际农产品交易会等大型展会，加强信息交流，推动双边农产品贸易快速发展；三是加强政策沟通交流，签署农业领域合作行动计划，促进双边农业合作的高效及协调发展。

三、克罗地亚农业投资潜力

克罗地亚的农业和食品加工业都具有较大的发展潜力，政府鼓励投资各相关领域，当地企业积极寻求合作伙伴。

（一）种植业

克罗地亚优越的客观条件为克罗地亚农业发展提供了广阔的空间，克罗地亚有能力大量生产除热带水果、咖啡、作料以外的所有产品。此外，克罗地亚农业污染程度很低，具有良好的发展绿色农业的条件。目前，克罗地亚存在较多无人开垦的荒芜土地，农场的现代化程度较低，缺少劳动力和技术，非常希望引入先进的科技、资本提高其农业生产水平，合作意愿强烈。

（二）畜牧业

克罗地亚山地丘陵区畜牧业发达。2016 年，克罗地亚农产品贸易中，按进口额排名第一位的农产品是猪肉制品，达 1.8 亿美元。这表明克罗地亚国内的生猪养殖或者现有的加工能力无法满足市场的需要。克罗地亚的牛奶生产加工条件成熟、经验丰富，但集约化和市场化程度不高。克罗地亚本土公司拟就奶酪制品厂投资建设项目寻找合作伙伴或投资者，投产后预计年产量 515.5 吨。

（三）渔业

克罗地亚淡水鱼养殖已有 130 多年的历史，但海水养殖是近年来刚发展起来的新兴产业，非常希望与国外企业合作，通过引入先进的养殖技术提高克罗地亚的水产养殖水平。

（四）葡萄酒及橄榄油产品

受益于得天独厚的土壤和气候条件，克罗地亚伊斯特拉半岛、达尔马提亚和斯拉沃尼亚地区产出的葡萄具有很高的品质，所酿葡萄酒成为品质较高的葡萄酒品种之一。克罗地亚连续两年（2015 年、2016 年）被意大利的一份著名橄榄油年鉴评选为最佳橄榄油产地。

第九章 CHAPTER 9
捷克农业概况 ▶▶▶

捷克共和国是欧洲中部内陆国家，东靠斯洛伐克，南邻奥地利，西接德国，北毗波兰，面积 78 866 平方千米。西北部为高原，东部为喀尔巴阡山脉，中部为河谷地。人口 1 068 万人（2019 年），主要民族为捷克族，约占总人口的 94%。捷克属北温带，典型温带大陆性气候，四季分明，夏季平均气温约 18.5℃，冬季平均气温约－3℃，气候湿润，年均降水量 683 毫米。土壤类型主要是灰化土、黑钙土和冲积土，其中灰化土占国土面积约 70%。捷克森林资源丰富，面积达 265.5 万公顷，森林覆盖率为 34%，在欧盟居第 12 位。主要树种有云杉、松树、冷杉、榉木和橡木等。森林木材储量 6.78 亿立方米。从用途看，商业用材林占 75%，特种林占 22.3%，自然保护林占 2.7%。捷克拥有 420 万公顷农业用地，其中有 300 万公顷耕地，农产品可基本实现自给自足。农业人口 14.8 万人，占全国劳动人口的约 3%。

第一节　捷克农业生产概况

一、农业生产概况

2019 年捷克粮食总产量 697.1 万吨，农业增加值占 GDP 比重为 1.88%。20 世纪 90 年代，捷克进行市场化改革后，捷克农业走上了以市场为导向，高效、国际化的发展道路，成为捷克有竞争力的行业之一。捷克加入欧盟后实行共同农业政策，得到欧盟结构基金的支持，初级农产品产量稳步增加，农业生产效率不断提高。

二、农作物

捷克主要农作物有小麦、大麦、黑麦、玉米、甜菜、油菜、马铃薯、啤酒花和亚麻等。据联合国粮农组织（FAO）统计，捷克谷物每年的总产量大致在 600 万～900 万吨，生产量在年份之间有较大的波动，最主要的谷物是小麦和大麦，每年的产量分别在 500 万吨和 200 万吨左右，玉米有少量种植，年产量 40 万～100 万吨，其他谷物的种植量很少。油料作物每年的产量为120 万～160 万吨，主要是油菜籽，其余是少量的葵花籽、罂粟籽、芥菜籽、大豆等。水果年产量 20 万～30 万吨，最主要的水果是苹果和葡萄。蔬菜产量近年基本稳定，主要蔬菜品种有甘蓝、洋葱、胡萝卜、黄瓜和番茄等。淀粉质块茎作物主要是马铃薯。糖料作物主要是甜菜。

表 9-1 显示了捷克各类农产品历年的种植面积和总产量。谷物和水果的收获面积持续下降，但产量基本稳定。油料作物的种植面积变化不大，产量有所上升。块茎作物的收获面积及产量持续下降。豆类和蔬菜的收获面积及产量变化不大。

表 9-1　捷克主要农产品种植面积和总产量

年份	谷物		水果		油料作物		豆类		块茎作物		蔬菜	
	面积（万公顷）	产量（万吨）	面积（万公顷）	产量（万吨）	面积（万公顷）	产量（万吨）	面积（万公顷）	产量（万吨）	面积（万公顷）	产量（万吨）	面积（万公顷）	产量（万吨）
2010	146.6	688.2	3.8	19.0	49.0	116.0	3.4	6.1	2.7	66.5	1.0	16.4
2011	148.2	828.9	3.9	23.0	46.4	118.4	2.4	6.6	2.6	80.5	1.0	21.9
2012	145.7	660.0	3.9	22.7	47.1	121.1	2.2	4.1	2.4	66.2	0.9	18.1
2013	141.6	751.7	3.8	25.6	48.7	153.4	2.0	4.1	2.3	53.6	0.9	18.8
2014	141.2	878.4	3.8	24.5	46.4	164.4	2.2	5.6	2.4	69.8	1.0	23.4
2015	139.2	818.8	3.7	30.8	44.6	135.5	3.5	9.8	2.3	50.5	1.0	19.6
2016	136.1	860.1	3.5	25.2	47.0	147.6	3.7	8.6	2.3	70.0	1.1	24.0
2017	135.7	746.1	3.5	22.8	48.0	126.9	4.4	10.2	2.3	68.9	1.1	25.4
2018	134.1	697.5	3.5	31.5	48.9	151.1	3.5	8.0	2.3	58.4	1.1	20.2
2019	135.3	764.6	3.1	19.7	45.5	124.8	3.4	7.4	2.3	62.3	1.0	23.2

数据来源：联合国粮农组织（FAO）数据库。

三、畜牧业

鸡、牛和猪养殖占据捷克畜牧业主要地位，捷克肉类年产量持续下降，近年年产量约 50 万吨，其中牛肉年产量基本稳定在 7 万吨左右，羊肉年产量小幅增加但仅 4 000 余吨，禽肉年产量持续下降至 16 万吨左右，最主要的肉类产品——猪肉，年产量持续下降。奶类主要是全脂鲜牛奶，年产量缓慢上升，近年已达到 300 万吨以上。禽蛋年产量先降后升，近年来年产量为 7 万～9 万吨（表 9-2、表 9-3）。

表 9-2　捷克畜牧业存栏量

年份	鸡（万只）	鸭（万只）	鹅及珍珠鸡（万只）	火鸡（万只）	山羊（万只）	绵羊（万只）	牛（万头）	猪（万头）	马（万匹）
2010	2 404.2	40.2	1.9	37.6	2.2	19.7	134.9	190.9	3.0
2011	2 057.7	28.9	1.8	36.5	2.3	20.9	134.4	174.9	3.1
2012	2 010.7	24.9	1.5	32.0	2.4	22.1	135.4	157.9	3.3
2013	2 253.4	27.2	2.0	44.0	2.4	22.1	135.3	158.7	3.4
2014	2 065.6	39.3	1.8	39.6	2.4	22.5	137.4	161.7	3.3
2015	2 148.3	59.0	1.9	41.6	2.7	23.2	140.7	156.0	3.4
2016	2 042.2	49.8	2.0	37.5	2.7	21.8	141.6	161.0	3.2
2017	2 058.7	55.0	1.8	34.0	2.8	21.7	142.1	149.1	3.5
2018	2 242.8	78.1	2.0	34.4	3.0	21.9	141.6	155.7	3.5
2019	2 184.4	76.8	2.0	34.7	2.9	21.3	136.7	150.9	3.2

数据来源：联合国粮农组织（FAO）数据库。

表 9-3　捷克畜牧业主要产品产量

年份	肉类（万吨）	牛肉（万吨）	羊肉（万吨）	禽肉（万吨）	牛奶（万吨）	鸡蛋（万吨）
2010	60.3	7.4	0.2	19.5	269.4	7.1
2011	56.4	7.2	0.2	17.6	274.7	7.3
2012	51.6	6.6	0.3	15.7	282.5	6.6
2013	50.5	6.5	0.3	15.3	286.0	7.1
2014	51.0	6.6	0.3	15.4	294.5	7.4
2015	50.5	6.9	0.4	15.5	303.9	7.2
2016	50.7	7.3	0.4	16.1	307.8	7.5
2017	49.6	6.8	0.4	16.3	309.3	8.4

（续）

年份	肉类（万吨）	牛肉（万吨）	羊肉（万吨）	禽肉（万吨）	牛奶（万吨）	鸡蛋（万吨）
2018	50.6	7.3	0.4	16.9	317.7	8.7
2019	46.7	7.4	0.4	17.0	315.6	—

数据来源：联合国粮农组织（FAO）数据库。

第二节　农产品贸易概况

表9-4显示了2010年以来捷克农产品每年的进出口贸易额。捷克的农产品对外贸易平稳增长，其中进口额和出口额均平稳增长且趋势基本一致。捷克农产品贸易一直处于逆差状态（图9-1）。

表 9-4　2010—2019 年捷克农产品贸易额

单位：亿美元

年份	进口额	出口额	年份	进口额	出口额
2010	73.2	53.8	2015	93.0	83.1
2011	92.1	69.0	2016	95.2	83.6
2012	91.8	76.9	2017	101.6	85.3
2013	98.0	83.3	2018	108.8	86.7
2014	100.0	88.1	2019	110.3	87.3

数据来源：联合国贸易数据库（Comtrade）。

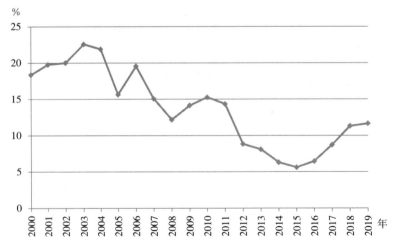

图 9-1　2000—2019 年捷克农产品逆差占贸易额比重

数据来源：联合国贸易数据库（Comtrade）。

捷克农产品主要贸易伙伴为德国、斯洛伐克、波兰、意大利、荷兰、匈牙利、奥地利、西班牙、法国、比利时、英国、罗马尼亚、中国等。其中，主要出口市场为斯洛伐克、德国、波兰、意大利、奥地利等，主要进口来源为德国、波兰、荷兰、斯洛伐克、西班牙等（表9-5）。

表 9-5 2019 年捷克农产品贸易伙伴

单位：亿美元

国家	贸易额	出口额	进口额	贸易差额
德国	41.8	17.8	23.9	−6.1
斯洛伐克	26.1	18.9	7.3	11.6
波兰	25.4	8.6	16.8	−8.2
意大利	13.9	7.7	6.2	1.5
荷兰	9.9	2.3	7.5	−5.2
匈牙利	8.9	4.3	4.6	−0.3
奥地利	8.5	4.8	3.8	1.0
西班牙	7.6	1.2	6.3	−5.1
法国	6.2	2.2	3.9	−1.7
比利时	4.8	1.7	3.2	−1.5
英国	4.3	2.3	2	0.3
罗马尼亚	3.9	1.9	2.1	−0.2
中国	2.3	0.7	1.6	−0.9
俄罗斯	1.9	1.6	0.3	1.3
立陶宛	1.7	0.6	1.2	−0.6

数据来源：联合国贸易数据库（Comtrade）。

2019 年捷克主要出口农产品为乳品、水果、小麦、啤酒、可可制品等；主要进口农产品为水果、蔬菜、猪肉、乳品、可可制品等。

虽然捷克在农产品贸易中始终处于逆差地位，但也有部分农产品具有一定竞争力处于顺差地位，如乳品、活牛、种牛、活猪、珍珠鸡、鸭、鹅、种用禽蛋、椰子、小麦、大麦、啤酒、无醇饮料、饼干、油菜籽、菜油、菜籽粕、鲤鱼等（表9-6）。

表9-6　2019年捷克主要进出口农产品

单位：亿美元

大类	贸易额	小类	贸易额	细类	贸易额
其他农产品	24.1	—	—	—	—
畜产品	18.2	乳品	8.6	—	—
		酒精及酒类	4.8	啤酒	3.3
出口 饮品类	13.7	咖啡及制品	3.1	咖啡	1.7
		可可及制品	3.0	可可制品	3.0
		无醇饮料	2.6	—	—
粮食制品	7.3	面包及糕点	4.8	—	—
水果	6.5	—	—	—	—
谷物	5.5	小麦产品	4.0	小麦	3.5
		生猪产品	8.9	猪肉	7.4
		乳品	7.3	—	—
畜产品	26.9	禽产品	3.8	鸡及其产品	2.7
		牛产品	2.5	牛肉	2.1
		动物毛	1.9	羊毛	1.9
其他农产品	22.8	—	—	—	—
进口		酒精及酒类	6.1	葡萄酒	2.7
饮品类	17.6	可可及制品	4.7	可可制品	4.2
		咖啡及制品	4.1	咖啡	2.8
水果	13.2	—	—	—	—
蔬菜	9.4	—	—	—	—
粮食制品	6.1	面包及糕点	4.7	—	—

数据来源：联合国贸易数据库（Comtrade）。

第三节　捷克农业政策概况

一、农业稳定和发展

在欧盟共同农业政策范围内，捷克制定了稳定农畜数量的措施，与欧盟委员会合作，解决农产品过剩问题，并按入盟协定统一市场结构流通。制定农村发展规划，充分利用国家预算和欧盟补贴资金，特别是利用国内社会资金支持小型农业项目，为国内不同类型农业企业创造公平的市场环境。寻找实施国家支持农业保险的适当形式，继续修订在捷克加入欧盟前所签订的部分国际协定。

二、农业企业现代化与转轨

通过技术改进、转制和经营多样化提高初级农产品加工企业竞争力，增加农村就业岗位。支持以发展土地市场为目标的农用地收购。从法律角度提高对初级农产品生产和加工企业的保护力度，改善其市场地位。

三、政府服务

在政府援助范围内，在研发、培训、信息、基因和咨询方面通过提供政府基础服务来提高农业企业的市场地位，增强农业竞争力。

四、农业补贴

捷克加入欧盟后，财政拨付是捷克对农业补贴的最主要途径。政府财政补贴的额度受到欧盟相关规定的限制，农业补贴改为以欧盟资金资助为主，捷克政府财政拨付为辅。

五、农业科技与推广体系

（一）农业科研机构

捷克农业部负责组织和管理农业研究，政府有单独的预算安排，具体管理由教育与研究司负责。另外，捷克科学院和捷克基金会也支持一些农业研究。农业部在内部建立了一个研究与发展理事会，对研究成果进行评估并对各种农业研究计划提出修改建议。理事会由各种类型的农业研究机构的代表组成，包括私营研究机构或组织以及商会等。此外，农业部还在捷克农业与食品信息研究所内成立了一个农业科研基金会，负责项目的准备，组织专家评审并选择项目，准备各种材料，管理项目数据库和评估项目的结果。目前大约有 25 个独立研究所和 5 所大学及 2 个研究所直接从事农业基础研究，其中 13 个是私营的研究机构。

（二）农业信息服务

捷克的农业信息服务主体大致可分为国家农业部门、行业组织和专业技术协会、专业公司等，服务的侧重点各有不同，服务对象各有不同，具有良好的互补性。此外，欧盟对捷克在生态农业、水源保护、废料处理和动物福利领域从事信息服务的公司给予每家最多不超过 1 500 欧元的补助。

六、农民教育与培训

捷克建立了以高等农业教育、中等农业职业教育和业余农业技术教育为主要内容的农业教育体系。目前，50%的青年农民都达到了中等农业学校毕业水平，12%的农民具有大学文化，但是农业从业人员日益老化，年轻一代不愿意从事农业。除高等农业院校外，捷克从事农业培训的职业中等学校的任务是培养具有独立经营能力的农业经营者或具有某项专门技术的农业工人。此外，捷克农业部还通过对农业从业人员举行 1～2 天的短期培训、函授教育、农业从业人员再就业培训以及农业企业家的认证等，使没有受过农业教育、不具备农业经营知识的农民，取得经营农业所必需的基础知识，进一步提高专业知识和经营管理水平。

第四节　中国与捷克的农业合作

一、中国与捷克的农产品贸易概况

中国是捷克农产品贸易的重要伙伴。中国是捷克的第 13 大贸易伙伴，2019 年，中国与捷克（以下简称"中捷"）农产品贸易额 2.3 亿美元，同比增长 10.0%，捷克农产品贸易对华逆差 0.9 亿美元，增长 36.3%。

2019 年捷克对华出口额 0.7 亿美元，同比下降 2.9%。主要出口农产品为其他农产品（4 686 万美元，包括未列名食品 2 029 万美元、啤酒花 1 313 万美元、果胶 569 万美元、宠物饲料 498 万美元等）、饮品类（1 099 万美元，包括无酒精饮料 801 万美元、啤酒 195 万美元等）、畜产品（610 万美元，包括羽绒 170 万美元、乳清粉 146 万美元等）。

2019 年捷克自华进口额 1.6 亿美元，同比增长 16.5%。主要进口农产品为其他农产品（3 098 万美元，包括未列名食品 1 395 万美元、宠物饲料 1 132 万美元等）、畜产品（1 410 万美元，包括羽绒 737 万美元、肠衣 306 万美元、兔肉 302 万美元等）、水产品（599 万美元，包括鳕鱼 196 万美元、罗非鱼 154 万美元等）、蔬菜（566 万美元，包括加工竹笋 236 万美元、加工番茄 125 万美元等）、水果（430 万美元，包括干果 150 万美元、加工草莓 77 万美元等）。

二、技术交流与合作

2005 年 12 月，中捷两国签订《中华人民共和国农业部与捷克共和国农业部关于农业及食品加工工业合作的协议》。

2007 年 6 月 19 日，中国农业部副部长张宝文在京会见捷克副议长伊日·里斯卡，就中捷农业合作提出落实两国 2005 年签署的农业及食品加工业合作协议，在种质资源交换、农业生物技术、畜牧业生产、农产品加工、农业机械化生产、废弃物利用、污水处理等领域积极开展农业科技合作等建议，捷方表示赞同。

2012 年，中国—中东欧国家领导人会晤机制成立，农业合作论坛被正式纳入总体框架之下。2019 年 5 月 17 日，第四届中国—中东欧国家农业部长会议暨第十四届农业经贸论坛在杭州举行，主题为"农业数字化——乡村振兴的动力引擎"。会议审议通过《中国—中东欧国家农业部长会议杭州共同宣言》，提出将加强创新和数字技术发展、贸易和投资及可持续农业生产领域，特别是农业数字化领域的合作，充分挖掘"数字红利"，为乡村振兴注入动力。

2016 年 6 月 28 日，中国农业部副部长陈晓华在布拉格会见捷克农业部副部长雅罗斯拉娃·赛帕科娃，并共同主持召开中捷农业合作工作组第一次会议。陈晓华建议双方在"一带一路"框架下开展农业合作示范园区建设，加强食品安全与农产品加工领域的合作，积极推动并支持双方开展科研合作与交流。捷方对此表示完全赞同。会后，双方签署了《中华人民共和国农业部和捷克共和国农业部农业合作工作组第一次会议纪要》。

2019 年 4 月 27 日，中国农业农村部副部长屈冬玉在京会见捷克农业部部长米罗斯拉夫·托曼，就加强中捷农业合作深入交换了意见，指出中方愿与捷方充分挖掘合作潜力，尽快召开农业工作组会议，加强在传统农耕文明交流保护、农业科技和农产品贸易等领域的合作，推动两国战略伙伴关系深入发展。捷方完全赞同中方建议。

2019年6月5日，中捷政府间科技合作委员会第43届例会在北京举行。双方总结了委员会第42届例会项目的执行情况，确认并通过了10个双边政府间联合研发项目及17个例会人员交流项目计划，涉及材料、生物、航空、农业与食品技术等领域。会后，双方签署了《中华人民共和国和捷克共和国科技合作委员会第四十三届例会议定书》。

中捷两国农业院校之间交流合作频繁。中国农科院与捷克作物科学研究所签署协议，在油菜与果树栽培育种及人才交流培养方面达成共识。

三、捷克对外合作法律政策

（一）主管部门

捷克主管贸易和外国投资的政府部门是捷克工业和贸易部，该部门还负责制定内外贸易政策和法规，制定和实施对外经贸国别政策，负责多边和双边对外经济贸易谈判，负责与世界贸易组织等国际经济组织合作。

对外合作其他相关部门还包括：财政部，负责制定外资企业税收减免政策；劳动和社会事务部，负责新就业机会补贴和职工培训补贴；环境部，负责外资项目环境影响审查；投资局，是工贸部下属半官方机构，主要职能是促进捷克吸引外国投资，为投资者提供投资政策和投资与经营环境方面的专业咨询和信息服务，帮助投资者与有关政府部门联系，协助国外投资者与捷克供应商建立合作关系，对投资优惠申请进行初步审核；国家银行，主要负责对捷克吸引外国投资和捷克对外投资进行统计监测；经济竞争保护局，负责对工贸部批准的投资鼓励政策是否符合公平竞争原则进行审查和监督，对政府采购进行监督。

（二）法规体系

贸易方面，2004年5月加入欧盟后，捷克开始执行欧盟统一对外经济政策，并相应调整捷克对外经济法律。其中，相关贸易政策主要包括：共同出口政策（欧委会规定〈EEC〉No. 2603/69）、关于出口信贷保险的规定（欧委员指令98/29/EC）、有关欧盟农产品出口的规定（欧委会规定〈EEC〉

No. 3911/92）、关于对进口实施共同规则的规定（〈EC〉3285/94 号）、关于从某一非欧盟国家进口的规定（欧委会规定〈EC〉No. 519/94）、欧盟关于进口的数量限制程序（欧委会规定〈EC〉No. 520/94）、欧盟反倾销措施（欧委会规定〈EC〉No. 384/96）、欧盟反补贴措施（欧委会规定〈EC〉No. 2026/97）、欧盟反贸易壁垒措施（欧委会规定〈EC〉No. 3286/94）等。

投资方面，涉及外国人在捷克设立公司，从事商业活动的相关法令包括：1991 年《贸易许可法》（The Trade Licensing Act No. 455/1991）、1991 年《商法典》（The Commercial Code No. 513/1991）、1991 年《破产兼并法》（The Bankruptcy and Composition Act No. 328/1991）、1992 年《外国人法》（The Foreign Nationals Act No. 123/1992），以及上述法令的修正条文。若申请投资优惠，则适用 2000 年《投资鼓励法》（The Act on Investment Incentives）及其修正条文。2015 年 5 月 1 日，新修订的《投资鼓励法》正式生效。

（三）相关管理规定

贸易方面，捷克对外贸易管理的主要措施包括：专营许可、进出口关税、反倾销、反补贴、超量进口保护措施、消费者保护措施、卫生措施、环保措施、质量管理措施、检验检疫措施、知识产权保护、内贸市场流通规则和政府采购规则、财政补贴等。进口方面，捷克进口关税相对较低，但欧盟框架内存在较多反倾销、反补贴、检验检疫、消费者保护等贸易保护措施，还有其他技术壁垒。出口方面，仅对少数产品实施出口限制，主要涉及短缺物资、敏感技术、关系国家或社会公共利益、关系人类和动植物健康等方面的产品。

投资方面，禁止投资涉及化学武器和危险化学物质的行业；限制投资军用产品工业、核燃料（铀）开采工业、对环境危害严重的行业、资源开采行业，投资这些行业须经过有关政府职能部门严格审批，同时接受政府严格监管。重点支持投资制造业、技术中心和商业支持服务中心等。

（四）优惠政策

捷克对外商投资和国内企业投资采取同等的鼓励政策，主要集中在鼓励企业技术升级和鼓励企业扩大就业等方面，具体包括制造业、技术中心和商务支持服务中心三大投资领域。但总的补贴金额不得超过企业投资适用成本的25%，布拉格地区不适用投资鼓励措施。在捷克投资的非欧盟投资者享受来自欧盟层面的优惠政策，即欧盟《企业经营与创新计划》，目的是增强欧盟和捷克经济竞争力、提高捷克工业及服务业的创新效率。

2015年5月1日，捷克政府出台新的《投资鼓励法》，新法案继续实行上述根据地区经济发展和就业情况区别对待的投资鼓励政策，调整了申请优惠的条件和可享受的具体优惠措施，加强了对制造业、商务支持服务中心、技术中心及战略投资者的支持。

捷克大力支持工业园区发展。工业园区投资者除能享受《投资鼓励法》优惠政策和欧盟结构基金各项援助计划外，2015年5月起，企业在特别工业园区还可免除5年不动产税并享受每个新增就业岗位30万克朗的补助。同时，企业还可获得工业园区及其所在地的地方政府提供的各种优惠措施，如基础设施配套、交通设施便利、全程跟踪式投资服务、土地优惠及特殊就业补贴等。另外，政府还对建立科技园区提供总金额50%的补贴，提供科技园区50%的建设经费。

捷克投资优惠政策除了有吸引投资的目的外，还服务于推动地区经济平衡发展的目标。捷克政府鼓励投资者在经济落后或者失业率高的地区投资。首先，对经济相对发达、就业充分的布拉格地区，不给予投资鼓励。对在其他地区投资并符合规定条件者，均给予税收减免。其次，只有高失业地区才享受就业及培训补贴。最后，制造业可享受投资优惠政策的最低投资额，在失业率高于平均失业率50%以上区域为5 000万克朗，其他地区为1亿克朗。

2019年捷克政府出台新的投资鼓励政策法案，主要对投资鼓励的申请程序、补贴范围和补贴条件进行了修订，以鼓励高附加值和创造更多高素质工作岗位的项目落地，意在提高捷克产业竞争力，并降低相关财政预算。

四、中国企业投资需注意的问题

（一）贸易方面

一是熟悉欧盟与捷克相关贸易政策，包括贸易壁垒、技术性壁垒、检验检疫规定等，了解有关行业市场情况和销售渠道，了解市场对产品的要求。另外，如果所出口产品为捷克政府采购商品，还要了解相关的政府采购政策。二是注重产品质量，确保其符合捷克技术标准和环保标准。跟踪市场变化，收集分析产品销售和质量信息，搞好售后服务。三是在支付方式上采取安全支付方式，防范收汇风险。即使与老客户交易，也要尽量避免货到付款的方式。另外，企业也可积极利用保险、担保、银行等保险金融机构和其他专业风险管理机构的相关业务保障自身利益。例如使用中国进出口银行等政策性银行提供的商业担保服务。四是注意保护知识产权，维护好自有商品的品牌形象。同时，在接受外方的来样加工订单时，要特别注意了解外方所提供的样品是否涉及侵犯当地的知识产权，以免日后引起不必要的法律纠纷。五是在与新客户打交道时，应事先在捷克法院网站查询该客户公司注册情况。六是利用专业贸易促进机构的服务。捷克贸易促进局隶属于捷克工贸部，主要为捷克出口商进入国外市场提供专业的信息、支持及咨询服务，同时也帮助国外贸易商赴捷克寻求商业合作伙伴。七是合理运用信贷。中捷两国都设有进出口银行，且两银行合作密切，其主要宗旨是为贸易商提供与贸易相关的融资服务。中国贸易企业可以有效地运用这些服务，特别是出口信贷中的买方信贷和卖方信贷，以便解决贸易流通中资金短缺的问题，扩大双边贸易的发展。

（二）投资方面

一是把握市场。捷克是中东欧地区传统工业国家，也是中东欧地区经济转型最为成功的国家之一。自 2000 年以来，人均吸收外资金额在中东欧地区名列前茅。捷克在机械制造、汽车、热电和核电设备、电子、化工和制药、冶金和食品工业等领域具有较好的基础和技术水平。二是认真调研。做好可行性研究，了解当地有关投资的法律和环境，弄清投资市场定位和自身竞争优势，大的投资项目应借助专业咨询机构的服务。三是在经营中遵守当地的法律、法规。捷克加入欧盟后，在经济和贸易方面全方位与欧盟接轨，实行依法治国。建议投资者聘请当地律师或有丰富经验的知名律所处理与投资相关的业务，以便充分保护自身利益。四是适应环境。投资生产合作项目要选好合作伙伴，注意雇用和培养当地人员，同当地政府机构和居民建立良好关系。投资进口设备要确保符合当地质量和技术标准。五是科学管理。做好项目的成本核算，充分考虑风险因素。建议不熟悉当地情况的中国企业优先考虑通过并购、合作等方式进入捷克市场，劳动用工本地化管理，节约管理成本，避免投资风险。六是利用专业投资促进机构的服务。捷克投资局隶属于捷克工贸部，主要职能是吸引外商投资，为外商投资提供配套咨询服务，以创造就业机会并促进捷克国内产业结构升级换代。

（三）劳务合作方面

一是与捷方进行劳务合作时，应认真做好市场调研，熟悉相关法律法规，了解捷方合作伙伴及用人单位的实力和资信，并按国内规定进行项目审查。二是签订对外劳务合同，在合同中，对劳务人员工资待遇、生活安排及法律保障等做出明确规定，避免因对合同条款理解不一而产生纠纷。三是保障劳务人员的合法权益，要尽早同劳务人员签订符合双方法律规定的劳务合同，明确双方的责任和义务。四是加强对外派劳务人员的在外管理，必要时，可配备领队和翻译，负责与外方的沟通和协调。五是加强对劳务人员出国前的培训工作。六是外派劳务人员须遵守当地法律、法规，尊重当地的文化和习俗。七是企业应制定突发事件处置预案、设立风险基金，以应对突发情况。八是建立劳务合作信息咨询中心，收集国际劳务市场信息、提供咨询服务，积累推广合作经验。

（四）其他方面

一是关注法律及政策方面的风险。企业应随时关注捷克政府乃至欧盟在财政、货币、外汇、税收、环保、劳工及资源方面的政策调整，并相应调整自身的运作方式。近年来应充分关注劳工政策变化。二是关注经济风险，特别是汇率风险。企业应随时关注捷克本国及与其经济发展密切相关的欧元区的宏观经济形势变化。三是关注海外安全保障。要建立自己的安全保障机制，配备专门机构、部门及人员来保证海外项目和工作人员的安全，并与中国使馆经商处保持密切联系。四是关注中国驻捷克使馆经商处发布的预警。

第十章 CHAPTER 10
爱沙尼亚农业概况 ▶▶▶

爱沙尼亚国土面积 452 万公顷，地处欧洲东北部，与芬兰、瑞典隔海相望。首都塔林是全国的政治、经济和文化中心。境内地势低平，平均海拔 50 米，属于典型的温带海洋性气候，年均气温 7℃左右，年均降水量 500～700 毫米。爱沙尼亚地理位置优越，形成了较为完善的"陆—海—空"运输网络。据世界经济论坛《2019 年全球竞争力报告》，爱沙尼亚基础设施在全球 141 个参评国家中排名第 45 位，电气化率排名第 2 位。总人口 133 万人，其中男性 63 万人，女性 70 万人，人口总量在欧盟国家中排名第 26 位①。人口分布北多南少，近 40％的人口聚集在首都塔林及周边地区，劳动力素质普遍较高，40 岁以下人口平均受教育年限为 15.8 年，在欧盟国家排名前列。自 2019 年 1 月 1 日起，爱沙尼亚全职工作最低月工资标准提升至 540 欧元，每小时最低工资为 3.2 欧元。

第一节　爱沙尼亚农业生产

一、爱沙尼亚农业生产概述

爱沙尼亚曾是传统的农业国家，随着工业化不断推进，且 2004 年成为欧盟成员国，制造业与加工业逐渐成为发展重心，农业在 GDP 中占比逐渐下降。爱沙尼亚统计局数据显示，2019 年农业总产值为 10 亿欧元，占 GDP 的 3.5％。从绝对数量看，农业总产值呈波动性上升趋势，2019 年较上年同

---

① 数据来源：爱沙尼亚统计局。

期增长 16.1%，创历史纪录。农业用地 99 万公顷，占国土面积的 21.9%。其中可耕地 69.7 万公顷，占国土面积的 15.4%，人均耕地 0.5 公顷。永久性草原 29.2 万公顷，永久性牧场和草地 24.1 万公顷。农业生产以畜牧业和种植业为主，畜牧业比重略高于种植业。生产结构上，小农户数量较多、产出较少。农产品加工业是其传统产业，产值在整个加工业中占 20% 左右。其中，牛奶加工约占 1/3 肉类加工占 1/5。消费者偏爱本土产品，超市中流通的肉制品几乎都来源于本土。猪肉是消费量最大的肉类产品（表 10-1）。

表 10-1　2010—2019 年爱沙尼亚农业生产数据

年份	耕地面积（万公顷）	农业总产值（亿欧元）	同比变化（%）	GDP 水平（亿欧元）	同比变化（%）	占 GDP 比重（%）
2010	64.5	6.7	—	148.6	—	4.5
2011	63.2	8.1	21.3	168.3	13.2	4.8
2012	62.0	9.0	10.8	180.5	7.3	5.0
2013	63.2	9.2	2.9	190.3	5.4	4.9
2014	64.8	9.0	−2.6	201.8	6.0	4.5
2015	67.0	9.4	3.9	207.8	3.0	4.5
2016	69.0	7.5	−19.8	219.3	5.5	3.4
2017	67.9	8.9	18.2	238.6	8.8	3.7
2018	68.3	8.6	−3.0	259.4	8.7	3.3
2019	69.0	10.0	16.1	281.1	8.4	3.5

数据来源：爱沙尼亚统计局。

二、爱沙尼亚的种植业

爱沙尼亚主要的农作物有谷物、油菜籽和饲料作物等。谷物主要包括小麦、大麦和黑麦等，其中小麦以冬小麦为主，大麦以春大麦为主。2019 年爱沙尼亚谷物种植面积 35.7 万公顷，其中小麦和大麦分别为 16.6 万公顷和 12.2 万公顷，占谷物收获总面积的 46.5% 和 34.2%。谷物总产量 162.5 万吨，其中小麦和大麦分别为 84.7 万吨和 52.3 万吨，占谷物总产量的 52.1% 和 32.2%。油菜籽以冬油菜籽为主，总种植面积 7.1 万公顷，总产量 19.1 万吨（表 10-2）。

表 10-2　爱沙尼亚种植业生产数据

主要作物	2015 年		2016 年		2017 年		2018 年		2019 年	
	种植面积（万公顷）	产量（万吨）	种植面积（万公顷）	产量（万吨）	种植面积（万公顷）	产量（万吨）	种植面积（万公顷）	产量（万吨）	种植面积（万公顷）	产量（万吨）
谷物总产量	34.8	153.5	34.6	93.4	31.2	131.2	34.3	92.0	35.7	162.5
小麦	17	81.3	16.2	45.6	16.1	71.3	15.2	45.1	16.6	84.7
冬小麦	9.8	51.9	8.9	25.9	10.0	48.1	7.4	25.6	11.5	65.2
春小麦	7.2	29.4	7.3	19.6	6.1	23.2	7.8	19.5	5.1	19.5
大麦	13.1	55.6	13.4	35.8	9.8	42.6	13.6	34.8	12.2	52.4
春大麦	13.0	55.1	13.2	35.3	9.4	40.3	12.8	32.6	10.5	43.5
冬大麦	0.1	0.5	0.2	0.5	0.4	2.3	0.8	2.2	1.7	8.9
黑麦	1.4	5.5	1.2	3.2	1.3	5.2	1.1	3.0	2.8	11.9
油菜籽	7.1	19.6	6.8	10.2	7.0	16.5	7.0	11.4	7.1	19.2
冬油菜籽	3.9	12.3	2.4	3.6	3.4	9.4	2.8	5.5	5.1	14.8
春油菜籽	3.2	7.3	4.4	6.6	3.6	7.1	4.2	5.9	2.0	4.4

数据来源：爱沙尼亚统计局。

三、爱沙尼亚的畜牧业

爱沙尼亚畜牧业主要品种有牛、猪、羊、家禽和蜜蜂等，其中奶牛养殖业是爱沙尼亚最发达的农业产业。据爱沙尼亚统计局数据，2010 年以来，猪、牛、羊以及家禽的存栏量均保持稳定，2019 年猪、牛、羊以及家禽的存栏量分别为 30.2 万头、25.4 万头、7.6 万只、215.1 万只，其中奶牛存栏量为11.6 万头，肉类、奶类、蛋产品总产量分别为 7.4 万吨、79.8 万吨及 1.3 万吨（表 10-3）。

表 10-3　2010—2019 年爱沙尼亚畜牧存栏量

	2010 年	2011 年	2012 年	2013 年	2014 年	2015 年	2016 年	2017 年	2018 年	2019 年
牛存栏量（万头）	23.6	23.8	24.6	26.1	26.5	25.6	24.8	25.1	25.2	25.4
奶牛（万头）	10.9	11.1	11.2	11.8	11.8	11.6	11.4	11.5	11.6	11.6
猪存栏量（万头）	37.2	36.6	37.5	35.9	35.8	30.5	26.6	28.9	29.0	30.2
羊存栏量（万只）	8.3	8.8	8.1	8.7	9.0	9.1	9.1	8.6	7.8	7.6
家禽（万只）	204.6	203.3	217.1	213.9	234.0	216.2	211.2	225.3	212.6	215.1

数据来源：爱沙尼亚统计局。

四、爱沙尼亚的林业

爱沙尼亚森林面积 233 万公顷，森林覆盖率达 51%，且其中超过一半仍处于原始状态，自然生态系统维持得非常完整。森林蓄积量达 4.86 亿立方米，每公顷蓄积量 225 立方米，人均木材拥有量 361 立方米，在欧洲排名第五位。拥有树木种类 700 多种，主要有松树、柏树、杉树、桦树、椴树、白杨、桤木等。爱沙尼亚统计局数据显示，2018 年爱沙尼亚共砍伐林木 1 274 万立方米，砍伐面积 8.6 万公顷，出口木材及木制品 18.1 亿美元，在其全部对外出口产品中占 10.6%，是爱沙尼亚第三大出口产品（表 10-4）。

表 10-4　2010—2019 年爱沙尼亚林业情况

	2010 年	2011 年	2012 年	2013 年	2014 年	2015 年	2016 年	2017 年	2018 年
砍伐量（千立方米）	8 165	8 990	10 182	10 092	10 008	10 046	10 738	12 508	12 741
砍伐面积（千公顷）	71.2	85.4	83.9	88.1	75.9	77.8	73.8	81.7	86.6
每公顷的砍伐量（米³/公顷）	115	105	121	115	132	129	146	153	147

数据来源：爱沙尼亚统计局。

五、爱沙尼亚的渔业

爱沙尼亚濒临波罗的海、里加湾和芬兰湾，拥有海岸线总长 3 800 千米，渔业资源丰富，渔业是其传统产业之一。主要种类有虾类、大西洋红鱼、鳕鱼、格陵兰比目鱼及美国鲽等。渔民既可从波罗的海进行捕捞，也可在内陆地区和挪威、瑞典等国渔场捕捞，可用于加工生产鲜鱼片、咸鱼、熏鱼和鱼罐头。2019 年爱沙尼亚渔业总捕捞量约 1.8 万吨，其中虾类 9 795 吨，占 54.9%，大西洋红鱼 3 252 吨，占 18.2%（表 10-5）。

表 10-5　2010—2019 年爱沙尼亚渔业捕捞量

单位：吨

	2010 年	2011 年	2012 年	2013 年	2014 年	2015 年	2016 年	2017 年	2018 年	2019 年
虾类	9 037	9 919	7 576	6 653	5 665	6 651	6 954	7 413	8 019	9 795
大西洋红鱼	1 340	1 075	368	1 573	1 300	1 512	1 656	2 198	3 590	3 252
大西洋鳕鱼	93	105	285	730	907	989	529	2 544	2 031	2 159

（续）

	2010 年	2011 年	2012 年	2013 年	2014 年	2015 年	2016 年	2017 年	2018 年	2019 年
格陵兰比目鱼	441	279	266	727	1 037	694	1 092	1 142	1 286	1 103
美国鲽	9	36	37	226	1 177	537	1105	1 249	1 690	1 071

数据来源：爱沙尼亚统计局。

第二节 爱沙尼亚农产品市场与贸易

一、爱沙尼亚农产品价格

据联合国粮农组织（FAO）数据，自 2010 年以来，爱沙尼亚农产品价格出现不同程度波动。以 2010 年为基期，谷物方面，2019 年大麦、小麦和黑麦价格均出现不同程度下滑，燕麦价格同比上升；畜产品方面，除蜂蜜外，其他主要畜产品价格均同比下降；食用油籽和主要蔬菜产品价格也均同比下降（表 10-6）。

表 10-6 2010—2019 年爱沙尼亚农产品价格

单位：美元/吨

		2010 年	2011 年	2012 年	2013 年	2014 年	2015 年	2016 年	2017 年	2018 年	2019 年
粮食谷物	大麦	213.0	256.5	270.1	200.2	192.1	157.5	139.7	151.4	187.0	182.4
	小麦	243.0	231.1	292.5	228.2	203.5	162.4	151.5	157.5	194.2	191.8
	燕麦	172.6	193.6	250.2	129.8	150.0	145.7	112.7	118.5	208.7	202.3
	黑麦	207.8	232.2	234.3	170.5	157.6	131.4	112.1	130.9	159.1	172.9
畜产品	牛肉	2 730.3	3 897.4	2 690.0	2 897.0	2 641.0	2 190.6	2 164.0	2 444.5	2 651.0	2 363.4
	鸡肉	1 667.8	1 846.5	1 749.7	2 010.7	1 952.3	1 771.4	1 784.2	1 642.6	1 553.8	—
	鸡蛋	1 483.5	1 430.8	1 580.2	1 668.9	1 558.4	1 185.4	1 120.4	1 149.3	1 131.3	1 245.8
	猪肉	1 972.1	2 361.1	2 281.6	2 394.5	2 264.0	1 653.9	1 668.7	1 836.3	1 806.9	1 877.8
	羊肉	4 397.0	5 689.4	3 493.4	3 542.5	3 694.0	3 299.1	3 253	3 144.2	3 157.5	3 419.1
	羊毛	1 382.9	1 696.1	1 601.0	1 718.2	1 728.7	1 481.9	1 457.5	482.0	787.6	778.9
	乳制品	367.3	449.0	385.4	448.7	435.2	262.7	261.9	369.1	362.5	328.1
	蜂蜜	6 083.2	9 966.7	8 176.2	9 700.5	8 695.9	7 422.7	7 402.3	7 620.4	8 408.6	7 783.3
油籽	亚麻籽	903.5	822.9	744.6	628.2	547.9	—	—	—	—	—
	油菜籽	502.8	608.8	619.8	477.2	432.1	418.4	401.6	412.4	426.8	405.1

（续）

		2010 年	2011 年	2012 年	2013 年	2014 年	2015 年	2016 年	2017 年	2018 年	2019 年
蔬菜水果	苹果	502	422.9	368.3	376.9	447.4	348.5	346.2	351.0	394.2	373.9
	草莓	—	3 064.6	2 494	3 310.5	3 875.9	3 783.6	—	—	—	—
	白菜	403.2	446.1	316	366.9	292.9	284.6	—	—	—	—
	萝卜	353.5	396.3	266.8	324.8	259.0	251.6	—	—	—	—
	黄瓜	1 100.9	1 272.0	933.6	1 052.8	875.5	850.5	—	—	—	—
	大蒜	6 634.2	5 506.0	4 408.4	4 989.0	3 961.0					
	干洋葱	817.4	947.0	684.7	774.9	634.7	616.6	—	—	—	—
	豌豆	1 691.6	1 164.6	999.3	1 115.5	947.7	920.7	—	—	—	—
	土豆	246.0	253.8	251.9	546.8	535.1	302.1	463.1	98.4	187.9	179.2
	番茄	1 716.1	1 641.9	1 848.2	1 405.8	1 554.5	1 401.9	1 460.8	1 376	2 030.6	1 925.8

数据来源：联合国粮农组织（FAO）。

二、爱沙尼亚农产品贸易发展情况

总体看，爱沙尼亚农产品贸易稳定，一直是农产品净进口国。联合国贸易数据库（Comtrade）数据显示，自 2010 年以来，爱沙尼亚农产品贸易总额维持在 37 亿美元左右，年均贸易逆差约 3 亿美元。爱沙尼亚主要出口乳制品、烟草和油籽等，蔬果等农产品需要依靠进口。2004 年加入欧盟后，爱沙尼亚与欧盟成员国之间的关税取消，目前其蔬菜进口主要来自荷兰、芬兰、西班牙等欧盟成员国；欧盟国家是爱沙尼亚最主要的农产品贸易伙伴（表 10-7）。

表 10-7 2010—2019 年爱沙尼亚农产品贸易数据

	出口额 （万美元）	进口额 （万美元）	贸易总额 （万美元）	出口—进口 （万美元）
2010 年	134 357.4	164 918.2	299 275.6	—
2011 年	170 099.4	205 213.9	375 313.3	−35 114.5
2012 年	177 759.1	199 215.5	376 974.6	−21 456.4
2013 年	194 922.0	230 399.2	425 321.2	−35 477.2
2014 年	187 754.6	224 363.2	412 117.8	−36 608.6
2015 年	148 471.2	180 830.8	329 302.0	−32 359.6
2016 年	142 058.0	180 383.0	322 441.0	−38 325.0
2017 年	160 962.1	200 344.8	361 306.9	−39 382.7

（续）

	出口额 （万美元）	进口额 （万美元）	贸易总额 （万美元）	出口－进口 （万美元）
2018 年	163 634.8	209 388.0	373 022.8	−45 753.2
2019 年	171 596.5	201 760.8	373 357.3	−30 164.3

数据来源：联合国贸易数据库（Comtrade）。

三、农产品出口贸易

2010 年以来，爱沙尼亚农产品出口额维持在 15 亿美元左右。2019 年，爱沙尼亚农产品出口额 17.2 亿美元，同比增长 4.9%，在其商品出口总额中占 9.6%，在全球农产品出口额中排名第 79 位，在欧盟①农产品出口额中排名第 20 位（表 10-8）。

表 10-8　2010—2019 年爱沙尼亚农产品出口额

	出口额（万美元）	出口额同比（%）
2010 年	134 357.4	19.7
2011 年	170 099.4	26.6
2012 年	177 759.1	4.5
2013 年	194 922.0	9.7
2014 年	187 754.6	−3.7
2015 年	148 471.2	−20.9
2016 年	142 058.0	−4.3
2017 年	160 962.1	13.3
2018 年	163 634.8	1.7
2019 年	171 596.5	4.9

数据来源：联合国贸易数据库（Comtrade）。

饮品类、畜产品和水产品是爱沙尼亚最主要的出口农产品，其中饮品类以乳制品、酒精及酒类和可可及制品为主；畜产品以生猪产品、牛产品和家禽为主；水产品以鱼类（鲜冷冻）、虾类和鱼类（加工）为主（表 10-9）。

① 不包含英国。

表 10-9　2010—2019 年爱沙尼亚农产品大类出口额

单位：万美元

	2010年	2011年	2012年	2013年	2014年	2015年	2016年	2017年	2018年	2019年	合计
饮品类	39 400.8	49 616.4	53 674.4	55 035.6	54 325.4	39 441.7	40 551.5	40 126.3	37 933.0	26 945.1	437 050.2
畜产品	32 281.6	39 886.2	37 096.8	46 848.7	42 989.4	29 643.7	28 824.3	33 384.4	37 071.4	38 552.7	366 579.1
水产品	19 677.3	22 784.1	25 261.7	26 765.6	25 117.1	20 106.8	15 592.8	16 463.7	17 893.8	22 673.3	212 336.2
其他农产品	12 611.8	15 854.9	15 860.6	17 298.9	18 331.2	14 097.1	15 059.1	18 506.8	15 939.2	16 589.1	160 149.9
粮食（谷物）	5 631.4	9 854.2	13 881.3	13 976.7	13 052.6	16 992.5	12 543.8	17 717.2	12 921.8	22 744.9	139 316.4
植物油	5 359.4	4 415.7	4 564.6	5 470.7	4 970.0	4 135.0	4 394.4	6 090.0	13 051.3	15 664.4	68 115.3
粮食制品	2 574.6	4 061.6	4 976.6	6 518.6	7 688.3	6 389.0	6 437.5	7 245.7	8 952.2	9 393.7	64 237.7
水果	5 510.5	6 737.3	5 581.9	5 775.1	5 777.5	5 319.0	5 823.5	8 934.4	6 322.3	6 404.5	62 186.1
油籽	3 562.5	6 990.4	6 366.0	4 893.2	3 659.9	2 350.2	2 400.4	2 433.6	2 375.4	2 517.3	37 548.9
蔬菜	2 479.5	3 277.4	2 964.0	3 132.5	3 419.7	2 512.4	2 558.7	3 506.3	3 765.2	3 428.0	31 043.8
坚果	2 208.6	2 875.6	2 981.1	3 131.7	2 734.3	2 197.5	2 037.6	2 207.1	1 938.6	2 506.5	24 818.6
糖料及糖	1 415.8	1 946.5	2 715.0	3 268.5	2 039.5	1 229.8	1 130.6	1 050.4	1 133.1	1 002.1	16 931.3
干豆（不含大豆）	145.1	172.3	112.6	561.5	701.5	1 874.7	2 750.7	1 545.1	1 951.5	1 826.0	11 641.0
饼粕	643.7	562.2	428.9	871.3	1 677.6	1 088.5	891.4	401.6	1 024.7	194.1	7 783.9
调味香料	447.0	569.7	636.7	697.4	761.0	605.4	580.3	748.1	708.1	714.1	6 467.7
花卉	338.2	385.0	553.3	500.9	353.1	330.6	309.3	310.1	264.1	250.6	3 595.3
棉麻丝	16.1	48.1	48.6	41.6	81.7	110.2	72.6	142.6	106.4	83.7	751.6
药材	34.8	33.0	33.2	39.8	50.1	29.6	33.1	96.9	61.2	55.8	467.7
精油	6.4	10.3	7.3	77.7	8.4	7.2	57.6	40.0	205.1	30.6	450.6
粮食（薯类）	12.3	18.5	14.6	16.0	16.5	10.6	8.8	11.7	16.4	18.9	144.3

数据来源：联合国贸易数据库（Comtrade）。

2019 年，爱沙尼亚前十大农产品出口市场分别是芬兰、拉脱维亚、俄罗斯、立陶宛、沙特阿拉伯、瑞典、丹麦、德国、挪威和意大利。其中，芬兰、拉脱维亚、立陶宛、瑞典、丹麦、德国和意大利均属于欧盟国家。从区域上看，欧盟是爱沙尼亚最主要的农产品出口市场，2019 年爱沙尼亚对欧盟农产品出口额 10.7 亿美元，占农产品出口总额的 62.5%（表 10-10）。

表 10-10　2010—2019 年爱沙尼亚农产品主要出口市场

单位：万美元

	2010 年	2011 年	2012 年	2013 年	2014 年	2015 年	2016 年	2017 年	2018 年	2019 年
芬兰	17 966.4	23 984.4	27 344.3	28 132.8	27 797.7	22 959.7	23 071.3	26 417.2	29 080.9	28 522.7
拉脱维亚	17 289.1	20 563.1	24 541.9	27 409.3	23 179.1	18 050.5	18 703.3	22 733.4	26 015.5	26 209.7
俄罗斯	40 561.9	47 753.8	45 447.5	51 890.7	47 601.0	27 812.0	24 730.0	26 531.7	26 331.5	21 938.6
立陶宛	11 543.7	14 794.3	15 954.7	20 615.0	21 335.9	14 252.5	13 053.8	15 204.4	17 793.8	16 726.5
沙特阿拉伯	0.0	683.1	2 435.2	3 164.5	2 778.9	2 880.1	3 146.5	6 523.2	2 873.7	12 116.6
瑞典	4 110.3	5 158.8	6 115.4	8 405.0	8 520.7	7 695.0	7 935.2	8 515.0	9 481.5	10 146.5
丹麦	2 083.0	5 104.4	5 551.3	3 838.9	4 153.4	3 616.8	3 251.5	3 192.4	4 242.5	4 707.2
德国	4 805.3	8 156.0	6 362.9	5 179.7	7 238.8	4 829.3	5 080.5	3 595.5	3 835.0	4 104.5
挪威	1 426.8	1 600.2	2 818.5	2 464.6	2 030.3	1 761.6	1 804.9	2 562.8	3 107.3	2 950.2
意大利	1 303.5	2 119.6	1 138.6	1 094.7	1 809.3	1 809.6	1 940.2	2 065.5	2 246.5	2 830.5
欧盟	67 858.6	90 256.7	100 087.2	108 331.0	108 151.4	84 996.1	82 558.6	95 131.9	105 545.8	107 312.1

数据来源：联合国贸易数据库（Comtrade）。

四、农产品进口贸易

爱沙尼亚农产品进口额维持在 20 亿美元左右。2019 年，爱沙尼亚农产品进口额 20.2 亿美元，同比下降 3.6%，在其商品进口总额中占 11.2%，在全球农产品进口额中排名第 90 位，在欧盟农产品进口额中排名第 25 位（表 10-11）。

表 10-11　2010—2019 年爱沙尼亚农产品进口额

	进口额（万美元）	进口额同比（%）
2010 年	164 918.2	6.2
2011 年	205 213.9	24.4
2012 年	199 215.5	−2.9
2013 年	230 399.2	15.7
2014 年	224 363.2	−2.6
2015 年	180 830.8	−19.4
2016 年	180 383.0	−0.3
2017 年	200 344.8	11.1
2018 年	209 388.0	4.5
2019 年	201 760.8	−3.6

数据来源：联合国贸易数据库（Comtrade）。

饮品类、畜产品和水果是爱沙尼亚最主要的进口农产品，其中饮品类以酒精及酒类、可可及制品、乳品为主；畜产品以生猪产品和家禽为主；水果以鲜冷冻水果为主（表10-12）。

表10-12　2010—2019年爱沙尼亚农产品大类进口额

单位：万美元

	2010年	2011年	2012年	2013年	2014年	2015年	2016年	2017年	2018年	2019年
饮品类	58 902.4	72 412.1	70 173.1	75 834.2	77 513.8	61 342.7	59 859.0	58 232.0	52 821.2	45 649.2
其他农产品	20 557.4	25 464.3	25 372.8	31 119.6	31 139.9	24 025.8	24 621.2	28 043.7	29 158.3	29 615.0
畜产品	22 490.5	25 987.2	25 149.2	30 956.5	28 564.7	21 963.3	22 864.1	26 752.8	30 345.9	29 781.8
水果	16 661.7	19 157.1	18 389.9	20 623.3	19 224.9	17 460.3	18 775.7	22 897.4	23 365.3	21 824.4
水产品	12 104.5	15 567.6	17 467.6	22 175.7	20 750.3	16 999.1	13 366.9	14 857.2	15 643.8	16 320.3
蔬菜	9 573.2	11 015.4	10 576.9	12 100.4	12 458.7	10 892.0	11 841.5	13 963.2	14 793.9	14 939.2
粮食制品	6 399.7	7 898.5	8 009.4	8 714.2	9 358.7	8 023.2	8 619.1	9 798.0	10 738.4	10 521.9
糖料及糖	5 124.5	5 867.4	4 972.6	6 460.3	6 140.4	4 504.8	4 826.9	5 080.5	5 010.4	4 990.9
植物油	1 280.7	2 472.6	2 572.7	3 009.1	1 943.7	1 426.0	1 541.4	4 449.3	10 759.8	11 396.6
坚果	1 916.6	3 523.3	3 995.7	3 787.2	3 579.2	3 848.4	3 635.6	3 792.6	3 925.7	4 487.7
粮食（谷物）	2 981.9	7 031.2	3 732.6	5 058.8	3 768.6	2 409.7	2 119.7	2 932.0	3 002.8	2 912.9
油籽	2 030.9	2 345.7	2 514.8	3 024.6	3 427.4	2 966.9	2 421.4	3 180.7	2 862.0	2 933.1
饼粕	2 166.1	3 390.1	3 296.6	3 269.0	3 266.5	1 596.7	1 773.2	1 826.4	1 942.7	1 473.8
花卉	1 925.0	1 899.2	1 817.8	3 023.2	2 040.7	1 836.2	2 027.2	2 129.2	2 518.6	2 527.0
调味香料	467.5	617.8	555.2	567.7	608.0	603.0	749.6	983.6	876.1	856.3
棉麻丝	74.7	31.0	30.4	67.2	23.3	326.2	619.3	567.5	733.4	850.7
精油	74.5	272.0	324.5	290.2	264.4	246.8	307.8	306.8	413.0	250.0
干豆（不含大豆）	83.7	73.3	68.9	103.8	62.0	169.8	233.1	282.2	224.7	140.7
粮食（薯类）	20.4	118.3	122.5	135.9	119.0	97.2	96.7	141.3	154.9	201.5
药材	82.3	69.8	72.1	78.6	109.2	92.9	83.4	128.4	96.2	87.8

数据来源：联合国贸易数据库（Comtrade）。

2019年，爱沙尼亚前十大农产品进口来源地分别是芬兰、波兰、立陶宛、德国、拉脱维亚、印度尼西亚、荷兰、西班牙、意大利和法国。其中，芬兰、波兰、立陶宛、德国、拉脱维亚、荷兰、西班牙、意大利和法国均属于欧盟国家。从区域上看，欧盟是爱沙尼亚最主要的农产品进口来源地，2019 年爱沙尼亚自欧盟农产品进口额 12.9 亿美元，占农产品进口总额的 63.9%（表10-13）。

表 10-13　2010—2019 年爱沙尼亚农产品主要进口来源地

单位：万美元

	2010 年	2011 年	2012 年	2013 年	2014 年	2015 年	2016 年	2017 年	2018 年	2019 年
芬兰	15 603.1	19 708.9	17 135.5	20 299.5	19 187.3	13 153.3	15 077.5	15 587.7	15 343.7	16 083.5
波兰	10 606.0	12 222.4	10 966.1	13 536.5	13 450.4	10 798.1	12 719.3	13 240.4	15 162.8	15 936.3
立陶宛	13 173.5	13 509.0	14 490.1	17 213.0	18 048.1	14 963.8	107 884.2	16 284.4	16 625.9	15 316.7
德国	12 382.4	12 187.9	11 378.8	14 508.9	14 639.1	11 586.9	13 812.9	15 206.2	13 731.5	12 579.4
拉脱维亚	13 016.0	20 425.4	22 022.9	24 840.5	16 369.2	10 821.3	10 441.8	12 268.6	12 756.0	12 343.5
印尼	1 005.5	1 435.4	1 702.6	3 164.9	4 646.4	3 996.0	3 759.1	4 629.7	5 667.5	10 669.6
荷兰	7 355.2	7 985.5	7 384.8	8 710.9	8 239.0	7 492.9	9 448.1	8 999.1	10 443.4	10 487.4
西班牙	5 077.1	5 836.0	5 918.3	7 058.9	6 387.9	6 606.3	7 341.5	7 779.4	8 892.0	8 784.5
意大利	3 309.1	4 413.8	4 300.0	5 287.1	5 218.0	4 474.9	6 398.9	7 008.1	7 432.7	7 582.3
法国	1 259.4	6 834.6	7 364.7	8 229.0	8 118.2	6 526.6	6 906.1	6 251.5	6 867.4	6 615.3
欧盟	104 673.9	124 750.2	121 328.7	141 517.0	131 327.4	104 366.4	170 656.2	124 115.9	130 713.6	128 928.3

数据来源：联合国贸易数据库（Comtrade）。

第三节　爱沙尼亚农业经济及其管理

一、政府在农业管理中的作用[①]

爱沙尼亚负责农业管理的政府部门主要为农村事务部，设有农业登记和信息委员会（ARIB）、农业和食品局、农业研究中心、作物研究所、农村发展基金会等九个机构。其中 ARIB 主要负责管理国家补助资金、欧盟农业与农村发展补助资金、渔业补助金及市场管理补助金等，同时管理农业注册机构及数据库，进行数据收集和分析。农业和食品局主要负责土地改良、作物保护、植物品种保护、良种繁育、有机农业、转基因作物管理等领域的监管和实施执法，同时监管饲料卫生、食品安全等领域。农业研究中心主要进行品种的注册和测试，进行实验分析，确定农药残留和污染物水平等。作物研究所从事应用和基

[①]　资料来源：爱沙尼亚政府官网 https://www.agri.ee/en/organisation-contacts/governing-area。

础研究，进行农业气象监测和预报，培育新品种，为咨询系统提供研究支持。

二、爱沙尼亚农业相关政策

（一）贸易政策

爱沙尼亚实行自由贸易政策，基本不设置贸易管制，遵循WTO协定及欧盟法规来管理对外贸易，执行与欧盟相统一的贸易政策，按其标准修改了关税、商品准入、认证等相关法律法规。进口方面，取消了曾经签有自贸协定国家之间的农产品进口免税政策，并将商品质检提升至欧盟标准，与欧盟成员国之间的贸易无关税和非关税壁垒，对非欧盟成员国实行海关监管、统一进口税率和其他进口管制措施，农产品进口关税税率0～15％[①]。出口方面，爱沙尼亚主要对战略物资（包括军用物资和军民两用物资）实行出口管制，农产品不在其出口管制范围内。

爱沙尼亚对于非欧盟国家入境人员实行"自用合理"原则，禁止携带肉及奶制品入境；其他动物源性产品携带量，包括蜂蜜、活牡蛎等限制在2千克/人。渔产品及其制品携带量，包括虾、螃蟹等限制在20千克/人。动物宠物、濒危动植物物种、自用药品等也均属于限制入境物品。进出口商品检验检疫方面，食品及动物检疫、植物检疫分别由爱沙尼亚农村事务部下属兽医食品局、农业司负责。

（二）税收政策

爱沙尼亚税收体系主要分为国家税和地方税两部分。国家税主要包括所得税、社会税、土地税、博彩税、增值税、关税、消费税、重载汽车税等。地方税主要包括销售税、船税、广告税、机动车税、家用宠物税、娱乐税等。爱沙尼亚所得税分为企业所得税和个人所得税，税率均为20％。一般商品和服务的增值税税率为20％；图书、演出票、旅店服务等增值税税率为9％；出口商品增值税税率为零。在爱沙尼亚注册的公司雇主（包括外国实体的永久性公司），除了法律规定的特殊免税以外，只要有员工，就要交纳支付给雇员工资总额33％的社会税，包括20％的养老金和13％的医疗保险。土地税税率是每

---

① 资料来源：欧盟关税在线数据库。

年应纳税土地价值的 0.1%～2.5%，其中耕地和自然草地的税率是每年应纳税土地价值的 0.1%～2.0%。

（三）土地政策

爱沙尼亚允许外国人及在其国内注册公司的法人购买土地，但边境的土地和林地除外，且购买的土地和林地面积超过 10 公顷，则需获得地方管理部门批准。自 2011 年 5 月起，爱沙尼亚允许来自欧盟的企业和个人无限量购买爱沙尼亚包括边境地区的农业用地和林地，但购买者需提供在爱沙尼亚从事 3 年以上农业生产和森林工业的证明文件。对欧盟以外国家的限制政策则保持不变。欧盟以外的外国投资者不得购买爱沙尼亚萨列马、希乌马、沃尔姆西和穆胡四个岛屿的房地产，也不得购买超过 10 公顷的农业用地和林地。

（四）农业生态环境保护政策

爱沙尼亚主管环境保护的部门是环境部，主要负责全国的环境与自然保护、土地及数据库建立、自然资源使用、环境监督、气象观测、自然与海洋研究等行业的立法工作等。爱沙尼亚在不同地区设有环保委员会，在业务上归属环境部管辖，具体负责环境保护工作。涉及农业环境保护的法律法规包括：《狩猎法》《自然资源法》《土地改革法》《土地地籍法》《森林法》《综合污染预防和控制法》《环境管理法》《环境影响及环境管理系统评估法》等。

外资企业在爱沙尼亚开展投资或承包，对环境会产生一定影响的工程需同爱沙尼亚本土企业一样进行环境评估，其法律依据主要是《环境影响及环境管理系统评估法》，该法规定了环境评估的要求、目的、程序、机构及违反环境保护法应承担的责任。

三、爱沙尼亚重要农业科研机构一览

1. 爱沙尼亚生命科学研究院

爱沙尼亚生命科学研究院成立于 2005 年 1 月 1 日，由农业与环境科学研究所、环境保护研究所、实验生物学研究所、动植物研究所以及波利园艺研究所和植物生物技术研究所五个研究所组成。

2. 农业与环境科学研究所

农业与环境科学研究所位于爱沙尼亚维良地省，下辖3个中心：波利园艺研究中心、罗胡实验站和湖泊保护中心。主要研究方向：园艺学、农业经济学、农产品的生产和销售、园林建筑学、应用水文学以及自然风光旅游和观赏园艺等。

3. 湖泊保护中心

湖泊保护中心成立于1954年，隶属于爱生命科学研究院，位于爱沙尼亚南部沃尔茨湖畔，是农业与环境科学研究所的一个独立部门。主要研究方向：爱沙尼亚河流和湖泊的自然水体基础研究、环境监测、环境变化对鱼类生长的影响、水体保护等。

4. 乳制品生物技术中心

乳制品生物技术中心成立于2004年。该中心与塔尔图大学生物系、爱沙尼亚生命科学研究院、爱沙尼亚著名乳制品生产企业、乳制品协会、乳牛饲养协会和饲料添加剂生产商合作，开展农产品生产、食品加工和医药保健品生产之间的跨学科研究。

5. 林业实验和培训中心

林业实验和培训中心坐落在爱沙尼亚 Järvselja 地区，占地1万多公顷，属爱沙尼亚生命科学研究院的自有林区。主要研究大气温度、湿度、透明度、污染物含量等物理变化对林木生长的影响。

6. 爱沙尼亚农作物研究所

爱沙尼亚农作物研究所位于爱沙尼亚东南部地区的耶盖瓦省耶盖瓦市。主要研究方向：农作物品种培育、农业化学、农业气象学、植物遗传资源的保存以及各类农作物种子的认证、选育和销售。

第四节　中国与爱沙尼亚的农业合作

爱沙尼亚于1991年8月20日恢复独立，2004年5月1日加入欧盟，2010年12月9日加入经济合作与发展组织（OECD）成为正式成员国，2011年1月11日加入欧元区，成为其第17个成员国。中国与爱沙尼亚（以下简称"中爱"）于1991年9月11日签署《中华人民共和国和爱沙尼亚共和国建交联合公报》，正式建立友好外交关系。总体来说，中爱双方在农业领域的合作总体良好，双方农业友好交流与合作由来已久。

一、中爱农产品贸易情况

2019 年，中爱农产品贸易总额 5 297.6 万美元，其中中国对爱沙尼亚出口农产品 2 509.2 万美元，自爱沙尼亚进口 2 788.4 万美元。中国对爱沙尼亚主要出口饮品类（67.5%）、水产品（11.6%）和蔬菜（8.4%）等；自爱沙尼亚主要进口水产品（76.0%）、畜产品（21.4%）和饮品类（1.7%）等（表 10-14）。

表 10-14　2010—2019 年中爱农产品贸易情况

单位：万美元

	贸易总额	进口金额	出口金额
2010 年	2 041.9	257.4	1 784.5
2011 年	2 447.3	405.3	2 042.0
2012 年	1 752.2	538.8	1 213.7
2013 年	2 114.5	772.8	1 341.7
2014 年	2 695.5	622.9	2 072.6
2015 年	2 535.9	839.5	1 696.4
2016 年	2 695.3	922.1	1 773.2
2017 年	3 564.4	1 556.4	2 008.0
2018 年	6 115.8	2 551.0	3 564.8
2019 年	5 297.6	2 788.4	2 509.2

数据来源：中国海关。

二、中爱未来合作前景

爱沙尼亚是中国在欧盟和波罗的海区域重要的合作伙伴，两国在农业等领域的合作势头良好。爱沙尼亚给外资企业以国民待遇，其中一项重要的优惠政策是对企业利润用于再投资的部分不征收所得税，此政策有利于助推企业滚动发展，增强产品竞争力。爱沙尼亚经济政策和外资法律法规比较稳定，近十年来没有大的变化。经过长时间发展，爱沙尼亚已建立起便利、快捷、低成本的电子政务服务体系，涵盖政府行政、企业经营、日常生活的各方面，为中小企业的创办、发展和壮大提供了较好的外部环境。目前，在爱沙尼亚经商的中资企业员工、华人华商和留学生总数约 200 人，主要从事商品贸易、中餐馆、保健按摩、旅游服务等，未来在农业、研发、物流、仓储等领域将有广阔的合作空间。

第十一章 CHAPTER 11
希腊农业概况 ▶▶▶

　　希腊地处欧洲东南角、巴尔干半岛最南端,北同保加利亚、北马其顿、阿尔巴尼亚相邻,东北与土耳其的欧洲部分接壤,西南临爱奥尼亚海,东临爱琴海,南隔地中海与非洲大陆相望,区位优势显著。国土面积131 957平方千米,其中15%是岛屿,森林覆盖率为17%。海岸线长约15 021千米,领海宽度为6海里。全境光照充足,多数地区属地中海气候,夏季炎热干燥,冬季温和多雨。2019年人口为1 072万人,主要集中在首都雅典所在的阿提卡大区和第二大城市萨洛尼卡所在的中马其顿大区。2010年希腊债务危机以来,经济衰退持续拖累劳动力市场,希腊就业人口不断下降,失业率居高不下。近年希腊经济逐步恢复,失业率相对减少。2020年3月,希腊失业率下降到近年最低水平15.7%,但仍高居欧盟首位。

第一节　希腊农业生产概况

一、希腊农业生产概述

　　农业是希腊的传统及特色产业,得益于温和的气候及丰富的地形条件,希腊农产品种类繁多,品质优越,其中橄榄油、葡萄酒、乳制品等农产品享誉国际。2019年,希腊农业从业人员为41.7万人;农业总产值111亿欧元,占欧盟的2.8%,排第九位;农业增加值61.4亿欧元,占GDP的比例为3.3%(表11-1)。

表 11-1　2010—2019 年希腊农业劳动力投入及农业产值情况

年份	劳动力投入（万人）	农业产值（百万欧元）			
		总产值	种植业	畜牧业	农业服务业
2010	44.1	10 171.0	7 382.8	2 544.1	244.1
2011	44.9	9 778.4	7 048.4	2 504.0	226.0
2012	45.8	10 081.6	7 378.5	2 494.3	208.8
2013	46.7	9 936.6	7 171.9	2 567.1	197.6
2014	46.1	10 069.4	7 317.8	2 527.0	224.6
2015	45.6	10 713.4	7 883.9	2 586.8	242.7
2016	45.2	10 181.6	7 420.4	2 498.6	262.6
2017	44.0	10 998.3	8 174.1	2 538.3	285.9
2018	42.8	10 739.4	7 965.6	2 508.5	265.3
2019	41.7	11 095.7	8 261.1	2 563.0	271.6

数据来源：欧盟统计局。

二、希腊的种植业

希腊地处地中海地区，气候条件较好，适宜农作物生长。种植业是希腊农业主要组成部分，2019 年产值 82.6 亿欧元，占希腊农业总产值的 74.5%，其中水果、蔬菜及油橄榄等经济和园艺作物产值较高，合计占种植业产值的六成（表 11-2）。

表 11-2　希腊农作物生产情况

年份	面积（万公顷）					产量（万吨）				
	谷物	油籽	纤维作物	蔬菜（含瓜类）	水果（含莓类）和坚果	谷物	油籽	纤维作物	蔬菜（含瓜菜）	水果（含莓类）和坚果
2010	106.6	9.8	21.4	10.3	28.4	483.4	83.1	21.9	329.2	361.8
2011	96.4	10.1	23.8	9.8	28.4	499.7	86.4	21.2	337.0	345.7
2012	98.3	8.6	24.8	9.2	27.8	447.1	105.0	27.0	313.0	357.4
2013	103.5	10.3	24.3	9.5	29.4	479.4	109.8	26.4	340.6	372.1
2014	103.4	9.2	28.0	9.8	29.9	456.5	109.8	27.3	317.5	394.4
2015	95.9	11.5	28.3	8.2	29.8	358.9	111.0	28.0	309.3	390.6
2016	98.8	9.2	23.6	8.2	27.8	398.3	95.8	22.9	296.8	394.0
2017	83.9	9.9	25.8	8.3	28.2	301.6	102.0	25.8	279.4	424.0

（续）

年份	面积（万公顷）					产量（万吨）				
	谷物	油籽	纤维作物	蔬菜（含瓜类）	水果（含莓类）和坚果	谷物	油籽	纤维作物	蔬菜（含瓜菜）	水果（含莓类）和坚果
2018	78.8	8.8	27.7	7.9	29.1	299.7	107.8	27.6	266.9	415.8
2019	72.8	10.7	29.3	7.0	29.0	294.7	139.1	35.6	220.1	391.2

数据来源：欧盟统计局。

希腊主要种植谷物包括小麦、大麦和玉米，其中小麦种植面积接近谷物种植面积的一半，主要是硬质小麦。2019年，希腊谷物种植面积72.8万公顷，总产量294.7万吨。小麦、大麦和玉米种植面积分别为35万公顷、13.3万公顷和11.6万公顷，产量分别达到97.9万吨、36.7万吨和123.4万吨（表11-3）。

表 11-3　希腊主要农产品种植面积

单位：万公顷

年份	小麦	大麦	玉米	甜菜	葵花子	棉花	橄榄
2010	66.1	11.2	18.1	1.7	8.1	21.4	83.6
2011	54.4	10.2	18.2	0.6	9.9	23.8	91.4
2012	56.3	11.4	18.4	0.8	8.5	24.8	93.4
2013	57.9	13.8	18.3	0.6	9.8	24.3	93.9
2014	54.5	18.2	16.0	0.8	8.8	28.0	94.0
2015	48.8	15.4	15.2	0.5	10.7	28.3	97.4
2016	53.8	13.3	13.9	0.5	8.5	23.6	96.9
2017	41.6	13.3	13.2	0.7	9.1	25.8	94.1
2018	40.4	12.9	11.3	0.1	8.3	27.7	96.3
2019	35.0	13.3	11.6	0.2	10.1	29.2	90.3

数据来源：欧盟统计局。

甜菜曾经是希腊的重要农作物，1990—2005年甜菜年产量均在220万吨以上，之后随着种植面积大幅缩减，产量降低。2010—2019年甜菜种植面积几近断崖式缩减，产量从2010年的90万吨左右跌至2019年的不足8万吨。油籽种植面积基本稳定在10万公顷左右，主要是葵花子，2019年产量约30万吨。

希腊拥有悠久的棉花种植历史，是欧洲种植棉花最早的国家。20世纪90年代希腊加入欧盟后，享受了欧盟共同农业政策给予籽棉的补贴，产量大幅提升，开始成为除橄榄油之外的希腊农业经济支柱产品。目前，希腊与西班牙是欧盟国家中仅有的两个棉花主产国，其中希腊棉花种植面积、产量和出口量均占欧盟的80％以上。2019年，希腊成为全球第五大棉花出口国，仅次于美国、巴西、印度和澳大利亚（表11-4）。

表11-4 希腊主要农产品产量

单位：万吨

年份	小麦	大麦	玉米	甜菜	葵花子	棉籽	棉花	橄榄	橄榄油
2010	211.5	33.2	199.7	89.6	11.6	67.0	21.9	181.0	—
2011	193.2	34.3	229.3	32.4	21.0	64.8	21.2	187.4	—
2012	163.7	34.1	209.9	43.5	22.3	82.6	27.0	208.1	35.8
2013	171.6	40.5	224.0	34.0	28.1	80.8	26.4	155.6	13.2
2014	173.7	51.4	190.5	53.7	25.2	83.8	27.3	176.2	29.5
2015	119.0	37.0	161.0	27.6	23.9	85.7	28.0	153.8	32.0
2016	166.5	40.1	151.3	29.3	24.5	70.1	22.9	122.9	19.5
2017	102.4	33.4	130.7	38.4	22.0	79.2	25.8	105.6	34.6
2018	107.3	34.5	120.6	6.4	23.1	84.4	27.5	118.8	18.5
2019	97.9	36.7	123.4	7.9	29.9	108.8	35.5	122.8	27.5

数据来源：欧盟统计局。

油橄榄是希腊的"国树"，也是其最主要的经济树种之一。希腊油橄榄分为果用和油用两种用途，果用油橄榄经过腌制后可直接食用，油用油橄榄富含丰富的不饱和脂肪酸，成熟时鲜果含油率20％～25％。全希腊油用油橄榄产量约占油橄榄总产量的80％，鲜食油橄榄产量约占20％。2019年，希腊油橄榄产量达到122.8万吨。其中油用油橄榄95.2万吨，占欧盟油用油橄榄总产量的10％；鲜食油橄榄27.6万吨，占欧盟鲜食油橄榄总产量的40％。希腊橄榄油以品质优良著称，70％以上是超纯橄榄油。由于橄榄油的产量极易受产区气候的影响，因此希腊每年橄榄油产量很不稳定，近年来年均产量在20万～30万吨。

希腊主产的果蔬种类多样，包括西红柿、洋葱、西瓜、桃和油桃、橙子、葡萄和猕猴桃等。希腊气候特别适宜西红柿生长，西红柿产量在欧盟国家中位居前列。2019年，希腊西红柿产量80.9万吨，其中一半以上用作鲜食，其余用作加工。洋葱年产量2010—2017年在20万吨左右，2013年产量最高时接近26万吨，近两年产量下降明显，不足15万吨。希腊是欧盟主要的西瓜主产国和出口国，年产量基本在60万吨左右，出口量约20万吨，主要面向意大利、德国、波兰等欧盟内部国家。同时，希腊还是欧盟桃和油桃、橙子和猕猴桃的主产国，2019年产量分别达到92.7万吨、84.9万吨和28.6万吨，在欧盟国家中分列第二、第三和第二位。葡萄也是希腊重要的经济作物,近年来年产量总体维持在90万~100万吨,希腊葡萄约54%用于制作葡萄酒,34%用作鲜食,12%用于加工葡萄干(表11-5)。

表11-5 希腊主要果蔬产量

单位:万吨

年份	西红柿	洋葱	西瓜	桃和油桃	橙子	猕猴桃	葡萄
2010	140.6	18.8	49.3	73.8	95.5	11.6	102.5
2011	117.0	24.3	64.8	69.0	84.5	14.0	93.3
2012	98.0	25.0	56.5	76.0	79.2	16.1	99.7
2013	111.8	25.6	66.8	63.4	95.4	13.8	108.3
2014	113.3	25.2	63.3	91.8	86.0	17.2	107.1
2015	114.8	23.3	58.6	78.7	88.0	19.9	103.8
2016	103.9	20.7	62.9	77.5	87.7	22.2	102.7
2017	87.9	20.7	64.7	93.5	96.1	27.5	101.3
2018	83.6	14.5	63.0	96.9	91.3	26.5	93.3
2019	80.9	13.4	34.5	92.7	84.9	28.6	80.8

数据来源:欧盟统计局。

三、希腊的畜牧业

希腊农业以种植业为主,畜牧业为辅,其畜牧业体量与其他欧盟国家相比也较小。2019年,希腊畜牧业产值25.6亿欧元,约占农业总产值的23%。主要发展奶业和绵羊、山羊等养殖业,产值合计占畜牧业总产值的55%。具体来看,羊存栏量和羊肉产量位居欧盟第二位,仅次于西班牙,2019年存栏量和产量分别为1 200.7万头和3.3万吨。牛存栏量53万头,其中奶牛存栏量8.6万头,牛奶产量65.5万吨(2018年),奶牛单产6.9吨/头(2018年),低于欧盟国家平均水平(表11-6、表11-7)。

表11-6 希腊主要牲畜存栏量

单位:万头(只)

年份	牛	猪	绵羊	山羊
2010	68.5	111.9	979.1	446.2
2011	68.1	112.0	978.1	429.6

(续)

年份	牛	猪	绵羊	山羊
2012	66.3	104.4	921.3	429.3
2013	65.1	102.9	908.0	431.5
2014	65.9	104.6	907.2	425.5
2015	58.2	87.7	885.2	401.7
2016	55.4	74.3	873.9	388.8
2017	55.6	74.4	859.3	376.8
2018	54.2	72.1	843.0	362.5
2019	53.0	73.3	842.7	358.0

数据来源：欧盟统计局。

表 11-7 希腊主要畜产品产量

单位：万吨

年份	牛肉	猪肉	羊肉	原奶	鲜奶	酸奶	奶酪
2010	5.8	11.4	10.7	68.8	45.3	8.4	2.2
2011	5.9	11.5	10.5	63.8	45.6	8.5	2.7
2012	5.6	11.5	9.9	66.4	45.7	8.6	2.7
2013	5.0	10.9	8.6	65.2	45.5	8.5	2.4
2014	4.6	9.6	8.2	61.9	43.5	8.5	2.3
2015	4.2	9.0	7.7	61.2	43.4	9.7	2.9
2016	4.0	9.4	7.5	61.9	43.9	11.0	3.5
2017	4.4	8.1	7.1	61.4	41.9	11.8	2.4
2018	4.0	8.2	7.0	62.0	40.1	13.0	2.1
2019	3.3	8.1	7.2	63.1	39.2	14.1	2.2

数据来源：欧盟统计局。

四、希腊的林业

希腊境内多山，森林资源相对丰富，多数是原始森林，比较常见的树种有冷杉、地中海松、黑松及其他针叶树、山毛榉、栗树、橡树和梧桐等。希腊林地面积 657.2 万公顷（2015 年），林业总产值不高，2018 年为 7 335 万欧元，林业就业人员 1 万人左右。

五、希腊的渔业

希腊东、西、南三面临地中海，海岸线长而曲折，大陆架面积约 57 000

平方千米，200 海里专属经济区面积 505 240 平方千米，为发展渔业提供了有利条件。从渔船数量看，2010—2019 年，希腊渔船数量从 16 913 艘减少到 14 737 艘，但仍居欧盟首位，约占欧盟成员国渔船总数的 20%。主要海域捕捞渔业年产量总体增长，从 6.9 万吨增至 8.2 万吨。主要捕捞品种包括欧洲鳀（占捕捞渔业年产量的 16.6%）、沙丁鱼（占 16.2%）、欧洲无须鳕（占 5.1%）等。水产养殖是希腊渔业的重要组成部分，受经济危机影响，2010—2015 年养殖渔业产量明显缩减，近年恢复增长较快，2017 年希腊养殖渔业产量在欧盟成员国中位居第四，占 9.2%。2018 年养殖渔业产量达到 13.2 万吨，同比增长 5.4%。希腊水产养殖高度集中在两个品种上：金头鲷和欧洲鲈，产量分别占养殖渔业总产量的 44.5% 和 35.2%（表 11-8）。

表 11-8　希腊渔业生产情况

年份	渔船数量（艘）	主要海域捕捞渔业产量（吨）	养殖渔业产量（吨）
2010	16 913	68 817.7	104 008
2011	16 403	61 757.8	94 121
2012	15 854	59 590.1	92 387
2013	15 683	62 733.1	95 555
2014	15 603	59 589.6	87 847
2015	15 351	63 706.4	108 028
2016	15 176	74 588.3	123 328
2017	14 982	77 348.9	125 640
2018	14 788	76 771.9	132 413
2019	14 737	82 232.5	—

　　数据来源：渔船数量及主要海域捕捞渔业产量为欧盟统计局数据，养殖渔业产量为欧洲渔业和水产养殖产品市场观察站（EUMOFA）数据。

第二节　希腊农产品市场与贸易

一、希腊农产品（食品）市场构成

　　希腊零售消费品研究所（IELKA）研究显示，希腊农产品销售主要通过鱼店、肉店、面包店等传统零售业态的专营小卖店和现代零售业态的大型连锁商超两种渠道。总的来看，专营小卖店仍是希腊零售业的主体，数量接近希腊所有零售店的一半，合计贡献了希腊零售业整体营业额的 60%。超市数量仅占希腊零售店总数的 8％，但发展势头较好，营业额接近希腊零售业整体营业额的 40％。越来越多的希腊人选择在超市购买农产品，一方面是超市商品种类齐全，方便"一站式"购齐；另一方面是超市常有打折活动，吸引了消费者。2020 年，受新冠肺炎疫情影响，希腊农产品零售额总体较上年有所下滑，特别是食品、饮品专营小卖店的销售业绩下滑明显，但超市营业额却呈逆势上扬势头（表 11-9）。

表 11-9　希腊零售业营业额指数历年变化表（2015 年＝100.0）

时间	总指数	食品部门（包括超市、食品、饮料、烟草）	超市	食品、饮料、烟草	百货商店	服饰鞋履	非店面零售
2010 年 9 月	129.8	118.4	115.9	136.4	142.4	123.5	164.3
2011 年 9 月	124.9	119.3	119.8	117.9	154.5	93.6	114.8
2012 年 9 月	111.9	109.8	110.0	109.8	160.4	83.3	93.2
2013 年 9 月	104.9	103.6	103.5	105.6	114.1	80.4	89.0
2014 年 9 月	103.9	101.5	101.9	98.8	112.4	87.4	91.2
2015 年 9 月	98.5	99.5	99.0	102.4	102.9	90.7	78.7
2016 年 9 月	100.0	101.8	102.3	98.6	109.5	92.3	93.5
2017 年 9 月	99.4	101.3	102.2	95.9	107.0	92.9	127.8
2018 年 9 月	103.9	107.5	108.4	102.2	99.0	93.6	122.7
2019 年 9 月	108.5	109.0	111.5	94.2	100.4	102.0	125.9
2020 年 9 月	104.7	108.3	111.8	88.6	101.3	93.1	141.0

数据来源：希腊统计局。

二、希腊农产品价格

2010—2019 年，希腊食品物价总体上比较稳定，面包和谷物、肉类、鱼类等产品物价稳中略降，果蔬产品物价较十年前相对提高，整体高于欧盟国家的平均水平。2019 年，希腊食品价格指数为 101.8，略高于欧盟平均水平；非酒精饮品和酒精饮品的价格指数分别为 118.7 和 133.7，明显高于欧盟国家平均水平。食品中，除肉类（90.1）和果蔬（82.2）的价格指数低于欧盟国家平均水平，其余产品价格指数均明显高出欧盟平均水平，其中牛奶、奶酪和禽蛋的价格指数最高，达到 133.6（表 11-10）。

表 11-10　希腊食品价格指数（欧盟平均＝100）

年份	食品	面包和谷物	肉类	鱼类	牛奶、奶酪和禽蛋	食用油和油脂	果蔬	非酒精饮品	酒精饮品
2010	101.3	114.3	97.0	106.5	133.2	113.7	72.6	113.1	117.3
2011	104.1	111.9	93.8	110.9	135.1	123.0	79.0	114.2	140.3
2012	104.4	113.1	91.4	112.9	134.6	118.5	81.1	114.4	138.9
2013	101.7	108.8	89.8	110.8	133.5	113.0	77.9	110.3	134.8
2014	101.9	111.9	88.5	113.6	129.8	110.7	82.5	112.7	129.4
2015	103.6	112.9	89.4	113.7	134.3	116.0	84.1	112.7	128.4
2016	103.0	114.9	90.1	112.8	135.5	119.7	78.2	113.9	132.0
2017	104.6	114.0	91.9	106.9	135.8	119.3	82.3	120.0	141.9
2018	103.1	113.1	90.7	104.8	133.6	116.7	81.5	120.0	139.7
2019	101.8	109.9	90.1	102.8	133.6	111.7	82.2	118.7	137.7

数据来源：欧盟统计局。

三、希腊农产品贸易发展情况

2019年，希腊农产品贸易额155.3亿美元，同比下降2.5%，占其对外贸易总额的15.5%。其中，农产品出口总额73.8亿美元，同比下降3.6%；进口总额81.5亿美元，同比下降1.5%，贸易逆差7.7亿美元。德国是希腊最大的农产品贸易伙伴，其次是意大利。中国是希腊对外贸易第13大出口市场和第5大进口来源国，也是其农产品贸易第29大出口市场和进口来源国。

四、农产品出口贸易

出口产品中，2019年橄榄及橄榄油是希腊第一大出口农产品，油橄榄和橄榄油的出口额分别为5.2亿美元和4.2亿美元，合计占希腊农产品出口总额的15.9%，油橄榄和橄榄油的出口量为8 682.7吨和10.4万吨。原棉出口5.9亿美元，同比增长47.4%，占希腊农产品出口总额的8.0%，出口量为36万吨。乳酪出口5.2亿美元，同比下降1.7%，占希腊农产品出口总额的7.1%，出口量为8.9万吨。桃、柑橘、猕猴桃和葡萄出口额分别为3.5亿美元、2.3亿美元、1.6亿美元、1.5亿美元，同比增长-3.1%、-14.2%、10.8%和-6.9%，合计占希腊农产品出口总额的12.2%，出口量分别为42.6万吨、

42.2万吨、17.1万吨和8.5万吨。鲷鱼和鲈鱼出口额分别为2.8亿美元和2.4亿美元,同比下降2.8%和2.9%,合计占希腊农产品出口总额的7.1%,出口量分别为5.5万吨和4.6万吨。其他出口产品还包括椰子和其他保藏蔬菜等,出口额分别为2.5亿美元(3.4%)和1.6亿美元(2.2%),出口量分别为5.3万吨和7.1万吨。

五、农产品进口贸易

进口产品中,2019年希腊猪肉和牛肉进口额分别为5.6亿美元和5.3亿美元,同比增长8.3%和-5.5%,占希腊农产品进口总额的13.4%,进口量分别为19.3万吨和11.8万吨。乳制品进口额9.1亿美元,同比下降2.8%,占希腊农产品进口总额的11.2%,进口量43.7万吨,主要是乳酪及凝乳和奶粉,进口额分别为5.2亿美元和2.1亿美元,同比下降2.9%和增长5.7%,进口量分别为13.5万吨和15.3万吨。咖啡进口2.4亿美元,同比下降1.1%,占希腊农产品进口总额的2.9%,进口量为5.3万吨。小麦进口2.2亿美元,同比下降5.2%,占希腊农产品进口总额的2.7%,进口量为95.3万吨。其他进口产品还包括马铃薯、椰子、烈性酒、鸡及鸡产品和可可制品,进口额及其占比分别为2.1亿美元(2.6%)、2亿美元(2.5%)、1.7亿美元(2.0%)、1.6亿美元(1.9%)和1.5亿美元(1.9%),进口量分别为11.5万吨、4.1万吨、2.4万吨、7.5万吨和2.9万吨。

六、农业贸易政策

希腊实行欧盟统一的关税税率和管理制度,2018年农产品平均最惠国关税税率为12%,其中奶制品、糖和动物产品的平均税率最高,关税高峰比较明显。农产品进口关税多数是非从价税,还实行季节性关税和门槛准入价机制等调节手段(表11-11)。

按照欧盟贸易政策,希腊实行进口配额管理的农产品包括牛肉、猪肉、禽蛋、禽肉、羊肉、乳制品、西红柿、苹果、柑橘类水果、桃和油桃、谷物(小麦、大麦、玉米等)、大米、油籽和蛋白作物、糖、橄榄油、葡萄酒等品类。进口配额分配方式包括两种,一是按申请次序先到先得,二是申请进口许可证。进口许可证还用于自某些第三国进口特定产品，如进口中国的麦精、粮食粉制食品及乳制食品，烘焙菊苣和其他烘焙咖啡替代品，需提前获得进口许可证。

表 11-11   2018 年欧盟主要农产品进口最惠国关税税率

	平均关税（%）	零关税占比（%）	最高关税（%）
动物产品	17.9	28.4	152
乳制品	43.7	0	235
水果、蔬菜、植物	10.7	19.8	218
咖啡、茶	5.9	27.1	16
谷物	14.9	7.8	51
油籽、油脂	5.5	48.1	112
糖及糖食	27.5	11.8	140
饮料和烟草	19.8	18.4	152
棉花	0	100	0

数据来源：世界贸易组织官网。

根据欧盟要求，欧盟成员国进口商只能从已获批准的国家和地区进口动植物及其产品。希腊对进口农产品包装标识和标记要求十分严格，其包装上必须用英语或希腊语注明产地、生产商及其联络电话、地址、产品的详细描述及重量等有关信息。

第三节   希腊农业政策及效果[1]

自 1981 年希腊加入欧盟后，执行欧盟共同农业政策（CAP），获得大量欧盟资金支持。2019 年，希腊农业补贴支出共计 27.4 亿欧元，在欧盟国家中排名第七，占欧盟农业补贴总支出的 5%。根据 CAP 要求，希腊农业补贴主要包括三方面。一是直接支付，主要用于增加农民收入，希腊农民约 30% 的收入来自这项补贴。2019 年，希腊农业直接支付补贴共支出 19.8 亿欧元，占其农业补贴总额的 72.4%。其中，超过一半以脱钩直接支付的形式发放，约7.7% 以挂钩支付的方式专门支持大米、谷物、牛肉、果蔬、绵羊和山羊、蛋白作物、油籽、蚕、甜菜和豆类作物的生产。二是市场措施，旨在稳定农业市

① 资料来源：欧盟委员会。

场并防止市场危机升级。2019 年希腊市场措施共支出 5 652.5 万欧元，占其农业补贴总额的 2.1％，其中八成资金用于橄榄油、果蔬、葡萄酒的营销领域。三是农村发展补贴，主要政策目标是培育农业竞争力，确保自然资源可持续管理及支持气候行动，以及促进农村经济和社会平衡发展。2019 年希腊农村发展补贴共支出 7 亿欧元，占其农业补贴总额的 25.6％。该补贴约占希腊农民收入的 4％。

总体来看，欧盟共同农业政策促进了希腊农民收入增长和农业发展。2005—2018 年，希腊农民人均年收入约 1.4 万欧元，收入水平占全国收入水平的比重从不足 70％逐步提升到 80％左右，平均占比约 73％，其中希腊农业发展较好的 2015 年和 2017 年该比重均突破了 80％。农民在产业链中的地位显著提升，生产环节增加值在整个食品产业增加值中的占比从 2008 年的 41％增至 2016 年的 51.5％，显著高于欧盟平均水平（23％）。但是，希腊"三农"发展在相当领域仍较落后。一是农村贫困率较高，2010—2017 年希腊农村贫困率在 30％～40％且呈走高趋势，而这一时期欧盟农村平均贫困率从 30％逐渐降至 20％左右；二是农村就业率仍有提升空间，经济危机对希腊就业市场造成冲击，2017 年希腊就业率仅 57.8％，农村就业情况略好于总体市场，就业率达到 61.3％，但同欧盟农村平均就业率 72.6％的水平相比仍有较大差距；三是农民年轻化和专业化程度普遍较低，希腊 35 岁以下农场主占全体农场主的比重仅 3.7％，是欧盟国家中年轻农民比重最低的几个国家之一，接受过基本农业培训的农场主占比（7％）和 35 岁以下且接受过基本农业培训的农场主占比（25％）均远低于欧盟相应的平均水平（24％和 43％）。

第四节　希腊农业特色

油橄榄树被誉为希腊的"国树"，其栽培历史悠久，早在公元前 3000 年，希腊克里特岛就开始种植油橄榄，而后流传到地中海沿岸国家。古希腊人将油橄榄树视作神圣之树，是智慧、荣誉、和平和宁静的象征以及健康、力量和美丽的象征。目前，油橄榄树是希腊最主要的经济树种之一，国家投入大量人力和财力进行了长期的、系统的研究，在品种选育、栽培、病虫害防治、加工等的科研和生产方面都处于世界先进水平。

一、种植情况

欧盟最新统计显示，2017年希腊油橄榄树种植面积为67万公顷，较2012年缩减了5%，占希腊所有果树种植面积的88%，在欧盟国家中排名第三（仅次于西班牙和意大利），占欧盟总种植面积的15%。油橄榄主要集中种植在南部的克里特岛和伯罗奔尼撒半岛等区域，其中克里特岛油橄榄产量约占全国总产量的四成以上，伯罗奔尼撒半岛产量占全国总产量的三成以上。

二、产量和价格情况

希腊是全球第五大油橄榄生产国和第二大橄榄油生产国，是欧盟橄榄油第二大主产国。2018年，希腊油橄榄产量占全球总量的5.4%，初榨橄榄油产量占全球总量的9.2%。希腊生产的橄榄油80%是特级初榨橄榄油。

价格方面，在欧盟三个橄榄油主产国中，意大利橄榄油价格最高，希腊橄榄油价格相对较低。从特级初榨橄榄油价格看，2019—2020年希腊产品价格基本稳定在2 500欧元/吨，总体略高于西班牙产品价格。从初榨橄榄油价格变化趋势看，2019年10月以来希腊产品价格大幅下跌，主要是国内橄榄丰收导致的，2020年9月价格开始回升，2020年10月希腊产品价格甚至超过意大利产品价格。由于希腊橄榄油品质好且价格相对低廉，西班牙和意大利每年都从希腊进口大量橄榄油用于本国消费和加工贴牌再出口。

三、希腊橄榄油质量管理体系[①]

希腊政府及企业高度重视橄榄油的质量，目前全国已建立完善的质量管理体系，确保橄榄油品种稳定性。①实行橄榄油原产地保护标识。欧盟设置了两种橄榄油原产地标识认证，原产地保护认证（PDO）要求产品原产自特定地区且采用传统技法生产，地理标志保护认证（PGI）要求产品的生产、加工制作过程都在特定地理区域进行。两种认证均需执行严格的审批程序，符合要求

---

① 资料来源：国家林业局2011年《西班牙、希腊油橄榄产业发展的经验与启示》。Olive Oil Market网站信息 https://www.oliveoilmarket.eu/origins/europian-pdos/。

的橄榄油产品需先通过国家质量检测后报欧盟审定，欧盟接到申请后派专人检验、查实、确认，检验合格后按生产量发放销售标签。目前，希腊有 27 个橄榄油品牌获得了欧盟 PDO 和 PGI 认证。②严格遵守欧盟橄榄油加工标准。欧盟规定橄榄鲜果采下后 3 天内必须榨油，存油库温度必须严格控制在 12～20℃内。多数希腊加工厂为确保橄榄油质量，实行的是橄榄果采收后 24 小时内榨油，更有不少工厂采果后立即压榨灌装，以确保产品质量达到欧盟标准。

四、希腊橄榄油产业扶持政策①

一是政府出资修建灌溉设施。灌溉设施对于应对地中海地区夏季干旱少雨的气候十分重要。由于希腊橄榄油种植户多为小户分散种植，种植户无法自身解决灌溉问题。为此，政府出资修建了可连接每个种植园的灌溉管道，保证油橄榄树得到及时灌溉，从而大幅度提高了产量。

二是种植补贴与低息贷款。欧盟以及希腊政府对橄榄园道路修建、灌溉等基础设施及良种培育、品牌保护、保险费等多方面实行财政补贴，企业和农民种植油橄榄还可以申请政府提供的长期低息或贴息贷款。在直补方面，欧盟对每生产 1 千克橄榄油补助 1 欧元。

三是科技支撑。希腊政府高度重视油橄榄的科研投入。希腊克里特岛建有农业部直属的油橄榄与亚热带研究中心，长期专门从事油橄榄栽培技术的研究、推广和品种保护，有力支撑了全希腊油橄榄业的发展。

四是宣传推广和社会中介服务。希腊政府高度重视油橄榄产业宣传推广工作，每年划拨专项预算用于在国际展会上推广自主品牌的橄榄油，宣传食用橄榄油的健康信息。在油橄榄种植集中的地区还有市场化的中介服务机构为会员企业提供生产、加工、技术、市场、销售等全方位的服务。

第五节　中国与希腊的农业合作

多年来，中国与希腊（以下简称"中希"）在农业领域保持着良好的合作关系，稳步开展农业领域合作，取得了显著的成效。

---

① 资料来源：国家林业局 2011 年《西班牙、希腊油橄榄产业发展的经验与启示》。

一、农业合作交流情况

2002 年，两国农业部签署了中希农业合作谅解备忘录，确定了合作领域及合作方式，建立了两国农业合作机制，为进一步促进两国农业合作奠定了基础。2003 年时任农业部副部长韩长赋率团访问希腊农业部，提出了一些农业合作方面的建议。2006 年中国农科院翟虎渠院长率团访问了希腊农业研究基金会。2007 年农业部张宝文副部长访问了希腊，并考察了希腊农业科研情况。2012 年农业部余欣荣副部长访问希腊期间，雅典市政府与中国驻希腊使馆共同举办了中希企业家洽谈会。

二、农业科技合作

中希合作项目"利用稀土植树治沙"经双方专家多年努力，已在内蒙古沙荒地带利用希腊的技术植树 3 万余株，成活率高于一般种植方法，特别是果树栽培成活率高达 90％以上。中国江苏省常州市有关单位与希腊农业基金会的"养蚕种桑"项目已连续合作多年，帮助希腊在此领域取得了显著成果。希腊在油橄榄和开心果栽培方面与我国云南有关单位开展合作，300 株油橄榄苗已在云南成活。中国农科院与希腊农业研究基金会在肉类加工、奶制品加工、鱼产品加工、生物技术、橄榄及亚热带植物研究、土壤科学、葡萄酒加工等方面开展了人员及信息交流。近年来，中希农业科技合作领域进一步拓展。2017年，中国农科院麻类研究所与希腊雅典农业大学在植物重金属提取的科研领域展开了合作研究。中国农科院植物保护研究所与希腊共同申请的政府间国际科技创新合作重点专项"中欧果树苗木无病毒化合作研究"也在积极推进中，双方已合作发表 3 篇论文，获得国家发明专利 2 项，取得了阶段性成果。

三、希腊农业投资相关政策[①]

希腊《投资促进法》规定可根据投资地区和投资行业的不同获得投资补

---

① 资料来源：商务部对外投资合作国别（地区）指南。

助。希腊按经济发达程度将全境分为三个区域，将鼓励类行业分为两类，不同行业在不同地区享受不同的优惠政策。其中农产品加工、农业机械采购和发展现代农业属于第二类鼓励行业，在经济较不发达地区的投资获得的补贴和税收减免幅度较大。

第十二章 CHAPTER 12
匈牙利农业概况 ▶▶▶

匈牙利地处欧洲中部,地理位置优越,交通网络、基础设施和物流体系完善,是通往中东欧和欧盟的重要门户,也是中东欧区域供应中心、服务枢纽和其他欧盟国家到达巴尔干地区的唯一通道。匈牙利国土面积为9.3万平方千米,全境以平原为主,国土的2/3为平原,其余为丘陵和山地,平原地区土地肥沃,适宜耕种,是匈牙利玉米及小麦等粮食的主产区①。匈牙利气候条件良好,属于大陆性温带阔叶林气候,光照充足,年日照时间为2 038小时,南方地区日照时间相对较长,为农作物生长提供了良好条件。水资源丰富,地下水资源储藏量大,主要河流是多瑙河、蒂萨河和德拉瓦河,河流总长度约为26 000千米。截至2019年,匈牙利人口总数为996万人,城市化率达69.5%,城市人口主要分布在布达佩斯、米什科尔茨等城市,布达佩斯人口达200万人以上。

第一节 匈牙利农业生产概况

一、匈牙利农业生产概述

匈牙利农业基础条件优越,农业在国民经济中占重要地位,2019年农业产值为2.8万亿福林,主要农产品包括小麦、玉米、向日葵、甜菜、马铃薯等。土地资源丰富,国土面积的62%为农业用地,高于欧盟42%的平均水平。人均可耕地面积为0.45公顷,高于世界平均水平。2019年农业用地面积为

---

① 资料来源:匈牙利中央统计局。

534.4万公顷（不包括林地、芦苇地和鱼塘），占国土面积的57.4%。农业用地中，耕地为433.4万公顷，草原79.9万公顷，果园与菜地面积分别为16.5万公顷和4.5万公顷。2019年，匈牙利从事农牧林渔业人数为21.1万人，约占全国就业人口总数的4.7%，比2018年减少1.9%，从事农业的人员为7.33万人，比上年减少1.8%。[①]

二、匈牙利种植业

种植业是匈牙利农业主要组成部分，以谷物、油料、糖料、蔬菜和水果为主。从产值规模来看，种植业比重呈上升趋势，从1998年的47.9%上升到2018年的58%，2018年匈牙利种植业产量同比增长2.6%，产值同比增长0.9%。种植业产值中，粮食作物占46.8%，工业作物占22.2%，林果业占22.3%。粮食作物总产量1 480万吨，同比增长6.5%，种植面积235.4万公顷，同比下降1.5%（表12-1）。

表12-1　匈牙利主要作物种植面积

单位：公顷

	2010年	2011年	2012年	2013年	2014年	2015年	2016年	2017年	2018年	2019年
小麦	1 065 648	987 161	1 063 658	1 094 490	1 121 061	1 035 969	1 052 651	969 265	1 035 665	1 036 629
玉米	1 160 652	1 256 563	1 279 873	1 258 408	1 230 773	1 164 857	1 016 336	1 000 105	955 881	1 048 070
大麦	302 195	262 946	279 011	268 082	291 670	297 269	316 931	269 332	248 309	252 755
黑麦	37 866	33 276	36 527	38 433	35 706	40 083	30 471	31 638	32 286	31 879
燕麦	58 234	56 398	56 200	53 287	54 153	47 023	39 299	37 258	26 010	25 496
土豆	22 823	21 853	25 264	20 300	21 342	18 402	16 589	14 686	13 546	13 427
大豆	36 391	41 520	41 458	43 149	43 276	72 582	60 702	77 270	63 013	60 260
葵花籽	524 078	579 302	620 548	597 902	598 935	625 152	632 269	704 159	627 940	573 989
油菜	265 159	240 018	167 408	198 603	216 136	225 564	259 868	306 721	342 824	304 402
烟草	6 387	5 342	5 504	4 757	4 817	4 755	4 514	4 000	3 845	3 485
甜菜	14 521	15 480	17 930	17 728	15 350	15 218	16 325	18 632	16 308	14 256

数据来源：匈牙利中央统计局。

2018年，匈牙利玉米产量为797.7万吨，增幅达18.4%；小麦产量525.8万吨，同比增长0.2%；油菜籽产量达到历史最高水平（101.3万吨），同比增

---

① 数据来源：匈牙利中央统计局。

长 4.3%。匈牙利仍维持欧盟第二大向日葵生产国地位（表 12-2）。

表 12-2　匈牙利主要作物产量

单位：吨

	2010 年	2011 年	2012 年	2013 年	2014 年	2015 年	2016 年	2017 年	2018 年
小麦	3 745 190	4 106 634	4 010 991	5 058 301	5 261 890	5 331 426	5 603 184	5 246 258	5 258 432
玉米	6 984 872	7 992 443	4 762 707	6 756 435	9 315 104	6 632 783	8 729 915	6 739 186	7 976 941
大麦	943 817	987 644	996 114	1 061 996	1 274 713	1 408 563	1 594 233	1 416 376	1 145 544
黑麦	78 170	75 231	78 839	108 495	95 944	103 950	84 070	87 060	88 293
燕麦	117 879	129 139	137 151	131 597	135 625	128 672	103 635	94 809	59 310
土豆	488 406	600 123	547 714	487 359	567 430	452 008	429 435	341 050	327 575
大豆	85 440	94 955	67 727	78 763	115 594	145 853	184 725	179 282	181 240
葵花籽	969 718	1 374 784	1 316 545	1 484 368	1 597 251	1 556 976	1 875 412	2 022 332	1 830 284
油菜	530 619	526 712	414 637	532 516	699 752	590 444	924 988	932 139	1 002 714
烟草	8 972	10 923	9 297	8 683	9 459	7 952	8 012	7 563	6 654
甜菜	818 941	856 368	881 716	990 715	1 066 754	910 915	1 121 247	1 171 502	958 080

数据来源：匈牙利中央统计局。

匈牙利种植的蔬菜主要有白卷心菜、洋葱、西红柿、青豆、甜椒、红辣椒、西瓜、哈密瓜等，2018 年产量分别为 4.1 万吨、3.9 万吨、21.2 万吨、9.0 万吨、9.7 万吨、1.5 万吨、17.9 万吨、1.5 万吨（表 12-3）。

表 12-3　匈牙利主要蔬菜产量

单位：吨

	2010 年	2011 年	2012 年	2013 年	2014 年	2015 年	2016 年	2017 年	2018 年
白卷心菜	57 127	80 798	65 294	66 790	60 150	64 701	52 939	49 115	40 866
洋葱	40 895	57 592	57 183	59 875	61 813	60 339	62 120	55 417	39 369
西红柿	134 274	163 349	108 799	135 797	153 169	200 351	173 095	184 573	211 863
青豆	61 075	99 118	92 361	67 646	87 646	94 545	111 231	128 306	89 809
甜椒	109 533	117 511	79 125	76 542	83 593	116 114	137 332	132 691	96 994
红辣椒	14 460	20 792	21 864	13 621	21 006	21 513	19 736	20 094	15 642
西瓜	141 086	202 920	182 709	190 439	218 512	195 998	184 572	181 779	178 828
哈密瓜	8 593	9 030	11 748	22 364	12 161	15 942	20 160	16 844	15 238

数据来源：匈牙利中央统计局。

三、匈牙利畜牧业

匈牙利的畜牧业以家禽、猪、牛、羊养殖为主，其产值规模呈下降趋势，从 1998 年的 43.1% 下降至 2018 年的 35%。2018 年，畜牧业及动物制品总产值为 9 460 亿福林，占农业总产值的 35.3%，同比增长 5.7%。其中畜牧业产值占 69.3%，动物制品产值约占 30.7%。从产量看，畜牧业呈恢复上升趋势，家禽、牛、猪产值分别同比增长 13%、7% 和 3%。肉类产品产量 160 万吨，同比增长 6.7%，其中猪肉产量 59.5 万吨，牛肉 13.0 万吨，禽肉 86.9 万吨。牛奶产量 190 万吨，同比下降 1%（表 12-4）。

表 12-4 匈牙利主要畜禽存栏量及畜产品产量

		2010 年	2011 年	2012 年	2013 年	2014 年	2015 年	2016 年	2017 年	2018 年	2019 年
存栏量	牛（千头）	682	697	760	782	802	821	852	870	885	909
	猪（千头）	3 169	3 044	2 989	3 004	3 136	3 124	2 907	2 870	2 872	2 634
	马（千匹）	65	74	76	62	61	60	53	53	52	52
	绵羊（千只）	1 181	1 120	1 185	1 214	1 185	1 190	1 141	1 146	1 109	1 061
	水牛（千头）	3.2	3.2	4	3.7	5	4.8	5.9	6.3	7	6.6
	驴（千头）	4	3.2	3.7	1.8	2.3	2.8	4	4.1	4.8	4.8
	山羊（千只）	75	78.7	89.2	73.1	70	72	80.7	79.5	65.3	63.2
	鸡（千只）	31 848	32 860	30 075	29 474	30 521	32 432	32 027	31 844	30 658	30 874
	鹅（千只）	1 384	1 185	1 189	1 631	1 027	1 023	1 257	1 189	1 335	1 173
	鸭子（千只）	5 813	4 433	4 484	4 265	4 295	4 028	4 033	4 695	4 894	4 498
	火鸡（千只）	3 168	2 999	2 798	2 530	2 756	2 851	2 868	2 905	2 842	2 663
产量	牛肉（吨）	99 443	114 759	113 200	105 993	112 492	118 223	123 205	119 063	130 051	
	猪肉（吨）	559 926	556 957	545 558	537 760	571 568	596 867	589 517	571 254	595 256	
	羊肉（吨）	16 792	21 939	19 921	23 225	20 666	21 808	21 521	20 309	21 072	
	鸡肉（吨）	382 570	380 151	416 184	411 166	432 373	485 691	513 896	521 515	542 720	
	鹅肉（吨）	38 802	40 718	44 785	45 343	44 075	37 363	44 962	35 632	41 072	
	鸭子肉（吨）	91 650	103 881	100 948	109 397	116 807	120 938	127 838	96 355	147 560	
	火鸡肉（吨）	142 637	143 038	142 262	129 167	137 288	148 056	148 083	145 074	150 358	
	牛奶（百万升）	1 640.6	1 667.5	1 765.2	1 726.2	1 826.4	1 890.3	1 867.8	1 915.8	1 897.6	
	鸡蛋（万个）	2 732.5	2 458.1	2 411.0	2 468.6	2 419.7	2 554.6	2 527.2	2 440.8	2 539.1	

数据来源：匈牙利中央统计局。

四、匈牙利食品加工业

匈牙利农产品加工业历史悠久，是国民经济重要产业之一，以奶制品加工、肉类加工和储存、果蔬加工、饮料和啤酒酿造等 12 个部门为主，所创造的价值占该行业所有产品价值的 3/4 以上。果蔬加工业较为发达，包括速冻、榨汁、风干、罐头等产品，其加工品在德国、奥地利、波兰、斯洛伐克、法国等欧洲国家市场具有一定份额。奶制品加工是重要部门，其中，奶酪产量占 90％且较稳定。匈牙利肉制品加工业发达，是重要农产品出口品种，鲜肉和肉制品生产加工企业数量多，但主要以几家大型企业为主。2014 年起，匈牙利将生猪批发流通税由 27％下调至 5％，以提升生猪饲养和肉类产品加工行业竞争力[①]。

五、匈牙利渔业

匈牙利水资源丰富，境内有两条大河纵贯南北。多瑙河有 417 千米流经匈牙利，蒂萨河有 598 千米流经匈牙利，西南部的巴拉顿湖是中欧地区最大的淡水湖，面积达 596 平方千米，是匈牙利水产品的重要产区。目前匈牙利渔业生产主要包括养殖和捕捞，池塘养殖约占养殖产量的 2/3，年产淡水鱼约 2.7 万吨。受水文地理环境和渔业传统影响，匈牙利对欧洲的水产品供给起着重要作用。匈牙利政府加强渔业监管，以确保鱼类的数量平衡，并为消费者提供安全的水产品。匈牙利渔业生产的特点是拥有广大的池塘和地热水，和较高的水产品产量。池塘中主要鱼类为鲤鱼，养殖的鱼类主要有鲇鱼，近年鲟鱼产量也有所增加。从 2007 年到 2013 年，匈牙利在欧洲渔业基金下实施渔业操作计划，农业部（林业、渔业和狩猎）负责渔业部门的公共管理。

第二节　匈牙利农产品贸易

一、匈牙利农产品贸易发展情况

匈牙利农产品具有出口优势，农产品贸易长期保持顺差。2019 年匈牙利农产品进出口额达 165.8 亿美元，同比增长 3.1％。其中，出口 100.1 亿美元，同比增长 2.5％；进口 65.7 亿美元，同比增长 4％，贸易顺差 34.4 亿美元。

---

① 资料来源：农业农村部国际合作司。

2010—2019 年，匈牙利农业出口增长 33.8%，进口增长 44.4%，贸易顺差增长 17.4%（表 12-5）。

表 12-5　匈牙利 2010—2019 年农产品贸易额

单位：亿美元

年份	贸易额	出口额	进口额	贸易顺差
2010	120.3	74.8	45.5	29.3
2011	147.5	92.7	54.8	37.9
2012	150.6	98.2	52.4	45.8
2013	157.5	102.2	55.3	46.9
2014	157.1	99	58.1	40.9
2015	136	84.7	51.3	33.4
2016	139.7	85.8	53.9	31.9
2018	160.9	97.7	63.2	34.5
2019	165.8	100.1	65.7	34.4

数据来源：联合国贸易数据库（Comtrade）。

欧盟是匈牙利最主要的农产品贸易伙伴，双方农产品贸易往来非常密切。欧盟是匈牙利农产品重要的出口市场和进口来源地，匈牙利前五大农产品贸易伙伴都是欧盟成员国，其中德国是匈牙利最大的贸易伙伴，也是最大的农产品贸易伙伴。2019 年对欧盟出口农产品 82.4 亿美元，占匈牙利农产品出口总额的 82.3%，主要出口国为德国、罗马尼亚、意大利、奥地利、波兰。从欧盟国家进口额约 59.1 亿欧元，占匈牙利农产品进口总额的 90.0%，主要进口来源为德国、波兰、斯洛伐克、奥地利、荷兰。匈牙利与德国农产品进出口额达 29.3 亿美元，占匈牙利农产品进出口总额的 17.7%。其余四大农产品贸易伙伴分别为罗马尼亚、意大利、波兰和奥地利，农产品贸易额分别为 15.1 亿美元、14.1 亿美元、14 亿美元、12.8 亿美元，4 国农产品贸易额合计占匈牙利农产品贸易总额的 33.6%。

匈牙利主要出口谷物、油籽、饮品类和畜产品，2019 年分别出口 616.4 万吨、145.8 万吨、120.7 万吨和 68.7 万吨。主要进口产品有畜产品、饮品类、饼粕和水果，2019 年分别进口 82.6 万吨、77 万吨、48.4 万吨和 45.3 万吨。欧盟是匈牙利上述农产品的第一大进出口来源地。

二、农产品出口贸易

2019 年，匈牙利主要进出口农产品与上年相比基本持平，主要出口植物

油、谷物、肉类产品、油籽、饮品类、蔬菜和水果。出口产品中，植物油主要
出口葵花油和红花油，谷物主要出口玉米、小麦和种用玉米，肉类产品主要出
口鸡肉、猪肉、鸭肉和鹅肉产品，油籽主要出口油菜籽和葵花籽，饮品类主要
出口酒精和无醇饮料，蔬菜主要出口甜玉米，水果主要出口椰子（表 12-6）。

表 12-6　匈牙利 2019 年农产品出口主要品种

农产品	出口额（亿美元）	出口额同比（%）	出口量（万吨）	出口量同比（%）
植物油	5.8	−0.3	68.7	6.4
其他农产品	18.7	−0.4	184.1	1.6
粮食制品	2.3	−4.4	14.5	−2.3
油籽	7.1	13.8	145.8	18.5
畜产品	25.4	2.4	111.7	0.3
棉麻丝	0.1	−13.5	1.9	−1.1
药材	0.1	9.6	0.3	42.5
饮品类	11.4	2.9	120.7	0.1
精油	0.2	−5.7	0.1	16
水果	6.1	2.1	34.9	−7.5
花卉	0.5	−0.8	11	2.9
饼粕	1.6	13.9	62.2	17.8
坚果	0.6	4.4	2.5	1.1
调味香料	0.1	58.9	0.1	−5.1
蔬菜	6.5	−5	54.5	−7.7
糖料及糖	2.3	−8.4	60.9	9
水产品	0.4	−15.3	1.9	22.7
粮食（薯类）	0	397.8	0.1	311.4
干豆（不含大豆）	0.4	−19.4	2.1	−8.9
粮食（谷物）	15.3	11	616.4	14.8

数据来源：联合国贸易数据库（Comtrade）。

植物油主要出口产品为葵花油和红花油，2019 年植物油出口额为 5.8 亿
美元，出口量为 68.7 万吨。谷物出口额为 15.3 亿美元，出口量为 616.4 万
吨。畜产品出口额为 25.4 亿美元，出口量为 111.7 万吨。油籽出口额为 7.1
亿美元，出口量为 145.8 万吨。饮品类出口额为 11.4 亿美元，出口量为 120.7
万吨。蔬菜出口额为 6.5 亿美元，出口量为 54.5 万吨。水果出口额为 6.1 亿
美元，出口量为 34.9 万吨。

三、农产品进口贸易

匈牙利进口来源国相对较少，前 15 大进口来源国中有 14 个欧盟国家，自欧盟农业进口额占其农业进口总额的 93％。德国（20.4％）、波兰（12.8％）、斯洛伐克（9.2％）是匈牙利最大的农业进口国。塞尔维亚是匈牙利欧盟外最大的农业进口国。进口产品中，肉类产品主要为猪肉、鸡等，水果主要为椰子（表 12-7）。

表 12-7　匈牙利 2019 年农产品大类进口情况

农产品名称	进口额（亿美元）	进口额同比（％）	进口量（万吨）	进口量同比（％）
植物油	1	−9.6	10.6	−2.7
其他农产品	15	−0.6	96.9	9.9
粮食制品	3.9	10.4	20.7	15.9
油籽	2.7	3.2	37.9	11.3
畜产品	17.1	6.2	82.6	2.6
棉麻丝	0.2	−14.9	2.9	−1.8
药材	0.1	9.9	0.3	81.2
饮品类	9.1	1.9	77	8.6
精油	0.2	95.6	0	31.8
水果	7.1	7.1	45.3	24.6
花卉	0.9	3.5	3.9	16.7
饼粕	1.7	−4.2	48.4	1.4
坚果	0.6	5.4	1.9	13.5
调味香料	0.1	0.3	0.3	21.4
蔬菜	4.6	8.8	40.3	6.7
糖料及糖	1.9	2.5	41.2	4.7
水产品	1.3	−4.8	3.7	−6.3
粮食（薯类）	0.1	26.5	0.4	14.6
干豆（不含大豆）	0.3	−10	2.5	22.4
粮食（谷物）	2.3	17.4	43.9	7.1

数据来源：联合国贸易数据库（Comtrade）。

四、农业贸易政策

匈牙利 2004 年正式加入欧盟，是世界贸易组织（WTO）、欧洲自由贸易协定（EFTA）、中欧自由贸易地区（CEFTA）的成员，为非欧元区国家。2001 年 1 月 1 日起，匈牙利取消了来自世界贸易组织成员方的产品配额。自加入欧盟以后，匈牙利贸易政策和法规与欧盟基本一致，与贸易相关的法律法规主要包括：《商品贸易、服务及跨境和关境材料估价的政府法令》（贸易法令）《外汇自由化及相关法修订法案》《欧盟海关立法执行法案》和《匈牙利海关和金融保护法案》[1] 等。

第三节　匈牙利农业在世界农业中的地位

一、农业经济发展

农业是匈牙利国民经济和出口创汇的重要部门，农产品贸易基本呈现顺差。20 世纪 80 年代以前，匈牙利农业发展取得突出成就，用占世界 0.14% 的土地，生产出占世界 0.8% 的农产品。农作物单产和人均占有量均处于欧洲及世界领先水平。20 世纪 90 年代后，随着国内政治局势的变化，土地私有化改革导致大农场解体，加入欧盟后农业补贴政策出现了较大调整，对农业发展产生了消极影响，农业总产值所占比重不断降低。2009 年，匈牙利农业产值降到历史最低水平，仅占国内生产总值的 3.49%[2]。2010 年匈牙利政府开始重视农业发展，在 2012 年之后农业产业逐步恢复。2018 年匈牙利 GDP 达 1 557 亿美元，经济增长率为 4.9%，其中农业总产值为 2.72 万亿福林，创历史新纪录，同比增长 4.8%，占国内生产总值的 3.6%。农业从业人数 35.9 万人，占全国就业人数的 8%。农产品贸易实现贸易顺差 28.7 亿福林，占对外贸易顺差总额的 51.6%。

---

① 资料来源：驻匈牙利经商参处。匈牙利对外贸易法规和政策规定，http://hu.mofcom.gov.cn/article/tzzn/201504/20150400958975.shtml。

② 孟蕾，环小丰. 匈牙利农业发展情况及中匈农业合作前景展望 [J]. 安徽农业科学，2020，48（11）：242-250.

二、匈牙利农业发展特征

从产业发展情况来看，匈牙利作物种植面积略有下降，产量实现快速增长，近十年农业发展迅速，有机农业发展突出，农业科技研发水平处于全球领先地位。农产品贸易为匈牙利第五大贸易领域，在贸易额中的占比超过 10%。同时，匈牙利农产品与欧洲市场需求紧密结合，匈牙利出口农产品的 84% 销往欧盟地区，进口农产品中的 92% 也来自欧盟国家[①]，农产品贸易对欧盟的依赖度很高。其中，德国和罗马尼亚是匈牙利最重要的出口国，斯洛伐克、奥地利、荷兰、意大利和波兰是匈牙利重要的进口国，并与 160 多个欧盟以外的国家保持着良好的贸易关系。

三、匈牙利农业国际竞争力

自 2006 年以来，匈牙利一直强烈反对农业生物技术，并大力发展有机农业。政府重视发展非转基因食物，并发展为商业优势。匈牙利宪法规定禁止种植转基因作物，匈牙利不生产任何转基因作物、动物或克隆牲畜，匈牙利的政府反对在农业中使用转基因产品，向欧盟成员国出售种子和谷物。匈牙利的国际竞争力还体现在科技方面。匈牙利重视农业科技发展，早在 1818 年就成立了马扎罗瓦尔第一家农业高等教育私立机构，就是现在的匈牙利大学，目前全国大约有 220 家农业科技研发中心，农业机械化和种业发展居世界领先水平，环境保护、生物能源等多领域发展潜力大。匈牙利在全球种子生产领域发挥着重要作用，重点研发适应气候变化的非转基因作物，包括谷物、大豆和高粱。2017 年，匈牙利的种子出口额达到 4.8 亿美元，为全球第五大种子出口国。

四、匈牙利农业的新功能和发展趋势

通过不断优化土地资源配置，匈牙利农业产出效益逐渐提高。匈牙利政府从促进农民增收、提高劳动生产效率和农业经济效益的角度出发，继续推进对

---

① 中华人民共和国驻匈牙利大使馆经济商务参赞处. 2017 年中匈双边贸易数据［EB/OL］. http：//hu. mofcom. gov. cn / article / zxhz / 201808 / 20180802780032. shtml，2019-05-26.

农业土地制度的改革。首先，颁布土地新政，保障匈牙利本国农民在购买或租用土地时拥有绝对的优先权，确保外国投机者远离农用土地。其次，提高对中小农场主的补贴比例，瞄准实现"80＋20"的发展目标，即中小农场主控制全国 80％的农用土地，大型农场占有全国 20％的农用土地，进一步合理配置土地资源。2010 年，农业企业掌握全国 40％的农用地、私人农场占有全国 47％的农用地，到 2017 年农业企业仅掌控 36％的农用地，60％的农用地流向了私人农场。现在匈牙利农业以私人经营为主，土地制度改革取得明显成效。土地资源的合理配置极大地提高了农业综合效益，土地产出率由 2010 年的 1 093 美元/公顷提高到 2017 年的 1 697 美元/公顷，增长了 55％。劳均农林牧渔业增加值也从 2010 年的 1.64 万美元／人增加到 2017 年的 2.28 万美元／人，提高了 39％[①]。

第四节　匈牙利农业政策

一、农业支持政策

匈牙利属于欧盟国家，执行欧盟共同农业政策，对农产品实行保护价托底收购，调动起农民生产积极性，提高了农产品产量。2003 年欧盟颁布了第 1782/2006 号法规，全面取消原来的保护价收储政策，取而代之的是执行"农业单一支付补贴"，补贴与种植品种、农产品产量、市场价格高低等不再相关，补贴仅由土地面积决定。欧盟补贴政策调整导致匈牙利与农业生产直接相关的补贴比例持续下降，而与农业生产间接相关的补贴持续增加。2013 年，欧盟对农业补贴政策进一步调整，强化补贴和土地的关联性，并更加强调环境保护，允许在一定幅度内调剂使用直接补贴和农村发展的两类补贴资金。在此政策出台后，匈牙利对农作物产品以及畜牧业产品的补贴明显增加。

二、农业发展规划

2011 年 1 月，匈牙利政府推出面向 2020 年的中长期经济发展计划——

---

① 孟蕾，环小丰. 匈牙利农业发展情况及中匈农业合作前景展望［J］. 安徽农业科学，2020，48（11）：242-250.

"新塞切尼计划"，致力于扩大就业、促进经济可持续增长、提升匈牙利国际竞争力，重点鼓励医疗健康、绿色经济、住房、商业环境、科技创新、就业、交通等领域发展。在农业领域，通过促进农民与合作社协会（MAGOSZ）合作，实施"土地为农民"计划，以及农业生产率的提升，带动了匈牙利重要农畜产量的快速提高，农业产值迅速增加。2015 年匈牙利政府推出"更多工作在农业"项目，在动物福利补贴的框架下，得到了额外的资金支持，使猪出栏量提高[①]。2016 年，匈牙利提出《国家食品工业计划》，通过加大政府对中小农业加工企业补贴及提供优惠税收政策，加强农业生产、加工、各种销售渠道、农贸场、营销工具和农民合作社等多层面和多形式的合作，增加生产高质量食品的数量，推动 75 万人就业，并在 2050 年底将匈牙利建成中东欧地区的食品加工中心。2020 年 10 月，匈牙利农业部出台《国家减少空气污染计划农业子计划 2019—2030 年》，推动环境保护和农业生态发展。

三、农业科技政策

匈牙利农业科研体系分为研发、推广、教育和支持体系四个部分，包括农业发展部所属科研机构、其他科研机构、国家资源部下属科研机构和匈牙利国家科学院。农业研发主要由国家农业研发中心负责，从事动植物生物技术、动物育种、繁育、水产和渔业、气候变化与生物多样性以及农业机械化等相关研究开发。在转基因技术方面，匈牙利农业部、金融和专业组织、植物育种和研究机构支持非转基因精确育种，农业部带头规范转基因作物的种植、贸易和食品或饲料的加工。国家食品链安全办公室（NFCSO）是处理转基因作物技术方面的最高政府机构，负责检查、测试和植物品种登记。通过不断加大科技政策支持和创新投入，匈牙利在动植物育种、生物技术等领域取得一定成果，建立了动物育种系统，在谷物、育种等方面的研究卓有成效，生物技术产业规模及技术水平跃居欧盟新成员国前列。匈牙利农业推广体系主要由农场咨询系统、农场信息服务、农村农业专家网络和私人部分组成。2014 年匈牙利政府签署协议，管理所有公共咨询服务，农村农业专家网络与农业信息服务合并，建立为农民提供咨询的专家服务网络，该网络包括欧盟资助的

---

① 资料来源：驻匈牙利经商参处。

农场咨询系统。

四、土地交易政策[①]

匈牙利《土地法》对土地的所有权和使用权、土地利用和买卖、土地和土地占有的优先购买权以及土地保护等方面作了统一规定，2013年匈牙利国会通过土地法修订案，对农业用地购买资质、购买数量上限、交易优先权等进行了严格限定，主要内容包括：只有匈牙利本国及欧盟其他成员国的农民可以购买匈牙利农业用地，非欧盟公民及法人不得购买和租赁匈牙利农业用地；匈牙利本国和欧盟其他成员国公民最多只能购买一公顷的农用地，而在农用地出售时，按优先顺序，将农用地购买者划分为5类，确保了当地农民的优先购买权，政府在为了实施《国家土地基金法案》或出于公共利益时可以成为第一顺位购买人。匈牙利2014年放开对农业用地的禁令，除匈牙利人外，其他国家的人可以购买匈牙利农业用地，但必须符合几个条件，如：必须在匈牙利从事农业种植3年以上；购买的土地必须自己耕种，不得转租他人；购买人名义下购买的土地不得超过1 200公顷；购买土地合同必须公示，邻居、政府有优先否决权等。

第五节 匈牙利有机农业

一、匈牙利有机农业发展历程

匈牙利有机农业发展迅速，在匈牙利国民经济中占有非常重要的地位，匈牙利是中东欧地区有机农产品生产和出口大国。1995年，匈牙利颁布和使用了与欧盟颁发的《欧洲有机法案》（No. 2092/91）一致的有关有机农产品生产检测和认证标准，可以直接向欧盟国家出口有机农产品，极大地刺激了匈牙利有机农产品生产和出口迅速增长。2014年匈牙利增加了有机农业支持框架，2015—2019年有机耕作涉及的农业用地面积增加了2.3倍（增加了17.3万公顷），所有农业用地中有5.7%（30.3万公顷）是有机耕地。2015—2019年，

[①] 资料来源：商务部投资合作指南匈牙利篇。

匈牙利有机农业进入快速发展时期，从事有机农业的人从 2015 年的 1 971 人增加到 2019 年的 5 136 人，种植面积从 129 735 公顷增加到 303 190 公顷[①]，增长了 1.3 倍，显示出蓬勃发展的良好势头。2019 年，匈牙利有 5 136 位农民从事有机农业，是 2015 年的 2.6 倍。通过农村发展计划的支持，用于有机农业的耕地面积已达到 30 万公顷。

二、匈牙利有机农业的相关政策

为推动有机农业发展，匈牙利政府于 2014 年 1 月发布《国家有机农业发展行动计划》。在欧盟 2014—2020 年预算期通过的农村发展计划的框架内，提出向有机农业过渡，快速增加有机农业的产量。认证标准方面，早期匈牙利的有机农业一直采用其他欧洲国家制定的生产标准，直到 1987 年匈牙利才有自己的有机农产品检测、认证标准体系。在有机农产品生产管理上，匈牙利于 1999 年颁布了有机农产品生产管理规则，明确规定使用标签 "bio" 和 "eco" 的规范。1991 年，欧盟通过了第一部关于有机农业的一般法规，该法规生效超过 18 年。该法规于 2009 年修订，经过 3 年的立法程序，成员国于 2017 年底通过了一项新的有机农业协议（欧洲议会和理事会第 2018/848 号法规），该协议于 2021 年生效。新法规更加强调保持土壤长期肥力，鼓励本地生产，并支持保护稀有品种、地方性品种和濒危品种。立法确认了禁止使用转基因或工程产品的禁令。新法规在以下几个方面进行了更改：将引入一套地区统一的规则，从而确保第三国经济运营商和产品的公平竞争环境。该规则涵盖的经典产品范围扩大到包括盐、软木塞、精油、天然树胶和树脂、蜂蜡、粗梳和非精梳棉（或羊毛）。为了减轻管理负担，小农还可以选择团体认证。

三、匈牙利有机农业的发展特点

随着经济与科技发展以及消费者食品安全和环保意识的提升，匈牙利有机农业迅速发展，大部分有机农产品出口到欧洲各国，国内有机农产品的消费也开始进入迅速增长期。为了发展有机农业，匈牙利利用有机能源回收有机物。

---

① 资料来源：匈牙利中央统计局。

农户根据当地条件选择栽培物种或者品种，目标是维持或增加生物多样性。同时，匈牙利有机农产品涉及农产品的各个领域，包括谷物、油料、蔬菜、水果、蜂产品、乳制品、畜产品及加工的各类产品，其中80％的产品用于出口。此外，农业发展与高等教育密切相关，有机农业离不开高等教育中农业、化学、生物、科技等领域的知识与技术支持，尤其是圣伊什特万大学等科研机构的技术支撑。

第六节 中国与匈牙利的农业合作前景

一、中国与匈牙利的合作历程

自1949年中国与匈牙利（以下简称"中匈"）建立外交关系以来，两国长期在平等互利基础上保持和发展友好合作关系，并在农产品贸易和科技合作方面取得了一定成果。匈牙利加快实施"向东开放"策略，积极响应中国提出的"一带一路"倡议，加强农业合作交流，并扩大与中国的农产品贸易。2015年，中国与匈牙利签署《中华人民共和国政府和匈牙利政府关于共同推进丝绸之路经济带和21世纪海上丝绸之路建设的谅解备忘录》。2017年，中匈发布关于建立全面战略伙伴关系的联合声明，中匈关系进入"换挡提速"的历史新阶段。同年，中欧班列联通匈牙利，中欧班列（武汉）匈牙利线路以匈牙利布达佩斯、奥地利维也纳、捷克布拉格、斯洛伐克布拉迪斯拉发为主要站点，辐射中东欧国家，为中匈农产品贸易和合作打下良好基础，匈牙利日益成为"一带一路"建设在欧洲的重要支点和中欧友谊的重要桥梁。

二、中匈农业合作机制

中匈两国确立了全面战略伙伴关系后，在农业各个领域合作成果丰硕，进一步深化合作的牢固基础。自1984年以来，中匈两国已签署26项经贸协议[①]，其中2006年签署匈牙利输华小麦植物卫生要求议定书，2007年签署《关于中国从匈牙利输入兔肉检验检疫和兽医卫生条件议定书》，2014年签署《关于中

---

① 资料来源：中华人民共和国驻匈牙利大使馆官网。

国从匈牙利输入牛肉检验检疫和兽医卫生条件议定书》，2016 年签署《中国与匈牙利进出口食品安全备忘录》《匈牙利乳制品输华协定书》《匈牙利马匹输华协定书》。两国在农业领域的交流合作，不仅促进了彼此的友谊，而且促进了各自农业工作的发展，保障了动物产品贸易的安全（表 12-8）。

表 12-8　中国与匈牙利经贸协议一览

序号	协议名称	签署时间
1	中华人民共和国政府和匈牙利人民共和国政府关于植物检疫和植物保护合作协定	1986 年
2	匈牙利输华小麦植物卫生要求议定书	2006 年
3	关于中国从匈牙利输入兔肉检验检疫和兽医卫生条件议定书	2007 年
4	关于中国从匈牙利输入牛肉检验检疫和兽医卫生条件议定书	2014 年
5	中国与匈牙利进出口食品安全备忘录	2016 年
6	匈牙利乳制品输华协定书	2016 年
7	匈牙利马匹输华协定书	2016 年
8	中华人民共和国农业部与匈牙利农业部关于动物卫生合作的谅解备忘录	2017 年

三、中匈农产品贸易合作

2019 年，中国与匈牙利农产品贸易额为 7 293.9 万美元，其中中国对匈牙利出口 3 017.7 万美元，自匈牙利进口 4 276.2 万美元，贸易逆差为 1 258.5 万美元。出口方面，中国对匈牙利主要出口产品为蔬菜、畜产品、水产品，出口量分别为 2 976.5 吨、1 984.3 吨、723.2 吨，合计占中国对匈牙利农产品出口量的 58.2%。进口方面，中国自匈牙利进口产品为畜产品和饮品，进口量分别为 4 803.4 吨和 2 289.46 吨，合计占自匈牙利农产品进口量的 91.4%。畜产品主要进口生猪产品、羽毛和动物毛，其中生猪产品主要包括猪肉和猪杂碎。饮品主要进口酒精及酒（表 12-9）。

表 12-9　中匈农产品贸易情况

年份	进口量（吨）	出口量（吨）	进口额（万美元）	出口额（万美元）
2010	2 568.0	10 451.9	966.7	1 422.0
2011	3 371.6	11 202.4	1 793.3	1 687.0
2012	4 260.1	9 239.0	1 694.4	1 618.4

（续）

年份	进口量（吨）	出口量（吨）	进口额（万美元）	出口额（万美元）
2013	4 386.9	8 863.8	2 425.4	1 795.6
2014	8 649.8	8 888.8	2 090.6	2 094.2
2015	37 628.3	8 509.0	6 464.2	2 109.9
2016	48 297.9	8 086.7	8 969.4	1 881.9
2017	46 744.1	8 765.6	8 835.9	2 401.1
2018	18 145.6	9 079.9	5 152.1	2 904.2
2019	7 760.7	9 770.6	4 276.2	3 017.7

数据来源：中国海关。

四、在匈牙利农业投资注意事项

匈牙利外资主管部门为外交与对外经济部，其下属的投资促进局负责投资促进以及项目优惠政策的具体实施。匈牙利发布的《外商投资法案》对国内外投资者权益进行法律保护，国内外投资企业适用统一法律法规，但外国人无法购买耕地，绿地投资会受到限制。外国投资者可通过并购匈牙利公司的方式进行投资，并购上市需符合布达佩斯证券交易所的相关规定，并取得匈牙利公平交易局的核准，上市公司的并购案还应事先取得匈牙利央行金融机构监管部门的核准。此外，匈牙利还建立了外国直接投资审查机制，由于匈牙利属于欧盟国家，企业可能会受到来自欧盟的投资审查，食品安全是审查的重点领域之一。因此，企业到匈牙利投资前应做好调研，充分了解当地法律法规，包括最新经济政策、鼓励投资领域和相关优惠措施、用工用地规定，必要时要做尽职调查，避免盲目投资。提前做好企业注册准备，充分了解匈牙利有关法律及文件，必要时可委托当地律师和会计师办理。工作签证批准程序相对复杂，在得到主管部门颁发的工作许可后，相关人员必须回国在匈牙利驻华使馆办理工作签证。匈牙利的工资成本和税赋较高，企业在匈牙利需缴纳的主要税种包括增值税、个人所得税、社会保障金、地方税、财产税、公司汽车税、创新捐助、职业贡献税等。针对特殊行业和产品，匈牙利还有消费税、公共健康产品税、环保产品税、能源税、文化税等税种，企业需有效控制工资成本。

第十三章 CHAPTER 13
拉脱维亚农业

拉脱维亚国土面积6.45万平方千米，地势低平，平均海拔87米，地貌为丘陵和平原。可耕地面积为2.39万平方千米，土壤以灰化土为主。全境约一半是森林，覆盖率为49.9%，主要树种为桦树、松树和云杉等。共有3 000多个湖泊，750多条河流，内陆水域面积2 419平方千米，蕴有大西洋鲱鱼、鳁鱼、鳕鱼、比目鱼、鲑鱼、鲽鱼、鳗、胡瓜鱼、白鱼、淡水鲈鱼等，渔业资源十分丰富。拉脱维亚属于海洋性气候向大陆性气候过渡的中间类型，全年约有一半时间为雨雪天气，年平均降水量是667毫米，日照时间短，平均每天为4.9个小时。

第一节 拉脱维亚农业生产情况

一、拉脱维亚农业生产概述

农业是拉脱维亚国民经济最重要的产业之一，是影响农村地区发展和国家经济稳定的重要因素。农业产值在拉脱维亚GDP中占4%，但近年农业产值总体呈上升趋势。2004年，拉脱维亚加入欧盟后，开始调整其国内农业农村发展政策，与欧盟共同农业政策相匹配。加入欧盟后，拉脱维亚农业有了一定的发展，但与欧盟其他成员国相比，农产品竞争力仍然较低。

拉脱维亚农业用地约为236万公顷，农业从业人口占总劳动人口的7.4%。农业生产主要是种植业、养殖业和渔业。种植业主要作物是谷物、蔬菜、糖类作物。养殖业主要是奶牛养殖，肉禽养殖较少。此外，拉脱维亚河流湖泊资源丰富，渔业发达。近年来有机农场和有机产品的数量正在逐渐增加，全国约有 11％的农业用地获得有机农业认证。

二、拉脱维亚的种植业

拉脱维亚种植业总产值自 2015 年以来下降明显，2018 年仅为 5.45 亿欧元，占农业总产值的 56％。主要作物有小麦和大麦等谷物、卷心菜和胡萝卜等蔬菜以及苹果、土豆、油菜籽和亚麻籽等（表 13-1）。

表 13-1　2014—2018 年拉脱维亚主要农产品产量

单位：万吨

	2014 年	2015 年	2016 年	2017 年	2018 年
小麦	146.8	225.0	206.2	213.9	143.2
土豆	50.6	49.7	49.2	40.8	42.7
大麦	41.9	38.5	28.3	24.1	30.6
油菜籽	18.6	29.3	28.3	32.6	23.0
燕麦	15.5	16.0	14.6	13.4	18.8
黑麦	11.4	16.0	14.1	12.9	8.2
干豆	2.4	8.7	10.0	14.1	8.1
卷心菜和其他芥菜	7.3	8.0	8.1	6.6	4.7
胡萝卜和其他萝卜	4.7	2.5	4.3	3.1	2.7

数据来源：联合国粮农组织（FAO）数据库。

拉脱维亚重视谷物生产以确保粮食安全。2018 年谷物种植总面积 68 万公顷，同比增长 7.3％；总产量 205.7 万吨，同比下降 23.6％。其中，小麦和大麦种植面积分别为 41.7 万公顷和 11.8 万公顷，占谷物种植总面积的 78.7％；产量分别为 143.2 万吨和 30.6 万吨，占谷物总产量的 84.5％。2014—2018年，小麦生产呈先升后降低的趋势。在 2015 年达到峰值 225 万吨，2018 年仅143.2 万吨，跌幅达 36％。

拉脱维亚的油料作物主要是油菜籽，2014—2018 年呈现出先升后降的趋势，在 2017 年达到最高值 32.6 万吨，2018 年降至 23 万吨。蔬菜产量 13.9 万吨，同比减少 11.3％，主要品种产量分别为卷心菜 4.7 万吨、胡萝卜 2.7 万吨。

三、拉脱维亚的畜牧业

畜牧业产值占拉脱维亚农业总产值的 44％，主要饲养牛、猪、羊、马和家禽，最主要的产业是乳业。2000 年以来，在政府的支持下，乳业生产者不断改良品种、扩大规模，建设现代化农场，小规模农场数目持续下降，截至2018 年底，户均饲养 100 头以上奶牛的大规模农场占比增至 38.3％。2018年，拉脱维亚牛存栏量约 39.5 万头，其中奶牛 14.5 万头，猪存栏量 30.5 万头，绵羊和山羊存栏量共 12 万只，禽类存栏量 540.3 万只。生产猪肉 3.9 万吨，牛肉 1.8 万吨，禽肉 3.4 万吨，奶（含山羊奶）98.3 万吨，蛋 7.7 亿枚。居民消费以猪肉为主，自给率为 52％。

四、拉脱维亚的林业

近年来，拉脱维亚林地面积不断扩大。2020 年森林面积为 3 412 千公顷，占全国总面积的 52％，较 2010 年增长 1.9％。森林资源存量从 2010 年的 6.3 亿立方米增加到 2020 年的 682 亿立方米，主要树种有松树、桦树、云杉等，分别占33％、30％和 19％。在过去的十年中，拉脱维亚每年砍伐木材 1 100 万立方米，低于每年增量。森林资源的 49％归国有，48％是私有，2％属于地方政府或其他。

林业已成为拉脱维亚国民经济的重要基石。林业、木材加工、家具制造产值占 2019 年 GDP 的 5.1％，出口额为 26 亿欧元，占出口总额的 20％。拉脱维亚每一个行政区都有各种规模的木材加工企业，可以提供大量就业岗位，是当地的经济支柱。

五、拉脱维亚的渔业

2010—2019 年，拉脱维亚总渔获量呈现出波动下降的趋势。2019 年拉脱维亚总渔获量为 11.15 万吨，较上年减少 18.26％，其中鱼类 11.02 万吨，甲壳类和软体动物 0.13 万吨。鱼类中，西鲱和鳕鱼的捕捞量位居前二位，占比分别为 34.71％和 22.96％（表 13-2）。

表 13-2　2010—2019 年拉脱维亚渔获量

单位：万吨

	2010 年	2011 年	2012 年	2013 年	2014 年	2015 年	2016 年	2017 年	2018 年	2019 年
鱼	16.44	15.54	8.98	11.63	12	7.85	10.99	11.9	13.64	11.02
西鲱	4.59	3.34	3.07	3.33	3.08	3.05	2.81	3.57	3.71	3.87

（续）

	2010 年	2011 年	2012 年	2013 年	2014 年	2015 年	2016 年	2017 年	2018 年	2019 年
鲱鱼	2.14	2.28	2.01	2.07	2.33	2.52	2.61	2.48	2.69	2.56
鳕鱼	0.52	0.49	0.43	0.26	0.2	0.3	0.27	0.36	0.23	0.03
其他	9.19	9.44	3.47	5.97	6.39	1.98	5.3	5.49	7.01	4.56
甲壳类和软体动物	0.1	0.04	0.05	0.05	0.02	0.38	0.43	0	0	0.13
总计	16.54	15.59	9.04	11.67	12.03	8.23	11.42	11.9	13.64	11.15

数据来源：拉脱维亚统计局。

第二节 拉脱维亚农产品市场与贸易

一、拉脱维亚农产品价格

2019 年，拉脱维亚农业生产价格指数同比增长 1.9%，主要是由于畜产品价格上涨 5% 拉动。受国际市场粮食价格走低影响，谷物平均购买价格下降了 6%，从 2018 年的 168.34 欧元/吨下降到 2019 年的 158.24 欧元/吨。大麦和黑麦的平均购买价格下降最为明显。

土豆从 2018 年的 144.20 欧元/吨增加到 2019 年的 167.77 欧元/吨，上涨了 16.3%。蔬菜和油菜籽价格分别上涨了 10% 和 4.9%。2019 年肉类价格为 1 577.46欧元/吨，同比增长 8.1%。其中，猪肉涨至 1 608.67 欧元/吨，同比增加 18.4%，达到了 2014 年以来的最高价。而牛肉和羊肉的购买价格均小幅下降。禽肉和牛奶价格分别上涨 6.6% 和 3.6%（表 13-3）。

表 13-3 2010 年、2015 年、2018 年和 2019 年拉脱维亚部分食品价格

单位：欧元/吨

	2010 年	2015 年	2018 年	2019 年
谷物	150.91	144.34	168.34	158.24
小麦	156.81	148.46	171.69	162.76
其中用于食物	164.70	154.44	174.18	166.39
黑麦	113.43	117.33	141.89	122.70
大麦	132.13	133.03	161.90	141.04
大麦麦芽	170.67	137.17	184.95	174.20

（续）

	2010 年	2015 年	2018 年	2019 年
大麦食品	132.95	140.08	151.49	157.43
小黑麦	132.05	122.09	140.64	129.37
燕麦	101.04	115.39	151.33	150.51
其中用于食物	116.29	127.25	171.52	162.29
荞麦	453.62	416.59	168.09	216.60
杂粮	130.34	108.71	130.38	136.12
豆类	183.30	157.38	203.96	210.75
油菜籽	310.77	335.30	346.18	363.04
土豆	128.17	117.03	144.20	167.77
其中用于食物	149.12	136.72	160.24	202.74
蔬菜	486.59	530.29	712.64	784.23
水果	385.73	359.62	633.83	633.97
浆果	1 219.83	3 044.21	2 408.99	3 026.73
牲畜（屠宰体重）	1 469.61	1 455.68	1 458.78	1 577.46
牛	1 536.90	1 642.56	1 940.30	1 911.11
猪	1 395.77	1 311.75	1 358.28	1 608.67
羊	2 352.32	3 319.11	3 441.96	3 298.79
家禽	1 567.25	1 681.08	1 755.50	1 872.20
牛奶	253.02	216.06	283.37	293.50
羊毛	1 470.28	839.54	897.66	821.83
蜂蜜	3 731.89	4 740.68	4 726.82	4 221.19
鸡蛋（100 个）	6.15	6.92	7.15	6.89

数据来源：拉脱维亚农业统计年鉴。

二、拉脱维亚农产品出口贸易

2019 年，拉脱维亚农产品贸易总额 59.28 亿美元，其中出口额 30.15 亿美元，进口额 29.13 亿美元，同比分别增长 8.4％和 0.2％。出口额略高于进口额，是农产品净出口国（表 13-4）。

表 13-4 2010—2019 年拉脱维亚农产品出口额

单位：百万美元

	2010 年	2011 年	2012 年	2013 年	2014 年	2015 年	2016 年	2017 年	2018 年	2019 年
饮品类	360.07	497.48	646.72	714.50	754.06	494.52	511.62	743.81	822.83	821.30
粮食（谷物）	294.08	214.19	548.88	425.06	445.23	490.82	475.34	504.83	475.65	639.42

(续)

	2010年	2011年	2012年	2013年	2014年	2015年	2016年	2017年	2018年	2019年
畜产品	308.76	442.02	450.00	524.19	500.44	371.88	368.55	490.21	509.33	511.75
其他农产品	123.81	144.77	143.72	197.67	202.56	175.60	166.78	204.47	231.96	264.03
水产品	174.90	211.55	246.80	286.76	241.89	189.77	207.94	231.73	251.15	235.40
水果	73.48	101.23	101.56	119.62	115.13	113.95	103.90	126.97	153.01	156.17
油籽	85.89	120.80	201.91	136.11	83.01	101.86	100.19	136.82	77.52	147.07
粮食制品	44.63	55.10	55.66	71.07	67.73	72.63	79.41	88.44	92.23	97.64
蔬菜	34.32	53.35	46.64	60.02	61.29	53.93	66.26	75.80	80.04	81.25
干豆（不含大豆）	0.23	0.67	0.49	0.76	2.85	10.04	34.11	21.55	53.04	38.30
坚果	10.51	18.02	17.26	21.01	13.24	13.16	12.96	13.63	20.44	27.06
饼粕	38.64	27.29	31.39	38.65	42.24	23.65	37.89	35.04	31.50	26.93
糖料及糖	9.83	24.12	36.43	47.05	22.85	15.30	18.98	16.08	16.35	18.82
花卉	22.24	28.97	31.01	33.97	31.48	32.97	27.87	31.64	25.69	14.76
药材	3.27	2.60	1.60	3.21	1.94	3.25	3.90	4.13	6.30	8.34
植物油	17.77	22.35	22.63	27.42	28.38	14.10	14.91	12.06	11.12	8.19
调味香料	2.52	2.02	2.49	2.14	2.84	3.04	7.48	5.60	4.40	4.82
棉麻丝	1.32	1.62	0.48	0.75	0.28	1.07	0.96	1.46	2.73	2.44
精油	0.15	0.37	0.29	0.23	0.21	0.22	0.22	0.27	0.51	0.35
粮食（薯类）	0.25	0.51	0.18	0.10	0.06	0.05	0.05	0.10	0.21	0.34

数据来源：联合国贸易数据库（Comtrade）。

拉脱维亚出口的农产品主要有饮品类、粮食、畜产品、水产品、水果、油籽等。2019年，饮品类占总农产品出口额的1/4以上，位居第一。粮食出口占比超过1/5，是拉脱维亚第二大出口农产品。畜产品、水产品和水果出口额各占16.48%、7.85%和5.03%。

从贸易伙伴看，拉脱维亚农产品出口主要集中在欧盟国家，占2/3，欧盟以外农产品出口仅占1/3。立陶宛、爱沙尼亚、德国、荷兰和丹麦是拉脱维亚在欧盟内部最主要的出口国，出口额占总额的40%以上。其中，拉脱维亚对立陶宛和爱沙尼亚的农产品出口额分别为第一和第三。俄罗斯、沙特阿拉伯和英国则是拉脱维亚除欧盟成员国以外的主要出口市场。其中，俄罗斯是拉脱维亚第二大农产品出口国，占拉脱维亚农产品出口总额的16.62%（表13-5）。

表 13-5　2019 年拉脱维亚农产品出口排名前 10 的国家

国家	总出口额（百万美元）	占比（％）
立陶宛	544.36	18.05
俄罗斯	500.98	16.62
爱沙尼亚	314.08	10.42
德国	202.02	6.70
荷兰	102.09	3.39
沙特阿拉伯	100.18	3.32
丹麦	74.98	2.49
土耳其	74.70	2.48
西班牙	73.35	2.43
英国	72.46	2.40

数据来源：联合国贸易数据库（Comtrade）。

三、拉脱维亚农产品进口贸易

拉脱维亚主要进口饮品类、畜产品、水果、蔬菜和水产品等。2019 年，饮品类出口额占出口总额的 26.71％，是拉脱维亚第一大进口农产品。畜产品、水果、蔬菜的进口额分别为 4.43 亿美元、2.9 亿美元和 2 亿美元，是拉脱维亚第二、第三、第四大进口农产品（表 13-6）。

表 13-6　2010—2019 年拉脱维亚农产品进口额

单位：百万美元

	2010 年	2011 年	2012 年	2013 年	2014 年	2015 年	2016 年	2017 年	2018 年	2019 年
饮品类	313.82	390.54	411.93	435.66	565.39	497.77	542.37	746.12	830.63	814.22
畜产品	305.25	399.22	395.39	448.70	423.35	317.84	338.13	403.07	434.00	443.12
其他农产品	267.05	334.79	341.19	416.37	395.67	307.14	318.59	359.92	398.92	433.56
水果	189.25	231.14	235.68	260.90	269.58	249.15	220.50	267.51	283.34	289.68
蔬菜	115.02	145.14	134.14	146.16	156.06	136.89	150.05	167.63	180.00	200.64
水产品	137.96	174.40	197.45	234.93	197.55	156.53	185.50	188.44	197.11	197.10
粮食（谷物）	108.05	103.13	123.87	96.81	114.13	94.72	147.66	155.47	245.87	172.79
粮食制品	69.43	88.44	90.83	88.77	88.13	75.23	82.36	95.81	113.26	116.65
油籽	46.93	82.17	87.18	63.51	67.92	49.50	50.13	63.13	61.95	76.67
植物油	56.38	100.91	126.00	103.98	84.22	60.99	46.35	58.48	55.93	68.64
糖料及糖	87.93	122.08	112.26	116.29	84.92	55.89	64.69	68.03	66.27	67.98

（续）

	2010 年	2011 年	2012 年	2013 年	2014 年	2015 年	2016 年	2017 年	2018 年	2019 年
饼粕	56.41	46.14	73.21	75.87	72.86	49.75	51.43	52.52	56.55	50.78
坚果	20.26	28.39	30.43	33.12	32.54	26.91	24.00	29.33	37.09	40.80
花卉	28.52	41.51	39.86	36.57	37.09	45.64	38.52	38.17	36.77	37.54
干豆（不含大豆）	0.81	1.87	1.52	1.36	1.75	3.85	9.51	8.41	13.21	13.66
药材	4.71	4.04	2.87	3.76	2.62	3.31	3.15	4.49	4.58	9.09
调味香料	5.77	5.47	5.05	5.14	6.38	4.83	4.59	6.29	7.65	6.85
棉麻丝	2.14	2.64	2.91	3.34	4.18	5.41	3.94	5.44	7.90	6.67
粮食（薯类）	0.44	0.38	0.26	0.28	0.39	0.36	0.57	0.72	0.96	1.28
精油	0.84	0.46	0.63	0.57	0.59	0.66	0.64	0.63	0.89	1.04

数据来源：联合国贸易数据库（Comtrade）。

拉脱维亚农产品进口来源国集中在欧盟国家，包括立陶宛、波兰、爱沙尼亚、荷兰等。其中，立陶宛、波兰和爱沙尼亚分别为拉脱维亚农产品第一、第二和第三大进口国。俄罗斯和英国是拉脱维亚除欧盟成员国以外主要进口来源国，分别位居第六位和第七位（表 13-7）。

表 13-7　2019 年拉脱维亚农产品进口排名前 10 的国家

国家	总进口额（百万美元）	占比（%）
立陶宛	728.87	25.03
波兰	302.85	10.40
爱沙尼亚	286.15	9.82
荷兰	190.24	6.53
意大利	140.21	4.81
德国	140.10	4.81
俄罗斯	139.97	4.81
英国	121.80	4.18
西班牙	120.24	4.13
法国	88.71	3.05

数据来源：联合国贸易数据库（Comtrade）。

第三节　拉脱维亚农业投资政策

拉脱维亚农村支持服务局负责实施国家农业支持政策，可分为四大类：直接补贴、国家支持、投资措施、市场措施等。

直接补贴是根据单一面积支持计划向农民提供直接补助。该方案自 2004 年起实施，主要涉及每公顷统一支付补贴。农民可以申请以下援助：单一面积补助、绿化补助、小农户支持计划的补助、为交通不便地区的农民提供的补助等。

国家支持措施主要包括微量允许、林业发展补助、促进农业投资、渔业补助、植物检疫补助、动物传染病补助等。国家支持政策提高了农产品竞争力，有助于农户偿还信贷利息，有利于畜牧业和种植业优化育种。

市场措施主要包括价格支持措施、特殊干预措施、生产配额计划、援助计划和进出口措施等。价格支持措施主要是对部分农产品，如谷物、大米、糖、橄榄油、猪牛羊肉和奶制品的私人存储进行补贴，以维护农产品市场稳定和保障人民生活水平。特殊干预措施是指在自然灾害和动物疫病对农产品市场产业影响等特殊情况下所采取的支持措施。生产配额计划是指对糖和牛奶生产配额的分配和管理计划。在欧盟共同农业政策下，拉脱维亚有固定的糖和牛奶的国家生产配额，需要在生产企业之间分配上述配额。生产配额计划特别规定了在企业间如何分配、转移和管理剩余生产配额。

市场措施的出口方面，主要包括出口许可证和进口关税配额等。实施进口许可证的农产品有大米、糖、种子、橄榄油、亚麻、香蕉、葡萄酒、猪牛羊肉、禽肉、奶制品和农业乙醇等。对部分农产品实施进口关税配额政策。对谷物、大米和二者的混合物的关税实施特殊管理，其进口税取决于混合物的成分。对大麻和啤酒花设定了特定的进口条件。市场措施的进口方面主要包括进口许可证、进口配额和出口退税等。设置进口许可证的产品有大米、糖、橄榄油、水果、蔬菜、葡萄酒、猪牛羊肉、禽肉、奶制品和燃料乙醇等。对麦芽、谷物、牛肉实施出口退税政策，补贴金额涵盖全球和欧盟市场间的价格差。拉脱维亚对牛奶和奶制品实施出口配额管理。

一、拉脱维亚外资参与农林业合作投资的规定

为防止外商大面积购买耕地和林地、鼓励农户扩大生产规模，2013 年拉脱维亚修改了《土地私有化法》。修改内容主要有：一是只有具备农林业专业教育背景、在拉脱维亚长期生活且从事农林业工作 3 年以上、能够证明其从事

农业生产或林业管理的农户或农场可获得10公顷及以上的耕地或林地。二是设置耕地或林地的优先购买权，三代以内的直系亲属、耕地周边的业主、距出售耕地20千米半径内的农业生产者享有优先购买权。如果上述群体中无人购买耕地或林地，则土地购买权转交至国家。

拉脱维亚林业国有企业不允许私有化或任何形式的股权转让，也不允许外国人和外资企业购买和租赁林地。

二、拉脱维亚外资企业获得土地的规定

外资企业有权获得土地，但应向当地议会提交申请，并在申请通过后的一个月内到拉脱维亚商业登记处登记。每个自然人和法人最高可购买2 000公顷土地。2017年5月，拉脱维亚议会对《农村土地私有化法》进行修订，不允许未获得永久居住的外国人购买农田，规定在拉脱维亚购买土地的自然人和法人必须拥有B2级别以上的拉脱维亚语知识，即能够应对日常生活和专业问题的沟通，理解不同内容的差异，起草日常生活文件等。为避免农田集中在一人或多个关系密切的人手中，规定法律上相关的人员拥有农田合计不得超过4 000公顷。

禁止外国人拥有用地权益的范围包括：边境地区土地；受保护的波罗的海和里加湾海岸区以及其他公共水域（当地政府规划允许的建筑地区除外）；当地政府规划的农业和森林用地；国家重要的矿床内土地和自然保护区以及自然保护区内被保护的地域。

以下人员在拉脱维亚或其他欧盟国家注册的公司可获得拉脱维亚土地：拉脱维亚居民、其他欧盟国家居民、拉脱维亚国家或地方政府拥有超过一半股份的公司；与拉脱维亚签有投资便利或保护协定国家的自然人和法人拥有超过一半股份的公司；以上两种情况中几个实体共同拥有超过一半股份的公司；在证交所上市的公共股份公司。

三、拉脱维亚经济特区及优惠政策

拉脱维亚设立了五个经济特区：里加自由港、文茨皮尔斯自由港、利耶帕亚经济特区、雷泽克内经济特区和拉特盖尔经济特区。目前，拉脱维亚经济特

区内暂无中国企业入驻。在经济特区获得优惠政策须符合以下几个条件：在2035年12月31日前在特区投资；处于投资援助计划有效期内；获得了对投资实行直接税收减免的批准；签署了投资合同。优惠政策主要有：房地产税最高减免80％；公司所得税减免80％；仅对非居民代扣的红利、管理费、知识产权使用费纳税减免80％；上述情况累计向投资者返还总投资金额的上限为35％（中型企业为45％，小型企业为55％）；提高固定资产折旧率至150％～200％；区内供货、销售、出口免增值税；对在本国缴纳了社会安全税的外国投资者免征社会安全税等。

第四节　拉脱维亚税收政策

一、拉脱维亚税收法律体系

拉脱维亚实行单一税收体系，企业需在每月15日前向拉脱维亚国家收入服务局报税。1995年2月2日颁布的《税收与关税法》确立了拉脱维亚一般税收原则，具有普遍适用性。除了《税收与关税法》外，还有《增值税法》《企业所得税法》等其他类似有特殊规定的法律。当一般原则与特殊规定发生冲突时，以特殊规定为准。《税收与关税法》规定，税收可由国家或市政部门征收。

二、拉脱维亚税收制度

拉脱维亚现行税收制度是以所得税为主体税种，多种税种并存。主要税种包括：企业所得税、个人所得税和增值税等。

一是企业所得税。根据拉脱维亚企业所得税法，拉脱维亚企业应就其全球收入缴纳企业所得税。企业所得税率为分配利润总额的20％或分配利润净额的25％（若计税基础为分配利润净额，则需将分配利润净额除以0.8转化为分配利润总额）。

二是个人所得税。拉脱维亚居民纳税人需就其全球收入缴纳个人所得税。值得注意的是，一个纳税年度内开始或结束的任何12个月中，在拉脱维亚境内居住时间达到183天或以上的个人也被视为拉脱维亚居民纳税人。2018年1

月 1 日开始，个人所得税率为：个人年收入不超过 2 万欧元时，税率为 20％；年收入超过 2 万欧元但低于 5.5 万欧元时，税率为 23％；对年收入超过 5.5 万欧元的个人，税率为 31.4％。对于个人的资本收益和资本收入，设立统一的税率（20％）。

三是增值税。增值税标准税率为 21％，新鲜水果、浆果和蔬菜适用 5％的增值税税率。金融保险服务、医疗保健服务、科教文化服务、邮政服务和博彩业免征增值税。婴儿专用产品、国家制药部门授权的医药行业和在拉脱维亚境内提供的公共交通和住宿服务适用 12％的增值税率。

第五节　中国与拉脱维亚农业交流与合作

一、中国与拉脱维亚农业高层互访

中国与拉脱维亚（以下简称"中拉"）两国农业部在 2009 年 8 月签署了《中拉农业合作协议》，拉开了中拉双边农业合作的序幕。2010 年 5 月和 2011 年 9 月，拉脱维亚农业部派员分别参加了中国农业部举办的"中国与波罗的海三国农业合作研讨会"和第六届"中国—中东欧国家农业经贸合作论坛"。2012 年 6 月，拉脱维亚农业部部长斯特劳乌尤马在拉脱维亚与农业部副部长牛盾举行了双边会谈。2013 年 9 月，拉脱维亚农业部国务秘书丹斯·卢考出席第八届中国与中东欧国家农业经贸合作论坛。2015 年 5 月，农业部副部长陈晓华会见了来访的拉脱维亚农业部部长杜克拉夫斯，双方就加强中拉农业合作及双方感兴趣的问题交换了意见。

二、中拉农业合作重点领域

一是农产品和服务贸易合作。鉴于中拉两国农业资源和农产品市场高度互补，两国开展农业合作最主要的方式是农产品贸易。目前，拉脱维亚对华出口的农产品集中在木材制品和食品上。在推动更高水平对外开放的大趋势下，拉脱维亚农、林业产品进入中国将满足国内市场多元化需求。同时，深化和拓展中国农业厂商与拉脱维亚的合作，可以推动拉脱维亚农产品出口往高附加值产品和高新技术服务等方面发展，并利用拉脱维亚区位优势向中东欧其他国家辐射。

二是农业基础设施合作。拉脱维亚将促进农业商业化发展作为农业发展的重要举措，势必会加强农业基础设施建设。考虑到中国在"互联网＋现代农业建设"、休闲农业和乡村旅游业发展、一二三产业深度融合方面有一定发展成就，可以向拉脱维亚积极推广中国农业发展模式，进一步拓展两国农业经贸合作空间。

三是农业投资合作。随着"一带一路"倡议深入实施、中拉农产品贸易规模不断扩大和人文交流日益频繁，投资合作也将成为下一步两国农业合作的重点。农业企业可根据自身和当地条件选择投资项目，利用拉脱维亚的投资优惠政策，围绕奶制品、畜禽产品、鱼肉制品、木材制品等拉脱维亚特色产业，积极建设农业合作示范区，争取打造一批产业集聚和投资合作的平台，开展农业全产业链投资。

四是农业科技合作。中拉在保障粮食安全、应对气候变化、生态环境保护、动植物疫病防治等领域具有共同研究目标。虽然两国农业科研体系较为完备，但由于农业资源禀赋和实际生产情况不同，两国农业科技发展各具特色，可通过科技交流实现优势互补。

三、中拉农产品贸易

2019 年，中拉农产品贸易总额 3 169.36 万美元，同比下降 12.35％，其中，中国对拉脱维亚出口农产品 2 086.60 万美元，同比下降 9.17％；自拉脱维亚进口 1 082.76 万美元，同比下降 17.89％。中国对拉脱维亚主要出口的农产品包括饮品类、蔬菜、水产品，分别占出口总额的 21.70％、28.50％和 11.58％；中国自拉脱维亚主要进口水果、饮品类和水产品，其中水果占进口总额的 80％以上。

四、对拉脱维亚投资注意事项

在投资方面，中国企业在拉脱维亚开展投资合作应注意以下几个方面。一是要严格遵守当地环保法律法规。拉脱维亚对境内经营企业在环保方面的要求很高。二是要关注投资环境，选好企业类型。拉脱维亚对外国投资者给予国民待遇，权利和义务与本地投资者一样。在拉脱维亚投资可以考虑发挥拉脱维亚物流和中转运输系统优势。三是要关注潜在风险点，做好风险防控工作。投资前要对拉脱维亚进行深入研究，前期调研工作必须做扎实，建立有效的风险控制体系。

第十四章 CHAPTER 14
立陶宛农业概况 ▶▶▶

　　立陶宛共和国位于波罗的海东岸，国土面积 6.53 万平方千米，国境线总长 1 644 千米，海岸线长 90 千米。境内地势平坦，以平原为主。气候介于海洋性气候和大陆性气候之间，森林和水资源较为丰富。立陶宛北接拉脱维亚，东南邻白俄罗斯，西南是俄罗斯联邦的加里宁格勒州及波兰，区位优势明显。全国总人口仅 280 万人，但可辐射总人口达 7 亿人的多元化市场。立陶宛于 2004 年加入欧盟，是连接东西方的重要枢纽之一，其拥有发达的公路网，将其同欧洲及独联体国家连成一体。铁路运输主要连接俄罗斯及其他独联体国家，西部的克莱佩达港是波罗的海东岸最北的深水不冻港，是白俄罗斯、哈萨克斯坦等独联体国家的主要出海口。

第一节　立陶宛农业生产

一、立陶宛农业生产概述

　　立陶宛农业总体规模不大，农业产值占 GDP 的比重在 5％以下，2018 年仅为 4.1％。2018 年立陶宛农业用地 294.7 万公顷，占国土面积的 45.1％。其中耕地面积 215.5 万公顷，约占农业用地的 73.13％[①]。农村人口 92.97 万人，占全国人口的 1/3。2020 年农业从业人口 9.87 万人，占总就业人口的 6.64％[②]。

　　立陶宛重视农业发展，1990 年率先独立的立陶宛经历了生产衰退、通货

[①] 资料来源：联合国粮农组织（FAO）。
[②] 资料来源：世界银行。

膨胀和高度失业的经济危机。随着私有化进程的加快，农业领域私人部门农产品产量比重逐渐增大。20世纪90年代中期，谷物、肉类和牛奶等主要农牧产品产量只维持在20世纪90年代初期30％～40％的水平。1994年以来，立陶宛把农业作为国民经济的重点，政府以优惠贷款方式支持农业的发展，但这一时期立陶宛农业总体经济形势不乐观。2004年立陶宛加入欧盟后获欧盟的大力支持，农业取得了一定发展。2014年8月，受俄罗斯针对欧盟食品和农产品实施反制裁措施影响，立陶宛农业产业遭受重挫。2018年立陶宛农业产值为19.91亿欧元，同比下降6.71％。其中，种植业产值11.59亿欧元，同比下降10.3％，占农业总产值的58.2％；畜牧业产值8.32亿欧元，同比下降1.1％，占农业总产值的41.8％。

二、立陶宛的种植业

立陶宛种植业以粮食作物和饲料作物为主。耕作制度为一年两熟，主要农作物有谷物、油菜、马铃薯和甜菜等。谷物的耕作面积占全国农业耕地的一半以上，单产水平较低，分布比较集中。2019年，立陶宛谷物种植总面积为134.96万公顷，其中小麦89.58万公顷，大麦17.48公顷，占谷物种植总面积的79.32％；谷物总产量520.79万吨，其中小麦384.39万吨，大麦58.85万吨，占谷物总产量的85.11％。马铃薯在立陶宛广泛种植，但近年种植面积和产量不断减少，2019年种植面积1.82万公顷，产量32.98万吨。经济作物以油菜籽和甜菜为主，2019年种植面积分别为24.17万公顷和1.41万公顷（表14-1、表14-2）。

表 14-1　立陶宛主要农产品种植面积

单位：万公顷

年份	谷物	小麦	大麦	马铃薯	油菜籽	甜菜
2010	101.20	51.76	23.18	3.66	25.19	1.53
2011	106.47	55.11	25.27	3.77	25.02	1.76
2012	115.97	62.70	21.73	3.22	26.08	1.92
2013	121.34	66.74	20.93	2.87	25.90	1.77
2014	128.88	70.80	26.70	2.73	21.51	1.70
2015	132.91	83.62	20.24	2.35	16.35	1.22

（续）

年份	谷物	小麦	大麦	马铃薯	油菜籽	甜菜
2016	132.67	88.05	17.25	2.21	15.36	1.52
2017	119.95	81.19	14.16	1.94	18.09	1.71
2018	125.72	77.29	22.59	1.87	20.53	1.55
2019	134.96	89.58	17.48	1.82	24.17	1.41

数据来源：联合国粮农组织（FAO）。

表 14-2 立陶宛主要农产品产量

单位：万吨

年份	谷物	小麦	大麦	马铃薯	油菜籽	甜菜
2010	279.67	171.04	55.00	47.69	41.67	70.67
2011	322.59	186.93	75.98	58.77	48.43	87.78
2012	465.66	299.89	74.19	54.99	63.29	100.30
2013	447.48	287.13	68.57	42.65	55.06	96.71
2014	512.32	323.06	101.85	46.85	50.15	101.44
2015	606.67	438.03	81.15	39.92	51.22	61.95
2016	512.08	384.45	54.52	35.15	39.94	93.35
2017	507.42	391.74	51.97	23.70	54.35	95.69
2018	399.95	283.89	61.95	28.98	43.59	88.86
2019	520.79	384.39	58.85	32.98	69.25	100.16

数据来源：联合国粮农组织（FAO）。

三、立陶宛的畜牧业

畜牧业在立陶宛农业中十分重要，近年持续稳定增长。养牛业是立陶宛规模较大的畜牧业部门，2019 年牛存栏数为 63.46 万头，生猪存栏量紧随其后，2019 年生猪存栏量为 55.08 万头；禽类养殖主要以鸡为主，2019 年活鸡存栏量为 1 156.2 万只。肉类产量以猪肉最多，2019 年产量为 7.77 万吨；牛肉被视为牛奶的副产品，产量较低，基本维持在 4 万吨左右，而牛奶产量约为 155.11 万吨。立陶宛养羊业起步较晚，产量也少，2019 年羊肉产量仅 0.12 万吨（表 14-3、表 14-4）。

表 14-3 立陶宛畜牧业存栏量

年份	猪（万头）	牛（万头）	羊（万只）	鸡（万只）	鸭（万只）
2010	92.82	75.94	6.72	902.5	3.2
2011	92.94	74.8	7.45	919.5	3.3
2012	79.03	75.24	7.54	865.8	2.9
2013	80.75	72.92	9.635	881.3	4.3
2014	75.46	71.35	11.346 9	962.1	3.6
2015	71.415 7	73.661 2	13.69	1 009.3	1.9
2016	68.782 2	72.260 2	16.059 9	914.8	1.6
2017	66.391 5	69.475 2	17.697 4	991.7	1.6
2018	57.2	65.35	17.86	1 020.4	1.4
2019	55.08	63.46	16.72	1 156.2	1.6

数据来源：联合国粮农组织（FAO）。

表 14-4 立陶宛畜牧业主要产品产量

单位：万吨

年份	肉类	猪肉	牛肉	羊肉	禽肉	禽蛋	牛奶
2010	19.66	7.33	4.37	0.06	7.76	5.12	173.65
2011	19.89	7.49	4.20	0.06	8.02	4.76	178.64
2012	20.74	7.94	4.09	0.06	8.53	4.74	177.81
2013	21.91	8.70	3.77	0.07	9.30	4.77	172.31
2014	22.65	8.49	4.02	0.07	9.96	4.92	179.51
2015	24.22	8.43	4.51	0.10	11.07	4.77	173.85
2016	23.14	7.40	4.33	0.12	11.18	4.86	162.77
2017	24.92	7.15	4.19	0.13	13.36	4.47	157.07
2018	22.31	7.21	4.17	0.12	10.80	—	157.18
2019	22.12	7.77	4.25	0.12	9.97	—	155.11

数据来源：联合国粮农组织（FAO）。

四、立陶宛的林业

立陶宛森林资源丰富，近年来森林覆盖率在33%以上。立陶宛国家统计局数据显示，2019年立陶宛森林面积219.71万公顷，可采林木205.9万公顷，森林覆盖率为33.7%，木材蓄积量为48 791万立方米。立陶宛主要以松木林为主，占一半以上，其次是软阔叶林。主要树种是松树和云杉、白桦、桤木（表14-5）。

表 14-5　立陶宛森林基本指标

年份	森林面积（万公顷）	可采林地面积（万公顷）	森林覆盖率（%）	木材积蓄量（万立方米）
2010	215.03	204.56	33.20	44 010
2011	216.98	205.75	33.30	45 080
2012	217.29	205.54	33.30	45 635
2013	217.36	205.5	33.30	46 449
2014	217.67	205.57	33.40	47 201
2015	217.99	205.6	33.50	48 195
2016	218.67	205.83	33.50	48 759
2017	218.96	205.84	33.60	49 365
2018	219.56	205.61	33.70	50 162
2019	219.71	205.86	33.70	48 791

数据来源：立陶宛国家统计局。

五、立陶宛的渔业

立陶宛海岸线虽然只有 90 千米，但拥有东部波罗的海生产力最高的渔场，其鲱鱼、黍鲱、鳕鱼及淡水湖河鱼类资源非常丰富。捕捞业是立陶宛的重要产业，远洋渔业、波罗的海渔业和内陆渔业具有悠久历史。立陶宛国家统计局数据显示，2019 年立陶宛共有各类渔船 268 搜。远洋渔业作业渔场主要分布在北大西洋渔业组织和东北大西洋渔业委员会所辖海区以及东南大西洋，主要渔获物为牙鳕、鲭鱼、沙丁鱼、海鲷、银鳕、蓝牙鳕、鱿鱼和虾类，主要以生鲜和冷冻方式供应国内市场及沿岸水产品加工厂。内陆水体主要包括库罗尼安潟湖（Curonian Lagoon）、考纳斯水库（Kaunas reservior）等，内陆捕捞业以库罗尼安潟湖的生产力最高，捕捞种类有鲈鱼、鲷鱼、梭鱼、欧白鲑、鳗鲡、江鳕。

第二节　立陶宛农产品市场与贸易

立陶宛农产品贸易为顺差。2019 年，立陶宛农产品贸易总额 107.86 亿美元，其中出口额 61.43 亿美元，进口额 46.43 亿美元（表 14-6）。

表 14-6　2010—2019 年立陶宛农产品进出口额

单位：亿美元

年份	贸易额	出口额	进口额
2010	68.59	37.89	30.70
2011	85.76	46.75	39.01
2012	96.68	54.69	41.99
2013	112.62	63.08	49.54
2014	111.03	61.93	49.10
2015	89.83	50.18	39.65
2016	86.62	49.02	37.60
2017	97.16	55.01	42.15
2018	103.43	58.16	45.27
2019	107.86	61.43	46.43

数据来源：联合国贸易数据库（Comtrade）。

从贸易伙伴看，立陶宛 2/3 的农产品贸易发生在欧盟国家内部。具体看，主要出口到拉脱维亚、波兰、德国、荷兰、瑞典和意大利；进口主要来自波兰、拉脱维亚、荷兰、瑞典、德国和意大利（表 14-7）。

表 14-7　立陶宛主要农产品进出口市场

单位：亿美元

国家	贸易额	出口额	进口额
拉脱维亚	12.54	7.07	5.47
波兰	12.49	5.25	7.24
德国	8.99	5.31	3.68
俄罗斯	7.39	5.85	1.54
荷兰	6.92	2.40	4.52
瑞典	4.91	1.86	3.05
意大利	4.85	2.84	2.01
爱沙尼亚	4.53	2.41	2.12
比利时	3.32	2.15	1.17
英国	3.26	2.38	0.88
西班牙	3.19	1.07	2.12
法国	3.14	1.10	2.04
白俄罗斯	2.81	1.99	0.82

数据来源：联合国贸易数据库（Comtrade）。

从具体产品看，主要出口小麦、乳品、水产品、酒精、食用油籽、水果等；主要进口水产品、酒精、乳品、水果、畜产品、蔬菜和植物油等（表 14-8）。

表 14-8　2019 年立陶宛前十大进出口产品

序号	出口			进口		
	产品	出口额（万美元）	占比（%）	产品	进口额（万美元）	占比（%）
1	小麦产品	69 776.39	10.77	鱼类（鲜冷冻）	53 899.03	10.79
2	乳品	63 253.03	9.76	酒精及酒类	43 356.50	8.68
3	鱼类（加工）	48 391.60	7.47	乳品	33 889.36	6.79
4	酒精及酒类	38 071.47	5.88	鲜冷冻水果	32 779.29	6.56
5	鱼类（鲜冷冻）	20 597.94	3.18	生猪产品	20 974.78	4.20
6	食用油籽	18 947.55	2.92	鲜冷冻蔬菜	18 599.37	3.72
7	鲜冷冻水果	18 795.12	2.90	食用植物油	15 417.64	3.09
8	牛产品	17 251.86	2.66	咖啡及制品	15 009.84	3.01
9	禽产品（家禽类）	15 559.43	2.40	可可及制品	13 988.87	2.80
10	可可及制品	14 616.60	2.26	水果汁	11 741.71	2.35

数据来源：联合国贸易数据库（Comtrade）。

第三节　立陶宛农业政策

一、农业政策概况

加入欧盟后，立陶宛农业以欧盟共同农业政策（CAP）为标准。其农业政策的主要目的是保证农民收入稳定及农产品市场供应，兼顾环境保护。通过补偿和投资资助等方式，立陶宛有效推动农业发展，其中农业和农村发展专项援助计划（SAPARD）意义重大，实施该计划使得固定资产投资大幅增加。

立陶宛重视生物能源发展，凭借自然环境优势，可将大量废木料、麦秸等作为生物质能的来源。2007 年，立陶宛国会制定通过了国家能源战略，确定到 2025 年将节约能源和发展再生能源等作为国家能源发展方向。

二、农业科技概况

立陶宛重视农业科学研发。立陶宛农业大学和立陶宛兽医研究院（LVA）是其主要从事农业科学研究的高校院所，也是培养农业领域专门人才的高等学府。立陶宛国家农业科学院、立陶宛园艺和蔬菜栽培研究所是两个主要的国家科研机构。考纳斯科技大学立陶宛食物研究院从事食品生产、加工技术以及食品安全研发等。另外，其农业部所属的农业科学委员会负责协调农业科学的研究、培训和咨询工作。

立陶宛是中东欧国家中生物技术领域的领先者，主要生物科研机构是生物化学研究所和生物技术研究所。在分子生物方面，立陶宛的生物技术应用在国际上拥有极高评价。在渔业和水产养殖方面，由立陶宛养鱼和渔业研究中心（LSPFC）进行鱼类人工繁育研究，同时为国际科研机构提供波罗的海和内陆水域鱼类资源的调查数据。

第四节　立陶宛对外合作的法规政策

一、对外贸易的法规和政策规定

立陶宛对外经济贸易主管部门是经济与创新部和外交部。经济与创新部主要负责改善国内商业和投资环境、促进立陶宛企业出口、促进企业创新、监管国有企业、利用欧盟结构基金援助、监管政府采购、发展旅游业；确保立陶宛本国外贸、关税等相关法规与欧盟有关规定相符。经济与创新部下属投资署和企业署分别负责吸收外资和促进出口。外交部主要负责会同经济与创新部制定本国对外贸易政策；参与欧盟针对第三国贸易保护措施案件的调查和决策，就有关案件起草立陶宛本国立场报告，协助涉案企业维护自身利益。

立陶宛自 2004 年 5 月 1 日加入欧盟以后，执行欧盟统一的对外贸易政策，包括统一的关税、进口禁令、进口许可和技术性贸易壁垒和检验检疫措施。立陶宛本国生产的产品属于欧盟原产地产品，第三国与欧盟其他国家适用相同的出口关税。

立陶宛执行欧盟统一的进出口政策，鼓励出口，遵循欧盟在安全和技术标准方面对进出口产品的规定。作为 WTO 成员方，立陶宛享有利用 WTO 相关规定保护本国产业的权利。此外，立陶宛制定的有关贸易管理规定也必须符合其加入 WTO 时的承诺以及 WTO 的相关规定。在进出口商品检验检疫方面，立陶宛执行欧盟统一的进出口商品检验检疫制度。

二、对外投资的法规和政策规定

立陶宛投资政策制定机构为立陶宛经济与创新部。投资署主要职能是为外国投资者提供本国商业环境和相关投资信息，吸引外国投资者到立陶宛投资绿地项目。外交部对外经济关系司也设有投资促进处。地方的市、区政府也设有促进投资贸易的专门机构。此外，立陶宛参与投资促进工作的机构还有立陶宛自由市场协会（Lithuanian Free Market Institute）、投资者论坛（The Investors' Forum）和立陶宛国际商会（Lithuanian International Chamber of Commerce）。

立陶宛于 1999 年颁布实施《投资法》，该法适用于国内投资和外国投资。根据该法，外国投资者和立陶宛本国投资者享有同样的权利。2018 年 1 月，立陶宛对《投资法》做出修订，立陶宛政府对涉及能源、交通运输、信息技术和电信、金融和信贷以及军事装备等国家安全的战略领域投资，实行更加严格的合规性审查。根据立陶宛投资法的规定，投资者在其境内可以通过收购在立陶宛注册的经营主体的股份或者部分股份、收购各种形式的有价证券、兴建或收购长期资产或使其增值、向已拥有部分股份的经营主体提供借款或其他资产、履行许可经营合同或租赁赎买合同等方式进行投资。

2020 年，立陶宛为了改善投资环境修改了税法，决定在未来 5 年内，对投资不少于 3 000 万欧元且至少创造 200 个工作岗位的大型项目,减免企业所得税。

三、对外投资的优惠政策

立陶宛加入欧盟后，对外资实行国民待遇，入盟前的一些税收优惠皆被取消，仅在自由经济区还实行部分税收优惠。但若企业主营业务为高新科技领域，其研发费用能够享受三倍抵扣，最高可扣减应税利润的 50%。

此外，立陶宛还建有 4 个工业园、6 个自由经济区和 5 个科技园区。4 个工业园区分别为帕吉及埃（PAGEGIAI）、热迪维利丝基斯（RADVILISKIS）、热梅加拉（RAMYGALA）和阿利图斯（ALYTUS）。6 个自由经济区分别为考纳斯自由经济区、克莱佩达自由经济区、首莱自由经济区、帕尼韦日斯自由经济区、凯代尼艾自由经济区和马里亚姆波列自由经济区。5 个工业园区分别为位于维尔纽斯的"Sauletekis Valley"和"Santara Valley"，位于考纳斯的"Santara Valley"和"Nemunas Valley"，位于克莱佩达的"Marine Valley"。针对这些经济特区也有相应法规，如《立陶宛共和国投资法》《立陶宛共和国自由经济区基本法》以及各单独自由经济区的相关法律（《考纳斯自由经济区法》《克莱佩达自由经济区法》等）。2017 年 12 月，立陶宛对《自由经济区基本法》进行修订，延长了企业免税优惠期。

符合《欧洲与泛大西洋一体化》标准的外国企业、自然人和机构有权拥有立陶宛土地。根据立陶宛共和国投资法，外国投资者可依据立陶宛共和国民法典所规定的程序，租赁国有土地。根据立陶宛土地法，国有土地租赁的最高年限为 99 年，其中农业用地的租赁期不超过 25 年。依照法定程序注册为农场主或在政府农业企业从事农业生产的自然人，以及每年营业收入 50% 以上来自于农产品销售的法人，可享有土地租赁优先权。

第五节　中国与立陶宛的农业合作

一、中国与立陶宛的农产品贸易概况

2019 年，中国与立陶宛（以下简称"中立"）农产品贸易总额约为 1.4 亿美元，同比增加 1.2 倍。其中，中国对立陶宛出口农产品 7 030.02 万美元，同比增加 28.74%；自立陶宛进口农产品 6 584.28 万美元，同比增加 8.1 倍。进口的增加主要源于谷物的迅猛增长，以往的年份中中国没有自立陶宛进口的谷物，2019 年谷物进口额猛增至 5480.7 万美元，拉动了中立农产品贸易额快速增长（表 14-9、表 14-10）。

表 14-9　2010—2019 年中国对立陶宛农产品出口额

单位：万美元

年份	水产品	蔬菜	水果	坚果
2010	730.35	724.59	525.65	68.38
2011	1 637.96	857.98	507.74	58.66

（续）

年份	水产品	蔬菜	水果	坚果
2012	1 097.12	1 078.48	656.15	56.05
2013	1 334.01	1 108.11	684.75	125.71
2014	1 150.76	901.83	819.95	134.64
2015	939.13	556.27	831.75	136.43
2016	617.29	650.27	628.62	225.66
2017	730.50	645.52	755.56	163.65
2018	1 032.53	594.88	579.06	354.36
2019	1 540.52	824.41	635.97	449.93

数据来源：中国海关数据库。

表 14-10　2010—2019 年中国自立陶宛农产品进口额

单位：万美元

年份	谷物	水产品	畜产品	饮品
2010	0.00	25.97	3.98	9.28
2011	0.00	5.69	0.00	10.68
2012	0.00	49.13	5.18	14.60
2013	0.00	14.67	7.00	38.76
2014	0.00	133.11	0.00	54.17
2015	0.00	0.06	0.00	96.87
2016	0.00	3.38	0.00	121.12
2017	0.00	163.05	122.69	108.00
2018	0.00	45.00	311.03	136.20
2019	5 480.70	327.27	295.38	189.56

数据来源：中国海关数据库。

二、技术交流与合作

多年来，中立双方不断强化工作机制，稳步开展经贸合作，农产品贸易往来日趋频繁，取得了显著的成效。

（一）中立农业高层互访不断，双边农业合作深化

2009 年 9 月，国务院副总理回良玉访问立陶宛期间，双方签署《中华人民共和国农业部与立陶宛共和国农业部关于加强农业合作的谅解备忘录》。

2006 年 9 月，农业部副部长危朝安赴立陶宛出席"波罗的海农产品展览会"。

2008 年 4 月，立陶宛农业部副部长维吉尼亚·佐斯塔蒂尼来华出席亚欧会议乡村发展论坛，其间，与高鸿宾副部长进行工作会谈，签署中立两国农业合作协议。

2012 年 6 月，农业部副部长牛盾访问立陶宛，与立陶宛农业部部长卡济斯·斯塔尔凯维丘斯签署《2012—2013 年中立农业领域合作行动计划》。

2015 年和 2016 年，中立两国有关政府部门分别签署立陶宛水产品和乳制品对华出口的《卫生检验检疫议定书》。

2017 年 8 月，农业部副部长余欣荣率团访问立陶宛，与立陶宛农业部副部长塔拉斯克维丘斯举行会谈，并签署《中华人民共和国农业部与立陶宛共和国农业部 2018—2020 年农业领域合作行动计划》。

2018 年 5 月，在立陶宛农业部的筹备下，"第三届中国—中东欧国家农业部长会"及"第十三届中国—中东欧国家农业经贸合作论坛"等"16＋1"农业合作系列活动在立陶宛维尔纽斯成功举办，农业农村部部长韩长赋率团出席。

2018 年 11 月，立陶宛农业部部长吉埃德留斯·苏尔普利斯率团来华出席第十六届中国国际农产品交易会，并陪同韩长赋部长一同巡馆。

2019 年 1 月，农业农村部副部长屈冬玉在京会见立陶宛农业部副部长维纳特斯·格里丘纳斯，双方就农业产品贸易、电子商务和非洲猪瘟防控等议题进行交流。

（二）农业经贸合作稳步发展

2012 年 5 月，中国农业部第二次派代表团参加了在立陶宛举办的"波罗的海农业展览会"。其间，双方共同举办了"中国—立陶宛农业企业家洽谈会"。双方表示将在休闲农业、火鸡等肉制品加工、养蜂技术、植保及可再生能源利用等方面加强合作。

2013 年 4 月 23 日至 26 日，中国—立陶宛渔业合作系列交流活动成功举办，主要包括两项活动：一是在哈尔滨召开"中立渔业合作研讨会"，二是在北京召开"中立冷水鱼养殖技术交流会"。主要交流了两国渔业发展情况、渔业资源保护政策、水产品贸易投资政策及市场监管政策、以鲟鱼为主的冷水鱼繁育及养殖技术等。

2016 年立陶宛农业部部长维尔吉妮娅·巴尔特赖蒂埃内来华参加了第十一届"中国—中东欧国家农业经贸合作论坛"。

2018 年 5 月，第三届"中国—中东欧国家农业部长会"及第十三届"中国—中东欧国家农业经贸合作论坛"由立陶宛农业部筹办并在维尔纽斯成功举行。

2019 年 5 月，立陶宛农业部部长吉埃德留斯·苏尔普利斯率团来华出席第四届"中国—中东欧国家农业部长会议暨第十四届中国—中东欧国家农业经贸合作论坛"。

2021 年 5 月，立陶宛宣布退出中国与中东欧"17＋1"合作机制，2021 年 7 月又宣布允许以台湾为名义开设"驻立台湾代表处"，导致中国与立陶宛关系恶化。中国与立陶宛农业经贸合作已受到严重影响。

（三）中国企业在立陶宛投资合作的保护政策

1993 年 11 月，两国签署《中华人民共和国政府和立陶宛共和国政府关于鼓励和相互保护投资协定》。1996 年 6 月，两国签署《中华人民共和国政府和立陶宛共和国政府关于对所得和财产避免双重征税和防止偷漏税的协定》。1992 年 1 月，两国签署《中华人民共和国政府和立陶宛共和国政府经济贸易合作协定》。2010 年 6 月，两国签署《中华人民共和国商务部和立陶宛共和国经济部关于建立双边投资促进工作组的谅解备忘录》。

三、中国企业投资需注意的问题

（一）投资方面

在立陶宛开设投资实体的企业，应及时在中国驻立陶宛大使馆经商处报到登记，中资企业应按规定定期报送业务开展情况和统计资料。开展投资合作时需要注意：一是客观分析立陶宛市场特点。选择合理的投资领域，充分利用当地辐射欧盟和独联体国家的区位优势，避免盲目投资。二是深入了解当地和欧盟的法律法规。立陶宛加入欧盟后，对本国法律体系进行了修订，以符合欧盟有关法律法规的要求。在立陶宛投资合作，不仅要了解并遵守立陶宛本国的法律法规，还要遵守欧盟的有关法律法规。三是保障雇员合法权益。立陶宛有关法律对雇员的休假、工作时间、加班时间、工资报酬等方面均有明确规定，投资时应该充分保障当地雇员的合法权益,避免由于侵犯雇员权利而导致的劳动纠纷等问题,维护企业形象。四是防范互联网诈骗。立陶宛一些规模较小的企业通过互联网与中国企业做生意,商业洽谈和签约均在网上进行,容易给网络诈骗者留下空间。中国企业要注意防范互联网风险,避免网络诈骗带来的损失。

(二)贸易方面

立陶宛人注重信用,在商务谈判和商务往来中,中国企业应该遵守合约规定,避免因细节上的疏忽给对方留下失信的印象,影响未来贸易合作。与立陶宛进行贸易活动时要注意以下几点:一是重合同、守信用,防范欺诈风险。立陶宛法律规定电子邮件同样具备法律效力,与中国法律规定存在差异,应予以注意,避免出现贸易纠纷。二是保证产品质量。中立双边贸易中,中国对立陶宛出口大于自立陶宛进口,在开展贸易活动时要保证产品质量,严格按照双方约定的标准、交付时间、运输方式等安排产品的生产、包装、运输等环节,维护"中国制造"的信誉,为双边贸易健康稳定发展创造良好的条件。三是注重贸易商品的选择。立陶宛本国市场规模较小,居民消费水平有限,在与立陶宛进行贸易时要客观评估市场需求,确定消费目标人群,避免因商品滞销而造成损失。四是注重礼仪,尊重当地风俗习惯,注重个人形象和礼节。

(三)其他注意事项

立陶宛本国市场较小,内部需求有限,较大程度上依赖对俄罗斯、拉脱维亚、德国等国的出口。在开展合作前,要做好市场调研工作,着眼立陶宛本国及周边市场,选取适应当地特点的投资项目或适销对路的产品,以确保投资成功。

立陶宛重视生态环境保护,中国企业在立陶宛开展投资合作,应把依法保护当地生态环境作为自己应尽的职责,提前了解立陶宛的环境保护法规,及时掌握当地环保标准的变化,事先科学评估生产经营活动可能造成的环境污染,在规划设计过程中选择好解决方案。

中国企业在立陶宛开展投资合作,不仅要努力发展业务,还要履行企业社会责任。要守法合规经营,依法缴纳各项税费,关注企业发展可能引起的资源、环境、劳工、安全及社会治安等问题。同时,中国企业还应该重视与当地媒体、执法人员建立良好的关系。

第十五章 CHAPTER 15
北马其顿农业概况 ▶▶▶

北马其顿位于欧洲巴尔干半岛中部，西邻阿尔巴尼亚，南接希腊，东接保加利亚，北部与塞尔维亚接壤。国土面积 2.5 万平方千米，地形以山地为主。该国大部分地区多山且交通不便，只有约 19% 的总面积被划为平原。2018 年总人口 208 万人，其中农村人口占 42%。北马其顿在农业方面的比较优势之一在于气候多样性，如山谷和平原地带的"中等大陆性气候"，南部和西部山区的"地中海气候"以及"天然高地牧场"等。

第一节 北马其顿农业生产概况

一、北马其顿农业生产概述

北马其顿农业用地面积 126.5 万公顷，占国土面积的 50.2%，其中可耕地面积 52 万公顷（包括耕地和林地 41.9 万公顷，果园 1.7 万公顷，葡萄园 2.4 万公顷，草地 6 万公顷），牧场面积 74.4 万公顷，人均可耕地面积 0.2 公顷。近年北马其顿经济有所发展，2018 年 GDP 为 126.7 亿美元，经济增长率为 2.7%，其中农业增加值对 GDP 的贡献为 8.4% 左右；农业从业人口占全部就业人口总数的 16.2%（表 15-1）。

表 15-1　北马其顿 2015—2019 年农业用地情况（按用途）

年份	农业用地面积（万公顷）	可耕地面积（万公顷）					牧场（万公顷）	池塘、芦苇床和鱼塘（万公顷）
		总量	耕地和林地	果园	葡萄园	草地		
2015	126.4	51.3	41.5	1.6	2.3	5.9	75.0	0.1
2016	126.7	51.6	41.7	1.6	2.4	5.9	75.0	0.1

（续）

年份	农业用地面积（万公顷）	可耕地面积（万公顷）					牧场（万公顷）	池塘、芦苇床和鱼塘（万公顷）
		总量	耕地和林地	果园	葡萄园	草地		
2017	126.6	51.7	41.7	1.6	2.4	6.0	74.8	0.1
2018	126.4	51.9	41.8	1.7	2.4	6.0	74.4	0.1
2019	126.5	52.0	41.9	1.7	2.4	6.0	74.4	0.1

数据来源：北马其顿国家统计局。

农业和食品工业是北马其顿经济中为数不多的几个重要的分支，也是政府发展政策中的优先事项之一，其农产品质量上乘。种植业仍然占主体地位，占农业总产值的70%。粮食作物主要有小麦、玉米、大麦、水稻，经济作物主要为番茄、辣椒、洋葱、瓜类等蔬菜。依靠蔬菜生产优势，北马其顿成为蔬菜净出口国。其他作物有烟草、马铃薯、果树和牧草。葡萄酒产业是北马其顿的特色产业，食品和饮料加工业发达。蔬菜和水果的加工能力分别是7万～10万吨和3万～4万吨。葡萄年产量达到24万吨，90%以上出口到西欧市场（如德国、法国、荷兰、奥地利、比利时、丹麦等国）。气候条件适宜烟草的种植和加工，烟草年产量2.6万吨，烟草质量优良，产品远销欧美和亚洲的多个国家和地区。

二、北马其顿的种植业

种植结构以谷物种植为主。2018年谷物总种植面积16.1万公顷，其中小麦7.1万公顷、大麦4.2万公顷、玉米3.7万公顷，占谷物总种植面积的93.2%；谷物总产量59.8万吨，其中小麦24.1万吨、大麦13万吨、玉米19.1万吨，占谷物总产量的94%。蔬菜产量69万吨，主要包括西红柿、胡椒、黄瓜、白菜等。水果产量65.8万吨，主要包括苹果、李子、桃子等。果蔬主要用于加工生产罐头食品、罐装水果及蔬菜等。全国每年蔬菜加工能力7万～10万吨，水果加工能力3万～4万吨。北马其顿气候适宜葡萄生长，葡萄甜度较高，适合酿造高质量葡萄酒。2018年葡萄年产量29.4万吨左右，其中约3万吨鲜食用，其余酿酒。北马其顿葡萄酒品质优良，全国有葡萄酒厂20多个，年产量1.2亿升，其中85%以上出口到世界38个国家。

（一）谷物产量较为稳定，总体规模不大，呈现出增产瓶颈

北马其顿谷物以小麦、大麦和玉米为主，种植面积分别为 6.9 万公顷、4.4 万公顷、3.4 万公顷。2019 年谷物产量较之 2018 年总体略有下降，小麦、玉米、黑麦、燕麦产量略有下滑，大麦、水稻产量略有上升。2019 年，小麦产量为 24 万吨，玉米 14.5 万吨，大麦产量为 13.8 万吨，水稻 2.1 万吨。过去 10 年（2010—2019 年），北马其顿小麦生产总量持续波动，年总产量维持在 245 000 吨水平，2016 年达到最高峰突破 30 万吨，2017 年跌落至过去 10 年最低的 200 112 吨。与此同时，玉米生产总量也在 2017 年降至近几年最低水平（120 156 吨），随后 2018 年反弹至过去十年峰值 187 676 吨。2017 年小麦和玉米单产均为过去 5 年最低水平，小麦单产曾在 2016 年达到最高值 3 838 千克/公顷，同年玉米单产也突破 4 600 千克/公顷，均为过去 10 年最高水平（表 15-2）。

表 15-2　北马其顿 2010—2019 年小麦和玉米生产情况

年份	小麦		玉米	
	总产量 （吨）	单产 （千克/公顷）	总产量 （吨）	单产 （千克/公顷）
2010	243 137	3 044	129 045	4 508
2011	256 103	3 346	126 096	4 294
2012	214 963	2 696	115 928	3 973
2013	258 960	3 198	131 043	4 223
2014	287 954	3 755	136 930	4 495
2015	201 218	2 754	133 771	4 226
2016	306 433	3 838	143 823	4 633
2017	200 112	2 746	120 156	3 840
2018	241 106	3 396	187 676	5 164
2019	239 916	3 485	145 278	4 277

数据来源：北马其顿国家统计局。

（二）蔬菜生产比较优势明显，产品种类较多

北马其顿现有约 5.7 万公顷土地种植蔬菜，其中 4.3 万公顷种植大田蔬菜，1.4 万公顷种植设施蔬菜。2019 年，蔬菜年总产量为 90.3 万吨，主要蔬

菜品种为土豆（18.9万吨）、瓜类（12.6万吨）、番茄（15.2万吨）、辣椒（18.5万吨）、甘蓝（17.3万吨）（表15-3）。

表15-3 北马其顿2015—2019年主要蔬菜品种生产情况

年份	总产量（吨）				
	土豆	甘蓝类	瓜类	番茄	辣椒
2015	189 408	193 796	131 039	173 434	189 443
2016	197 138	185 227	139 679	161 951	181 852
2017	177 721	181 339	121 168	159 721	175 100
2018	180 424	173 141	132 091	161 621	182 872
2019	189 023	173 672	126 223	152 348	185 452

数据来源：北马其顿国家统计局局。

（三）葡萄产业成为国民经济支柱产业，市场开拓有待加强

北马其顿葡萄种植历史悠久，距今已有2 500年。北马其顿自然环境得天独厚，年均日照时间为215～220天，积温达到5 000℃，境内的瓦达尔河谷中部、南部以及南部泰克沃斯地区是葡萄的三大种植区。2019年葡萄种植面积约2.4万公顷，年产25.9万吨葡萄。北马其顿现有70个葡萄酒厂、10个瓶装酒厂，高品质葡萄酒年产量占世界的3%～4%（约合1.2亿升）。北马其顿种植酿酒葡萄和鲜食葡萄的农场约2.5万个（其中70%为家庭农场），平均产量约为每公顷10吨。2016年葡萄总产量达到333 319吨，为过去20年最高水平，随后2017年总产量减少45.89%，跌至180 349吨，2018年恢复至29万吨产量水平，2019年略有下滑（图15-1）。

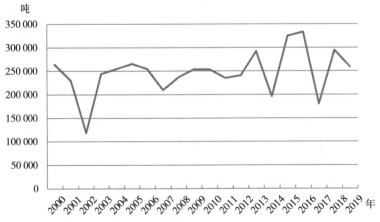

图15-1 北马其顿过去20年（2000—2019年）葡萄总产量情况
数据来源：北马其顿国家统计局。

（四）水果种植结构较简单，产量和规模面临萎缩挑战

北马其顿现有 959 万棵果树，2019 年产 16.83 万吨水果，主要包括：8.87 万吨苹果、3.23 万吨李子、1.47 万吨樱桃和酸樱桃、1.2 万吨桃、0.8 万吨梨。近年来，北马其顿水果生产规模呈现明显减少趋势。为保持水果种植面积，北马其顿财政根据水果品种给予果农补贴，每公顷补贴标准在 1.5 万～3.3 万第纳尔（约合 340 万～740 万美元）（表 15-4）。

表 15-4 北马其顿 2015—2019 年主要水果品种生产情况

年份	产量（吨）					
	苹果	李子	桃	梨	樱桃	酸樱桃
2015	136 931	41 477	12 006	9 016	6 248	8 483
2016	101 088	33 684	12 108	7 207	5 574	8 072
2017	43 366	17 880	11 509	5 052	4 061	4 408
2018	140 296	37 719	13 128	8 055	5 824	10 538
2019	88 701	32 303	12 003	8 048	6 045	8 695

数据来源：北马其顿国家统计局。

（五）工业经济作物以烟草为主，油料作物产量有限

2019 年工业经济作物主要为烟草（2.6 万吨）和葵花籽（0.65 万吨）。北马其顿烟草种植和加工在世界上具有一定的知名度，其产品远销欧美和亚洲等多个国家和地区。香烟和发酵烟叶年出口额约 1 亿美元，是农产品出口的重要

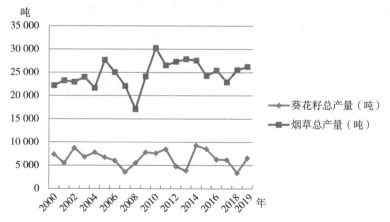

图 15-2 北马其顿过去 20 年（2000—2019 年）烟草和葵花籽总产量情况
数据来源：北马其顿国家统计局。

257

品种，主产区在南部佩拉岗尼亚（Pelagonia）、东南（Southeast）和瓦尔达尔（Vardar）地区。过去 20 年（2000—2019 年）北马其顿烟草和葵花籽年平均总产量分别为 24 700 吨和 6 500 吨，烟草产量稳定在 2.5 万吨水平，葵花籽产量近年波动较大。2018 年葵花籽产量跌至近 20 年最低水平，仅为 3 379 吨，2019 年产量反弹近 1 倍至 6 539 吨，总体规模极为有限，主要供应本国。

三、北马其顿的畜牧业

北马其顿的畜牧业以牛、羊、猪和家禽为主，其产值占农业总产值 30% 左右。2018 年牲畜存栏量为牛 25.6 万头，绵羊 72.7 万只，猪 19.6 万头，家禽 182.8 万只。2018 年肉、蛋、奶产量分别为肉类 2.2 万吨，奶类 40.4 万吨，鸡蛋 0.9 万吨（表 15-5）。

表 15-5　北马其顿 2015—2019 年肉、蛋、奶生产情况

年份	总产量（万吨）		
	肉	鸡蛋	奶类
2015	2.1	1.0	36.1
2016	2.2	0.9	40.3
2017	2.3	1.1	39.4
2018	2.2	0.9	40.4
2019	2.2	0.7	39.1

数据来源：北马其顿国家统计局。

2019 年畜禽存栏量明显下降。2019 年生猪存栏量为 13.6 万头，比 2018 年下降 30.6%；牛存栏量为 21.8 万头，比 2018 年下降 14.8%；绵羊存栏量为 68.5 万只，比 2018 年下降 5.8%；活禽存栏量为 156.2 万只，比 2018 年下降 14.5%（表 15-6）。

表 15-6　北马其顿 2015—2019 年主要畜禽存栏情况

年份	存栏量（头/只）			
	牛	猪	绵羊	活禽
2015	253 442	195 443	733 510	1 761 145
2016	254 768	202 758	723 295	1 865 769
2017	255 036	202 197	724 555	1 840 173
2018	256 181	195 538	726 990	1 828 287
2019	217 790	135 770	684 558	1 562 089

数据来源：北马其顿国家统计局。

2019 年肉、蛋、奶产量整体趋势稳中有降，肉类产量保持稳定，鸡蛋产量下降显著。肉类产量 2.2 万吨，鸡蛋产量 0.7 万吨，比 2018 年下降 22.2%；奶类产量 39.1 万吨，比 2018 年下降 3.2%。过去 5 年北马其顿肉、蛋、奶产量总体稳定，肉类产量保持在 2.2 万吨水平，鸡蛋平均产量约 1 万吨，奶类产量保持在 39 万吨水平。

（一）饲料严重短缺

全国约 60% 的农用地种植牧草，而饲料作物种植只占农用地总面积的 9%。因此，饲料生产只能满足需求的 30%～35%。饲料短缺成为北马其顿畜牧业发展的主要限制因素之一。

（二）肉牛养殖业以自给自足方式为主

养牛业主要集中在丘陵地区，以家庭农场为主，多为满足家庭需要。近年来，北马其顿政府加大对农民养牛的财政支持，从事商业化经营的家庭农场数量正在增长。然而，由于饲料严重依赖进口（主要为玉米和大豆），缺少政策支持的大型企业对养牛业的投资正在减少，前景不明朗。

（三）羔羊养殖为优势特色产业，生产潜力有待挖掘

羔羊肉为最有优势的出口产品，主要出口欧盟国家，出口额超过 1 000 万欧元。北马其顿的羔羊生长在"绿色、生态"的大山地牧场，羔羊肉加工工艺传统精湛，肉质极佳。

（四）家禽养殖业分布广泛，发展潜力大

家禽养殖场遍布全国，北马其顿政府一直鼓励肉鸡养殖，肉鸡生产得到恢复性增长，国产肉鸡替代了 40% 的进口冷冻鸡肉。

四、北马其顿的劳动力资源

北马其顿国内工作机会严重稀缺，失业人口居高不下。但近几年政府相继推出刺激就业政策，加之大量劳动力赴国外打工，失业情况逐年好转，2018 年失业率为 20.7%。2017 年第四季度，北马其顿达到劳动年龄的人口数量为

144.6 万人，其中 15～24 岁人口为 25.9 万人，25～49 岁人口为 77.8 万人，50～64 岁人口为 40.9 万人。2018 年，北马其顿就业人口数量为 75.8 万人，失业人口数量为 19.9 万人，失业率为 26.25％。失业率高使北马其顿的工薪处于欧洲较低水平。2018 年，北马其顿人均月工资毛收入约为 684 美元，其中工业领域雇员月均总工资 765 美元，服务业领域雇员月均总工资 761 美元。

北马其顿未出台限制外国劳务的法律规定，但在执行中北马其顿严禁普通外籍劳务人员进入，严控外籍技术劳务人员进入。北马其顿对外籍劳务人员在办理工作许可与居住许可等方面均要求苛刻、限制严格。目前在北马其顿的华人华侨不到 20 人（不含中国公司工程工作人员）。北马其顿社会各界和民众对吸收外籍劳务持反对态度。

第二节　北马其顿农业政策与发展趋势

一、农业政策及其改革措施

北马其顿历来对农业十分重视，制定了一系列发展目标和改革措施，以便提升农业科技水平，使本国产品符合国际发展潮流。具体发展目标包括：建立现代化的农业机制；将北马其顿的农业融入全球发展过程中；发展农村经济，提供优惠的发展农业的基础条件；提高农业商品市场的运作；加强区域合作；按照与欧盟签订的《稳定与联系条约》加强与欧盟的农业合作；因地制宜，对重点商品重点培养，力争发展精品农业。

改革措施包括：个体农民可使用国有土地进行耕作；归还以前被国家占有的私人土地；对国有公司进行私有化改革；出台的法律将对公共设施及公共资产的使用进行规定；启用新的动检设备，按照欧盟标准执行动植物检疫；建立活畜登记系统；建立农民协会；财政支持、建立农业基金和水资源管理基金等。

二、农业潜在发展趋势

以高值农产品为重点的出口货物贸易增加是未来农业发展的亮点，将有助于北马其顿优势农产品获得更广泛的国际认可。羊肉和葡萄酒是具有较高的单位价值的农产品，尤其是瓶装葡萄酒的出口具有更高的附加值特性，供应国际、国内市场的羊肉以及占国内市场主导地位的羊奶酪具有发展潜力。加强农产品质量标准的实施（如 HACCP 体系和供应链的可靠性），可能会增加相关产品出口市场的份额。

农业布局需进一步优化，更主动有效地发挥本国农业资源禀赋优势。北马其顿南部作物生长条件较好的地区，应调整为以生产高产蔬菜和葡萄为主，增加农产品产出附加值。同时，畜牧业饲料和本国消费，需要大量谷物生产或进口来予以满足。因此，以蔬菜为例的高值农产品出口创汇与谷物进口成本之间需保持必要平衡。北马其顿北部地区具有发展畜牧业生产的潜力，肉类供应链的改善将激发肉类产品增收潜力，提高畜牧业的竞争力，并降低对肉类进口的依赖。

三、投资发展前景

北马其顿注重吸引外资，除军事工业、武器交易、麻醉品交易、受保护的文物交易等领域外，其他投资领域均对外开放。政府出台了涉及税收、土地、通关等领域的优惠政策，在公司注册手续等方面简化流程，最快 4 小时即可完成注册，为国内外投资者提供了较为便利的投资环境。北马其顿认识到自身国土面积狭小、市场规模较小等局限性，坚持自由开放的对外经济政策，充分发挥地缘便利、劳动力成本低廉等优势，与欧亚国家和地区签订贸易投资协议，主动"走出去"开展各类投资促进活动，积极构建自由、便利、低成本的"中间经济带"和"第三方贸易投资平台"。为促进经济发展，加快融入欧盟一体化，北马其顿政府大力推进基础设施建设，以稳定的社会环境、公平的商业市场竞争、开放的贸易投资氛围为北马其顿赢得了良好评价。

总体而言，作为非欧盟成员国和制度体系发展相对完善的欧洲国家，北马其顿具有亲欧倾向，开放程度较高、成长潜力较大，但市场相对狭小，对外国投资者来说既具有较大的吸引力，也需要面对不利的因素。

第三节　中国与北马其顿的农业合作

一、中国与北马其顿农业交流与合作

2002 年 4 月，北马其顿总统访华，其农林水利部国务秘书随同来访，中

国与北马其顿（以下简称"中马"）两国政府签署了《中华人民共和国和马其顿政府关于动物检疫及动物卫生的合作协定》。2007 年 12 月，北马其顿总统访华期间，两国农业部签署了中马农业合作议定书。2012 年回良玉副总理访问北马其顿期间，两国共同签署了《中马关于进一步加强农业合作的谅解备忘录》。2016 年 11 月在上海成立的北马其顿国家展览馆为展示北马其顿丰富的农产品、交流悠久的历史文化搭建了新的平台，对中国—中东欧国家合作起到了积极的引领作用。同月，韩长赋部长在云南昆明举办的中国—中东欧国家农业部长会议期间会见了北马其顿农林水利部部长米哈伊夫·茨韦特科夫，双方就加强中马农业领域合作交换了意见。2019 年 4 月，两国农业部门签署了《2020—2022 年农业领域合作行动计划》。

二、中国与北马其顿农产品贸易

自 1993 年中马建交以来，特别是近年来，两国在政治、经贸、文化、医药、旅游等领域关系日益密切，随着"16＋1"合作不断引向深入，中国成为北马其顿人民评价较高、受欢迎程度较高的国家之一。目前，中国已成为北马其顿第七大贸易伙伴，欧洲外第一大贸易伙伴，中资企业在北马其顿合作项目的数量和规模不断上升。在政府实施积极财政政策、大力开展基础设施建设并积极欢迎中国投资者的情况下，许多中资企业也在密切关注并开拓北马其顿市场。

2019 年，中国与北马其顿农产品贸易总额为 569.47 万美元，同比减少 15.10％，其中，中国对北马其顿出口农产品 361.91 万美元，同比减少 26.63％；自北马其顿进口 207.56 万美元，同比增加 16.94％。中国对北马其顿主要出口油籽（73.19％）、蔬菜（14.71％）和糖料及糖（4.70％）等；自北马其顿主要进口饮品类（96.92％）和粮食制品（2.51％）等。

2020 年 1 月至 6 月，中国与北马其顿农产品贸易总额 249.52 万美元，同比减少 29.34％，其中，中国对北马其顿出口农产品 166.26 万美元，同比减少 23.22％；自北马其顿进口 83.26 万美元，同比减少 39.05％。中国对北马其顿主要出口油籽（51.73％）、坚果（25.45％）和蔬菜（11.46％）等；自北马其顿主要进口饮品类（94.41％）和粮食制品（5.54％）等。

三、北马其顿农业投资注意事项

北马其顿于 2005 年成立外国投资和出口促进署,该部门直属总理府,是落实北马政府制定投资政策的执行机构,下设投资服务处、市场和通信处、行政和协调处 3 个处,另在海外 21 个国家和地区派驻招商代表,其中驻华代表常驻北京、上海、广州。

投资农林项目需重视环保规定和租赁经营期限。北马其顿欢迎外资参与当地农业投资,给予投资者土地承包经营权,在符合环保要求的情况下,租赁经营期限长达 99 年。北马其顿允许外资通过招投标方式获得林地承包经营权,并须按照国家规定的林地用途经营,根据种植林地品种的不同,享有不同的经营年限。在北马其顿的所有投资合作项目都必须符合其有关环保的规定。作为欧盟候选国,其环保标准在逐渐参照欧盟有关环保标准执行。北马其顿政府通过环保许可制度与国家环保巡视员的巡查来保证环保工作的落实。如未能达到环保标准,任何项目都不允许在北马其顿进行。

认真做好前期竟调和可行性研究对于赴北马其顿投资规避商业风险十分重要。在开展投资、贸易、承包工程和劳务合作的过程中,要特别注意事前调查、分析、评估相关风险,事中做好风险规避和管理工作,切实保障自身利益。包括对项目或贸易客户及相关方的资信调查和评估,对项目所在地政治风险和商业风险的分析和规避,对项目本身实施可行性分析等。企业应积极利用保险、担保、银行等保险金融机构和其他专业风险管理机构的相关业务保障自身利益。因北马其顿目前失业率较高,政府对来北马其顿务工的外籍人员控制严格,几乎没有外国劳工,劳动力市场不对外籍劳工开放,无具体外籍劳务配额。

第十六章 CHAPTER 16
波兰农业概况 ▶▶▶

　　波兰共和国（以下简称"波兰"）国土面积 31.27 万平方千米，是欧盟第六大国，也是中东欧 17 国中面积最大、人口最多的国家。全境 75% 在海拔 200 米以下，地势平坦广阔。海岸线长 5 282 千米，最大河流维斯瓦河全长 1 047千米，最大湖泊希尼亚尔德维湖面积 109.7 平方千米。波兰属海洋性气候向大陆性气候过渡的温带阔叶林气候，平均气温－10～5℃，平均年降水量为 600 毫米，南部丘陵地区和山区降水量最多，中部平原地区降水量最少。2019 年波兰人口为 3 797.1 万人，农村人口占 40%。

　　自实施经济自由化政策以来，波兰连续 27 年维持高经济增长率，2004 年加入欧盟为波兰赢得了更大的发展机遇，2019 年波兰 GDP 达到 5 898.5亿美元，经济体量在中东欧国家中居首位。波兰是欧洲农业大国，蔬菜水果产量走在欧洲前列，被称为"欧洲的果园"，每年向中国出口大量蔬菜水果，并从中国进口大量畜产品。波兰高度重视外资引进，2018 年流入波兰的外国直接投资达 115 亿美元[①]，优越的地理位置、优质的人力资源以及良好的经济政策，使得波兰成为仅次于瑞典的第七大外国投资目的地。波兰是中欧班列进入欧盟的第一站，是中国通往西欧、北欧国家的桥梁，也是中国在中东欧地区最大的贸易伙伴，两国在农业领域有较大合作空间。

---

① 资料来源：联合国贸易和发展会议（UNCTAD）2019 年《世界投资报告》。

第一节 波兰农业生产概况

一、波兰农业生产概述

波兰是欧洲农业大国，2019年农业用地总面积为1 469万公顷，位列欧盟第三。种植面积为1 089.8万公顷，与2010年相比增加了5.1%，休耕地大幅减少，下降了60%以上。永久性草场面积有所上升，和永久性牧场共占国土面积的10%。波兰至今仍保持着以国有林为主的林业管理制度，2019年林业用地面积为946.3万公顷，占国土面积的30.9%，其中国有林场占80%（表16-1）。

表16-1 波兰农业土地资源

单位：万公顷

	2010年	2015年	2017年	2018年	2019年
农业用地	1 486.0	1 454.5	1 462.0	1 466.9	1 469.0
播种面积	1 036.6	1 075.3	1 075.7	1 082.9	1 089.8
休耕地	43.2	13.4	15.0	18.0	15.7
永久作物	39.0	39.1	38.4	35.3	34.0
果园	36.7	35.0	36.2	33.1	31.9
永久性草场	257.8	265.8	279.6	275.5	276.4
永久性牧场	65.1	43.5	37.5	39.5	36.4
其他	41.2	14.7	13.0	13.0	13.9
林业用地	912.1	942.0	944.7	946	946.3

数据来源：波兰中央统计局。

农业部门是波兰重要的经济部门之一，但随着其他产业的快速发展，农业在GDP中所占的比重稳中有降。2019年波兰农业增加值为140亿美元，比2018年增长2.2%，占GDP的比例从2010年的2.9%下降到2.3%。从农产品生产结构（按当前价格计算）来看，占重要地位的农产品主要包括牛奶（18.2%）、禽畜（15.2%）、猪肉（14.5%）、蔬菜（10.5%）、谷物（10.0%）、生牛肉（7.3%）、鸡蛋（6.1%）和水果（5.3%）等（表16-2）。

表16-2 波兰农业增加值变化

	2010年	2015年	2017年	2018年	2019年
GDP（10亿美元）	479.8	477.8	526.5	587.4	595.9

（续）

	2010 年	2015 年	2017 年	2018 年	2019 年
农业增加值（10 亿美元）	13.7	11.4	15.1	13.7	14.0
农业增加值（占 GDP％）	2.9	2.4	2.9	2.3	2.3

数据来源：世界银行。

二、波兰种植业

波兰高度重视粮食及其他农作物生产，2010 年以来播种面积逐年增加，2019 年达到 1 089.8 万公顷，比 2010 年增加 5.1％，产量达到 12 029.4 万吨，比 2010 年增加 6.5％。主要作物品种包括小麦、黑麦、大麦、燕麦、玉米、豆类、马铃薯、甜菜、油籽和饲料作物等，小麦、黑麦、马铃薯、甜菜和油菜籽等产量均居欧洲前十位，其中，产量超过 1 000 万吨的作物包括小麦（1 101.2 万吨）、甜菜（1 383.7 万吨）以及草料（1 233.5 万吨）。从作物产量变化趋势来看，粮食作物增产幅度较大，与 2010 年相比，小麦、玉米和豆类产量分别增加了 17％、87.3％和 33.6％。经济作物中，甜菜和油菜籽产量分别增加了 38.7％和 7％。波兰中央统计局数据显示，2020 年波兰小麦产量达到 1 210 万吨，油菜籽产量达到 290 万吨，两类作物产量均创下历史最高水平。波兰农作物增产主要得益于播种面积的增加。从作物单产水平来看，在过去十年中，仅甜菜和油籽有大幅提高，分别增长 18.8％和 15.2％，玉米、豆类和饲料作物下降明显，下降幅度分别为 6％、14.8％和 10.2％，其他作物单产水平基本稳定（表 16-3）。

表 16-3　波兰主要农作物产量

单位：万吨

	2010 年	2015 年	2017 年	2018 年	2019 年
基本谷物包括混合谷物	2 508.8	2 474.1	2 775.6	2 279.3	2 513.6
小麦	940.8	1 095.8	1 166.6	982.0	1 101.2
黑麦	285.2	201.3	267.4	216.7	246.1
大麦	339.7	296.1	379.3	304.8	337.4
燕麦	151.6	122.0	146.5	116.6	123.3
小黑麦	457.6	533.9	531.2	408.6	458.3

（续）

	2010 年	2015 年	2017 年	2018 年	2019 年
玉米	199.4	315.6	402.2	386.4	373.4
马铃薯	818.8	615.2	895.6	731.2	659.9
甜菜	997.3	936.4	1 573.3	1 430.3	1 383.7
油菜籽	227.3	276.3	277.0	227.1	243.2
油菜和萝卜油菜（萝卜籽油）	222.9	270.1	269.7	220.4	237.3
饲料植物	67.2	33.8	35.3	20.3	25.0
干草	1 289.3	1 112.6	1 514.6	1 276.5	1 233.5
豆科植物	143.7	166.9	202.1	153.3	133.0

数据来源：波兰中央统计局。

波兰也是世界上最大的蔬菜和水果生产国之一，是欧盟仅次于西班牙、意大利和法国的第四大新鲜蔬菜生产国，蔬菜产量长期维持在400万吨以上。水果也是波兰农产品的重要组成部分，2018年波兰水果产量合计449.5万吨，主要品种包括苹果和樱桃等，苹果产量占88.8%。波兰是继中国和美国之后世界第三、欧盟第一大苹果生产国，也是继中国之后世界第二大浓缩苹果汁出口国（表16-4）。

表 16-4　波兰蔬菜水果产量

单位：万吨

	2015 年	2016 年	2017 年	2018 年
甘蓝	107.6	101.8	101.1	91.3
花椰菜	22.7	24.0	23.8	22.0
洋葱	61.4	65.1	66.7	56.3
胡萝卜	79.3	82.2	82.7	72.6
甜菜根	33.4	34.1	33.6	29.8
黄瓜	26.4	26.1	24.9	24.5
番茄	26.3	26.0	25.5	25.3
其他	78.9	95.3	100.0	89.0
蔬菜合计	**436.0**	**454.6**	**458.3**	**410.8**
苹果	314.6	360.4	244.1	400.0
梨	6.6	8.2	5.5	9.1
梅子	9.1	11.0	5.8	12.1

（续）

	2015 年	2016 年	2017 年	2018 年
酸樱桃	17.4	19.5	7.2	20.1
甜樱桃	4.6	5.4	2.0	6.0
桃	0.9	1.1	0.5	1.1
杏	0.3	0.3	0.1	0.4
核桃	0.6	0.7	0.4	0.9
水果合计	354.1	406.6	265.6	449.7

数据来源：波兰中央统计局。

三、波兰畜牧业

畜牧业在波兰农业生产中一直占有重要地位。2019 年，波兰牛的存栏量达到 635.8 万头，比 2010 年增加 10.7%。受养殖收益率影响，猪的存栏量下降明显，2019 年仅为 1 078.1 万头，比 2010 年减少近 30%。其他牲畜还包括家禽、羊和马等，家禽合计 1.5 亿只，羊约 30 万只，马约 20 万匹。牛奶及鸡蛋等副产品产量有所增加，牛奶产量增加 18.2%，每头奶牛年均产奶量达到 5 803 升，比 2010 年提高了 29.3%，鸡蛋产量增加 8.4%（表 16-5）。

表 16-5　波兰主要畜产品产量

	2010 年	2015 年	2017 年	2018 年	2019 年
牛（万头）	574.2	596.1	614.3	620.1	635.8
其中母牛（万头）	264.6	244.5	237.4	242.9	246.1
猪（万头）	1 524.4	1 164	1 135.3	1 182.8	1 078.1
其中母猪（万头）	142.4	94.7	88.5	87.1	75.5
牛奶（百万升）	11 921	12 859	13 305	13 768	14 090
每头每年平均产奶量（升）	4 487	5 395	5 687	5 747	5 803
鸡蛋（万个）	11 124	10 474	10 998	11 814	12 056

数据来源：波兰中央统计局。

四、波兰林业

波兰森林覆盖率为 29.6%，是欧洲森林覆盖率最高的国家之一。波兰森林按产权划分包括国有林和私有林，国有林占 80%，私有林占 20%，国有林约78%由国有企业经营，2%由森林自然保护区等机构经营，2%由地方自治政府和农业地产机构等经营。按属性划分，人工林占86.6%，天然林占13.4%。按功能划分，防护林占比超过40%，商品用材林为55%～60%。近十年来，波兰林产品产量增速明显，纤维板、刨花板、纸及纸板和木浆产量与2010年相比，分别增加了45.8%、35.1%、31.9%和6.5%。当前波兰林业创新发展的方向是森林的多功能性，促进绿色未来及生物经济（表16-6）。

表16-6　波兰主要林产品产量

	2010年	2015年	2017年	2018年	2019年
森林面积（万公顷）	912.1	921.5	924.2	925.5	925.9
森林覆盖率（%）	29.5	29.5	29.6	29.6	29.6
木材砍伐量（万立方米）	3 546.7	4 024.7	4 427.5	4 559	4 236.6
纤维板（万平方米）	50 141.8	64 486.3	72 777.4	73 602.4	73 115.1
刨花板（万平方米）	468.4	501.4	561.7	586.4	632.7
纸及纸板（万吨）	370	439.9	477.9	485.6	488
木浆（万吨）	88.1	87.3	93.6	96.2	93.8

数据来源：波兰中央统计局。

五、波兰渔业

波兰水域资源丰富，海洋捕捞和淡水养殖发展得天独厚。内海水域达1 991平方千米，领海面积8 682平方千米，国内面积大于1公顷的湖泊、水库超过7 000个。2018年波兰海洋鱼类总捕捞量达到22.2万吨，在波罗的海捕捞的鱼种以大西洋鳕鱼、鲱鱼和黍鲱为主，占总捕捞量的64.6%，其中黍鲱超过总量的30%。波兰淡水水域面积约60万公顷，其中48万公顷为渔业水域，2018年波兰淡水鱼总产量达4.8万吨，包括30余个品种，主产比目鱼、鲤鱼、鲑鱼。近年来，在波兰淡水渔业中，除了传统的鲤鱼保持常年的水平外，虹鳟鱼的产量有了明显的增长（表16-7）。

表16-7　波兰主要水产品产量

	2010年	2015年	2017年	2018年
海洋鱼类（万吨）	17.1	19.1	21.2	22.2
大西洋鳕鱼（万吨）	1.7	2.1	2.7	—

（续）

	2010 年	2015 年	2017 年	2018 年
鲱鱼（万吨）	2.5	4.0	4.3	—
黍鲱（万吨）	7.1	6.2	6.7	—
其他海鱼（万吨）	5.9	6.4	7.0	—
海洋鱼类人均占有量（千克）	4.4	4.9	5.4	5.4
淡水鱼类（万吨）	4.5	4.9	5.3	4.8
淡水鱼类人均占有量（千克）	1.2	1.3	1.4	1.3

数据来源：波兰中央统计局。

第二节 波兰农产品贸易概况

一、波兰农产品贸易总体情况

波兰是中东欧最大的农产品贸易国，也是欧洲重要的农产品贸易国。2019年，波兰农产品进出口额达 585 亿美元，占对外贸易总额的 11.1%，占中东欧 17 国农产品进出口总额的 31.3%，在 17 国中位居首位。其中，农产品出口额占 17 国农产品出口总额的 26.2%，进口额占 17 国农产品进口总额的 38.8%。自 2003 年以来，波兰农产品贸易一直处于顺差状态，且顺差逐年扩大，2019 年达到 113.8 亿美元。2010 年以来，波兰农产品出口量增长了 82.7%，进口量增长了 49.3%（表 16-8）。

表 16-8　波兰农产品出口情况

年份	出口量（万吨）	出口额（亿美元）	进口量（万吨）	进口额（亿美元）
2010	1 263.5	178.1	1 733.6	145.8
2011	1 172.5	211.9	1 872.6	178.3
2012	1 472.4	224.1	1 970.6	173.1
2013	1 855.1	273.8	1 946.0	193.1
2014	2 010.9	286	2 062.9	197.6
2015	2 186.1	261.8	1 998.7	174.9
2016	2 192.2	260.1	2 015.2	181.7
2017	2 157.6	299.7	2 005.2	204.7
2018	2 253.4	351.5	2 563.2	240
2019	2 308.4	349.4	2 588.0	235.6

数据来源：联合国贸易数据库（Comtrade）。

二、波兰农产品出口情况

2019 年，波兰农产品总出口额 349.4 亿美元，同比下降 0.6%，出口总量 2 253.4 万吨，主要出口产品为畜产品、粮食、水果、蔬菜、饮品类和水产品，合计占农产品出口总额的 60% 以上。其中，畜产品出口额 111.2 亿美元，占出口总额的 31.8%；出口量 551.3 万吨，占出口总量的 23%。饮品类出口额 36.1 亿美元，占出口总额的 10.3%；出口量 179.2 万吨，占出口总量的 7.5%。水果出口额 32.3 亿美元，占出口总额的 9.2%；出口量 262.6 万吨，占出口总量的 11%。水产品出口额 25.6 亿美元，占出口总额的 7.3%；出口量 47.2 万吨，占出口总量的 2%。从产品细分来看，出口产品中畜产品主要为鸡肉，饮品类主要是无醇饮料和苹果汁，水果主要是椰子和苹果，水产品主要为鲑鱼和其他加工鱼类（表 16-9）。

表 16-9　波兰 2019 年出口农产品种类

农产品名称	出口量（万吨）	出口量同比（%）	出口额（亿美元）	出口额同比（%）
畜产品	551.3	4.2	111.2	−2.6
粮食（谷物）	449.0	1.4	10.2	−3.6
其他农产品	295.4	9.5	86.1	6.1
水果	262.6	15.2	32.3	−2.0
蔬菜	190.0	−4.5	23.1	0.3
饮品类	179.2	−13.7	36.1	−0.9
糖料及糖	124.2	−6.6	8.2	−4.2
粮食制品	93.6	−15.0	21.2	−13.9
饼粕	72.6	9.7	1.9	11.6
油籽	50.2	34.5	3.8	19.9
水产品	47.2	3.9	25.6	−0.6
花卉	20.6	48.7	2.5	13.0
植物油	18.1	50.1	1.8	39.6
坚果	16.1	14.0	2.7	−0.1
棉麻丝	11.8	−16.8	1.0	5.6
干豆（不含大豆）	5.7	34.8	0.4	32.1
粮食（薯类）	2.2	38.7	0.3	21.4
药材	2.1	−2.2	0.9	4.7

(续)

农产品名称	出口量（万吨）	出口量同比（%）	出口额（亿美元）	出口额同比（%）
调味香料	0.8	28.3	0.5	6.0
精油	0.0	−19.5	0.0	44.4

数据来源：联合国贸易数据库（Comtrade）。

欧盟是波兰最主要的农产品贸易伙伴，波兰前十大农产品出口国均为欧盟成员国。德国多年来一直是波兰最大农产品贸易伙伴。2019 年，波兰对德国农产品出口额达 83.7 亿美元，占波兰农产品出口总额的 24.0%，同比增长 0.4%。其余三大农产品出口国分别为英国、荷兰、意大利，占比分别为 8.8%、6.4%、5.5%。

三、波兰农产品进口情况

2019 年，波兰农产品总进口额 235.6 亿美元，同比下降 1.8%，进口总量 2 638.1 万吨，主要进口产品为饮品类、畜产品、水果、蔬菜、水产品，合计占农产品总进口额的 60% 以上。其中，饮品类进口额 33.8 亿美元，占进口总额的 14.3%；进口量 940.7 万吨，占进口总量的 35.7%。饼粕类进口额 10.6 亿美元，占进口总额的 4.5%；进口量 313.3 万吨，占进口总量的 11.9%。畜产品进口额 46.2 亿美元，占进口总额的 19.6%；进口量 206 万吨，占进口总量的 7.8%。水果进口额 27.2 亿美元，占进口总额的 11.5%；进口量 175.6 万吨，占进口总量的 2.5%。从品种来看，进口产品中，畜产品主要为猪肉，水产品主要为鲑鱼和哲罗鱼，水果主要为椰子和柑橘，此外还有豆粕和咖啡（表 16-10）。

表 16-10　波兰 2019 年进口农产品种类情况

农产品名称	进口量（万吨）	进口量同比（%）	进口额（亿美元）	进口额同比（%）
饮品类	940.7	−0.5	33.8	−2.4
饼粕	313.3	7.0	10.6	−6.4
其他农产品	274.1	1.0	45.0	1.1
畜产品	206.0	−6.0	46.2	−0.1
水果	175.6	−18.9	27.2	−9.8
蔬菜	168.8	31.2	17.3	13.1

（续）

农产品名称	进口量（万吨）	进口量同比（%）	进口额（亿美元）	进口额同比（%）
粮食（谷物）	160.9	−0.6	5.7	1.5
油籽	93.9	−14.2	6.5	−13.0
植物油	90.4	39.5	7.9	2.0
水产品	65.8	0.6	26.6	0.7
粮食制品	57.4	−1.9	6.0	−21.5
糖料及糖	51.2	23.4	5.1	4.0
花卉	10.2	−30.3	4.3	−4.3
坚果	10.0	−4.7	4.1	−9.0
棉麻丝	9.1	−18.7	1.0	−4.7
干豆（不含大豆）	5.1	23.8	0.3	7.5
粮食（薯类）	2.6	92.6	0.3	89.4
调味香料	1.5	−3.8	0.6	1.1
药材	1.1	6.4	0.4	13.1
精油	0.1	39.1	0.2	−9.0

数据来源：联合国贸易数据库（Comtrade）。

欧盟是波兰最主要的农产品进口来源地，前十大进口国中有 9 个为欧盟成员国。德国是波兰最大的进口来源国，2019 年，波兰从德国进口农产品金额达 47.5 亿美元，占波兰农产品进口总额的 20.2%。其余主要农产品进口国分别为荷兰、西班牙和挪威。自欧盟进口产品主要有猪肉、可可制品、其他乳品、椰子和活猪。

第三节 波兰农业发展政策

一、农业用地政策

1945 年后，波兰开始推动土地私有化，1989 年波兰政府正式确立土地私有化方针，1990 年波兰议会通过《国有企业私有化法》，为国有农场农业合作社私有化提供了法律依据。2019 年，波兰 80% 以上的土地为私人所有，私人农场贡献了 88.5% 的农业产值。加入欧盟之前及初期，波兰土地价格相对稳定，2010 年以后，农地价格特别是优质农地价格明显升高，2019 年可耕地平均售价为每公顷 12 705.7 美元，与 2010 年相比增长了 1.6 倍（表 16-11）。

表 16-11　波兰可耕地/草地平均价格

单位：美元/公顷

	2010 年	2018 年	2019 年
可耕地	4 852.0	11 938.5	12 705.7
肥沃	5 797.8	14 926.0	15 670.9
中等肥沃	5 068.2	12 272.0	13 101.1
贫瘠	3 981.2	8 517.3	9 314.1
草地（肥沃）	3 930.6	8 163.1	8 383.1
草地（贫瘠）	3 037.3	6 250.5	6 842.0

数据来源：波兰中央统计局。

二、农业支持政策

农业直接补贴政策。农业收入直接补贴是波兰农业支持政策的主要部分，包括单一地区补贴、支持年轻农民、生产相关补贴、活畜补贴、软水果补贴、高蛋白植物补贴、蛇麻籽补贴、甜菜补贴、淀粉土豆补贴、番茄补贴、亚麻补贴、大麻纤维补贴、小额持股机制、过渡国家援助、环境绿化补贴以及自然灾害补贴等。除直接补贴外，波兰还制定了相关的农业发展支持计划来支持农业发展，主要包括农业环境计划覆盖的农村发展计划、农业环境气候行动、有机农业覆盖农村计划开发协议、有机农业支持、山区农业支持等。

农业财税政策。一是实行有利于降低农民生产成本的消费税返还政策，如农业生产使用的燃料可以部分返还消费税。二是实行农业税优惠政策，如农业生产建筑物及农场建设房地产税减免及优惠。三是实行增值税和所得税优惠政策，农产品增值税税率为 3%～5%，优惠于工业产品生产，从事饲养业、温室生产的农户需缴纳所得税，但耕地质量较差的农场主可以免于缴纳，甚至还可以享受其他优惠政策。

农业保险政策。波兰政府自 2006 年起开始资助农业保险，支持农民投保。具体是由农业部与农户、农业企业签订协议，明确对参加农业保险的农场、农业企业给予保费补贴，并通过立法形式保证农业保险的实施，以加大农业保险的补贴力度。同时，波兰规定能够从欧盟获得农业补贴的农民必须参加农业保险。

农产品价格稳定和市场政策。主要包括关税限制；政府干预性收购粮食、猪肉、黄油和奶粉；粮食和烟叶收购价补贴；动物制品出口补贴；奶粉生产补贴；对淀粉生产企业和土豆种植户给予补贴等。对盐碱地改良、农药和生物技术应用、农用燃油、优质鲜奶生产、造林等进行补贴。

三、农产品贸易政策

波兰加入欧盟后，与欧盟其他成员国的贸易遵循欧盟共同市场原则。

关税措施。波兰关税种类有自主关税、协定关税、优惠关税、减让关税。波兰对从非 WTO 成员方、不享受最惠国待遇、不在优惠税率范围内的国家进口的产品采用自主关税，与世贸组织成员或与波兰签订双边贸易协定的国家采用协定关税，自发展中国家或欠发达国家进口商品通常采用优惠关税，从欧盟、欧洲自由贸易联盟和中东欧自由贸易区进口的某些商品（主要是农产品）采用减让关税。

非关税措施。波兰适用欧盟非关税措施，包括反倾销、反补贴、保障措施、数量限制和进出口禁令。欧盟法律允许成员国为保护社会公德和安全、人的健康和生命、动植物、具有艺术历史或考古价值的国家宝藏或者保护商业和知识产权，在进出口和过境时使用禁令、限制或监管手段，但措施不能构成歧视或变相限制。配额管理属于欧盟权限，波兰行政机关的任务是从欧盟委员会获得配额信息后发放进口许可证。进口商可以通过欧盟委员会和成员国颁发进口许可证的部门获得数量配额使用情况信息。

检验检疫措施。根据波兰动物检疫规定，活动物、鲜冻肉及肉罐头等进口商应向农业部兽医检疫总局申请动物检疫许可证。商品入境时由驻口岸的动物检疫员查验产地国签发的动物检疫证和波兰农业部签发的检疫许可证。对波兰出口的肉类及制品应来自获得向欧盟或美国出口许可权的企业，或根据双边协议经波兰农业部检疫人员实地调查认可的企业。波兰农业与农村发展部下属的"国家植物卫生与种子检疫总局"负责植物检疫工作。进口植物及植物产品应在波兰的边境口岸接受驻口岸的植检人员检查，并出示产品原产国有关机构签发的植物检疫证书。烘干的咖啡豆、茶叶、可可粉、植物调料、原装草药、冷冻果蔬、10 千克以下欧洲出产的鲜果蔬菜无须进行植物检疫。

四、农业利用外资政策

（一）波兰外商投资审查机制

2020 年 6 月 4 日，波兰国会下议院通过了针对外国直接投资审查机制的法律草案。草案对受监管投资人、受保护实体、受监管的交易及申报要求进行了规定。同时，草案列出了"为关键基础设施领域提供软件支持"以及"关键行业"，其中涉及农业的领域包括"用于食物供应的设备和系统"以及"肉类、牛奶、谷物、水果和蔬菜加工"，以上领域在外资进入时，需要波兰政府批准。

（二）波兰外商投资土地制度

波兰《外国人购买不动产法》规定，任何外国人或企业均可在波兰购买土地，或通过购买一家拥有土地的波兰公司股份，来获得土地的所有权或永久使用权。无论是购买土地还是购买拥有土地的公司股份，均须事先从波兰内政部获得购买许可。

波兰内政部通常在审核购买方申请材料后 3～4 个月内发放许可。许可一经颁发，有效期为 2 年，交易双方应在许可有效期内完成相关手续。外国人或企业从波兰购买私有土地后，则拥有该土地的完整所有权，如通过招标方式从政府或政府管理的机构购买土地，则只拥有该土地的永久使用权。波兰禁止外国人或外国实体购买位于波兰边境地区的土地。

（三）波兰外商投资税务规定

波兰的税收体系以所得税和增值税为核心，除了在地方税上略有差异之外，实行全国统一的税收制度。外国公司和外国人与波兰的法人和自然人一样同等纳税。波兰共有 13 种税，其中包括 10 种直接税和 3 种间接税。直接税包括个人所得税、企业所得税、遗产与赠予税、民法交易税、农业税、林业税、房地产税、交通工具税、船舶吨位税、采矿税，间接税包括增值税、消费税和博彩税。

波兰实行属地税法，根据企业在全球范围内的收入对其征收所得税。波兰政府与包括几乎所有发达国家在内的 80 多个国家签订了避免双重征税协定。中国政府与波兰政府于 1988 年签订《避免双重征税协定》。外国公司可在波兰建立分公司，分公司具备常设机构职能。外国公司以波兰分公司营业收入为基础按 19% 的标准税率缴纳企业所得税（全欧盟最低），分公司须保留全部数据的账簿。根据避免双重征税协定，在少数情况下，若分公司能够证明其在波兰的业务未达到常设机构地位，可不适用波兰的企业所得税法。不动产税减免，是由地方政府决定的一项资助措施，资助数额不超过应缴纳的不动产税并以抵扣税款方式实现。该项优惠为"自动减免"，即企业满足一定条件后将自动享受相关税费减免，但企业应履行通报义务。

波兰经济特区的主要优惠政策为减免所得税。目前，波兰共有 14 个经济特区，优惠政策将持续至 2026 年。主要税负包括：企业所得税、个人所得税、增值税、房地产税、农业税、林业税、民法交易税、零售业流转税等。除经济特区的所得税豁免、不动产税豁免，波兰还通过其他机制吸引外国直接投资，如对购买新技术及研发中心的优惠的税务抵扣，以及从国家层面及欧盟层面为投资者提供现金补助，以支持新的投资和创造就业岗位，该补助最多可以达到投资总额的 50％。

第四节　波兰农业特色

一、波兰农业在世界农业中的地位

波兰在中东欧国家中是国土面积最大、经济体量最大、人口最多的国家。波兰农业资源丰富，农业发展动力强劲，是欧洲最重要的农业大国之一以及中东欧最大的农产品贸易国。当前，波兰的小麦、黑麦、马铃薯、甜菜和油菜籽等产量均居欧洲前十位。蔬菜水果产量居世界前列，是欧盟仅次于西班牙、意大利和法国的第四大新鲜蔬菜生产国以及最大的甘蓝、红萝卜和甜菜生产国，第二大黄瓜和洋葱生产国，也是仅次于比利时的第二大冷冻蔬菜生产国。在水果生产方面，波兰是继中国和美国之后世界第三、欧盟第一大苹果生产国，也是继中国之后世界第二大浓缩苹果汁出口国。同时，波兰还是欧洲第五大乳制品生产国，也是全球第十二大乳制品生产国。以上成就奠定了波兰农业在世界农业中的地位。

二、波兰农业的新功能和发展趋势

近 10 年来，鉴于对生物多样性和自然资源的保护，有机农业成为波兰促进经济社会可持续发展的重要举措。波兰大规模有机农业运动始于 20 世纪 80 年代初期，由多个有机农业协会推动，并根据国际有机农业运动联盟的要求和原则形成了生产规范。2001 年，波兰颁布了第一部有机农业法令，明确规定了有机农业生产的国家标准。随着加入欧盟以及农业环境计划的实施，波兰发展有机农业的动力进一步增强。2019 年波兰有机农场达到 1.86 万家，总面积 507.6 万公顷，占耕地总量的 3.5％，数量比 2018 年下降了 3％，但用地面积增长了 4.7％，规模化水平大幅提高，平均农场面积达到 27.2 公顷，为 2000 年以来最高水平（图 16-1）。

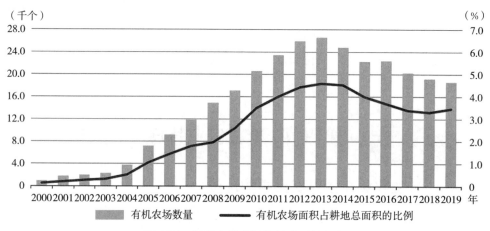

图 16-1　波兰有机农场数量及面积占比
资料来源：波兰中央统计局。

欧盟国家都重视发展有机农业，2018 年有机生产的农业用地占欧盟农业用地总量的 7.5％。欧盟有机农业的蓬勃发展得益于欧盟农业发展基金对有机农场的补贴和支持。根据波兰农业现代化和结构调整机构统计，2019—2020年波兰对有机农场的补贴达到 333.3 百万比索，同比增长 14.6％，几乎是 2004 年的 9.5 倍。除了大量的补贴，波兰使用欧盟统一的有机标识，有助于消费者在市场上区分有机和非有机食品，也激励更多企业从事有机食品加工和贸易，成为推动有机农业发展的有力措施之一。

三、波兰农场

由于历史原因，波兰农场数量较多，但总体呈下降趋势，2019 年波兰共有农场 140.94 万个，比 2010 年减少 10 万个，从绝对量来看，数量下降主要集中在 1～15 公顷的中等规模农场，1 公顷以下农场以及 15 公顷以上农场数量都有所增加。从相对量来看，小规模农场和大规模农场比例上升，中等规模农场比例下降。

波兰农业发展部将强化家庭农场建设作为优先任务，并提出修改立法以增强家庭农场的实力，下一步还将建立强大的家庭农场合作社来确保家庭农场的横向扩展，使家庭农场成为农业市场的重要主体（表 16-12）。

表 16-12　波兰各规模农场数量

年份	总数（万个）	各规模农场数量（万个）					
		0~1公顷	1~2公顷	2~5公顷	5~10公顷	10~15公顷	15公顷以上
2010	150.92	2.49	30.06	48.98	34.63	15.15	19.61
2016	140.07	2.28	27.12	46.59	30.99	13.73	20.36
2017	140.56	2.05	26.31	44.95	31.6	14.24	21.41
2018	142.87	2.75	28.5	44.9	31.5	14.2	21.02
2019	140.94	2.78	28.55	44.07	30.62	13.77	21.15

数据来源：波兰中央统计局。

四、波兰农业科技创新与推广体系

波兰有近 60 多个农业类科研院所，其中农业发展部主管 20 多个研究所，教育部主管近 10 所高等农业院校，波兰科学院第五分部（即农牧科学研究部）主管 10 多个农业研究所，另有约 20 个与农业有关的其他部门下属研究所，共同构成了波兰农业的科技研发体系。波兰农业发展部下属研究所有 5 000 多名科技人员，是波兰农业研发的主力，在各主产区均设有试验站，实行全国统一规划管理，主要负责为所在地区农民提供农业技术推广服务，并积极与欧盟各国开展多边合作研究、合作试验、互派人员进修培训等活动。波兰农业科研机构的研究经费主要来自国家财政拨款，如专项补贴、科研项目经费、国家专项计划拨款等。经费使用导入市场竞争机制，采用竞标的方式决定具体项目经费的使用单位。同时，科研机构还可以从参加国际合作项目、为科研机构和企业提供服务、出租或转让房地产等方式得到一定的科研经费补助。

波兰高度重视农业科技中介服务体系建设，专门设立农业科技中介服务中心，该机构是政府财政全额拨款的公益性机构，主要为农民提供政策咨询、技术推广和服务以及管理技能培训等，同时帮助农民了解波兰加入欧盟后的政策，指导农民申请欧盟直接补贴和基金资助。波兰农业技术推广中介服务体系还包括农业咨询服务中心、农业科研机构、国家和区域研究所以及农业公司等共同为农业技术推广和农村发展服务。农业咨询服务中心向农民提供农业适用技术及信息，同时负责科学知识的普及，提高农民素质。另外，农业咨询服务中心还兼有保证农民可以享受到国家各种政策优惠的贯彻落实职责。

第五节 中国与波兰的农业合作

波兰作为中东欧的农业大国，农业资源丰富，农业科研水平较高，既是中国"丝绸之路经济带"沿线重要支点合作国家，也是中国农业科技、农产品贸易和投资的重要合作伙伴。

一、中国与波兰的农业科技合作

前期探索。中国与波兰（以下简称"中波"）的农业合作始于20世纪50年代，起步于农产品贸易，后拓展到科技、投资领域。两国政府于1994年和1995年分别签署了植物和动物检疫合作协定（因波兰加入欧盟，终止执行），1994年签署了农业和食品业的经济与科技合作协议，建立了司局级农业合作工作组。

成立中波农业科技合作中心。两国于2006年成立中波农业科技合作中心，2007年批准了该中心的运行管理方式和当年的合作项目，正式确定中心投入运行。2009年底，双方农业部又签署了新一期合作协议。自2006年以来，两国在《中波农业科技合作中心合作协议》框架下通过续签协议不断进行农业领域方面的合作，在农业合作研究、种质资源交换、信息与经验交流等方面取得新的成果。

拓展科技合作领域。2013年双方同意通过共建联合实验室、共同申请研究项目等合作形式，开展动物疫病防控、动植物种质资源交换与种质创新、植物保护、食品加工与食品安全等方面的合作。2015年两国签署《中国农业科学院兰州兽医研究所—波兰国家兽医研究所共建动物疫病防控联合实验室合作协议》，并举行了中波联合实验室揭牌仪式，标志着两国在动物疫病防控研究领域的合作进入实质性阶段。截至2019年，中波农业合作工作组已经召开了八次会议，中波双方建立了多种联系机制，在农业科技、畜牧兽医、农产品质量安全、农产品贸易等领域开展了富有成效的合作。

二、中波农产品贸易合作

波兰是中国在中东欧地区的最大出口市场和最大进口来源国，中国是波兰的第 28 大出口市场和第 16 大进口来源国。2019 年，中国自波兰进口农产品总额 2.7 亿美元，较 2010 年增长 85.3%，占自中东欧地区进口农产品总额的 44.9%，出口波兰农产品总额 3.2 亿美元，较 2010 年增长 7.3%，占中国出口中东欧农产品总额的 37.1%，中波农产品贸易长期处于顺差状态。

出口方面，中国主要对波兰出口水产品、蔬菜、畜产品和水果，2019 年出口量分别为 2.8 万吨、1.6 万吨、1.4 万吨和 1.1 万吨，分别占中国对波兰出口农产品总量的 22.3%、12.9%、11.6% 和 8.4%。进口方面，中国主要从波兰进口畜产品、饮品和水果，2019 年进口量分别为 14 万吨、0.8 万吨和 0.6 万吨，畜产品占中国自波兰进口农产品总量的 84%，同比增长 82.7%，其中乳制品和家禽分别同比增长 56.4% 和 44.4%。

目前，波兰政府正在积极扩大对中国的农产品出口，特别是苹果、苹果汁以及乳制品的出口，未来两国在农产品贸易方面的合作将进一步深化。

三、在波农业投资注意事项

波兰经济发展潜力较大，自转轨以来经济持续增长，2019 年增速放缓，但在欧盟 28 个成员国中，仍是增长最快的国家之一。波兰凭借其优越的地理位置、稳定的政治体制、较低的劳动力成本、高素质的人力资源和优惠的投资政策，同时紧临俄罗斯和德国市场，被很多投资者视为首选投资目的地和进入欧盟市场的门户。但在波兰开展农业投资仍然可能面临风险挑战。

一是规避自然风险。近几年，持续受高温少雨天气影响，波兰遭遇大面积旱情，维斯瓦河佛罗茨瓦夫段水位下降明显，多数河流水量低于正常水平。2018 年全国超过 700 万公顷的农作物减产，2019 年 14 个省 28% 的耕地受到影响，2020 年波兰平均降水量达到过去 30 年最低值。因此在波兰开展农业投资，选址要密切关注其气候条件和水利设施，或做好水利设施建设预算，降低干旱可能造成的损失。

二是规避政治风险。中波历史文化背景不同，需要双方继续本着互尊互信精神加强对话沟通，深化相互信任。波兰投资环境、政治体制稳定，政府对吸引外资较为支持，但仍建议企业做好风险应对预案，以便及时应对政治条件对项目可能产生的影响。

三是规避营商环境风险。重点关注《劳工法》、工会组织以及环境保护等相关问题。全面了解波兰的《劳动法》《工会法》等相关法律，熟悉工会组织的制度规章和运行模式，严格按照法律规定雇佣劳工。全面了解波兰环境保护相关法规，实时跟踪环保标准，做好环保预算，积极承担社会责任。

第十七章 CHAPTER 17
罗马尼亚农业概况 ▶▶▶

罗马尼亚位于东南欧巴尔干半岛东北部，国土面积 23.84 万平方千米，居欧盟第 9 位。北部和东北部分别与乌克兰和摩尔多瓦交界，西南部和西北部分别同塞尔维亚和匈牙利接壤，南部同保加利亚以多瑙河为界，东临黑海，海岸线长 245 千米。罗马尼亚地形奇特多样，境内平原、山地、丘陵各占国土面积的 1/3。罗马尼亚属典型的温带大陆性气候，年平均气温在 10℃ 左右。自然条件优越，资源丰富，石油和天然气储量居欧洲前列。土地肥沃，多瑙河流经罗马尼亚境内 1 075 千米，地表水和地下水蕴藏量较大。农用土地 1 463 万公顷，其中耕地 940 万公顷，约占国土面积的 40%；草原、牧场 483 万公顷，约占国土面积的 20%（2014 年）①。罗马尼亚全国人口为 1 949 万人（2019 年），以罗马尼亚族为主（88.6%），农村人口占 39.4%。农业就业人口占总就业人口的比重在 2000 年达到 45% 峰值后，进入总体下降阶段，2019 年占 21.7%，约占全国人口总数的 1/5。

第一节 罗马尼亚农业生产概况

一、罗马尼亚农业生产概述

农业是罗马尼亚国民经济的基础部门。优越的地理位置和自然禀赋为罗马尼亚农业发展提供了得天独厚的条件，罗马尼亚一直是欧洲主要的粮食生产国

---

① 资料来源：罗马尼亚国家统计局。

和出口国，被誉为"欧洲粮仓"。自 20 世纪 70 年代末开始，因推行出口产品偿还外债政策，罗马尼亚国内出现农产品短缺现象，并贯穿整个 20 世纪 80 年代。1990 年罗马尼亚经济转轨以后，通过归还土地等措施，土地资源得到较为充分的利用，农业生产逐步恢复。世界银行公布的数据显示，2019 年罗马尼亚农业产值为 122 亿美元，占国内生产总值的 4.1%，占比为历史最低点。

二、罗马尼亚种植业

罗马尼亚拥有大片黑土和黑钙土，适宜发展种植业，产值超过农业总产值的 1/2，主要作物品种有粮食作物、经济作物和瓜果蔬菜等。2019 年罗马尼亚谷物种植面积 557 万公顷，产量 3 041 万吨，居欧盟第四位。主要谷物有小麦、黑麦、大麦、燕麦、玉米等。其中玉米和小麦种植面积最大，2019 年玉米种植面积 268 万公顷，产量 1 743 万吨，居欧盟第一；小麦种植面积 217 万公顷，产量 1 030 万吨，居欧盟第六。

主要经济作物有甜菜、向日葵、亚麻、油籽、大豆和烟草等。近年来，罗马尼亚政府积极鼓励增加油籽生产，2019 年向日葵籽产量 357 万吨，居欧盟第一。在转基因大豆种植方面，罗马尼亚领先于欧洲各国，2019 年大豆产量 41.6 万吨，居欧盟第四。

主要蔬菜作物有西红柿、洋葱、马铃薯、卷心菜和青椒等，2019 年蔬菜产量 238 万吨。白蘑菇和生菜是罗马尼亚人最喜爱的食品，也是销售量最大的品种。

主要瓜果有李子、苹果、葡萄、樱桃、梨、西瓜、杏、草莓等。联合国粮农组织（FAO）统计数据显示，2018 年罗马尼亚李子产量 84 万吨，排世界第二位，仅次于中国。2019 年，罗马尼亚李子产量有所下降，为 69 万吨。罗马尼亚葡萄种植面积占可耕地面积的 5% 以上，继西班牙、法国、意大利和葡萄牙之后，排欧洲第五位。2019 年葡萄种植面积 17.6 万公顷，产量约为 97.4 万吨，葡萄产量位居欧洲第四位，仅次于意大利、西班牙和法国。欧盟统计局数据显示，罗马尼亚葡萄酒产量位居欧洲第六位，仅次于西班牙、法国、葡萄牙、意大利和德国；葡萄酒产值位居欧洲第七位，仅次于法国、西班牙、意大利、德国、葡萄牙和保加利亚。

三、罗马尼亚畜牧业

畜牧业是罗马尼亚的传统产业，家畜饲养是其农业的重要组成部分。罗马尼亚自 2007 年加入欧盟以来，在欧盟资金的支持下，家畜饲养逐步从个人养殖向规模化养殖转变，多地建有现代化牧场。罗马尼亚畜禽养殖以（绵、山）羊、猪、牛、马、驴、鸡、鸭、鹅、兔、火鸡为主，畜产品以禽肉、猪肉和牛羊肉为主。近年来，随着家禽饲养企业在生产、加工技术、物流和品牌建设方面的投入不断增加，罗马尼亚家禽养殖业保持了持续增长势头。

四、罗马尼亚林业

罗马尼亚是欧洲森林资源较丰富的国家之一，19 世纪初，森林覆盖率为 65%。由于第二次世界大战以及战后大规模乱砍滥伐和毁林开垦，森林覆盖率曾一度下降到 24.5%。目前，罗马尼亚森林面积约 630 万公顷，森林覆盖率为 27%。森林总蓄积量为 13.4 亿立方米，年采伐量约为 1 700 万立方米。森林按功能类型分为两类：一是以发挥森林生态功能为主的防护林，约占 52%；二是以生产木材为主的用材林，约占 48%。从所有制结构来看，约 60% 为国有，40% 为非国有。但到目前为止，森林资源的私有化进程仍然没有完全完成，还有一部分森林由于权属不清，处于争议之中。

五、罗马尼亚渔业

罗马尼亚的主要渔业生产形式有淡水养殖、天然河湖捕捞、黑海捕捞和大西洋远洋捕捞。20 世纪 90 年代后鱼产量由 6.3 万吨下降到现在的 2 万吨左右。罗马尼亚境内有大量的天然湖和人工湖，基本都是空闲，鱼的品种单一，需要大量进口冷冻海鱼满足市场需求。

第二节　罗马尼亚农业贸易概况

罗马尼亚历史上是欧洲农产品重要出口国之一，但由于竞争力下降，已成为净进口国。2019年罗马尼亚对外贸易总额为1 739.4亿美元，其中农产品贸易额占10.2%，为176.8亿美元。其中，农产品出口80.8亿美元，进口96亿美元，贸易逆差15.2亿美元。德国是罗马尼亚最大的农产品贸易伙伴，中国是罗马尼亚农产品贸易第61大出口市场和第18大进口来源国（表17-1）。

表17-1 罗马尼亚农产品贸易情况

单位：亿美元

年份	2010	2011	2012	2013	2014	2015	2016	2017	2018	2019
出口额	40.9	55.2	51.1	68.8	72.6	64.4	66.5	71.4	77.1	80.8
进口额	51.2	61.2	61.3	65.2	66.8	66.0	73.8	81.4	92.3	96.0
贸易额	92.1	116.4	112.4	134.0	139.4	130.4	140.3	152.8	169.4	176.8

数据来源：联合国商品贸易数据库（Comtrade）。

一、农产品进出口重点产品

2019年，罗马尼亚主要出口谷物、畜产品和油籽，出口额较上年分别下降9.3%、10%和20.8%；主要进口肉制品、饮品类、水果和蔬菜，进口额分别较上年增加7.3%、10.9%、−1.3%和12%。

出口产品中，谷物主要出口产品为小麦和玉米，2019年小麦出口额为12.6亿美元，占罗马尼亚农产品出口总额的15.6%，出口量为614.8万吨。玉米出口额为11.9亿美元，占罗马尼亚农产品出口总额的14.7%，出口量为669.5万吨。油籽主要出口葵花籽、油菜籽和大豆，2019年葵花籽出口额为8.5亿美元，占罗马尼亚农产品出口总额的10.5%，出口量为210.5万吨，同比增长22%。油菜籽出口额2.1亿美元，占罗马尼亚农产品出口总额的2.6%，出口量为46万吨，同比下降65%。大豆出口额为1.1亿美元，占罗马尼亚农产品出口总额的1.4%，出口量为23.3万吨，同比增长67%。活体动物主要出口其他活羊和种羊，2019年其他活羊出口额2.6亿美元，占罗马尼亚农产品出口总额的3.2%，种羊出口额2.6亿美元，占罗马尼亚农产品出口总额的3.2%。肉制品主要出口鸡及产品，2019年鸡及产品出口额为2.7亿美元，占罗马尼亚农产品出口总额的3.3%，出口量为15.1万吨。植物油主要出口葵花油和红花油，2019年葵花油和红花油出口额为2亿美元，占罗马尼亚农产品出口总额的2.5%，出口量为23.2万吨。

进口产品中，肉制品主要为猪肉、鸡及产品，2019年猪肉进口额为7亿美元，进口量为28.8万吨；鸡及产品进口额为2.7亿美元、进口量为13.5万吨。水果主要为椰子、柑橘和香蕉，2019年椰子进口额为3.4亿美元、进口量为6.7万吨；柑橘进口额为2.1亿美元、进口量为28.2万吨；香蕉进口额为1.7亿美元、进口量为21.7万吨。加工食品主要为面包及糕点、饼干，2019年面包及糕点进口额为2.3亿美元、进口量为9.4万吨；饼干进口额为1.7亿美元、进口量为6.8万吨。饮品类主要为水果汁、可可及制品、咖啡，2019年水果汁进口额为3.9亿美元、进口量为11.3万吨；可可制品进口额为3.9亿美元、进口量为9.7万吨；咖啡进口额为2.4亿美元、进口量为5.4万吨。蔬菜类主要为马铃薯、番茄，2019年马铃薯进口额为1.7亿美元、进口量为31.7万吨；番茄进口额为1.6亿美元、进口量为13.9万吨。

二、农产品重点贸易伙伴

欧盟是罗马尼亚最主要的贸易伙伴。2019年罗马尼亚前七大农产品贸易伙伴都是欧盟成员国，其中德国是罗马尼亚最大的贸易伙伴。欧盟以外罗马尼亚的主要贸易伙伴以埃及和约旦为主。此外摩尔多瓦、乌克兰和中国与罗马尼亚贸易往来较为密切。

欧盟是罗马尼亚最主要的农产品贸易伙伴，双方农产品贸易往来非常密切，欧盟是其农产品主要出口市场，也是其最重要的进口来源。2019年罗马尼亚农产品对欧盟出口额为50.3亿美元，占其农产品出口总额的62.2%；自欧盟进口额为85.2亿美元，占其农产品进口总额的88.8%。德国多年来一直是罗马尼亚最大农产品贸易伙伴。2019年，罗马尼亚与德国农产品进出口额达19.7亿美元，占罗马尼亚农产品进出口总额的11.2%。其余六大农产品贸易伙伴分别为匈牙利、意大利、保加利亚、荷兰、波兰和西班牙，6国合计占罗马尼亚农产品贸易总额的43.3%。

欧盟以外，埃及和约旦是罗马尼亚前两大农产品贸易伙伴。2019年，罗马尼亚与埃及、约旦农产品贸易额分别为4.2亿美元、2.2亿美元，分别占罗马尼亚农产品贸易总额的2.4%和1.2%。

此外，摩尔多瓦、乌克兰和中国是罗马尼亚主要的贸易伙伴。2019年，罗马尼亚与摩尔多瓦、乌克兰和中国农产品贸易额分别为 3 亿美元、1.6 亿美元和 1.3 亿美元，分别占罗马尼亚农产品贸易总额的 1.7%、0.9% 和 0.7%。

第三节 罗马尼亚农业政策概况

一、农用土地政策

罗马尼亚实行土地私有化，土地所有者有权自由买卖土地。1991 年，罗马尼亚颁布了《土地法（第 18 号）》和《农业公司和农业生产协会法（第 36 号）》等推动土地私有化的法律，从法律上承认了土地私有的合法地位。但是，土地所有者必须保证耕种土地，土地挪为他用须经批准。随着改革的进一步深入，罗马尼亚目前逐步建立起了由国家控制的土地市场交易体系，允许土地在国家政策调控下合法流通。此外，罗马尼亚政府对外资企业获得土地的政策也进行了明确的规定。自 2012 年起，罗马尼亚允许欧盟公民以及依据欧盟法律注册的法人购买土地，用于建设住宅或商业场所；非欧盟公民和法人仅可依据国际条约和对等原则在罗马尼亚获得土地，并且条件不得优于欧盟和罗马尼亚本国公民及法人。外国企业在罗马尼亚购买土地最便捷的方式是在罗马尼亚注册特殊目的载体（SPV），成为罗马尼亚的法人。近年来，罗马尼亚的土地价格出现了大幅下降的趋势。农用地的均价基本在 2 000～3 000 欧元/公顷，森林价格是 3 000～5 000 欧元/公顷。一般来说，距离市中心较近的农业用地价格相对较高；远离首都的地区，如多瑙河下游平原、摩尔多瓦平原、特兰西瓦尼亚高地等区域的地价则极为便宜。

二、农业支持政策

（一）国内资金支持

罗马尼亚政府在《国家农村发展计划（2014—2020 年）》中制定了专门的资助和脱贫计划，包括向农民和农场主提供支持。罗马尼亚农业与农村发展部制订农村发展计划，每年提供直接的资金支持，鼓励国内农产品生产商参与竞争，鼓励农产品出口，通过鼓励投资、增加农业补贴等方式引导农业资本化，努力提高农产品的附加值，发展多元化农村经济。2007—2013 年，罗马尼亚国家财政投入约合 66 亿欧元的农业补贴资金。2014 年，有意定居农村、发展农业的罗马尼亚年轻人可一次性获得 7 万欧元的政府创业补助。为支持农民扩大农业生产，罗马尼亚农业与农村发展部设立支农基金，以弥补目前国家乡村发展项目不能覆盖的投资项目，鼓励农民投资农业生产或养殖，培育扩大农村中产阶级。该支农基金拟以小额贷款的模式运作，投资农业生产的项目最高可获得 1.5 万欧元贷款。2020 年，罗马尼亚政府批准 AGRO INVEST 农业投资计划，农民和食品加工企业进行相关领域投资的贷款可获得国家 10% 的无偿资金支持，包括面粉制造、烘焙和面粉加工、肉和肉制品生产、牛奶生产、植物油生产、果蔬加工以及葡萄酒和啤酒生产。

（二）欧盟资金支持

罗马尼亚自 2007 年加入欧盟以来，各项政策法律与欧盟接轨。为保障欧盟国家粮食安全、稳定欧洲农产品市场、保证农民收入，欧盟实行"共同农业政策"（Common Agricultural Policy，CAP），遵循单一市场、共同体优先和共同财政的原则，建立起对外统一的农产品关税壁垒和对内统一的农产品价格体系，通过市场化的干预机制，确保农产品市场的有效运行。其农业政策结构为：欧洲农业担保基金（EAGF）涵盖直接付款和市场措施，欧洲农村发展基金（EAFRD）为欧盟的农村发展计划提供资金支持。目前包括罗马尼亚在内的 11 个成员国已在 32 个农村发展计划中为金融工具规划了总计 6.14 亿欧元的 EAFRD 资金。EAFRD 管理机构与基金管理人之间已签署 26 项融资协议，以贷款或担保形式分配 EAFRD 融资总额为 1.78 亿欧元，还吸引了包括国家和私人投资在内的配套资金 3.98 亿欧元。2017 年 12 月欧盟审议通过的《综合农业规定》对 CAP 的四项基本法做出了一些技术性修改，涉及直接支付、农村发展、共同市场组织和横向监管（CAP 的融资、管理和监控）。欧盟委员会于 2018 年向 WTO 提交了 2020 年之后 CAP 改革的立法建议，涉及 EAGF 和 EAFRD 支持实现的总体目标和具体目标。

2007—2013 年，欧盟农村农业发展项目对罗马尼亚资金援助约 72 亿欧元。2014—2020 年，罗马尼亚共获得约 400 亿欧元的欧盟资金，其中 195 亿欧元为共同农业政策资金，主要通过大型基础设施、农业补贴、农村发展和渔业等计划实施。在罗马尼亚设立的本国和外国公司均可根据所在行业和地区情况申请使用相关资金。2019 年，欧盟对罗马尼亚农业补贴提升到 196 欧元/公顷。

三、农业贸易政策

按照欧盟规范，罗马尼亚关税实行从价税。根据新修订的《海关法典》，进口加工货物、出口加工货物以及保税仓库内的货物不要求缴纳关税，但需提交与相关货物关税金额相当的银行担保。进口货物还应按海关价格的 0.5% 缴纳清关费。来自与罗马尼亚有贸易优惠安排地区和国家的进口货物不需缴纳清关费。

欧盟简单的最惠国平均关税税率为 6.3%，最惠国待遇适用税率通常与 WTO 约束税率相同或相近。其中，农产品关税税率显著高于非农产品，平均关税为 14.2%，关税涉及范围广，主要使用非从价税率和关税配额。鱼类和水产品关税平均水平为 11.8%。截至 2019 年 1 月 1 日，根据自由贸易协定，欧盟与 26 个贸易伙伴制定了 712 个优惠关税配额，主要针对农产品和 257 个常规关税配额，包括 WTO 关税配额、约 120 条可提供自主准入的关税配额的关税细目。

四、农业对外合作政策

根据世界银行统计，2020 年罗马尼亚营商环境排名第 55 位，较上年下降 3 位，但营商环境得分较上年有所增加。罗马尼亚政府积极鼓励和推动吸引外商投资工作，主要投资政策如下。

（一）对外国投资的市场准入

罗马尼亚外商投资政策宽松，对外资企业实行国民待遇，外商可在罗马尼亚成立 100% 外商独资企业，可在包括工业、自然资源勘探和开发、农业、基础设施、通信等领域进行投资。

投资行业的规定。根据 1997 年第 92 号《鼓励直接投资政府紧急法令》，外国企业在罗马尼亚投资需满足以下 3 个条件：不违背环境保护法律规范；不触犯罗马尼亚国防和国家安全利益；不危害公共秩序、健康和道德。在此前提下，外资可投向工业、自然资源勘探和开发、农业、基础设施和通信、民用建筑和工业建筑、科学研究和技术开发、贸易、运输、旅游、银行和保险服务等各领域。

外商投资方式。外商可单独或与罗马尼亚自然人和法人合作在罗马尼亚投资设立股份公司、有限责任公司、子公司、分公司、合伙公司或代表处。罗马尼亚政府对外国企业在合资公司中的持股比例没有要求，允许 100%持有。目前，需政府审批的外商投资领域包括国防、国家垄断行业和涉及国家安全的产业。外资企业可在罗马尼亚买卖不动产，但不允许欧盟和欧洲经济区以外的国家外商以个人名义购买不动产，双边协定另有规定的除外。除非公众利益特别需要，罗马尼亚一般不对外商投资企业实行国有化、没收、征用等措施。特别情况下需要采取上述措施的，国家将给予合理补偿。

外资收并购。罗马尼亚有关收购、并购的法律框架包括 1990 年第 31 号《公司法》（经 2008 年第 52 号政府法令修订）以及罗马尼亚公共财政部 2004年第 1376 号令中有关并购等交易的会计程序和财政制度。收购、并购行为若涉及至少一家上市公司则还必须遵守 2004 年第 297 号《资本市场法》以及罗马尼亚国家证券交易委员会（2013 年撤销，业务划归新组建的金融监管局）颁布的法规。如参与收购、并购的企业数量超过两家（含），且合并营业额折合超过 1 000 万欧元的，交易被认定为经营者集中行为，则还需根据罗马尼亚《竞争法》的规定，申请罗马尼亚竞争理事会的批准。

外籍劳工政策。罗马尼亚法律规定，劳动岗位必须优先面向本地劳动力市场，只有本地无法雇佣到相关工人时方可从国外引进。罗马尼亚政府每年初通过政府会议批准年度可引进的外籍劳工数量，然后由雇主向内务部移民局申请。受中东移民潮和欧盟政策收紧的影响，罗马尼亚近年来减少了可引进工人的配额，2015 年、2016 年和 2017 年配额均为 5500 人，为缓解劳动力短缺问题，2019 年罗马尼亚政府允许雇主从欧盟以外最多引入 3 万名工人，当年有超过 2.3 万名来自欧盟以外的非居民得到罗马尼亚工作许可，大部分来自越南、土耳其、尼泊尔和中国。

（二）对外国投资优惠政策

规定罗马尼亚投资优惠政策的主要法律文件包括 1997 年第 92 号《促进直接投资政府紧急法令》、2008 年 6 月出台的《促进投资政府紧急法令》、2014年第 807 号《关于设立鼓励对经济领域有重要影响投资国家援助计划的政府决定》以及 2014 年第 332 号《关于设立鼓励创造工作岗位促进地区发展投资国家援助计划的政府决定》。有关鼓励措施遵循对内外资实行无差别非歧视性待遇原则，对外资企业实行国民待遇，相关优惠政策对内外资企业同等适用。

受益主体。希望享受投资优惠的外国及本国投资者需满足以下条件：促进地区发展；保护环境；提高能效以及利用可再生能源；研发、创新和高技术投资；增加就业以及对员工进行培训；支持政府经济社会政策的相关领域等。

欧盟资金。2014—2020 年，罗马尼亚共可获得约 400 亿欧元的欧盟资金，其中 195 亿欧元为共同农业政策资金，主要通过大型基础设施、地区发展、人力资源、竞争能力、行政能力、技术援助、农业补贴、农村发展和渔业九个计划实施。在罗马尼亚设立的本国和外国公司均可根据所在行业和地区情况申请使用相关资金。

税收优惠。罗马尼亚加入欧盟后，对国税税收优惠进行了清理，只有经济特区或工业园区内的企业方可享受部分税收优惠[①]。国家资助是主要的投资优惠形式。地方政府可根据需要对工业园区内投资者减免征收部分税种，主要是指土地税、建筑许可税和交通工具税等。投资农业、建筑业或进行自然资源开发的外国企业三年免缴利润税。

对贫困地区投资的优惠政策。为缓解贫困地区的严重失业现象和鼓励国内外的投资活动，促进经济发展，罗马尼亚政府颁布了以下对贫困地区投资的优惠政策：①为实现在有关地区生产活动所必须进口的自用原材料、部件免征关税；②对改变原有用途或旨在实现投资所占用的农田免征相关税费；③政府每年从年度特别发展基金中提取部分专款用于贫困地区经国家批准的专项规划，支持设立非农企业，对新设立企业购买的机械设备予以补贴并提供技术支持等。

第四节　罗马尼亚农业经营管理与科技推广体系

一、农业经营主体

20 世纪 90 年代以来，罗马尼亚进行了土地改革，原本机械化程度很高的国有农场变成了私人农场。欧盟统计数据显示，截至 2013 年，罗马尼亚约有 363 万个农场，平均面积约 3.6 公顷，低于欧盟 28 国的平均面积 16.1 公顷。罗马尼亚农场中 96％以上属私人所有，其中个体农场占绝大多数，平均面积

---

① 工业园区由持有"工业园区"称谓的企业管理，区内企业从事科学研究、工业生产和服务、科研成果或技术研发应用等经济活动，实施特殊优惠措施，以发挥地区人力和物质潜力。申请企业需为非渔业和水产养殖业、农产品初级种植业、农产品加工和销售、煤炭业、冶金业、造船业和合成纤维领域企业。

约 2.3 公顷,其余农场类型包括农业协会所有、国有资本控制、公共机构所有、合作社所有等,这些农场面积较大,平均约 36.3 公顷。小规模农业种植严重限制了农业的生产效率。罗马尼亚统计局数据显示,1990 年罗马尼亚农用拖拉机数量为 12.7 万台,2018 年增加至 21.6 万台。罗马尼亚 60% 的谷物、99% 的肉类、81% 的葡萄以及 96% 的其他水果由私人农场生产。

二、农民教育培训情况

罗马尼亚非常重视农民教育培训,大力兴建农民教育培训场所,农民教育培训快速普及并形成具有特色的教育培训模式,其最突出的特点就是把农民教育培训与证书制度有机结合起来。罗马尼亚实施了相关政策,使政府、学校、科研单位、农业培训网四者有机结合,通过普通教育、职业教育、成人教育等多种形式为农民培训(图 17-1)。

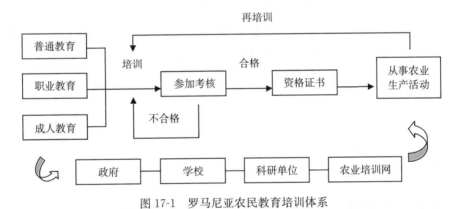

图 17-1 罗马尼亚农民教育培训体系

罗马尼亚农场管理者受培训情况总体低于欧盟 28 国的平均水平,绝大多数的农场管理者只有实践经验,有专业农业知识的农场管理者只占管理者总数的 0.4%,远低于欧盟 28 国 9.1% 的平均水平(表 17-2)。

表 17-2 罗马尼亚及欧盟 28 国农场管理者所受农业知识情况

单位:%

国家	时间	只有实践经验		有基础农业知识		有专业农业知识	
		农场管理者占比	利用土地占比	农场管理者占比	利用土地占比	农场管理者占比	利用土地占比
罗马尼亚	2013 年	96.4	70.1	3.1	12.6	0.5	17.2
	2016 年	96.8	73.0	2.8	10.8	0.4	16.2

（续）

国家	时间	只有实践经验		有基础农业知识		有专业农业知识	
		农场管理者占比	利用土地占比	农场管理者占比	利用土地占比	农场管理者占比	利用土地占比
欧盟 28 国	2013 年	71.0	39.0	20.5	31.8	8.5	29.2
	2016 年	68.4	35.8	22.6	31.8	9.1	32.3

资料来源：根据 Eurostat data 测算。

2013 年 12 月，新的欧盟共同农业政策改革方案《欧盟共同农业政策2014—2020 年》获欧洲理事会和欧洲议会批准，具体政策措施于 2015 年正式实施。该政策适用于包括罗马尼亚在内的所有欧盟国家。该政策在农村发展方面重点支持的 6 大领域之首即为：支持农民教育培训，提升农民和农场主从业能力。该领域重点关注在农林部门培养终身学习和职业培训。针对上述领域，欧盟共同农业政策提出的措施如下：一是实施知识传播和信息行动计划，凡是针对农业从业人员和农村地区中小型企业经营者开展的职业培训和职业技能提升行动、信息传播活动均能获得补贴，并明确要求培训或其他知识传播行动的提供者也是补贴措施的受益人，补贴应能覆盖开展上述活动的成本及农民的替换成本。二是实施咨询服务、农场管理和农场救济服务计划，促进农业科研向田间实践转化，帮助农民、农村地区中小企业通过使用改善经济和环境的咨询服务实现受益，提升就业和创业能力。[①]

三、农业科研机构

罗马尼亚农业科研机构包括 34 个研究所和 86 个中心实验站，共有职工 1万多人，其中受过高等教育的占 40%。设有统管全国农业科研业务的农林科学院，归农业部和科技教育部指导和协调。罗马尼亚农林科学院所属的研究所有 18 个，其研究领域涵盖农业、林业和畜牧业。各研究所在全国均分布一定数量的实验站。另外还有 16 个研究所归农业部有关专业局领导，但科研业务仍归农林科学院协调管理。

罗马尼亚农业科研机构的推广服务体系比较完整。农业研究机构根据各自专业的需要和自然经济区域设置专业实验站，一方面配合开展科技创新研究，

---

① 万蕾，刘小舟. 新型职业农民扶持政策：欧盟共同农业政策的启示［J］. 世界农业，2015（5）：159-171.

另一方面负责新技术、新产品的推广应用，其科研成果要经过专门委员会鉴定合格颁发证书才能推广。通过鉴定后列入农业部计划，在推广中出现问题或效益不明显，则由科研单位或实验站派人分析研究，帮助解决。另外，罗马尼亚的一些农林质量标准与质量检测职能，大多与农林科学院的研究所是一体的，如饲料标准与质量检测就设置在动物生物与营养研究所，负责全国饲料质检工作。[①]

四、农产品国际竞争力

优异的自然条件使得罗马尼亚成为欧洲重要的"粮仓"之一。2019 年罗马尼亚的谷物产量居欧盟第三，玉米和葵花籽的种植面积和产量均位居欧盟第一，李子产量居欧盟第一、世界第二，葡萄产量居欧盟第四。国际葡萄和葡萄酒组织（OIV）发布的 2019 年统计数据显示，罗马尼亚葡萄园面积占世界的 2.6%，排名第十位；葡萄酒产量 490 万升，占世界葡萄酒产量的 1.9%，排名第十二位；葡萄酒消费量 390 万升，占世界的 2%。罗马尼亚葡萄酒出口规模虽然不大，但以其多元、无污染的原生品种而出名。

五、农业发展趋势

（一）有机农业发展潜力大

罗马尼亚具备发展传统及生态农业的优越自然条件，拥有肥沃的黑土地和充足的阳光，是欧洲最具发展绿色环保农业潜力的国家之一。且在欧盟内部，有机食品的价格大概是普通食品的两三倍。近年来，罗马尼亚政府大力支持有机农业发展，2019 年 4 月，罗马尼亚政府决定将有机农产品的增值税从 9% 下调到 5%，以推进有机农产品的种植和销售。

截至 2019 年，罗马尼亚共有 9 277 家有机农业生产商，有机农场也从种植业扩大到养殖领域，有机农产品主要有谷物、蔬菜、油籽、蜂蜜和水果，80% 的有机作物作为原材料用于出口。罗马尼亚有机食品加工企业共有 179 家，其中果蔬加工企业 66 家，油脂加工企业 24 家，乳制品加工企业 20 家，

---

① 司洪文，张保明，袁学志，等 . 罗马尼亚与波兰的农业及农业科研［J］. 世界农业，2005（6）：38-40.

粮食制品加工企业 14 家，饮品类加工企业 14 家，葡萄酒加工企业 13 家，肉制品加工企业 4 家，水产品加工企业 2 家。欧盟统计数据显示，截至 2019 年，罗马尼亚有机农地（含转化农地）近 40 万公顷，仅占农地的 2.7%，未来罗马尼亚有机农业发展空间和农业升级潜力巨大。

（二）现代农业发展潜力大

罗马尼亚农业生产自然条件优越，但农业竞争力不足。罗马尼亚的农机保有量在欧盟各成员国中是最少的，且有超过 73% 的农用拖拉机和收割机陈旧过时，农业物资装备水平的落后已经严重影响了其农业生产经营效率。此外，土地经营的细碎化导致很多现代化农机设备无法使用，农业生产效率低下。特别是 2007 年加入欧盟后，低效率、低附加值的农业生产弊端日益凸显，农产品贸易逆差不断扩大。罗马尼亚蔬菜、水果和花卉长期需要进口，尤其是在漫长的冬季，进口蔬菜水果的支出基本可以花光谷物出口创汇。同时，由于缺乏加工和存储设施以及国内售价过低等原因，罗马尼亚出口的农产品以粗放的谷物原材料为主，且 1/3 的面包、常规及冷冻面制品需要进口。罗马尼亚农业增产增收亟须从扩大面积向提高单产转型，现代农业发展需求迫切，集约型农业和加工型农业发展前景广阔。

第五节　中国与罗马尼亚的农业合作

中国与罗马尼亚（以下简称"中罗"）自 1949 年 10 月 5 日建交以来，一直保持友好合作关系。2004 年两国建立全面友好合作伙伴关系，并于 2013 年发表关于新形势下深化双边合作的联合声明。中罗两国在农业科技、农产品贸易等方面合作密切。

一、中国与罗马尼亚的农业贸易

罗马尼亚是中国在中东欧地区第五大农产品贸易伙伴，2019 年农产品贸易额占中国在该地区农产品贸易总额的 7.8%。2010—2019 年，双边农产品贸易额在 1 亿～1.5 亿美元波动，并在 2018 年达到峰值 1.52 亿美元，2019 年降为 1.13 亿美元。中国对罗马尼亚农产品贸易长期处于顺差地位，2019 年中国对罗马尼亚出口农产品 10 323.5 万美元，自罗马尼亚进口 1 008.2 万美元（表 17-3）。

表 17-3　2011—2019 年中国与罗马尼亚农产品贸易额

单位：万美元

	2010 年	2011 年	2012 年	2013 年	2014 年	2015 年	2016 年	2017 年	2018 年	2019 年
进口额	529.4	443.0	778.4	536.0	1 555.1	1 253.2	2 338.7	2 411.9	980.5	1 008.2
出口额	9 620.1	12 567.7	10 589.9	11 984.2	11 789.9	11 416.5	12 384.4	9 921.8	14 237.5	10 323.5
总额	10 149.5	13 010.7	11 368.3	12 520.1	13 345.0	12 669.7	14 723.1	12 333.7	15 218.0	11 331.7

数据来源：中国海关。

出口方面，中国对罗马尼亚主要出口蚕丝、肠衣和柑橘等。罗马尼亚是中国蚕丝第二大出口市场（仅次于印度），占中国蚕丝出口总额的 16.1%。2019年中国对罗马尼亚蚕丝出口 4 184 万美元，同比下降 45%。肠衣出口 1 550 万美元，同比下降 1.8%。柑橘出口 809 万美元，同比增长 18.4%。

进口方面，中国主要自罗马尼亚进口猪肉、猪杂及葡萄酒等。其中猪肉及猪杂 2017 年进口额为 1 492.6 万美元，但受罗非洲猪瘟疫情影响，2018 年及 2019 年进口完全停滞；乳品从 2017 年的 8.9 万美元增长至 2019 年的 73.5 万美元。葡萄酒是中国自罗马尼亚传统进口产品，2019 年进口额为 340 万美元，同比增长 4.2%。

二、中国与罗马尼亚的农业技术交流与合作

中罗政府间科技交流与合作历史悠久。1978 年，中国和罗马尼亚签订科技合作协定，约定 1953 年成立的中罗科学技术合作联合委员会继续工作。2018 年，两国举办中国—罗马尼亚政府间科技合作委员会第 43 届例会。此外，中国科技部国际合作司、罗马尼亚研究和创新部欧洲事务与国际关系司支持举办中国—罗马尼亚科技合作研讨会，截至 2019 年已召开 4 届，农业科技领域是重要研讨议题。具体合作成效如下。

一是成立中罗农业科技园。2003 年，中国农科院与罗马尼亚农科院签署了合作谅解备忘录，建立了长期稳定的合作机制。中国农科院与罗马尼亚农业兽医大学、布加勒斯特农业与兽医大学分别签署了《关于中罗农业科技示范园项目的合作协议》和《中罗科技园联盟合作协议》。2019 年 5 月，由科技部国际合作项目支持，中国农科院和布加勒斯特农业科学与兽医学大学合作共建的

"中罗农业科技园"在罗马尼亚首都布加勒斯特建成，通过技术合作与技术示范，推动中国成熟农业技术在罗马尼亚转移转化，提升罗马尼亚在设施农业等方面的创新能力与产业化水平。同年 6 月，"中罗农业科技示范园"入选科技部首批认定的"一带一路"联合实验室。

二是成立中国—罗马尼亚中国枣重点研究联合实验室。 2018 年，世界首个中国枣国际联合实验室"中国—罗马尼亚中国枣重点研究联合实验室"在罗马尼亚落成，实验室由河北农业大学与布加勒斯特农业大学共建，致力于中国枣的国际化培育与种植，在泛欧市场推广中国枣产品，促进两校间相关领域的合作研究、种质资源交换、学者交流与技术人才联合培养。

三、在罗马尼亚农业投资注意事项

1. 政策调整问题

罗马尼亚的政策受欧盟影响较大，其基础设施建设对欧盟资金的依赖性较强，需接受欧盟的政策约束。国内税收政策调整增加了企业的税收成本，给投资带来了一定的不利影响。

2. 汇率变化风险

罗马尼亚在市场机制建设尚不完善的情况下放开资本市场，对汇率体系以至宏观经济的影响将是复杂且长期的。中国企业应密切关注金融环境变化，应对罗马尼亚汇率变化带来的投资风险。

3. 产权法律纠纷

罗马尼亚私有化导致某些地产和建筑产权不清，易产生法律纠纷。此外，罗马尼亚将很多关闭或即将倒闭的国有企业私有化，虽然开价金额很低，但附加条件不应忽视，如必须聘用全部工人、投资者负责偿还一切债务等。在合资或合作前，应签订规范的合资或合作协议。在协议中，明确界定总投资额、双方占比、到资时限、金额等，列明双方权、责、利和违约方应承担的责任及中止合资或合作后的财产处置方式等。

第十八章 CHAPTER 18
塞尔维亚农业概况 ▶▶▶

塞尔维亚共和国（简称塞尔维亚）2019 年人口总数为 694.50 万人，劳动力人口 319.99 万人，劳动力参与率为 67.71%[①]。塞尔维亚是位于欧洲东南部、巴尔干半岛中部的内陆国，共与 8 个国家相邻，边界总长 2 457 千米，地理位置形成了西欧、中欧、东欧以及近东和中东之间的天然桥梁和交叉路口，被称作"欧洲的十字路口"。塞尔维亚土地肥沃，有适合多样化农业生产的自然条件，大部分地区山丘起伏，平均海拔 442 米，农业生产条件良好。塞尔维亚气候呈现多样性，北部属温带大陆性气候，以寒冷干燥的冬季和温暖潮湿的夏季为特征；南部受地中海气候影响，夏季和秋季炎热干燥，冬季相对寒冷多雨并有强降雪，大雪发生在山区。

塞尔维亚与中国友好关系源远流长，是中国在中东欧地区首个建立全面战略伙伴关系的国家，双方各领域、各层次交往频繁。目前，中国与塞尔维亚签有《经济贸易协定》《经济技术合作协定》《投资保护协定》《避免双重征税协定》《基础设施领域经济技术合作协定》《文化合作协定》《科技合作协定》《内务部合作协议》和《社会保障协定》等协议。

第一节 塞尔维亚农业生产概况

一、农业生产概述

2019 年塞尔维亚国内生产总值为 514.75 亿美元，比 2018 年增长了 8.34

---

① 数据来源：世界银行。

亿美元，与 2010 年相比增长了 96.56 亿美元（图 18-1）。

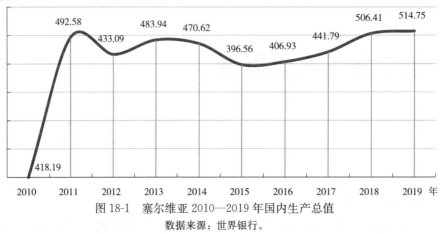

图 18-1　塞尔维亚 2010—2019 年国内生产总值
数据来源：世界银行。

　　农业在塞尔维亚国民经济中占有重要地位。2019 年，塞尔维亚农业产值为 48.39 亿美元，较 2018 年略有下降。近 10 年来，塞尔维亚农业产值基本保持在国内生产总值的 10% 上下，2019 年为 9.4%。2019 年，塞尔维亚农业增加值占 GDP 比重为 5.95%，比 2018 年减少了 0.39%；与 2010 年农业增加值占 GDP 比重数据相比，近 10 年减少了 0.65%[①]。农业在塞尔维亚国民经济中的比重缓慢下降，尽管如此，得益于较好的资源禀赋，与邻国和欧盟平均水平相比，农业部门对塞尔维亚经济的贡献依旧很大（图 18-2）。

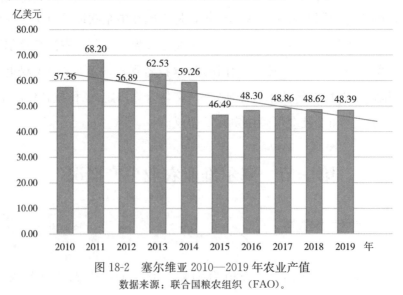

图 18-2　塞尔维亚 2010—2019 年农业产值
数据来源：联合国粮农组织（FAO）。

---

　　① 数据来源：世界银行。

二、种植业

塞尔维亚是欧洲最重要的农作物生产国之一，主要农作物有玉米、小麦、甜菜、马铃薯、向日葵、苜蓿、大豆、李子和苹果等。如表 18-1 所示，玉米和小麦是塞尔维亚种植面积最大的两种作物，产量高、质量好，得到世界很多国家和地区的认同，在农业生产结构中占主导地位。

表 18-1　塞尔维亚玉米和小麦 2010—2019 年产值

年份	农业产值（亿美元）	玉米产值（亿美元）	占比（%）	小麦产值（亿美元）	占比（%）
2010	57.36	12.52	21.82	2.71	4.73
2011	68.20	15.06	22.09	5.11	7.49
2012	56.89	8.36	14.70	5.89	10.35
2013	62.53	11.04	17.65	5.54	8.87
2014	59.26	12.68	21.40	4.82	8.14
2015	46.49	7.61	16.37	3.92	8.43
2016	48.30	10.04	20.78	3.90	8.08
2017	48.86	9.76	19.98	4.05	8.29
2018	48.62	9.79	20.14	4.06	8.35
2019	48.39	9.82	20.29	4.07	8.40

数据来源：联合国粮农组织（FAO）。

塞尔维亚国家统计局的数据显示，2019 年小麦、大麦和玉米种植面积分别为 57.7 万公顷、10 万公顷和 96.2 万公顷；产量分别为 253.5 万吨、37.3 万吨和 734.5 万吨。具体来看，2019 年塞尔维亚小麦单产为 4.4 吨/公顷，产值为 4.07 亿美元，占农业总产值的 8.4%；玉米单产 7.6 吨/公顷，产值为 9.82 亿美元，占农业总产值的 20.29%（表 18-2）。

表 18-2　塞尔维亚 2010—2019 年主要作物收获面积及产量

年份	小麦		大麦		玉米		大豆	
	面积（万公顷）	产量（万吨）	面积（万公顷）	产量（万吨）	面积（万公顷）	产量（万吨）	面积（万公顷）	产量（万吨）
2010	61.9	208.6	9.0	26.1	101.5	720.7	17.0	54.1
2011	62.0	260.9	8.1	29.2	103.7	648.0	16.5	44.1
2012	60.3	239.9	8.1	27.8	97.6	353.3	16.3	28.1

（续）

年份	小麦		大麦		玉米		大豆	
	面积（万公顷）	产量（万吨）	面积（万公顷）	产量（万吨）	面积（万公顷）	产量（万吨）	面积（万公顷）	产量（万吨）
2013	63.2	269.0	9.1	36.2	98.0	586.4	16.0	38.5
2014	60.5	238.7	9.1	32.3	105.8	795.2	15.4	54.6
2015	59.0	242.8	9.6	36.2	101.0	545.5	18.5	45.4
2016	59.5	288.5	9.2	39.6	101.0	737.7	18.2	57.6
2017	55.6	227.6	8.5	30.5	100.2	401.8	20.2	46.1
2018	64.3	294.2	10.6	41.0	90.2	696.5	19.6	64.6
2019	57.7	253.5	10.0	37.3	96.2	734.5	22.9	70.1

数据来源：塞尔维亚国家统计局。

2019 年，塞尔维亚水果种植面积为 21.35 万公顷，产量为 183.52 万吨。水果是塞尔维亚重要的出口农产品，其中苹果、李子和酸樱桃最有竞争力，2018 年产值分别达到 2.05 亿美元、2.47 亿美元和 1.62 亿美元（表 18-3）。

表 18-3 塞尔维亚 2010—2019 年主要水果产量

单位：万吨

年份	苹果	梨	李子	葡萄	草莓	树莓	黑莓	甜樱桃	酸樱桃	杏
2010	32.9	5.8	32.8	17.2	3.3	8.4	1.6	1.8	9.3	3.2
2011	37.1	7.8	44.2	19.4	3.6	9.0	1.7	2.3	12.4	4.4
2012	24.4	4.8	29.7	14.9	2.7	7.0	1.3	1.8	10.2	2.3
2013	51.6	8.8	60.7	20.0	2.9	7.5	1.7	2.3	14.6	3.0
2014	40.4	6.5	42.2	12.2	2.3	8.3	2.1	2.2	10.3	3.0
2015	43.2	7.2	35.5	17.1	2.6	9.7	2.8	2.3	10.5	2.8
2016	40.0	6.1	47.1	14.6	2.3	11.3	2.7	2.1	9.7	2.6
2017	37.9	5.2	33.1	16.6	3.0	11.0	2.8	2.7	9.2	4.1
2018	46.0	5.4	43.0	14.9	2.2	12.7	3.5	1.9	12.8	2.5
2019	50.0	5.5	55.9	16.4	2.0	12.0	3.2	1.7	9.7	4.1

数据来源：塞尔维亚国家统计局。

塞尔维亚盛产番茄、土豆、辣椒（红椒）和白菜（卷心菜）等蔬菜。2018 年仅土豆产值就达到 1.56 亿美元。2019 年，塞尔维亚主要蔬菜种植面积约 25.84 万公顷，总产量约 288.88 万吨（表 18-4）。

表 18-4 塞尔维亚 2010—2019 年主要蔬菜产量

单位：万吨

年份	土豆	番茄	豌豆	白菜	洋葱	辣椒	胡萝卜	黄瓜	大蒜
2010	88.7	18.9	3.7	33.7	4.0	10.5	10.1	7.0	0.8
2011	89.2	19.9	4.1	28.2	3.9	9.9	6.0	7.2	0.8
2012	57.8	15.6	3.3	30.4	3.0	8.9	4.7	5.5	0.6
2013	76.7	17.5	3.2	30.4	3.2	10.0	6.5	6.4	0.7
2014	59.2	12.8	2.1	26.1	4.3	11.4	5.0	5.3	1.1
2015	63.9	14.7	4.4	28.9	4.6	16.5	6.4	5.3	0.7
2016	71.4	16.0	4.1	29.0	5.8	22.8	4.9	5.5	0.5
2017	58.9	17.1	3.8	26.3	3.3	19.9	3.1	5.8	0.5
2018	48.8	13.2	2.9	20.9	2.8	13.5	2.2	4.3	0.4
2019	70.2	11.2	2.6	17.8	3.0	11.8	4.0	3.0	0.3

数据来源：塞尔维亚国家统计局。

三、畜牧业

相较于种植业，塞尔维亚畜牧业产值要低得多，占农业产值的 1/3 左右。

2019 年，塞尔维亚畜牧业产值 16.06 亿美元，同比下降 1%，猪、牛和羊的存栏量分别为 290.3 万头、89.82 万头和 183.31 万只，相关产值分别占畜牧业生产的 32.69%、44.94% 和 10.68%。与 2018 年相比，牛和猪的存栏量分别增长了 2.28% 和 4.35%；羊和禽类的存栏量分别下降了 4.09% 和 2.78%（表 18-5）。

表 18-5 塞尔维亚 2010—2019 年牲畜存栏量

年份	牛（万头）	猪（万头）	羊（万只）	禽类（万只）	马（万匹）	蜂箱（万个）
2010	93.80	348.9	160.41	3 316.5	1.4	52
2011	93.66	328.7	160.47	1 910.3	1.2	59.3
2012	92.08	313.9	169.18	1 812.6	1.7	66.5
2013	91.31	314.4	184.13	1 772.7	1.6	65.3
2014	92.01	323.6	196.67	1 703.7	1.6	67.7

（续）

年份	牛（万头）	猪（万头）	羊（万只）	禽类（万只）	马（万匹）	蜂箱（万个）
2015	91.56	328.4	199.20	1 733.1	1.5	79.2
2016	89.28	302.1	186.50	1 608.3	1.5	79.2
2017	89.87	291.1	188.68	1 668.9	1.7	84.9
2018	87.83	278.2	190.76	1 613.3	1.5	91.4
2019	89.82	290.3	183.31	1 568.5	1.4	97.7

数据来源：塞尔维亚国家统计局、联合国粮农组织（FAO）。

2010 年以来，塞尔维亚畜产品产量呈缓慢上升态势。2019 年，塞肉类产量为 53.8 万吨，奶类产量为 159.7 万吨，鸡蛋产量近 9 万吨，各类动物皮产量为 1.61 万吨（表 18-6）。

表 18-6 塞尔维亚主要畜产品产量

单位：万吨

年份	肉（牛、猪、羊、禽、内脏）	动物皮（牛、山羊、绵羊）	鸡蛋	奶
2010	49.6	1.83	6.95	153.17
2011	50.2	1.64	6.09	153.50
2012	47.2	1.61	8.97	155.41
2013	46.3	1.62	8.78	154.84
2014	47.3	1.63	9.46	159.62
2015	49.3	1.56	10.30	161.08
2016	52.3	1.70	9.26	160.37
2017	52.4	1.49	8.79	159.93
2018	53.9	1.69	8.98	159.00
2019	53.8	1.61	8.87	159.70

数据来源：联合国粮农组织（FAO），塞尔维亚国家统计局。

四、渔业

塞尔维亚国家统计局数据显示，鲤鱼生产自 2010 年以来呈缓慢下降趋势，2019 年鲤鱼生产设施面积为 6 192 公顷，产量为 4 728 吨，与 2010 年相比，面积下降了 30.14%，产量下降了 35.42%。鳟鱼生产趋势相反，2019 年鳟鱼生产设施面积为 78 674 平方米，产量为 2 079 吨，与 2010 年相比，面积增长超过一倍，产量提高 138.14%（表 18-7）。

表 18-7　塞尔维亚水产养殖面积及产量

年份	鲤鱼生产设施（公顷）	鲤鱼产量（吨）	鳟鱼生产设施（平方米）	鳟鱼产量（吨）
2010	8 940	7 322	36 791	873
2011	8 517	6 833	33 255	796
2012	8 704	6 853	36 302	808
2013	8 690	5 080	42 743	856
2014	8 724	6 432	49 583	736
2015	8 003	6 438	65 526	949
2016	7 684	6 081	54 744	797
2017	7 117	4 148	62 281	922
2018	6 492	5 420	81 411	1 919
2019	6 192	4 728	78 674	2 079

数据来源：塞尔维亚国家统计局。

五、林业

2017 年，塞尔维亚的森林总面积为 223.8 万公顷，是一个中等森林密度国家，但仍低于 39.6% 的欧盟平均水平[1]。塞尔维亚国有林地 96.3 万公顷，占森林总面积的 43.03%，其中 6.5% 为国家公园自然保护区，由政府环保部门负责管理，其余大部分由塞尔维亚森林公司和伏伊伏丁那森林公司两家国有公司负责经营管理；私有林地 127.4 万公顷（表 18-8）。

表 18-8　塞尔维亚林地面积

单位：万公顷

年份	林地总面积	国有林地面积	私有林地面积
2011	196.2	92.8	103.5
2014	216.9	95.3	121.6
2017	223.8	96.3	127.4

数据来源：塞尔维亚国家统计局。

---

① 数据来源：世界银行。

第二节 塞尔维亚农产品市场与贸易

一、农产品价格

塞尔维亚农产品价格表现为动态增长，与邻国和欧盟 27 国相比，整体农作物价格较低。联合国粮农组织（FAO）统计的生产者价格数据显示，2019年塞尔维亚生产的作物中，玉米、小麦、大麦和黑麦的年均价格分别为每吨 136.7 美元、169.4 美元、164.8 美元和 191.5 美元；马铃薯、大豆、干豆和油菜籽的年均价格分别为每吨 290.7 美元、329.4 美元、2 001.1 美元和 358.6美元。生产的蔬菜中，白菜、胡萝卜、黄瓜、洋葱和西红柿的年均价格分别为每吨 226.5 美元、290.8 美元、437.8 美元、396.9 美元和 595.3 美元。生产的水果中，苹果、樱桃、酸樱桃和李子的年均价格分别为每吨 391.7 美元、1 538.3美元、1 088 美元和 384.1 美元。此外，还有烟草（未加工）价格每吨2 042.6 美元（表 18-9）。

表 18-9　塞尔维亚 2010—2019 年主要农产品生产者价格

单位：美元/吨

	2010 年	2011 年	2012 年	2013 年	2014 年	2015 年	2016 年	2017 年	2018 年	2019 年
小麦	166.3	246.1	245.4	206.1	202	161.5	135.3	155.6	162.8	169.4
玉米	173.7	232.5	236.7	188.2	159.5	139.5	136.1	150.2	145.4	136.7
大麦	160.9	258.4	251.2	237	203.2	155.8	146.9	149	160.9	164.8
黑麦	260.4	281	317.3	214.1	190.9	198.8	165.4	161.6	181.7	191.5
土豆	313.5	327.7	283.4	330.8	275.2	220.1	181.9	211.4	319.6	290.7
大豆	370.9	452.3	677.7	512.6	428.8	352.1	338.3	417.8	353.3	329.4
干豆	1 166.7	1 414.9	1 544.5	2 569.2	2 936.7	1 920.7	1 307.3	1 609.6	2 027.6	2 001.1
油菜籽	386.3	541.6	574.8	493.7	403.9	358	349.7	353.4	347.9	358.6
白菜	257.2	224.7	215.2	173.3	217.6	203.3	153.8	195.5	218.8	226.5
胡萝卜	384.5	359.5	314	343.7	313.2	340.2	236.1	288.4	364.7	290.8
黄瓜	593.9	383.7	357.4	335.6	432.2	253.2	328.9	257.1	372.7	437.8
洋葱	307.4	376.4	212.5	295.3	238.1	202.6	221.2	179.2	317.8	396.9
西红柿	1020.7	334	681.5	422.4	749.6	369.6	458.2	443.1	488.4	595.3
苹果	448.9	562.2	563.9	437.8	461.1	394.5	414.2	510	445	391.7
樱桃	1 436.3	2 219.3	3 067.9	1 634.1	1 504.5	1 591.3	1 736.1	1 565.3	1 541.9	1 538.3
酸樱桃	559.1	820.5	1 256.1	1 069.9	610.7	1 308.6	975.6	892.9	1 268.2	1 088

（续）

	2010 年	2011 年	2012 年	2013 年	2014 年	2015 年	2016 年	2017 年	2018 年	2019 年
李子	361.5	434.6	553.3	396.3	481.6	510.1	418	565.8	574.4	384.1
烟草	2 489.8	2 612	2 427.2	2 868.1	2 643.3	2 037.6	2 214.5	1 903.8	2 143.2	2 042.6

数据来源：联合国粮农组织（FAO）。

根据塞尔维亚国家统计局的生产者价格数据换算，2019 年塞尔维亚畜产品中，牛肉、猪肉、羊肉、鸡肉、羊毛和天然蜂蜜的价格分别为每吨 2 247.51 美元、1 918.55 美元、1 128.49 美元、973.02 美元、1 303.20 美元和3 241.80 美元（表 18-10）。

表 18-10　塞尔维亚 2010—2019 年主要畜产品生产者价格

单位：美元/吨

年份	牛肉	猪肉	羊肉	鸡肉	羊毛	天然蜂蜜
2010	1 604.66	1 388.72	1 040.42	753.82	510.28	1 956.93
2011	1 918.86	1 429.65	1 119.22	1 112.50	913.36	2 774.89
2012	2 172.37	1 908.27	1 107.41	1 215.43	949.20	2 746.39
2013	2 230.20	2 142.03	1 133.17	1 355.43	1 049.79	2 893.40
2014	2 270.01	2 397.88	2 158.73	1 234.68	1 037.98	3 422.52
2015	2 244.76	2 203.12	1 173.39	1 149.56	1 131.24	3 885.05
2016	2 232.84	1 990.23	1 182.96	1 140.09	1 252.70	3 318.27
2017	2 211.16	2 962.74	1 193.65	1 137.85	1 156.49	3 068.52
2018	2 408.47	2 633.27	1 190.59	1 066.08	1 171.04	3 298.00
2019	2 247.51	1 918.55	1 128.49	973.02	1 303.20	3 241.80

数据来源：塞尔维亚国家统计局。

二、农产品贸易

塞尔维亚对外货物贸易的逆差较大，2019 年塞尔维亚货物贸易出口额 196.33 亿美元，进口额 267.30 亿美元，贸易逆差达到 70.97 亿美元，2010 年以来基本保持这一态势，且逆差有逐步增大趋势（表 18-11）。

表 18-11　塞尔维亚 2010—2019 年货物贸易额

单位：亿美元

年份	货物贸易出口额	货物贸易进口额	出口－进口
2010	97.95	164.71	－66.76

（续）

年份	货物贸易出口额	货物贸易进口额	出口－进口
2011	117.79	198.62	－80.83
2012	112.26	189.23	－76.97
2013	146.10	205.50	－59.40
2014	148.45	201.96	－53.51
2015	133.76	178.75	－44.99
2016	148.83	188.99	－40.16
2017	169.97	219.20	－49.23
2018	192.39	258.83	－66.44
2019	196.33	267.30	－70.97

数据来源：塞尔维亚国家统计局，联合国贸易数据库（Comtrade）。

农产品贸易是塞尔维亚对外为贸易中唯一顺差的部门，主要特点表现为进出口增长和贸易顺差增加。2010 年以来，塞尔维亚农产品对外贸易顺差维持在 12 亿美元以上。2010—2019 年农产品贸易额由 2010 年的 32.5 亿美元增至 2019 年的 56.38 亿美元，年均增长 7.35%。2019 年农产品进口额 36.05 亿美元，同比增长 7.7%，出口额 20.33 亿美元，同比增长 3.8%。2016 年的农产品贸易顺差达到创纪录的 18.06 亿美元（表 18-12）。

表 18-12 塞尔维亚 2010—2019 年农产品贸易额

单位：亿美元

年份	出口额	进口额	贸易额	顺差
2010	10.09	22.41	32.50	12.31
2011	13.62	27.01	40.63	13.39
2012	14.41	27.18	41.59	12.77
2013	15.88	28.00	43.88	12.12
2014	15.76	30.60	46.36	14.83
2015	15.14	28.60	43.74	13.46
2016	13.61	31.67	45.28	18.06
2017	16.70	31.44	48.14	14.75
2018	19.58	33.46	53.04	13.87
2019	20.33	36.05	56.38	15.72

数据来源：联合国粮农组织（FAO）。

塞尔维亚对外贸易主要依赖双边自由贸易协定，与欧盟签署的《稳定与联合协议》（SAA）、中欧自贸协议（CEFTA）以及与俄罗斯和土耳其的协定，贸易双方在农产品贸易方面互相给予优惠待遇。2019 年，塞尔维亚与欧亚经济联盟（EAEU）签署了自由贸易协定，取代原俄罗斯、白俄罗斯和哈萨克斯坦与塞尔维亚的现有双边自由贸易协定。通过这种方式，自由贸易区被扩展到亚美尼亚和吉尔吉斯斯坦，覆盖了约 1.83 亿人口的市场。

三、农产品出口

2018 年，塞尔维亚第一大出口市场是波黑，金额为 48 025 万美元，同比下降 1.9%；第二是俄罗斯，金额为 34 752.3 万美元，同比增长 0.3%；第三是罗马尼亚，金额为 31 445.3 万美元，同比增长 43.4%[①]。2018 年，塞尔维亚农产品出口额 34 亿美元，在中东欧 17 国中排列第 8 位[②]。塞尔维亚以玉米、水果、烟草和烟草制品、各种饮料和动植物油脂出口为主，近 10 年产品出口额如表 18-13 所示。

表 18-13　塞尔维亚 2010—2019 年主要农产品出口额

单位：万美元

年份	谷物	油脂	果蔬	饮料	烟草
2010	47 109.1	15 123	55 196.3	17 654.4	5 530.8
2011	61 011.6	21 033	67 898.9	21 504.3	5 885.9
2012	72 172.6	20 533	54 911.1	21 312.8	7 312.7
2013	53 828.3	19 735	68 525.8	21 439.3	10 597.3
2014	65 177.3	15 924	74 962.1	22 258.6	17 570.5
2015	52 604.1	16 316	76 561.6	18 909.2	25 146.7
2016	55 601	19 834	80 510.6	19 023.9	35 892.6
2017	43 379.6	19 102	88 932.2	20 703.4	28 784
2018	53 645.5	17 363	83 304.5	23 760.8	30 123.7
2019	67 055.5	22 711	86432.5	25856.6	32 393.4

数据来源：联合国粮农组织（FAO）。

2019 年，塞尔维亚玉米出口量超过 313 万吨，出口额 5.51 亿美元，是世界第八大玉米出口国（2017 年塞尔维亚排名第 12）。塞尔维亚玉米均为非转基因产品，具有一定的价格竞争优势，加之占据优越的地理位置，很容易进入欧

---

① 资料来源：中国商务部外贸司。
② 资料来源：农业农村部贸易促进中心。

洲和中东等重要国际市场，2019年玉米出口主要市场为罗马尼亚、意大利、奥地利、波黑等（表18-14）。

表18-14 塞尔维亚2019年玉米出口情况

贸易伙伴	出口量（万吨）	出口额（万美元）
罗马尼亚	192.105 3	32 062.3
意大利	53.895 1	8 581.6
奥地利	26.720 2	4 389.5
波黑	17.327 7	3 120.6
阿尔巴尼亚	9.123	1 488
北马其顿	4.465 6	797.5
黑山	3.080 2	492
克罗地亚	2.213 1	557.3
匈牙利	1.196 8	1 039.8
土耳其	1.086 6	231.4

数据来源：联合国粮农组织（FAO）。

四、农产品进口

塞尔维亚农产品进口来源地主要是欧盟国家和CEFTA市场，分别占总进口量的60%和10%。2018年塞尔维亚第一大进口来源国是德国，进口额为19 717.9万美元，同比增长36%；第二位是意大利，进口额为16 608万美元，同比增长17.1%；第三位是克罗地亚，进口额为12 496.9万美元，同比下降8.2%[①]。2018年，塞尔维亚农产品进口额为20.9亿美元，在中东欧17国中居第12位[②]。

塞尔维亚农产品进口主要是成品程度较高的产品，主要有畜产品、水果、杂粮制剂、咖啡、茶叶和香料、烟草、可可及其制剂和油籽等（表18-15）。

表18-15 塞尔维亚2010—2019年主要农产品进口额

单位：万美元

年份	谷物	水果	饮料	油籽	烟草
2010	1 655.1	15 423.4	5 307.8	5 174.8	6 343.7

---

① 资料来源：中国商务部外贸司。
② 资料来源：农业农村部贸易促进中心。

（续）

年份	谷物	水果	饮料	油籽	烟草
2011	3 730.2	18 720.6	7 983.3	3 930.6	11 682.5
2012	3 688.5	18 701	8 249.5	7 705.4	10 261.2
2013	4 326.1	18 853.9	8 260.4	5 267.7	12 900.6
2014	4 530.2	18 690.8	9 028.8	3 345.8	11 644.4
2015	3 251.4	18 395.3	9 012	7 384.3	13 496.5
2016	2 742.8	20 260.2	8 670.4	1 964.1	19 506.1
2017	1 927	22 623.4	9 582.3	8 264.6	19 786.8
2018	2 772.6	23 768.8	11 545.9	4 696.2	22 906.1
2019	2 783.6	24 928.9	11 869.7	3 447.7	26 340.5

数据来源：联合国粮农组织（FAO）。

第三节 塞尔维亚农业投资政策及发展规划

一、农业投资政策

塞尔维亚主管国内投资和外国投资的政府主管部门是经济部。塞尔维亚经济部直属机构开发署具体负责向外商投资提供服务和咨询。

海关管理规章制度。根据《塞尔维亚海关法》，塞尔维亚海关每年公布新的海关税则表作为海关法的附属文件，税则表中分别列出自主关税、协议关税、优惠关税、减让关税及零关税等不同的税率。依据关税税则规定，海关注册税为报关基数的0.5%。塞尔维亚的平均关税税率为12%，税率的幅度为0～30%。塞尔维亚国内大量生产的工农业产品的关税为15%～30%。

投资行业的规定。塞尔维亚重点鼓励的投资行业是：汽车产业、农牧业、基础设施建设、通信信息技术产业、电子和家电产业、清洁能源产业。

投资者国民待遇。塞尔维亚政府对外来投资给予政策优惠，主要内容有：给予外资企业国民待遇；外资可投资任何工业；资金、资产、利润、股份及分红等可自由转移；外资可在对等条件下购买房地产；投资项目可获得国家主要信用机构、国际信用驻塞尔维亚机构、塞尔维亚出口信用担保，外资还可进一步受双边投资保护协定保护（指与塞尔维亚已签署投资保护协定的32个国家，与中国也已签署）。

行业鼓励政策。2007 年以来，塞尔维亚政府为促进外商直接投资，对投资 5 000 万欧元以上的大型战略投资者提供优惠安排。对经过塞尔维亚开发署审批后符合条件的投资者，塞尔维亚政府给予利率 1% 的优惠贷款。主要鼓励投资领域包括：公路建设、卫生和环保、经济开发建设（增加就业、促进企业生产、能源和交通、农业、水利、科技和旅游）和公共行政建设。地方政府财政支持主要包括减免部分地方税，对投资商给予土地价格优惠或无偿提供土地，对有关使用土地进行基础设施建设和发展企业生产等提供审批及减免费用便利。农业领域，塞尔维亚对投资企业给予税收减免优惠政策，对特定领域的外资实行高额免税抵扣办法。免税抵扣额度可达外商固定资产投资额的 80%。免税抵扣额度可留用，使用有效期最长为 10 年。特定投资领域包括：农业、渔业、纺织生产、服装生产、皮革生产、初级金属加工、金属标准件制造、机械设备、办公设备、电气设备、广播电视及通信设备、医疗器械、汽车、再生资源和影像制品。

二、农业发展规划

《塞尔维亚共和国 2018—2020 年国家农业计划》以战略拟定和实施规则为基础，确定了国家农业发展部门的目标。制定该计划的目的是支持农业发展，尤其是使其农业政策适应欧盟的要求。

《国家农业和农村发展战略（NARDS）》是塞尔维亚一项全国跨部门战略，指导年份自 2014 年至 2020 年。主要目标包括提高农业产量、稳定农业生产者收入、改善农村地区的生活质量从而减少农村地区的人口减少等。具体包括提升农业科技水平、农业可持续资源管理和环境保护、减少贫困、促进就业和农业劳动力发展等内容。同时，该战略旨在支持塞尔维亚的农业初级生产者有关行为规则逐步向欧盟的标准、政策和做法靠拢。

《改善动物来源食品设施的国家战略（2016—2021 年）》旨在使塞尔维亚国内动物来源食品生产加工在欧洲和世界市场上享有平等和竞争力。战略总体目标是高度保护人类健康及消费者利益；确保食品的卫生标准符合安全和质量要求；满足欧盟食品卫生场所的一般要求以及与动物源性食品和动物福利有关的所有特定要求；遵守欧盟在环境保护方面的要求，包括保护免受动物源性食品的生产和加工的不利影响；为进入欧盟市场的食品生产部门做准备。

《水资源管理战略（至 2034 年）》。根据《塞尔维亚共和国水法》，塞尔维亚推行了直至 2034 年的水资源管理战略，旨在使国家和地方各级达到所需的水管理标准。该战略的核心在于推行符合欧盟标准的水资源管理政策，并对灌溉、水污染控制、抵御河流洪水侵蚀、排水规范等作出了具体要求。

《动物副产品改善管理计划（2020—2024 年）》的总体目标是实现对人类和动物健康的高度保护，提高塞尔维亚产品在国内和国际市场上的竞争力。内容主要包括提出塞尔维亚动物副产品改善需要注意的事项，明确了该国动物副产品行业现状，改善动物副产品管理的长期总体目标和具体目标、计划的执行机制以及具体行动计划等。

《2020—2024 年实施繁殖计划的长期措施计划的法规》确定了塞尔维亚在 2020—2024 年实施繁殖计划的畜牧业生产措施筹资问题。该计划的主要目标包括提高牲畜所占比例，提高人均牲畜数量，提高牛奶、肉、蛋、羊毛的生产效率，以及这些产品和其他畜牧产品的质量，减少每单位产品饲料消耗，根据土地结构，按照欧盟标准对畜牧业生产进行区域划分等。

此外，塞尔维亚还于 2020 年制定了《2020 年动物卫生计划条例》《2020 年植物健康保护措施计划》《动物源性食品和进口动物饲料食品安全性监测计划》《2020 年保护安排和使用农业土地的工作计划》和《2020 年水管理计划》等一系列规划和计划，指导农业发展。

第四节 中国与塞尔维亚的农业交流与合作

一、中国与塞尔维亚的农业技术交流合作

2007 年，中国与塞尔维亚（以下简称"中塞"）两国农业部签署了《中华人民共和国农业部与塞尔维亚共和国农林水利部农业合作协议》，双方确定在农业科研、动植物遗传育种、蔬菜和水果加工、动植物检疫、农业信息服务、农产品质量安全、农业机械化、沼气生产和使用等方面开展合作。

2009 年，中塞农业部组团互访，推动双方企业初步就拖拉机、食用菌贸易及土地租赁合资等达成初步合作意向，企业间建立了联系。中国的东方红拖拉机深受塞尔维亚农民的欢迎。

2013 年，塞尔维亚总统访华期间，两国签署了《中塞关于建立农业科技

313

合作促进网络的备忘录》。

中塞农业科技合作取得了一定成果，如玉米生产与加工技术、玉米杂交良种的培育及在中国的推广、大豆基因研究及大豆良种在塞尔维亚的推广与应用、中国食用真菌与药用真菌的种植与加工技术在塞尔维亚的推广应用、向日葵良种合作研究等合作项目都产生了良好的经济与社会效益。从 20 世纪 70 年代末开始，中国与塞尔维亚诺维萨德大田作物和蔬菜研究所开展了长期科技合作。2005—2006 年，塞尔维亚诺维萨德大田作物研究所和中国吉林白城农研所成功联合培育油葵。2011 年，中国农科院与贝尔格莱德大学联合申请的"硅提高植物抵抗非生物胁迫能力的机理研究"项目得到了中塞科技合作委员会批准。

二、中塞农业经贸合作

中塞两国农业部签署了《关于农业合作的谅解备忘录》。在贸易领域，中塞农产品贸易合作态势良好。2019 年，中塞农产品贸易总额为 2 227.2 万美元，其中中国自塞尔维亚进口 988.1 万美元，主要为畜产品（牛肉）、植物油（食用植物油）、水果（鲜冷冻水果）、饮料（啤酒、葡萄酒）等；中国对塞尔维亚出口农产品 1 239.1 万美元，主要为水产（加工鱼类）、油籽（食用油籽）、蔬菜（加工保藏蔬菜）等（表 18-16～表 18-18）。

表 18-16　中国对塞尔维亚 2010—2019 年农产品贸易额

单位：万美元

年份	出口额	进口额	贸易额	顺差
2010	788.96	52.19	841.16	736.77
2011	979.13	85.87	1065.00	893.26
2012	1 093.28	84.65	1 177.93	1 008.63
2013	1 195.39	99.26	1 294.65	1 096.13
2014	1 243.39	5 100.65	6 344.05	−3 857.260
2015	850.43	6 643.89	7 494.32	−5 793.460
2016	745.37	7 338.67	8 084.04	−6 593.300
2017	1 039.48	6 657.60	7 697.08	−5 618.120
2018	1 218.57	3 213.97	4 432.54	−1 995.400
2019	1 239.09	988.14	2 227.23	250.950

数据来源：中国海关。

表 18-17　中国自塞尔维亚 2015—2019 年主要进口农产品贸易额

单位：万美元

	2015 年	2016 年	2017 年	2018 年	2019 年
植物油	2.057	44.881	102.072	9.792	142.091
油籽	0.132				
饮品类	28.192	23.129	98.308	110.253	221.642
畜产品		5.269	7.362	6.855	325.989
糖料及糖			2.031	0.48	6.017
水果	56.644	73.342	134.083	165.716	121.556
水产品				0.001	
蔬菜	10.734	8.021	2.107	7.245	3.011
其他农产品	6 546.11	7 183.14	6 301.58	2 909.95	154.913
粮食制品	0.017	0.592	8.58	2.142	7.929
精油		0.273	1.468	0.982	4.938
坚果				0.001	
花卉		0.018	0.006	0.55	0.054

数据来源：中国海关。

表 18-18　中国向塞尔维亚 2015—2019 年主要出口农产品贸易额

单位：万美元

	2015 年	2016 年	2017 年	2018 年	2019 年
油籽	180.098	125.613	293.801	231.222	175.24
饮品类	19.853	23.215	15.22	28.121	25.46
药材	6.68	1.862	0.526	0.255	0.815
畜产品	38.103	13.605	56.784	59.915	60.244
糖料及糖	3.718	42.836	23.091	45.238	23.789
水果	4.066	2.15	1.384		2.222
水产品	113.42	177.489	125.496	221.071	318.371
蔬菜	118.342	79.279	97.872	115.378	114.544
其他农产品	330.882	269.09	413.473	480.063	518.163
粮食制品			0.12	1.302	
粮食（谷物）				1.8	
精油		0.125	0.027		0.022
坚果	26.562	4.563	10.725	34.208	
花卉		0.008	0.965		0.22
干豆（不含大豆）	8.7	5.538			

数据来源：中国海关。

2021年2月，中塞签署了《塞尔维亚玉米输华植物检疫要求议定书》《塞尔维亚甜菜粕输华卫生与植物卫生要求议定书》和《中国海关总署企业信用管理制度与塞尔维亚财政部海关署"经认证的经营者"制度互认的协定》[①]，双边农产品贸易规模将进一步扩大。

三、中塞农业投资合作

中塞两国在农业领域的合作主要以农业科技为主，但目前才刚刚起步，赴塞尔维亚投资的中资农业企业较少。

2018年7月第七次中国—中东欧国家领导人会晤期间，中塞两国农业部门签署了《中华人民共和国农业农村部与塞尔维亚共和国农业、林业和水利部关于共同支持建设果蔬产业园的谅解备忘录》。塞尔维亚果蔬产业园项目旨在依托匈塞铁路便利交通和设施基础，以中东欧优势农业产业为基础，建设以果蔬产业为主导的全产业链农业产业园。

中塞两国在农业领域优势互补，合作前景光明，体现在五个方面。一是地理位置优越，交通便利。良好的区位交通设施为塞尔维亚农产品运输和销售提供了便利。二是农业投资环境不断改善，投资便利化程度提高。三是市场空间广阔，辐射范围大。四是劳动力资源优质充足，劳动力价格较低。五是农业资源丰富，农业技术发达。

与此同时，对塞尔维亚开展农业投资必须全面考虑风险。首先，塞尔维亚宏观经济情况难言乐观，经济风险不容忽视。经济领域是目前政府工作的第一要务。其次，政治风险依旧是困扰投资合作的问题。最后，塞尔维亚国内市场相对均衡，新增投资形成产能的周期较长，且当地市场容量较小，对投资企业的销售能力要求较高。

---

① 资料来源：中国驻塞尔维亚大使馆。

第十九章 CHAPTER 19
斯洛伐克农业概况 ▶▶▶

斯洛伐克共和国位于欧洲中部，是典型的内陆国家，国土面积 49 037 平方千米，在欧洲 45 个国家和地区中位居第 27 位，农业、林业和自然保护区分别占国土面积的 49.7%、39.4% 和 4.6%，据联合国粮农组织（FAO）统计，2018 年斯洛伐克农业用地达 189 万公顷，其他用地共 96.2 万公顷。斯洛伐克地处北温带，年平均气温 9.8℃，年均降水量在 800~1 300 毫米。斯洛伐克拥有优质的劳动力资源，截至 2019 年 9 月底，人口总数为 546 万人，其中男性 267 万人，女性 279 万人。斯洛伐克统计局数据显示，2019 年斯洛伐克就业人数 258.3 万人，同比增长 0.7%。

第一节 斯洛伐克农业生产概况

一、斯洛伐克农业生产概述

2018 年斯洛伐克农业生产总值为 20.48 亿欧元，占国内生产总值的 2.2%。农业用地 192 万公顷，可耕地面积为 135 万公顷。森林覆盖率约 41.3%。农业人口约 5.89 万人，占总劳动力的 2.3%。粮食总产量 403.8 万吨。在外资、出口和内需的拉动下，斯洛伐克经济增长较快。2018 年斯洛伐克 GDP 为 1 065.8 亿美元，经济增长率为 4.1%，其中农业增加值对 GDP 的贡献为 3% 左右。斯洛伐克农业产业规模较小，其中种植业产值约占总产值的 60%，畜牧业产值约占总产值的 40%。

二、斯洛伐克的种植业

作物种植以谷物为主，占耕地面积的比例超过 50%。小麦是面积最大的作物，2018年种植面积40万公顷，产量为193万吨。玉米为第二大作物，种植面积为18万公顷，产量为152万吨。大麦面积位列第三，种植面积12万公顷左右，产量为48万吨。油料也是斯洛伐克重要作物产品，种植面积占耕地面积的比例超过15%，其中油菜和向日葵是主要的油料作物。受欧盟政策的影响，斯洛伐克油料种植面积大幅度扩大，产量也大幅增加，甜菜的种植面积则有所缩小。2018年斯洛伐克葵花籽种植面积为2.9万公顷，产量为20.2万吨；油菜籽种植面积为3.1万公顷，产量为48万吨；蔬菜种植面积为17.2万公顷，产量为5 403吨；水果种植面积为1.5万公顷，产量为307吨；甜菜种植面积为59.9万公顷，产量为131.1万吨；马铃薯种植面积为21.9万公顷，产量为17万吨。斯洛伐克种植葡萄和酿酒的历史悠久，国内葡萄酒种类多样，部分酒庄生产的红葡萄酒、白葡萄酒、贵腐酒曾获国际大奖。

从近5年的变化趋势看，据联合国粮农组织（FAO）统计，2014—2018年，大麦种植面积波动减少，从2014年的13.9万公顷降至12.4万公顷；玉米、马铃薯、甜菜种植面积也均呈现下降趋势，分别从21.6万公顷、0.9万公顷、2.2万公顷降至17.9万公顷、0.77万公顷、2.2万公顷。小麦和油料作物种植面积整体呈扩大趋势，分别从37.9万公顷、24.2万公顷增至40.3万公顷、28.1万公顷。产量与种植面积变化趋势基本一致，大麦、玉米、马铃薯、小麦产量分别从2014年的67.6万吨、181.4万吨、17.9万吨、207.2万吨降至48.7万吨、151.6万吨、17.0万吨、192.8万吨；油料作物产量从73.9万吨增至79.5万吨（表19-1）。

表19-1　2014—2018年斯洛伐克主要种植产品情况

| 年份 | 大麦 | | 玉米 | | 马铃薯 | | 甜菜 | | 小麦 | | 油料作物 | |
	种植面积 （公顷）	产量 （吨）	种植面积 （公顷）	产量 （吨）	种植面积 （公顷）	产量 （吨）	种植面积 （公顷）	产量 （吨）	种植面积 （公顷）	产量 （吨）	种植面积 （公顷）	产量 （吨）
2014	138 826	675 853	216 186	1 814 113	9 105	178 817	22 212	1 550 218	379 283	2 072 405	241 659	738 667
2015	139 994	668 644	191 438	929 233	8 066	144 625	21 521	1 205 450	377 899	2 082 134	244 324	562 951
2016	114 970	584 602	184 811	1 710 178	8 256	177 145	21 481	1 506 939	416 578	2 434 213	253 172	777 879
2017	120 329	545 285	187 812	1 066 188	7 450	149 705	22 377	1 230 793	373 667	1 770 659	291 198	775 904
2018	124 163	486 898	179 033	1 515 834	7 760	169 953	21 911	1 311 972	403 372	1 927 926	280 917	794 722

数据来源：联合国粮农组织（FAO）。

三、斯洛伐克的畜牧业

畜牧生产是斯洛伐克农业重要构成部分，但近年有所萎缩，肉类产量下降，禽蛋生产大致保持了原有水平。2018 年，生产牛肉 5.9 万吨，羊肉 0.1 万吨，猪肉 5.9 万吨，禽肉 7.5 万吨，禽蛋 7.4 万吨。奶牛牛奶产量略有提升，为 93.8 万吨。从发展趋势看，据联合国粮农组织（FAO）统计，2014—2018 年，斯洛伐克主要牲畜存栏量呈现稳中有降的趋势，牛、羊、猪分别从 2014 年的 46.8 万头、43.5 万只、63.7 万头降至 44.0 万头、40.2 万只、61.4 万头。禽类存栏量从 2014 年的 1 096.9 万只增至 1 335.4 万只（表 19-2）。

表 19-2　2014—2018 年牲畜存栏量情况统计

年份	牛（头）	禽类（千只）	羊（只）	猪（头）
2014	467 820	10 969	435 365	637 167
2015	465 543	12 494	426 329	641 827
2016	457 586	12 836	418 048	633 116
2017	446 112	12 130	405 251	585 843
2018	439 826	13 354	402 411	614 384

数据来源：联合国粮农组织（FAO）。

四、斯洛伐克的林业

斯洛伐克森林覆盖率较高，森林资源丰富，因此林业发展也是一大优势。斯洛伐克共和国建立的最初几年，其林业用地便达到了 198.79 万公顷。这些植被遍布在斯洛伐克海拔 92~2 655 米的大地上，其中不乏未开采的原始森林（约 20 000 公顷）。这些丰富树种为斯洛伐克的环境带来了良好的净化作用，其森林蓄积量达到了 3.836 亿立方米，仅作为商业林的森林占到了 66.4%。将近八成树木的年龄在 0~80 岁，百年古树也存在不少，但只占到了总数的 5%。

斯洛伐克采取的林业保护措施可以分为预防性措施、灾害防治措施和抢救措施 3 类。从 1987 年开始，斯洛伐克就开始了大范围的林业状况监测和普查。监测计划由斯洛伐克国家林业研究所执行，将全国林地划分为面积 256 平方千米的 111 个区域进行监测，根据受损害的程度，将被检测的林地分为：无损害、轻微损害、中度损害、重度损害和完全破坏五个等级。通过监测，了解森林状况，及时采取补救措施。

根据斯洛伐克林业管理计划，除特殊情况，不得对林地进行完全砍伐。所有林地开发人必须在两年内，对其开采过的林地进行重新种植。种植面积中至少 30％以上是国家鼓励种植的品种。斯洛伐克农业部和斯洛伐克标准化局于 1998 年颁布了《进口植物及其制品控制规定》和《森林保护技术标准》，对进口植物及其制品进行病虫害等方面的检疫。生物信息素陷阱、杀虫剂、陷阱林等被广泛用于森林病虫害的防治，有效地防治了森林虫害。此外，斯洛伐克政府投入了大量资金用于森林生态系统抢救，特别是因环境污染等原因造成损害的林地。采取了平衡土地酸碱性、科学施肥、土地改造等措施，取得了良好效果。

五、斯洛伐克的渔业

斯洛伐克为内陆国家，有 9.5 万公顷水面。渔业捕捞年产量约为 2 000 吨，养殖业年产量约 1 000 吨，鱼类消费主要依靠进口。斯洛伐克鱼类养殖以虹鳟鱼和鲤鱼为主。

联合国粮农组织（FAO）早前的研究统计显示，斯洛伐克主要采用两种鱼类养殖系统。一种是土池设施，用于鲤鱼养殖；另一种是特殊养殖设施，用于褐鳟鱼养殖。鲤鱼的池塘养殖是斯洛伐克传统的和最常见的水产养殖形式，通常采用半精养技术。为了提高产量而采用了多种池塘集约化手段，例如施肥、使用石灰、夏季和冬季干塘等。混养种群是斯洛伐克池塘养殖的一个重要方面。鲤鱼是主要养殖种类，其他品种包括中国鲤鱼（草鱼、鳙鱼和鲢鱼）以及传统的补充鱼类（丁鱥）和食肉性鱼类（白斑狗鱼、梭鲈、欧鲇）。在一些位于高地的池塘中还将虹鳟作为主要养殖种类，次要鱼种是鲤鱼。褐鳟鱼通常在海拔较高地区的鳟鱼养殖场进行养殖，主要使用特殊养殖设施，如育苗池、水道、网箱等。

第二节　斯洛伐克农产品市场与贸易

一、斯洛伐克农产品价格

（一）肉类方面

据斯洛伐克统计局统计，2002 年至 2018 年，牛肉平均价格为 2 851.6 欧元/吨，峰值出现在 2018 年 7 月，为 3 101.0 欧元/吨，历史最低值出现在

2002 年 5 月，为 1 449.5 欧元/吨。牛肉价格在 2018 年 9 月达 3 097.8 欧元/吨。2002—2018 年，猪肉平均价格为 1 523.5 欧元/吨，历史峰值出现在 2002 年 10 月，历史最低值出现在 2016 年 5 月，为 1 266.3 欧元/吨，到 2018 年 9 月猪肉价格达 1 471.4 欧元/吨。2000—2018 年鸡肉平均价格为 913 欧元/吨，历史最高值出现于 2001 年 8 月，达 1 126.4 欧元/吨，历史最低值则出现于 2010 年，为 768.8 欧元/吨。2018 年 9 月屠宰鸡价格达 843.9 欧元/吨。

（二）蔬菜方面

据斯洛伐克统计局统计，胡萝卜（不含胡萝卜头）2000—2018 年的平均价格为 232.4 欧元/吨，历史峰值出现在 2015 年 7 月，达 355.0 欧元/吨，最低值出现在 2004 年 11 月，为 165.3 欧元/吨。到 2018 年 9 月，价格为 302.5 欧元/吨。

（三）谷物方面

据斯洛伐克统计局统计，2000—2018 年，小麦平均价格为 149.8 欧元/吨，该数据的历史最高值出现于 2008 年 4 月，达 248.7 欧元/吨，而历史最低值则出现于 2009 年 11 月，为 102.3 欧元/吨，小麦在 2018 年 9 月达 160.0 欧元/吨。2000—2018 年，黑麦的平均价格为 141.5 欧元/吨，历史最高值出现于 2008 年 4 月，达 246.7 欧元/吨，而历史最低值则出现于 2010 年 1 月，为 92.5 欧元/吨，黑麦在 2018 年 9 月达 156.150 欧元/吨。

二、斯洛伐克农产品贸易发展情况

据联合国粮农组织（FAO）统计，目前斯洛伐克为农产品净进口国。斯洛伐克 2019 年农产品贸易额 84.1 亿美元，其中出口额 31.3 亿美元，进口额 52.8 亿美元，贸易逆差 21.5 亿美元。出口额排名全球第 67 位，进口额排名全球第 56 名，贸易额排名全球第 62 位。斯洛伐克的主要农产品贸易伙伴仍以欧洲国家为主，近年来，随着中国—中东欧合作的进一步深化，斯洛伐克逐渐成为中国在中东欧国家开展农业贸易合作的重要国家，从中东欧 17 国的贸易水平看，虽然中国与斯洛伐克的农产品贸易额并不多，但两国开展农业贸易合作的潜力较大。随着中国国内消费升级，斯洛伐克的葡萄酒等产品未来有出口中国的潜力，中国的加工竹笋、肠衣等特色农产品也有望进一步扩大斯洛伐克市场。

斯洛伐克 2019 年农产品贸易额为 84.1 亿美元。其中，出口额 31.3 亿美元，进口额 52.8 亿美元，贸易逆差 21.5 亿美元。出口额排名全球第 67 位，进口额排名全球第 56 名，贸易额排名全球第 62 位。从贸易伙伴看，斯洛伐克农产品贸易主要发生在欧盟内部且比较集中，主要出口到捷克、匈牙利、德国、波兰和奥地利；进口主要来自捷克、德国、波兰、匈牙利和意大利。从具体产品看，斯洛伐克主要出口谷物、油籽、动物皮毛、咖啡等，主要进口水果、肉类、蔬菜、咖啡、乳品等。

三、农产品进口贸易

据联合国粮农组织（FAO）统计，2015—2019 年，斯洛伐克农产品进口贸易整体呈稳步增长趋势，从 2015 年的 43.4 亿美元增至 2019 年的 52.8 亿美元，年均增速 5.2%。谷物、牛肉、禽肉、猪肉、水果、蔬菜和油籽进口额均呈现增长态势，年均增速分别为 7.3%、5.7%、14.3%、11.4%、5.7%、7.8%、3.2%。可以看出，斯洛伐克的肉类进口年均增速相比较快（表 19-3）。

表 19-3　2015—2019 年斯洛伐克主要进口农产品情况

单位：千美元

年份	猪肉	谷物	水果	牛肉	蔬菜	禽肉	油籽
2015	341 963	123 947	337 556	63 595	264 458	126 382	52 635
2016	434 175	110 905	378 687	67 659	279 545	124 031	72 609
2017	502 327	132 008	388 618	78 420	285 724	133 053	78 486
2018	509 119	158 074	425 979	91 924	325 176	205 713	78 258
2019	526 973	164 419	421 456	79 331	357 282	215 534	59 702

数据来源：联合国粮农组织（FAO）。

2019 年，斯洛伐克农产品进口额同比减少 3.0%，主要进口产品也出现分化，谷物、禽肉、猪肉、蔬菜进口额同比分别增长 4.0%、4.8%、3.5%、9.9%；牛肉、水果、油籽进口额同比分别减少 13.7%、1.1%、23.7%。

四、农产品出口贸易

据联合国粮农组织（FAO）统计，2015—2019 年，斯洛伐克农产品出口贸易整体呈稳步增长趋势，从 2015 年的 29.7 亿美元增至 2019 年的 31.3 亿美元，年均增速 1.3%。分产品看，谷物、牛肉和禽肉出口额分别下降 4.0%、5.5% 和 3.6%；水果、蔬菜和油籽出口额同比分别增长 7.4%、8.7% 和 4.0%（表 19-4）。

表 19-4　2015—2019 年斯洛伐克主要出口农产品情况

单位：千美元

年份	猪肉	谷物	水果	牛肉	蔬菜	禽肉	油籽
2015	90 427	415 010	86 000	13 109	48 694	112 347	184 057
2016	101 835	427 875	90 557	14 537	48 295	97 187	188 329
2017	118 595	414 558	109 995	9 467	47 120	64 680	224 353
2018	137 150	360 113	122 170	13 267	54 227	105 321	257 617
2019	152 765	354 589	114 235	10 443	68 087	96 950	214 963

数据来源：联合国粮农组织（FAO）。

2019 年，斯洛伐克农产品出口额同比下降 4.7%。主要产品出口出现分化，除猪肉出口同比增长 11.4% 外，谷物、牛肉、禽肉、水果、蔬菜、油籽出口额同比分别减少 1.5%、21.3%、7.9%、6.5%、25.6%、16.6%。

五、斯洛伐克的贸易政策演变

2006 年斯洛伐克加入欧盟后，执行欧盟共同农业政策，重点包括单一区域性补贴机制和农村发展计划。

单一区域性补贴机制方面，欧盟共同农业政策经过一系列的改革，形成了不与产量挂钩的农业补贴方式，而按照环保、食品安全和动物福利等新标准领取，即实行"单一补贴"，该补贴适用于谷物、肉类、奶制品、烟草、橄榄油和棉花等行业。斯洛伐克主管补贴发放的部门是斯洛伐克支付局，该局负责对农业项目的评估和欧盟资金的管理和发放，并组织相关农业项目的招投标工作。该局负责管理及发放的补贴种类有 4 类，分别是单一区域性补贴、糖类单独支付补贴、能源作物补贴和辅助直接补贴。

农村发展计划方面，欧盟对共同农业政策实施的改革中，把用于大农场的直接支付资金转向了农村发展，主要用于环境保护、提高农产品质量、加强动物福利和支持农户达标等，为使农村社会、经济、环境等方面持续协调发展，根据欧盟理事会规定，斯洛伐克政府颁布了《农村发展计划》，总目标是发展

有利于农村地区的经济、环境和文化，以及改善农村居民生活质量。具体包括
4 方面内容，一是提升农业竞争力，二是改善环境与农村空间，三是农村生活
质量与经济多样化，四是农村经济发展行动联系计划。

第三节 中国与斯洛伐克的农业合作历程及斯洛伐克农业投资政策

中国与斯洛伐克（以下简称"中斯"）农业工作组建立时间较早，两国在
农业领域有着良好的传统合作关系，农业科研机构也开展了较多的科技合作，
签署了《中国农业科学院与斯洛伐克农业研究中心合作协议》和《中国农业科
学院农业资源与农业区划研究所和斯洛伐克土壤科学和保护研究所合作协议》
等。斯洛伐克也积极参与中国"一带一路"倡议和"中国—中东欧国家合作"。
2017 年 4 月，斯洛伐克政府批准了由斯洛伐克经济部提交的《2017—2020 年
斯洛伐克与中国发展经济关系纲要》。该纲要指出，斯洛伐克拟重点在投资、
商业、贸易、交通、旅游、科研及创新等领域与中国开展合作，强调要增强两
国政府间经济联委会对经贸合作的促进作用。其中特别提到"一带一路"倡议
的实施。2015 年 11 月斯洛伐克与中国签署了"一带一路"合作备忘录，2019
年 4 月在克罗地亚举行的中国—中东欧国家第八次领导人会晤上，中斯两国签
署了《中华人民共和国海关总署与斯洛伐克共和国农业和农村发展部关于斯洛
伐克输华乳品动物卫生和公共卫生条件议定书》，为斯洛伐克乳制品对华出口
奠定了法律基础。

斯洛伐克政府重视吸引外资，农业领域利用外国直接投资已超过 7 亿欧
元，主要来自捷克、德国、奥地利、丹麦等欧洲国家，外资一类是用于购买斯
洛伐克农业产业获得土地或农场所有权，生产初级农产品，另一类是外资在斯
洛伐克设立或并购公司，从事农产品深加工。但目前中国在斯洛伐克农业投资
相对较少，仅有少数斯洛伐克企业在葡萄酒酿造方面与中国开展合作。

第二十章 CHAPTER 20
斯洛文尼亚 ▶▶▶

斯洛文尼亚共和国，简称斯洛文尼亚，位于中欧南部，巴尔干半岛的北端，是中欧和南欧的交会处。国土面积 20 141 平方千米，是欧洲唯一一个汇聚了阿尔卑斯山脉、地中海、潘诺平原和喀斯特地貌的国家。斯洛文尼亚气候分为山地气候、地中海气候和温带大陆性气候，森林和水力资源丰富，国土森林覆盖面积高达 66%，绿化率在欧洲仅次于芬兰和瑞典，被誉为"欧洲绿宝石"。斯洛文尼亚农业用地面积 61.7 万公顷，占国土面积的 30.6%，其中耕地面积 18.4 万公顷，人均可耕地面积 0.09 公顷。2019 年，斯洛文尼亚共有人口 208.8 万人[①]，城镇人口数量为 114.5 万人，农村人口数量为 94.3 万人。截至 2020 年 6 月，该国就业人数 88.5 万人，劳动人口参与率为 57.3%，总失业率为 5.2%，人均月收入达 2120 美元[②]。

第一节 斯洛文尼亚农业生产概况

一、农业生产概述

2018 年斯洛文尼亚国内农业总产值为 13.7 亿欧元，占国内生产总值的 1.5% 左右；谷物、蔬菜、水果、葡萄、土豆等作物产值占农业总产值的 33.2%。近几年农业就业比例持续下降，对就业的贡献率仅为 7.2%。斯洛文尼亚农业生产以家庭经营为主，全国农业经营主体共 6.9 万个，除 231 个农业企业外其余为家庭农场。目前农业经营有小农场退出、生产规模扩大的趋势，

---

① 资料来源：世界银行。
② 资料来源：斯洛文尼亚农业研究所。

但仍难以适应规模化发展和降低成本的要求，农产品无法满足本国需求，粮食、蔬菜等产品需要从其他国家大量进口[①]。

二、种植业

斯洛文尼亚用于生产粮食的土地面积十分有限，仅 10 万公顷左右。近年来，有机农业用地面积不断增加，2018 年增至近 4.8 万公顷，并以永久草地为主[②]。农作物以谷物为主，2019 年谷物种植面积 12.8 万公顷，排名前三的谷物产量为玉米 175.3 万吨（含青贮玉米）、小麦 13.9 万吨、大麦 10.2 万吨，种植面积分别为 6.9 万公顷、2.7 万公顷、2.1 万公顷。土豆也是重要作物，2019 年产量为 6.6 万吨，种植面积为 2 796 公顷。油料作物主要是油菜籽（0.9 万吨），向日葵和大豆都是零星种植。自斯洛文尼亚加入欧盟后于 2007 年起不再种植甜菜，直至 2019 年才恢复。2019 年蔬菜产量约 12 万吨，以卷心菜（1.9 万吨）、生菜（1.3 万吨）、洋葱（1 万吨）为主。蔬菜同样以小农户种植为主，专业种植不多。花卉种植更少，市场上销售的花卉几乎都来自荷兰。水果主要以苹果和葡萄为主，葡萄种植面积近年稳定在 1.6 万公顷，产量有起伏，2019 年产量为 10.5 万吨（表 20-1）。

表 20-1 2019 年斯洛文尼亚主要作物收获面积及产量

产品	指标	2010 年	2011 年	2012 年	2013 年	2014 年	2015 年	2016 年	2017 年	2018 年	2019 年
青贮玉米	收获面积（公顷）	2.6	2.6	2.7	3.0	2.9	2.9	2.9	2.9	3.0	3.0
	产量（万吨）	113.3	118.9	105.7	89.9	139.0	139.9	139.8	116.3	142.8	139.4
玉米与玉米芯	收获面积（公顷）	3.6	4.0	3.9	4.2	3.8	3.8	3.6	3.8	3.7	3.9
	产量（万吨）	31.1	34.9	27.7	22.7	35.1	33.9	34.6	27.2	35.0	36.0
小麦	收获面积（公顷）	3.2	3.0	3.5	3.2	3.3	3.1	3.1	2.8	2.8	2.7
	产量（万吨）	15.3	15.4	18.8	13.8	17.3	15.7	16.3	14.1	12.2	14.0
大麦	收获面积（公顷）	1.9	1.7	1.8	1.7	1.8	2.0	1.9	2.0	2.1	2.1
	产量（万吨）	8.0	7.9	8.5	6.9	9.0	9.3	9.2	9.8	8.8	10.2
土豆	收获面积（公顷）	0.4	0.4	0.3	0.3	0.4	0.3	0.3	0.3	0.3	0.3
	产量（万吨）	10.1	9.6	7.9	6.2	9.7	9.1	8.5	7.7	7.3	6.6
苜蓿	收获面积（公顷）	0.3	0.3	0.3	0.3	0.3	0.4	0.6	0.5	0.5	0.5
	产量（万吨）	2.2	2.0	1.9	1.9	2.6	3.2	4.3	3.4	4.1	3.6

---

① 资料来源：世界银行和斯洛文尼亚统计局。
② 资料来源：斯洛文尼亚统计局。

（续）

产品	指标	2010年	2011年	2012年	2013年	2014年	2015年	2016年	2017年	2018年	2019年
黑小麦	收获面积（公顷）	0.3	0.3	0.4	0.3	0.4	0.4	0.5	0.5	0.6	0.6
	产量（万吨）	1.4	1.5	1.6	1.3	2.0	2.1	2.5	2.3	2.4	2.7
三叶草	收获面积（公顷）	0.3	0.3	0.2	0.2	0.2	0.4	0.5	0.5	0.4	0.4
	产量（万吨）	1.7	1.6	1.1	1.0	1.3	2.6	3.2	2.5	2.6	2.3
甜菜	收获面积（公顷）	—	—	—	—	—	—	—	—	—	0.0
	产量（万吨）	—	—	—	—	—	—	—	—	—	1.1
油菜	收获面积（公顷）	0.5	0.5	0.5	0.6	0.6	0.2	0.3	0.3	0.3	0.3
	产量（万吨）	1.6	1.4	1.7	1.5	2.0	0.4	0.9	0.8	0.8	0.9
大豆	收获面积（公顷）	0.0	0.0	0.0	0.0	0.0	0.2	0.2	0.3	0.2	0.1
	产量（万吨）	0.0	0.0	0.0	0.0	0.1	0.5	0.7	0.8	0.5	0.4

数据来源：斯洛文尼亚统计局。

三、畜牧养殖业

斯洛文尼亚喀斯特地区农业生产自然条件恶劣，不适宜进行种植业生产，其草地和草场适合饲养牛、羊和马，畜牧养殖业较为发达，牛、羊肉品质较高。畜产品主要为牛、鸡、猪、禽蛋、牛奶，其产出份额占农业产出的48%。2019年，畜产品屠宰量分别为牛11.6万头、猪26万头、羊1.3万只、禽类3 884.1万只。畜产品中禽肉（9.8万吨）、牛肉（8.2万吨）、猪肉（3.8万吨）、蛋类（4.2亿个）和羊奶（254.4万升）产量出现增长。牛奶（6亿升，约60吨）产量下降，羊肉（3 400吨）产量与2018年基本持平。

斯洛文尼亚养蜂业发达且历史悠久，主要蜜蜂品种为卡尼鄂拉蜂，是世界四大优良蜜蜂品种之一。斯洛文尼亚政府对该传统优势产业十分重视，严格监控蜂种的品质和选育，目前卡尼鄂拉蜂已成为北欧和中欧等国饲养的蜜蜂品种。2017年12月20日，在斯洛文尼亚的倡议下，联合国大会宣布每年5月20日为世界蜜蜂日。斯洛文尼亚统计局数据显示，斯洛文尼亚人均养蜂量位居欧盟28国之首，但蜂蜜生产总量是欧盟最少的国家。斯洛文尼亚蜂蜜最高产量记录于2001年，多达2 550吨，2018年产量为1 629吨，但2019年跌至653吨。2017年出口了价值140万欧元的蜂蜜，是2000年以来的最高水平。

蜂蜜的主要贸易伙伴是日本，占比达 72%（表 20-2）。

表 20-2　2019 年斯洛文尼亚主要动物产品产量

单位：万吨

	2010 年	2011 年	2012 年	2013 年	2014 年	2015 年	2016 年	2017 年	2018 年	2019 年
牛肉	7.8	8.0	7.8	7.5	7.5	7.7	8.2	8.1	8.1	8.2
猪肉	5.5	4.9	4.2	3.6	3.8	3.4	3.7	3.7	3.7	3.8
禽肉	8.6	8.2	8.4	8.1	8.4	8.3	9.0	9.6	9.7	9.8
羊肉	0.4	0.3	0.3	0.3	0.4	0.3	0.4	0.4	0.4	0.3
蜂蜜	0.2	0.2	0.1	0.2	0.0	0.2	0.1	0.1	0.2	0.1

数据来源：斯洛文尼亚统计局。

四、林业

斯洛文尼亚森林覆盖率高，面积达 120 万公顷，占国土面积的 58.2%。森林蓄积量已增长到 3.4 亿立方米，每年的木材增加量约为 850 万立方米，因此林业和木材加工业较为发达。斯洛文尼亚 79% 的森林为私有，21% 的森林为国家或直辖市所有。2019 年圆木产量为 473 万立方米，原木贸易进口 61 万立方米，出口 191 万立方米。

五、渔业

海洋捕捞和水产养殖是斯洛文尼亚的重要产业。2018 年，海洋捕鱼 126 吨，总价值 86 万欧元。水产养殖 1 938 吨，价值 624 万欧元；其中淡水养殖 1 254.2 吨，海水养殖 683.5 吨。淡水养殖主要为洄游鱼类，产量 1 066.8 吨，占淡水养殖的 85.1%。

六、狩猎

斯洛文尼亚的天然野生动物种类丰富，栖息地多样。为维持当地动物资源与自然生态系统平衡，斯洛文尼亚农林食品部负责制定管理措施和长期规划，对猎物种群进行统一划分管理，任命狩猎委员会和猎物监管员，并为非狩猎区提供损害赔偿管理。目前马鹿、欧洲小鹿、狍、岩羚羊、高山野山羊、摩佛伦羊、野猪、棕兔、高山土拨鼠、睡鼠、海狸鼠、麝鼠、狐狸、狸、獾、松貂、石貂、獾、灰鹧鸪、普通野鸡、绿头鸭、松鸡、喜鹊、冠鸦等品种都被列为可狩猎的动物。斯洛文尼亚目前有411个狩猎场和12个专用狩猎场，由狩猎俱乐部和专用狩猎场经营者管理，这些俱乐部和特种狩猎场的经营者被分为区域协会，并共同组成斯洛文尼亚狩猎协会①。

第二节　斯洛文尼亚的农产品市场及贸易

一、农产品贸易总体规模

斯洛文尼亚农业生产主要供国内消费，还要依赖国际市场补充，常年维持贸易逆差。2004年加入欧盟后，出口额和进口额均显著增长，分别从2004年的5.3亿美元和11.1亿美元增至2008年的15.8亿美元和28亿美元。受2008年全球金融危机的影响，出口额和进口额均出现明显滑落，不过很快恢复增长。随后受欧债危机影响，斯洛文尼亚遭遇了持续的经济衰退，农产品出口和进口均受到负面冲击，分别由2012年20.6亿美元和32.1亿美元持续降至2015年的17.4亿美元和26.9亿美元。2016年起恢复增长，2018年达到历史峰值，分别为23.8亿美元和32.5亿美元，2019年小幅回落。

在加入欧盟的前10年，农产品进口增速明显高于出口，主要是关税一体化和贸易便利化促进了进口，满足了国民对农产品的多元化需求。斯洛文尼亚受到了共同农业政策（CAP）框架下各种农业农村发展基金的大力支持，国内持续推进农业补贴和土地制度改革，改革成效逐渐凸显，农业生产力和专业化程度显著提升。2016年，随着经济整体恢复，出口额增速显著快于进口额，净进口额从2011年13.4亿美元的峰值降至2019的9.1亿美元（图20-1）。

---

① 资料来源：斯洛文尼亚农林食品部。

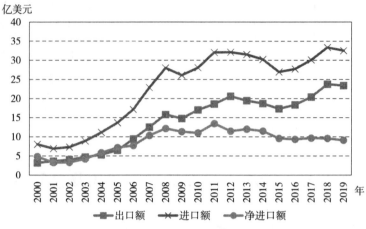

图 20-1　2000—2019 年斯洛文尼亚农产品贸易变动

数据来源：联合国粮农组织（FAO）数据库。

二、农产品贸易结构

2010 年以来，斯洛文尼亚出口集中度呈下降趋势，前 15 类产品出口比重从 2010 年的 67％降至 2019 年的 58％。大豆及饼粕、鲜牛奶、玉米、牛及牛肉、鸡肉（含罐头）等饲用粮与动物产品一直是主要的出口优势农产品，2019 年这些产品出口额分别为 3.7 亿美元、2.1 亿美元、1.4 亿美元、1.4 亿美元和 1.1 亿美元，占比分别为 15％、9％、6％、6％和 5％。其他出口农产品还有饮料、糕点、香蕉、大麦啤酒和咖啡等（表 20-3）。

表 20-3　斯洛文尼亚农产品出口产品结构变动

产品	2010 年		产品	2019 年	
	金额（亿美元）	比重（％）		金额（亿美元）	比重（％）
大豆饼粕	3.8	23	大豆饼粕	2.4	10
大豆	1.2	7	鲜牛奶	2.1	9
鲜牛奶	1.1	7	玉米	1.4	6
其他加工食品	0.9	5	大豆	1.3	5
红辣椒和青椒	0.8	5	鸡肉（含罐头）	1.1	5
鸡肉（含罐头）	0.7	4	牛	0.9	4
牛	0.5	3	冰激凌和可食冰	0.7	3
精制糖	0.4	2	饮料	0.6	3
玉米	0.4	2	糕点	0.5	2

（续）

产品	2010 年		产品	2019 年	
	金额（亿美元）	比重（%）		金额（亿美元）	比重（%）
饮料	0.3	2	香蕉	0.5	2
肉、猪肉香肠	0.3	2	其他加工水果	0.5	2
香蕉	0.3	2	牛肉	0.5	2
其他复合饲料	0.3	2	大麦啤酒	0.4	2
大麦啤酒	0.3	1	咖啡	0.4	2
湿盐牛皮	0.2	1	其他巧克力产品	0.4	2
其他合计	5.5	33	其他合计	9.8	42

数据来源：联合国粮农组织（FAO）数据库。

斯洛文尼亚进口相对于出口更分散，前 15 类产品出口比重从 2010 年的 53%降至 2019 年的 48%。大豆饼粕、猪及猪肉、玉米、奶酪、糕点、饮料是斯洛文尼亚主要进口农产品，2019 年进口额分别是 2.8 亿美元、1.3 亿美元、1.3 亿美元、1.1 亿美元、1 亿美元和 1 亿美元，占比分别为 9%、4%、4%、3%、3%和 3%。斯洛文尼亚主要进口农产品也是优势出口农产品，农业产业内贸易特征显著，在一定程度上反映其国内消费的多元化特征。例如，从其他欧盟国家进口的优质猪产品和奶制品对国内消费形成了一定的替代（表 20-4）。

表 20-4　斯洛文尼亚农产品进口产品结构变动

产品	2010 年		产品	2019 年	
	金额（亿美元）	比重（%）		金额（亿美元）	比重（%）
大豆饼粕	3.6	13	大豆饼粕	2.8	9
其他加工食品	1.4	5	其他加工食品	2.0	6
猪及猪肉	1.2	4	猪及猪肉	1.3	4
大豆	1.2	4	玉米	1.3	4
其他巧克力产品	0.9	3	其他巧克力产品	1.2	4
香烟	0.9	3	奶酪	1.1	3
红辣椒和青椒	0.9	3	糕点	1.0	3
糕点	0.8	3	饮料	1.0	3
饮料	0.7	2	香烟	0.8	2
精制糖	0.6	2	加工水果	0.7	2
橡胶	0.6	2	咖啡	0.6	2
奶酪	0.6	2	香蕉	0.6	2
玉米	0.6	2	宠物食品	0.5	2
牛奶	0.4	1	小麦	0.5	1

（续）

产品	2010 年		产品	2019 年	
	金额（亿美元）	比重（%）		金额（亿美元）	比重（%）
香蕉	0.4	1	精制糖	0.4	1
其他合计	13.2	47	其他合计	16.8	52

数据来源：联合国粮农组织（FAO）数据库。

三、农产品贸易市场分布

斯洛文尼亚农产品贸易伙伴主要是欧盟成员国。2019 年前五大出口贸易伙伴分别是意大利、克罗地亚、匈牙利、奥地利、波黑，出口额分别是 5.3 亿美元、4 亿美元、2 亿美元、1.6 亿美元、1.4 亿美元，占比分别为 23%、17%、8%、7%、6%。与 2010 年相比，对意大利出口额明显下降，对克罗地亚出口额则显著上升。此外，对德国和塞尔维亚出口份额也有所上升（表 20-5）。

表 20-5　斯洛文尼亚农产品出口市场分布变动

国别	2010 年		国别	2019 年	
	金额（亿美元）	比重（%）		金额（亿美元）	比重（%）
意大利	6.0	35	意大利	5.3	23
匈牙利	2.1	12	克罗地亚	4.0	17
克罗地亚	1.3	8	匈牙利	2.0	8
奥地利	1.3	7	奥地利	1.6	7
波黑	1.1	7	波黑	1.4	6
荷兰	0.7	4	德国	1.4	6
塞尔维亚	0.7	4	塞尔维亚	1.3	6
德国	0.6	4	法国	0.5	2
俄罗斯	0.4	2	英国	0.4	2
北马其顿	0.3	2	俄罗斯	0.4	2
黎巴嫩	0.2	1	波兰	0.3	1
罗马尼亚	0.2	1	北马其顿	0.3	1
斯洛伐克	0.2	1	黑山	0.3	1
英国	0.2	1	荷兰	0.3	1
法国	0.2	1	瑞士	0.3	1
其他合计	1.7	10	其他合计	3.6	15

数据来源：联合国粮农组织（FAO）数据库。

与出口相比，斯洛文尼亚进口贸易伙伴的分布更广泛，不局限于欧洲国家，还包括巴西、埃及和以色列等，自巴西主要进口大豆及大豆饼粕。2019年前五大进口贸易伙伴是意大利、奥地利、德国、克罗地亚、巴西，进口额分别是 4 亿美元、3.7 亿美元、3.4 亿美元、3.4 亿美元、2.7 亿美元，占比分别为 12%、11%、11%、10%、8%。与 2010 年相比，德国、克罗地亚、塞尔维亚在斯洛文尼亚农产品进口市场上的份额均有上升，意大利、奥地利的进口额明显下滑（表 20-6）。

表 20-6　斯洛文尼亚农产品进口市场分布变动

国别	2010 年		国别	2019 年	
	金额（亿美元）	比重（%）		金额（亿美元）	比重（%）
奥地利	4.3	15	意大利	4.0	12
意大利	3.5	13	奥地利	3.7	11
德国	2.8	10	德国	3.4	11
巴西	2.4	9	克罗地亚	3.4	10
克罗地亚	1.7	6	巴西	2.7	8
阿根廷	1.7	6	塞尔维亚	2.4	8
匈牙利	1.6	6	匈牙利	1.8	6
荷兰	1.3	5	荷兰	1.5	5
以色列	1.1	4	波兰	1.5	5
塞尔维亚	1.0	3	西班牙	0.7	2
波兰	0.9	3	埃及	0.6	2
捷克	0.6	2	以色列	0.5	2
美国	0.5	2	捷克	0.5	2
比利时	0.4	2	法国	0.5	1
印尼	0.4	1	比利时	0.5	1
其他合计	3.6	13	其他合计	4.7	15

数据来源：联合国粮农组织（FAO）数据库。

四、农产品消费、自给率及价格情况

（一）国内消费

2018 年，斯洛文尼亚水果、小麦、黑麦、牛奶和蜂蜜等国内消费显著增加，水果和蔬菜的消费量达到了历史最高水平。肉类消费量略有下降，其中牛肉消费量减少，家禽肉类消费量有所增加。玉米、土豆、糖和蛋的消费量较

2017年减少，而大米消费量略有增加。在连续3年下降后，2018年牛奶消费量有所增加，高于过去5年的平均水平。

（二）产品自给率

受产量和消费量变化影响，2018年粮食、蔬菜、水果、鸡蛋、蜂蜜自给率有所波动，较2017年略有提升，而土豆、肉类、牛奶自给率略有下降。国内生产的牛奶、牛肉和禽肉产量均高于国内消费量，其他农产品产量则低于国内消费量。

第三节　斯洛文尼亚的农业政策

一、国内支持政策

《2020年斯洛文尼亚农业和食品工业发展战略指南》中明确了其农业政策的主要目标，即"确保明天的粮食供应"。该决议重点关注生产安全优质食品，以确保国内粮食安全，并提高农业和食品工业产业的竞争力，尊重可持续发展原则。

目前，斯洛文尼亚已出台新的发展战略，即"2021年后的粮食、农村地区和自然资源"决议。新战略立足斯洛文尼亚的自然特征和实际需求，对粮食生产加工及乡村发展公共支持进行有针对性的战略规划。为维持农业竞争力和供需弹性，斯洛文尼亚政府认为农业发展应关注提高农产品附加值，辅之以相应的技术和具有竞争力的现代化食品加工产业。决议还特别强调保护环境、自然以及农业用地[①]。

二、与欧盟相关的支持政策

1999年斯洛文尼亚准备加入欧盟。为确保农业政策与欧盟相匹配，其采取将直接补贴与生产投入挂钩的支持政策，以补偿因减少市场价格保护而引起的农民收入降低。这些措施来自欧盟的援助项目，帮助斯洛文尼亚顺利加入

---

①② 资料来源：斯洛文尼亚农林食品部。

欧盟。

2004 年加入欧盟后,斯洛文尼亚在共同农业政策(CAP)的基础上,先后实施了"2004—2006 年农村发展计划"和"2007—2013 年农村发展计划",其中"2007—2013 年农村发展计划"主要关注农业和林业部门竞争力、改善农村环境、提高农村生活质量、鼓励当地就业等。"2014—2020 年共同农业政策"中,欧盟为斯洛文尼亚划拨 17 亿欧元资金,其中 8.145 亿欧元用于直接支付给农民和市场支持,8.38 亿欧元用于农村发展。资金优先用于环境友好型耕作方式、支持年轻农民、提高农业竞争力和农村地区均衡发展[②]。

三、环境保护政策

斯洛文尼亚环保管理部门是环境和空间规划部,职责是执行国家环境保护的中长期规划,保护生态环境,实现可持续发展。斯洛文尼亚环保法律法规包括《环境保护法》《水资源法》《自然保护法》《转基因有机体管理法》和《防电离辐射和核安全法》,涉及投资环境影响评估的相关法规包含在上述法律中。

斯洛文尼亚《环境保护法》规定,中央机构、地方政府、公民和社会团体都有保护环境的责任,可耕土地、森林、地下资源、水资源、海洋资源、贫瘠土地为公共自然资源,均属斯洛文尼亚中央和地方政府所有;经营、开发国有公共自然资源,必须拥有官方颁发的特许经营许可证,政府则通过公开招标的方式发放许可证。制造企业必须在产品外包装上标明可能引发的环保问题及外包装丢弃方法。

当地人非常重视维护良好的生态环境。日常生活方面,官方要求各国在斯洛文尼亚设立的企业必须每日垃圾入车,统一由环卫工人收取;做好垃圾分类以便回收;保持院落卫生洁净及门口街道干净;企业开工生产要经过环保部门的批准,排放、处理污染品必须按照规定实施等。近年来斯洛文尼亚农药和矿物肥料的使用更加合理,豆类作物在轮作中所占的比例不断增加,农业对环境的负面影响逐渐减少。

四、水资源管理制度

斯洛文尼亚依据《水资源法》管理水源,禁止直接排放废水,废水必须经过法定程序进行处理后才可排放；禁止利用地面自然水进行任何清洗工作；禁止向水中排放废物。法人触犯《水资源法》将被处以约 4 万欧元以内的罚款，相关责任人将被处以 2 000 欧元以下的罚款；个人违反《水资源法》将被处以 2 万欧元以下的罚款。《自然保护法》规定，法人进行以下活动将被处以 4 000 至 4 万欧元的罚款：灭绝动植物物种、减少动植物数量或危害其生长环境致使珍稀动植物物种面临灭绝的危险、破坏动植物栖息地、非法利用动植物等，同时相关责任人将被处以 2 000 欧元以内的罚款。个人进行上述活动，将被处以 600 欧元以内的罚款。

五、农业科技与推广情况

斯洛文尼亚农业科技工作主要围绕以下方面：引进和管理自然灾害早期预警系统，监测气候变化对农业生产的影响；加强农业咨询服务网和农业观测网的建设；建设反冰雹系统，降低恶劣天气对农产品产量的影响；研究与气候变化相适应的作物产品；建造水库，完善农业灌溉系统等。

第四节　中国与斯洛文尼亚农业合作历程

自 1992 年中国与斯洛文尼亚（以下简称"中斯"）两国签署《中华人民共和国政府和斯洛文尼亚共和国政府经济贸易协定》以来，两国已签署多项经贸协议，包括《中华人民共和国政府和斯洛文尼亚共和国政府鼓励和相互保护投资协定》《中华人民共和国政府与斯洛文尼亚共和国政府关于所得避免双重征税和防止偷漏税的协定》等，包含贸易、教育、文化、科学、经济合作等内容。

一、协议签署

中斯农业合作呈现"合作少、起步好"的态势。2009 年 6 月，中国农业科学院与斯洛文尼亚卢布尔雅那大学签署了合作谅解备忘录。2009 年 8 月，国务院副总理回良玉访问斯洛文尼亚期间，两国农业部签署了《关于农业合作的谅解备忘录》。

2017 年 5 月，斯洛文尼亚副总理兼农林食品部部长日丹同国家质检总局局长支树平签署了《中斯关于进出口食品安全合作的谅解备忘录》。

2017 年 11 月，中斯签署了《中华人民共和国国家质量监督检验检疫总局和斯洛文尼亚共和国食品安全、兽医和植物保护局关于斯洛文尼亚输华蜂产品检验检疫和兽医卫生要求议定书》和《中华人民共和国政府与斯洛文尼亚共和国政府关于共同推进丝绸之路经济带与 21 世纪海上丝绸之路建设的备忘录》。

二、重要活动

2014 年 10 月 24 日，中国农业部副部长牛盾与斯洛文尼亚农林食品部部长戴扬·日丹签署《2015—2016 年农业合作行动计划》，两国农业交流与合作走上机制化轨道。2014 年，在两国领导人见证下，两国农业部签署了《农业合作工作组议事规则》《农业合作行动计划》，确定了两国农业合作的重点领域和方式。

2015 年 11 月，双方签署正式的奶制品对华出口协定以及中国—中东欧森林协调机制备忘录。

2016 年 11 月，中国农业部部长韩长赋在昆明会见了斯洛文尼亚副总理兼农林食品部部长戴扬·日丹一行，双方就加强农业领域务实合作交换了意见。

2017 年 8 月，中国—中东欧国家农业部长会议在斯洛文尼亚布尔多召开，中国农业部部长韩长赋率团出席，并再次与戴扬·日丹副总理深入交流，就深化中国—中东欧国家框架下的多边、双边农业合作达成共识。9 月，斯洛文尼亚国务秘书特拉妮莎访华，两国农业部召开了中斯农业合作工作组第二次会议。

2018 年 5 月，国家首席兽医师张仲秋率团访问斯洛文尼亚，与戴扬·日丹举行会谈，并参加了斯洛文尼亚主办的首个世界蜜蜂日庆典活动及部长级会议。

三、中斯农产品贸易情况

中国是斯洛文尼亚在欧盟以外地区的第二大进口来源国。2019 年，中斯农产品贸易总额 3 616 万美元，同比下降 13.1%，其中中国对斯洛文尼亚出口农产品总额 3 036.9 万美元，下降 6.2%；自斯洛文尼亚进口农产品总额 579.1 万美元，下降 37.2%。中国对斯洛文尼亚主要出口蔬菜（26.4%）、畜产品（14.6%）和饼粕（4.4%）等；自斯洛文尼亚主要进口畜产品（25.3%）、饮品类（20.7%）和糖料及糖（0.5%）等（表 20-7、表 20-8）。

表 20-7　中国对斯洛文尼亚主要农产品出口额

单位：万美元

	2010 年	2011 年	2012 年	2013 年	2014 年	2015 年	2016 年	2017 年	2018 年	2019 年
蔬菜	364.5	353.0	323.5	314.2	392.2	461.0	780.6	1 063.1	847.7	800.9
水果	29.2	47.0	28.1	45.7	65.2	39.2	171.3	428.7	136.5	129.7
畜产品	22.1	134.7	18.2	13.8	132.1	26.9	62.3	22.5	206.4	443.2
水产品	80.3	43.3	53.9	87.0	128.7	153.1	216.1	116.2	196.6	110.6
饼粕	—	—	—	143.6	65.2	13.3	85.1	217.3	134.6	

数据来源：中国海关。

表 20-8　中国自斯洛文尼亚主要农产品进口额

单位：万美元

	2010 年	2011 年	2012 年	2013 年	2014 年	2015 年	2016 年	2017 年	2018 年	2019 年
畜产品	27.3	43.4	325.6	497.5	129.4	197.7	72.0	145.5	150.2	152.3
饮品类	99.3	226.6	87.6	66.5	98.4	126.8	91.1	133.5	125.8	119.6
糖料及糖	—	—	—	4.2	—	0.5	3.3	3.3	1.0	3.1
水果	0.5	2.5	2.8	5.5	5.3	5.1	2.8	1.9	1.0	2.1
植物油	—	—	—	18.4	—	0.2	2.0	0.0	12.5	1.2
精油	0.1	0.1				0.1	1.0	0.0	1.9	0.6

数据来源：中国海关。

四、农业投资合作

斯洛文尼亚对农业领域外国投资没有特别限制，但总体并不鼓励农业领域的外国投资。中国在当地农业领域投资很少，目前只有两个小规模投资项目。一是 2014 年一名中国自然人投资 20 万欧元与其他方合作从事葡萄酒生产及销售；二是中国某企业于 2019 年收购斯洛文尼亚一家公司从事农业种植和度假村经营，拥有 3 000 多平方米的有机种植园。制约中国投资的主要因素有：斯洛文尼亚农业资源条件差，耕地规模小，农业生产力不高；市场规模小，投资结构单一，投资收益率低且回报缓慢；当地便利化水平依然不高；欧盟经营认证等程序复杂，且合作壁垒高。

第三篇

中国与中东欧
国家农业合作

第二十一章 CHAPTER 21
中国与中东欧国家农业合作历程 ▶▶▶

中东欧国家是最早承认中华人民共和国并建交的一批国家，随后开展了农产品贸易、农业科技交流等合作，取得了丰硕成果。受东欧剧变影响，中国与中东欧国家双边关系一度陷入低谷。但自 20 世纪 90 年代开始，伴随着中国与中东欧国家政治关系的逐步改善，农业合作作为双边合作重点领域迎来了新的发展时期。2006 年黑山正式独立后，中东欧作为次区域地区在欧洲及全球的影响力日渐提升，逐步加强与中国的经贸关系往来，并以农业为主要合作领域持续推动了中国—中东欧国家关系的密切发展。在中国与中东欧国家农业合作的发展历程中，已渡过了起步发展期、快速合作期，并正进入新的战略机遇期。

第一节　农产品贸易带动下的起步
发展期（2006—2012 年）

中国与中东欧国家均以农业为主要产业，而且中东欧国家历来是欧洲重要的农产品生产区域，因此长期以来农产品贸易是双边合作的重要组成部分。进入 21 世纪后，受国际政治经济形势变化的影响，中国与中东欧国家均有意加强双边合作，农业由此成为最佳切入点。在中国加入世贸组织后，中国国内消费市场日趋增长的高端优质农产品消费需求以及中东欧乳制品、果蔬、红酒等特色有机产品，为开展互补性农产品贸易合作创造了机遇，促生了自 2006 年开始以中国—中东欧农业经贸合作论坛为主要形式的双边农业合作，并呈现出独特的发展特点，进一步提升了双边农业合作的潜力。

一、合作模式

自 2006 年开启的中国—中东欧农业经贸论坛是中国与中东欧农业合作的主要方式，也是中国与中东欧国家各领域合作中举办规模、辐射影响力较大的合作模式。

基于对中欧关系、中国与独联体合作的综合考虑，这一时期中国—中东欧农业合作以渐进式方式开展，主要通过中东欧国家农业合作论坛、中国与中东欧国家农业科技交流会等形式开展，并推动形成中国与中东欧国家经贸论坛、中国—中东欧合作秘书处等高层次合作。因此，在 2006—2012 年，中国—中东欧农业经贸合作论坛成为合作国别最多、地区影响力最大的合作模式，并主要在中国举办。在论坛规模及层次不断扩大提升的同时，中东欧地区国家参与的积极性日渐高涨，从 2006 年的 8 个国家发展为 2012 年的 10 余个国家参加，并在中东欧地区产生了积极反响。同时，论坛突出双边农业经贸合作主线，不断丰富活动形式，围绕深化双边农业经济、科技、贸易等合作主题，组织了丰富多彩的信息交流与经贸促进活动，如开展中国与中东欧国家农业经贸合作研讨会、农业科技交流活动、中外重点企业洽谈会、中东欧农产品展销专区等，有效促成双边合作成果落地实施，并增进了中国与中东欧国家高层领导人互动，为构建中国—中东欧国家合作机制奠定了坚实的合作基础。

随着中国—中东欧国家农业经贸论坛的连续举办，中国与中东欧国家间的经贸合作潜力进一步提升。在农产品贸易的带动下，中国与中东欧国家逐步开展加工制造、基建等领域的合作，吸引了包括农业企业在内的中国企业赴中东欧国家开展投资，并推动中国与中东欧国家间开展双边或多边的机制性合作活动。2011 年中国与中东欧 16 国之间的中国—中东欧国家经贸论坛开始举办，并有力推动了中国—中东欧国家合作机制的建立，进一步深化了双边合作。

二、发展特点

在中国与中东欧国家农业合作的起步发展阶段，双边农产品贸易合作水平有所提升，带动了中国与中东欧农业投资的起步，表现出以下发展特点。

（一）农产品贸易趋向互补性合作

在中国—中东欧国家农产品贸易合作的积极推动下，双边农产品贸易额持续增长，贸易品种不断丰富，并日渐呈现出互补性合作趋势。自 2009 年中国对中东欧国家出口饼粕后，双边已全面开展了粮食作物、蔬菜、水果、畜产品、水产品、油籽、棉麻丝、糖料等 20 类农产品贸易，并以畜产品、水产品、棉麻丝、蔬菜、水果、油籽、干豆（不含大豆）、糖料及糖等贸易为主。截至 2012 年，中国对中东欧国家贸易逆差的产品从 2006 年的棉麻丝、植物油、糖料及糖、薯类粮食变为畜产品、棉麻丝、饮品、植物油、精油等，主要为中东欧国家的优势农产品。2006—2012 年，中东欧国家的棉麻丝、植物油等始终保持对华贸易净出口，其中棉麻丝的对华贸易顺差从 0.15 亿美元增至 0.6 亿美元。与此同时，中东欧国家对中国的农产品需求变化较大，一是主要贸易逆差的农产品从畜产品变为水产品，其中畜产品从 2006 年的逆差 0.9 亿美元逆转为 2012 年的顺差 0.4 亿美元，且自此成为中东欧对华出口的主要农产品，但水产品贸易逆差增长明显，2012 年增至 1.8 亿美元。二是农产品互补性贸易趋势明显，中国蔬菜水果类农产品作为优势出口产品对中东欧国家的出口呈现增长，中东欧国家具有生产及品质优势的油籽、饮品、水果等对华出口也呈现增长，双边贸易中持续开展具有相对优势的农产品合作日趋明显。

（二）双边农业合作的外溢性作用日渐明显

从这一时期的农业合作影响力来看，表现出日趋明显的外溢性效应，不仅带动了中东欧地区次区域内国家的积极参与，吸引了周边地区及国家的关注，同时还促进了双边农业领域的进一步拓展，推动工业、基建等领域持续发展。从农业的带动效果看，双边农业合作的积极影响有力促进中国与中东欧国家的合作从区域内合作扩展为周边区域合作。通过每年中国—中东欧国家农业经贸合作论坛的成功举办，不断提升了对中东欧地区所有国家的吸引力，并最终打造了中国与中东欧次区域所有国家合作的综合性农业合作平台。与此同时，随着论坛举办地由中国变更为中国与中东欧国家轮流举办，有效提升了对举办地周边地区及国家的吸引力，吸引了希腊等国作为观察员国参加相关活动，并促成了后期中国—中东欧国家的成员国扩增机制。

从农业的辐射作用看，农业领域合作的全方位发展促进了其他领域合作，并为构建中国—中东欧国家合作关系形成窗口期。中国—中东欧国家农业经贸合作不断强化，有力推动了双边开展农业直接投资、技术引进、信息交流、人员培训、产品推介等多层次的交流合作，并进一步加强了双边在农产品贸易、农业科技、资金等多层面合作的互补性。同时，中国与中东欧国家合作逐渐推动农业与机械、新能源、金融、科技等领域拓展，对当地经济增长与就业产生积极影响。

（三）农业合作成为稳定双边关系的重要助力

2006 年启动的中国—中东欧国家农业经贸合作论坛自举办以来，发展为中国—中东欧国家每年联合举办的重要农业合作平台，中东欧国家均以积极踊跃的态度参与，使双边农业合作成为稳定双边政治外交关系发展的重要内容。得益于农业经贸合作规模的不断提升，双边农业合作的持续升温，有效促进了地区间农产品贸易与投资发展，使农业合作成为强化双边往来的重要抓手，客观上也缓解了中国与个别国家的紧张关系，并促进了中国—中东欧国家双边关系逐渐步入正常发展的轨道。

第二节　中国—中东欧合作机制成立后的快速合作期（2012—2018 年）

随着"一带一路"倡议的提出以及中国—中东欧国家领导人会晤机制的建立，农业正式被纳入中国—中东欧国家合作机制，不仅推动了中国—中东欧国家关系进入新的发展阶段，也进一步形成了双边农业部长会议、农业合作经贸论坛和农产品博览会"三位一体"的合作模式。这一时期的中国—中东欧国家共同努力，有力促进了双边农业贸易、投资、科技等多方面合作。

一、合作动力

在"一带一路"倡议的积极推进下，双边农业合作被纳入中国—中东欧国家合作机制，从国家层面进一步提升合作意愿。同时，中国形成了全球最有影响力的农产品消费市场，中东欧国家也有意吸引中国消费者与投资者开展合作，由此加速推动了双边农业合作的深化发展。

（一）中国—中东欧国家合作机制及"一带一路"倡议推动加强双边农业合作

自 2012 年开始，中国与中东欧国家联合建立了每年举行中国—中东欧国家领导人会晤的常态化合作制度，并因聚焦双边务实的经贸合作，将领导人会晤定位于总理层面会晤。2013 年 9 月，习近平主席提出"一带一路"倡议，旨在积极发展与沿线国家的经济合作伙伴关系，中东欧国家也被纳入"一带一路"沿线国家的行列，并积极启动了匈塞铁路、中欧陆海快线等重大合作项目，在促进中国与中东欧国家经贸关系快速发展的同时，有效推动了包括农业在内的双边合作持续深化。这一时期，中国—中东欧国家合作通过习近平主席等高层互访、中国—中东欧国家经贸论坛及中国与中东欧国家领导人会晤等推动双边关系进入全新发展阶段，并创新两个亮点：一是中国政府首次提出中东欧 16 国概念，二是在北京设立的中东欧国家合作秘书处，成为中国外交部首个以推动中国与某一特定地区双边关系发展而设立的机构。在双边合作的持续推进下，农业成为备受关注的热点议题，并从经贸合作的一部分发展为独立的合作议题被纳入中国—中东欧国家合作年度纲要。在 2015 年中国—中东欧国家总理会晤通过的《中国—中东欧国家合作中期规划》中，农业合作被定为未来五年着力发展的九大合作领域之一，并着重强调通过质检等合作强化双边农产品贸易等经贸合作。

（二）中国经济的快速发展推动加速双边农业合作

"十三五"期间，中国经济的快速增长使中国成为世界第二大经济体和第二大消费市场，不仅增强了中国在全球开展贸易投资合作的实力与意愿，也在国内消费结构转型升级的进程中推动形成庞大的国内消费市场，其中农产品消费结构转型升级成为加速中国与中东欧农业合作的重要助力。2012 年中国已成为世界第三大农产品贸易国、第四大农产品出口国和第三大农产品进口国，并首次成为粮、棉、油、糖、奶等农产品的净进口国。此后在中国人均 GDP 不断增长的背景下，居民消费水平提升带动的农产品消费转型升级，使中国消费者更青睐来自国际市场的高品质农产品，中东欧国家也被中国市场吸引，希望对华出口优质有机农产品。随着中国与中东欧国家合作关系的不断深化，农产品作为中东欧国家的优势产品，也在推进双边合作中发挥着越来越重要的作用。与此同时，中国企业对外投资的步伐不断加快，农业对外投资作为"走出去"的重要部分也成为促进多边、双边合作的重要路径。2014 年由中国农业部牵头成立农业对外合作部际联席会议机制，鼓励企业积极参与全球农业合作。中东欧国家长期以来为西欧地区及俄罗斯等国家提供粮食、蔬菜、水果、畜牧产品等优质农产品，且大部分国家均因产业特色形成具有独特优势的农产品，如罗马尼亚被誉为"欧洲谷仓"、波兰和保加利亚分别被称为"欧洲果园""玫瑰之邦"，农业投资潜力较大。

二、合作特点

这一时期的中国—中东欧农业合作表现出越来越强大的吸引力与辐射带动作用，不仅提升了在中国—中东欧国家合作机制中的影响力，而且拓展了双边农业投资、贸易、科技等全方位合作，并搭建了双边农业合作的多个平台，全力促进双边农业合作提质升级。

（一）农业合作在双边合作中的重要性明显提升

2014 年和 2015 年中国—中东欧农业经贸论坛分别在罗马尼亚布加勒斯特和匈牙利布达佩斯举行，自此启动了该论坛在中国与中东欧国家分别举办的历程，也是双边农业合作重要性提升的重要信号。此后，中国与中东欧国家农业合作的影响力明显提升，推动搭建了更为成熟稳定的合作体系。

一方面，农业在双边国家间合作的重要性明显提升，从经贸合作中的一部分提升为独立议题。2012 年中国—中东欧国家合作机制确立之初，中国提出了关于促进与中东欧国家友好合作的"十二项举措"，涵盖了扩大经贸合作、提升投资合作水平、增加人文交流、举办学术论坛和建立相关机构等五大方面内容[①]。在中国—中东欧国家合作的 2013 年《布加勒斯特纲要》和 2014 年的《布达佩斯纲要》中，农业合作作为经贸合作的一部分，均仅列出三点内容，重点关注的是强化合作意愿和现有合作平台的建设。从 2015 年《苏州纲要》开始，农林合作独立于经贸合作被列为历年纲要的重要议题，致力于全面加强中国与中东欧国家的农产品贸易、投资、科技等多领域合作，并推动组建农业方面的双边协调联络机制。

---

① 朱晓中.1990 年以来中国—中东欧国家关系的新发展［J］.中国国际战略评论，2015（9）：179-189.

另一方面，双边农业部长级会议成为双边农业合作的重要机制，加快实现了中国与所有中东欧国家的农业合作。2015年中国—中东欧国家农业合作促进联合会在保加利亚成立，为开展双边农业的务实合作提供了坚实的机制保障，加快提升双边农业合作层次与辐射影响力。在这一机制的协调推动下，2016年首届中国—中东欧国家农业部长会议举办以来，每年聚焦共同关注的重要农业议题，持续推动完善双边农业合作的便利化举措并提升合作影响力。在这一时期，中国—中东欧国家农业部长会议将双边农业经贸合作的范围从最初的8个国家扩展为2018年的17个国家，从起步时的工作研讨提升为部长级对话，从单一的经贸合作论坛拓展到部长会议、经贸合作论坛和博览会"三位一体"的系列活动模式，将"16+1"打造为最具活力的跨区域农业合作机制之一。

（二）农业投资、贸易、科技等双边合作不断推进

随着中国与中东欧国家农业合作体系的日渐完善，双边农业合作模式不断创新合作，将农业合作从经贸合作扩展为技术合作、人才交流、项目共建、政策融通等，双边林业、水利等合作也被视为强化双边农业合作的重要内容。

从合作成效看，双边农业投资、贸易等合作的快速推进，进一步提升了双边合作的便利度。这一时期，中国与中东欧国家的农产品贸易额从2006年的5.1亿美元发展到2018年的13.7亿美元，年均增长8.7%，其中中国从中东欧国家的进口额显著增长，年均增速达19.1%。据农业农村部企业对外农业投资信息采集系统统计，中国对中东欧国家开展的农业投资快速发展，中国农业企业在保加利亚、匈牙利等国投资设厂，壮大了自身实力、推动了当地发展，使中东欧国家成为中国农业企业开展对外合作的投资新兴地。中国还与匈牙利、波兰、爱沙尼亚等多个中东欧国家先后签署了牛羊肉、猪肉、乳品、苜蓿草、烟叶等农产品输华准入协定，助力优化完善双边农业贸易投资合作程序。

从合作模式看，农业科技合作的推进有力推动了双边农业合作模式创新发展。目前中国与中东欧国家已在农业生产、育种技术、农产品加工技术、搭建共享农业信息平台、科技成果推广、人才交流与联合培养等领域开展了大量合作。如与波兰、匈牙利等建立畜产品、水产品等产业的农业科技合作机制，与波兰、保加利亚、爱沙尼亚、克罗地亚、塞尔维亚、斯洛伐克、匈牙利、斯洛

文尼亚等国家成立双边农业合作工作组机制，并依托中国农业科学院及地方农科院等农业科研单位与波兰、匈牙利、罗马尼亚、保加利亚等 10 多个国家开展了农业科技研究、人才培养、科技产业发展等交流合作，其中匈牙利霍尔多巴吉优质种鹅引进项目已在中国安徽、内蒙古、山东等多个省份成功推广。值得关注的是，位于保加利亚的"17＋1"农业合作示范区项目定于 2019 年启动，推动中国与中东欧国家农业合作模式创新开启新里程。

（三）双边农业合作平台不断构建完善

据不完全统计，目前中国—中东欧国家合作的专业性平台（含在建的）有近 40 个[①]，涵盖农业、投资促进、旅游、物流、林业、智库、金融等多个领域。中国—中东欧国家农业合作不仅建立了机制性的合作平台，也根据各方需要不断创新合作形式，有力促进提升双边农业合作的广度与深度。

为提升合作广度，不断加强农业合作平台的机制性建设。在中国—中东欧国家合作机制推动下，结合中国—中东欧国家农业经贸合作论坛，目前已形成了中国—中东欧国家农业合作促进联合会、中国—中东欧国家林业合作协调机制等，并专门选派农业外交官赴保加利亚等国任职，促进双边政府间合作的有序开展。中国与中东欧国家积极应用农业及林业的双边合作机制，完善了高级别部长会议、专业论坛、投资技术合作、产品展示等多领域的对接合作，使中国—中东欧国家农业部长会议和中国—中东欧国家农业经贸论坛成为中国与中东欧国家农业合作的重要品牌活动。

为突出合作特色，不断探索创新双边农业合作模式。除农产品贸易领域建立的双边经贸合作论坛外，农业科技中心也是重要的合作方式，目前中国已重点与波兰、匈牙利等国家联合创设农业科技中心，并打造了中国—塞尔维亚农业促进网等双边农业科技合作平台。为更好地开展对华农业合作，保加利亚和北马其顿分别于 2015 年和 2016 年在杭州和上海设立国家馆。在双边农业部长级会议的推动下，2018 年首届中国进口博览会上，中东欧国家全力参与，使进口博览会成为中国与中东欧开放合作的新平台。与此同时，"16＋1"农产品电商物流中心和展示馆在中国深圳盐田港成立，为中东欧国家优质产品出口中国提供绿色通道，为扩大中国与中东欧国家贸易往来和人文交流提供了重要平

[①] 吴白乙，霍玉珍，刘作奎. 中国—中东欧国家合作进展与评估报告（2012—2020）［M］. 北京：中国社会科学出版社，2020.

台，成为中国—中东欧国家合作项目的重要成果，并带动在中东欧国家设立相关机构推动畅通对华农业合作通道。

第三节　中东欧农业合作协调发展的战略机遇期（2019年至今）

2019年中国—中东欧国家合作首次扩容，希腊的加入使"16＋1"发展为"17＋1"，中国—中东欧国家合作进入新发展阶段。与此同时，中国与中东欧国家合作面临内、外环境的深刻变化，新冠肺炎疫情、国际经济形势变化等导致合作的不确定性因素增多，对农业合作的挑战日趋明显，使中国—中东欧国家农业合作面临新的发展挑战与战略机遇。

一、合作伙伴扩增

早在2015年，希腊即以观察员国身份参加了中国—中东欧国家领导人会晤，此后均作为观察员国参加相关活动。在2019年4月举行的中国—中东欧国家领导人杜布罗夫尼克峰会上，希腊正式加入了中国—中东欧国家合作机制，使得"16＋1"合作升级为"17＋1"合作，成为《中国—中东欧国家合作中期规划》及领导人会晤系列纲要联合推动下的合作成果。2019年的《中国—中东欧国家合作杜布罗夫尼克纲要》围绕"搭建开放、创新、伙伴之桥"主题，明确将对未来扩员程序进行磋商，并欢迎观察国和其他第三方参加相关活动，为未来中国—中东欧国家合作进一步拓展空间。希腊作为欧盟成员国及"一带一路"倡议的重要合作伙伴国加入中国—中东欧国家合作机制，不仅是合作网络的扩大及合作吸引力的提升，而且进一步丰富了中国—中东欧国家合作的形式和内容，也回应了对中国—中东欧国家合作的一些质疑。同时希腊是欧洲重要的农业国家，与中国具有良好的农业合作基础，并在2019年成为中国进口博览会的15个主宾国之一，全面提升了中国与希腊的农业合作水平。总的来看，希腊的加入不仅充分体现了中国—中东欧国家合作的开放性与包容性，也将有力地拓展中国与中东欧国家农业合作的潜力与发展前景。

二、合作诉求变化

随着中国与中东欧国家经贸关系的持续发展，中国与中东欧国家的合作不仅成为中欧经贸合作中新的增长点与亮点，也为推动地区及全球经济复苏及稳定发展发挥重要作用。据商务部统计，2019 年中国与中东欧国家的农产品贸易额为 14.6 亿美元，仅占中国与中东欧国家双边贸易额的 1.53%。中国与中东欧国家开展的农业投资活动规模也较为有限，据不完全统计，中国对中东欧国家的农业投资累计仅约 2 亿美元，中东欧国家对华农业投资体量更小。与此同时，中国与中东欧国家开展的双边农业科技合作仍以农业科技院校间的合作为主，成果转化率不高。由此可见，中国—中东欧国家农业合作现状与"三位一体"的双边农业合作机制发展进程不相匹配，其背后的主要原因在于双边合作诉求的明显变化。

从中国角度看，推进双边农业合作的诉求已从构建稳定合作关系转为切实提升合作成效。目前中国积极开展与中东欧国家的农业合作不仅是密切中国—中东欧国家双边关系的重要内容，也成为促使双边合作与构建国内国外双循环新发展格局协调发展的重要举措。在过去的十余年内，中国从农产品贸易着手，不仅密切了与波兰、捷克等中东欧大国的经贸关系，也快速与黑山、波黑等中东欧国家建立经贸关系，还通过签署农业合作协议等积极行动逐步调整双边贸易逆差，并着力带动双边农业科技交流与人文往来，致力于全面提升双边农业合作成效。但由于近年来中国经济的转型升级与构建国内国外双循环新发展格局的形势需要，短期来看，如何开展中国与中东欧国家整体合作及单个国家的农业合作也是当前双边合作中面临的现实性问题。长期来看，中国与中东欧国家农业合作的成效仍有待提升，特别是在中国农业对外合作大局中的作用仍有待挖掘。

从中东欧角度看，推进双边农业合作的诉求已从促进经济发展转向提升对华合作力度及扩大影响力，其中还包含中东欧国家旺盛的具体合作诉求。早期中东欧国家积极开展对华农业合作，不仅是受中国经济快速发展吸引下摆脱经济困难的必然选择，也是欧债危机等事件背景下西欧国家无暇顾及中东欧地区的结果。通过长期发展，2006—2019 年中东欧国家对华农产品进出口贸易均实现了快速发展，并将贸易逆差从高峰期 2008 年的 7.04 亿美元削减至 2019

年的 2.54 亿美元。得益于中国—中东欧国家农业经贸关系的快速发展，中东欧国家对华农业合作的诉求日趋明确，主要表现为两个方面。一是农产品输华已成为核心关切议题，现有双边农业经贸合作亟须拓展空间。中国与中东欧国家的农产品贸易合作充分体现了互补性特点，但中东欧国家对华农产品贸易长期存在贸易逆差，且中东欧国家大多为农产品生产国，部分国家甚至将对华农产品贸易视为"不对等"合作，因此加快推进农产品输华已成为中东欧国家的迫切需求。与此同时，中东欧国家对华农业合作以农产品贸易为主，农业投资、农业科技等合作成效仍较为有限，面临提质升级发展的压力。二是开展特色合作成为主要趋势，中东欧国家提升个体对华农业合作水平的现实发展需求日趋明确。从双边农业合作现状看，中东欧国家与中国的农产品贸易合作过于集中在波兰等大国及畜产品、水产品上，尚未充分挖掘中东欧国家小、优、散的有机农产品合作潜力，且主要依赖双边农业经贸合作论坛、中国进口博览会以及"16＋1"农产品和其他产品电商物流中心与展示馆等大型平台，尚未形成针对性的特色农产品合作平台与合作模式。因此，区域内的国家，均希望能结合本国产业特点及需求，切实提升与中国的农业合作水平。

第二十二章 CHAPTER 22

中国与中东欧国家农业合作成效 ▶▶▶ 及前景

中东欧国家大部分是农业国,中国与中东欧国家的农业合作源远流长,可追溯到 20 世纪 50 年代,当时,中国与大部分中东欧国家关系良好,进行了大量的农业科技领域的合作交流。2006 年中国—中东欧国家农业经贸合作论坛启动以来,中国与中东欧国家在农产品贸易、科技、投资等领域合作取得显著成效,农业合作成为"17＋1"合作框架下最早确立的机制之一。2020 年是"中国—中东欧国家农业多元合作年",这是中国—中东欧国家合作首次聚焦农业,彰显农业合作在中国—中东欧国家合作中的重要地位,也为深化"17＋1"农业合作带来新的契机。随着中国与欧盟在贸易投资领域达成的各项协定落地实施,中国与中东欧农业合作将迎来更广阔的前景。

第一节　中国与中东欧国家农产品贸易合作

一、农产品贸易快速增长

自 2006 年起,中国与中东欧国家的农产品贸易快速增长,进口增速明显,且长期保持贸易顺差(图 22-1)。2019 年中国与中东欧农产品贸易额为 14.58 亿美元,其中进口额为 6.02 亿美元,出口额为 8.56 亿美元,分别为 2006 年的 9.29 倍、1.91 倍。但总体来看,中国与中东欧国家的农产品贸易额占比较小,2019 年的进出口贸易额仅占中国对欧盟农产品贸易额的 5.2％、中国对全球农产品贸易额的 0.63％。

波兰、希腊、罗马尼亚、捷克、立陶宛、匈牙利等中东欧农业生产大国和

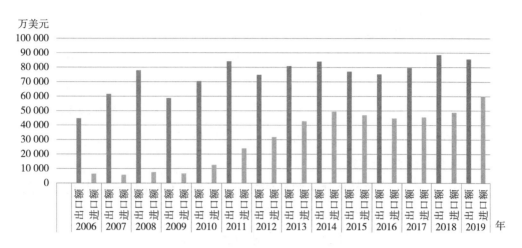

图 22-1　2006—2019 年中国—中东欧农产品进出口额

人口消费大国是中国主要农产品贸易合作伙伴，其中波兰是中东欧国家与中国农产品贸易品类最多、贸易额最大的国家，也是长期以来中东欧地区与中国农产品贸易最为稳定的国家。2006—2019 年，在中国与中东欧国家的农产品贸易合作伙伴中，波兰、希腊、罗马尼亚、捷克、立陶宛、匈牙利的累计贸易额位居前六。2019 年波兰、立陶宛、希腊、捷克、罗马尼亚与中国的农产品贸易额均超过 1 亿美元，分别为 5.88 亿美元、1.36 亿美元、1.35 亿美元、1.31 亿美元和 1.13 亿美元，合计贸易额占中国与中东欧国家农产品贸易总额的 75.65%，呈现出贸易合作国高度集中的特点。立陶宛是中东欧国家中贸易额增长最快的国家，2019 年较 2006 年增长 1.13 亿美元，增长态势明显。与此同时，塞尔维亚、黑山、波黑是近年来对华农产品贸易额增幅最大的三个国家。

目前中国与中东欧国家的农产品贸易主要集中在畜产品、水产品、棉麻丝、饮品类、蔬菜、水果等 6 类农产品上。其中，中东欧国家出口农产品主要是水产品、畜产品、蔬菜、油籽和水果，进口农产品主要是畜产品、饮品、棉麻丝和水果，占比均超过 60%。2019 年中国从中东欧国家主要进口农产品为畜产品、饮品、粮食谷物、水果、棉麻丝和水产品等，进口额占当年中国从中东欧国家进口农产品总额的 78.5%，且均超过 3 000 万美元；主要出口产品为水产品、畜产品、蔬菜、饮品、棉麻丝和水果等，2019 年出口额占中国对中东欧国家出口农产品总额的 58.5%，出口额均超过 4 000 万美元。其中畜产品和水产品贸易总额均超过 2 亿美元，分别占中国与中东欧农产品贸易总额的

26.7%和14.2%。值得注意的是，除传统产品外，近年来新的贸易产品种类不断增加，如苜蓿、葵花籽粕。

中国从中东欧国家进口的产品及国别较为集中。2019年中国从中东欧国家主要进口畜产品、粮食谷物、饮品、水果和棉麻丝，主要来自波兰、匈牙利、希腊、立陶宛、罗马尼亚和塞尔维亚等国。中国主要向中东欧国家出口水产品、畜产品、蔬菜、饮品和水果等，主要出口市场为波兰、希腊、罗马尼亚、立陶宛和捷克等国家。

除了较为集中的贸易伙伴与贸易品类，近年来中东欧国家优势特色农产品的对华贸易合作潜力逐渐显现。在首届中国国际进口博览会上，中东欧国家农产品占农业领域展品的一半以上。其中葡萄酒、蜂蜜是中东欧国家共同的优势农产品，17国均有对华出口葡萄酒。此外还有一些特色农产品，如保加利亚的乳制品和玫瑰精油，波黑的药用和芳香植物，爱沙尼亚的有机农产品等。随着国内消费者需求水平及贸易便利化水平的不断提升，加上中东欧国家葵花籽粕、奶制品、樱桃、小米和烟叶等特色产品输华议定书的签署，将有更多的中东欧特色农产品进入中国市场。总体来看，中国与中东欧国家以互补性农产品贸易为主，且不断拓展贸易合作空间。

二、农资贸易快速增长

中国与中东欧国家的农资进出口贸易总额快速增长，贸易顺差逐渐加大，但占中国农产品贸易额的比重较小。自2006年以来，中国与中东欧国家农资进出口贸易额不断增长，长期保持贸易顺差且持续扩大（图22-2），进口额和出口额均快速增长。2019年中国与中东欧国家农资进出口贸易额为6.13亿美元，仅占中国对欧盟农资贸易总额的10.32%，占中国对全球农资贸易总额的1.74%。2006—2019年，中国对中东欧国家农资进口年均增长19.15%，出口年均增长17.89%。2019年中国从中东欧国家进口的农资金额为0.59亿美元，占当年中国农资总进口额的0.78%，是2006年的8.43倍；出口额为5.54亿美元，占当年中国农资出口总额的2.01%，是2006年的7.19倍。

中国与中东欧国家农资贸易主要品种为饲料添加剂、农机、农药和化肥等，其进出口额均表现增长，且农资贸易合作伙伴国高度集中。2006—

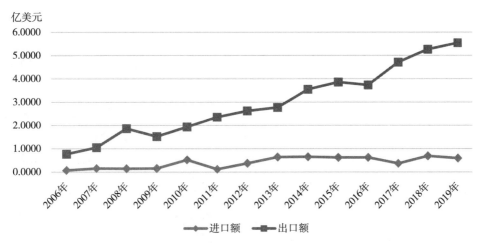

图 22-2　2006—2019 年中国与中东欧国家农资进出口额情况

2019 年，饲料添加剂和农机贸易额出现大幅快速增长，是中国与中东欧国家农资贸易的主要产品。在中国—中东欧农资贸易合作伙伴中，波兰、罗马尼亚、斯洛文尼亚、立陶宛、希腊依次为贸易额排名前五的国家。农资贸易额为 6.13 亿美元，占中国对欧盟农资贸易总额的 10.32％，占中国对全球农资贸易总额的 1.74％。

第二节　中国与中东欧国家农业投资合作

中国对中东欧农业投资产业链全，合作方式多样。中国对中东欧国家的农业投资规模虽小，但投资领域丰富，涉及种植、加工、贸易和物流等产业链环节，有较好的示范效应。

一、中国对中东欧农业投资特点和成效

中国在中东欧的农业投资起步较晚，2011 年才开始投资探索，远远滞后于非洲（起步于 20 世纪 80 年代）等其他区域。据农业农村部企业对外农业投资信息采集系统统计，截至 2019 年底，中国在中东欧国家投资建立的农业企业累计 9 家，投资存量约 1.25 亿美元，占中国农业对外投资存量的不到 1％。投资去向国集中在匈牙利、波兰、保加利亚、罗马尼亚和塞尔维亚等体量大的国家。

（一）主要特点

中国企业对中东欧农业投资基础较弱，在走出去的路径和模式上都处于探索阶段，主要表现出以下特点。

一是对中东欧农业投资数量少、规模小。中国在中东欧国家投资规模超过1 000万美元的农业企业仅3家，在保加利亚、匈牙利和波兰有投资项目。

二是投资主体和投资方式多样。投资主体有国有企业、混合所有制企业和民营企业，投资方式兼有绿地投资和并购方式。

三是在产业链环节上，对中东欧农业投资涉及全产业链。中国对中东欧的农业投资规模虽小，但投资领域广，涉及种植业、养殖业、加工业（饲料加工、精油加工和玉米加工）和服务业，且产业链各环节俱全，包括育种、种植、养殖和加工、贸易及物流等。

（二）主要成效

一是示范中国农业技术。依托中国在中东欧国家投资项目示范中国农业科技成果。2018年首个中国—中东欧国家农业合作示范区项目由国务院总理李克强与保加利亚总理鲍里索夫共同揭牌。保加利亚农业示范中心是首个"17＋1"农业合作示范平台，示范中国水稻、蔬菜、谷物等育种和栽培技术。

二是示范"一带一路"农业合作成果。中国企业在匈牙利投资的规模为年产6万吨的柠檬酸项目已开工，成为中国在海外绿地投资建设项目中，首例由中方控股并输出成套生化装备且获得外方银行贷款支持的项目。该项目利用欧洲优势原料、市场和人才资源，中国的技术和设备优势，是"一带一路"农业合作的示范成果。

三是示范农产品跨境电商合作模式。中东欧国家农产品品质好，但规模不大，适合跨境电商营销。近年来，跨境电商发展势头迅猛，首家中国—中东欧农产品电商物流中心与展示馆已在深圳正式运营，宁波和成都还举办了中国—中东欧国家博览会，常年展示中东欧国家特色农产品和食品。2020年9月，中国—中东欧国家农产品博览会在线上线下同时召开，由中国农业农村部牵头，外交部、商务部等多部委参与，中东欧国家驻华使馆均派员参与，引起国内外广泛关注，成为农产品跨境电商贸易投资促进新模式，也为多边国际合作和农产品展销提供了新模式。

二、中东欧国家对华农业投资

中东欧国家也有一些对华农业投资，但规模小，集中在中东欧国家的一些优势部门或特色产业，涉及养殖（养鹅）、葡萄酒和啤酒等领域。既有生产型企业，也有贸易型企业。随着中国消费者消费层次的提高，对中东欧农产品认知程度加强，中东欧国家食品加工企业在华投资的可能性与机会将会进一步增加。随着中国人均收入的提高和消费层次的变化，葡萄酒消费成为流行时尚。中东欧国家的企业、酒庄也瞄准这一机会，在华建立合资或独资的贸易企业（经销公司），直接与消费者接触，加大市场推介力度，以打开中国市场。

第三节　中国与中东欧国家农业合作机制

中国与中东欧国家建立了多层次农业合作机制，包括"17＋1"合作机制、双边农业部间合作机制、农业科技合作机制等。其中，"17＋1"是覆盖面最全的农业合作机制，形成了农业部长会议、农业合作经贸论坛和农产品博览会"三位一体"模式。自 2012 年中国—中东欧国家政府间合作机制成立以来，农业合作一直是"17＋1"合作的重点内容之一，也是"17＋1"合作机制下的务实合作亮点。中国—中东欧国家农业部长会议和中国—中东欧国家农业经贸合作论坛作为"17＋1"合作的重要品牌活动，现已发展为跨区域农业多边合作的成功典范。此外，中国与中东欧国家还专门组建了农业合作协调机构，即 2015 年在保加利亚成立的中国—中东欧国家农业合作促进联合会，并作为"17＋1"合作框架下首批成立的专业协调机构，每年召开两次咨询委员会会议，截至 2020 年 12 月，已召开 8 次，对推动"17＋1"农业合作发挥了积极有效的推动和指导作用。从现有合作机制来看，可分为多边机制和双边机制两类。

一、多边机制

中国—中东欧国家合作是目前中国与中东欧 17 国最主要的多边合作机制。

中国农业部为推动与中东欧国家的农业合作，于 2006 年发起建立了"中国—中东欧国家农业合作论坛"这一多边合作平台，到 2019 年已成功举办 14 届，前 8 届在中国举办，2014 年开始走出国门，以 3 年为一个周期，在中东欧国家举办 2 年，在国内举办 1 年。截至 2020 年，已在中东欧国家举办 4 次，分别在罗马尼亚、匈牙利、斯洛文尼亚和立陶宛。2020 年原计划在中国举办，受新冠肺炎疫情影响，未举办线下农业部长会，在中国山东潍坊举办了中东欧国家农产品贸易集市线上博览会。2006—2019 年中国与中东欧国家农业合作论坛具体情况如表 22-1 所示。

表 22-1　历届中国与中东欧国家农业合作论坛基本情况

	年份	地点	与会国家
第一届	2006	北京	塞尔维亚、波黑、克罗地亚、捷克、斯洛伐克、波兰、匈牙利、阿尔巴尼亚
第二届	2007	北京	塞尔维亚、波黑、克罗地亚、斯洛伐克、波兰、匈牙利、阿尔巴尼亚、罗马尼亚和捷克
第三届	2008	江苏	捷克、马其顿、波兰、匈牙利、克罗地亚、塞尔维亚、罗马尼亚、保加利亚
第四届	2009	江苏	捷克、马其顿、波兰、匈牙利、克罗地亚、塞尔维亚、黑山
第五届	2010	安徽	阿尔巴尼亚、保加利亚、克罗地亚、匈牙利、拉脱维亚、立陶宛、马其顿、黑山、波兰、罗马尼亚
第六届	2011	安徽	克罗地亚、爱沙尼亚、匈牙利、拉脱维亚、马其顿、波兰、立陶宛和罗马尼亚
第七届	2012	安徽	波黑、保加利亚、克罗地亚、捷克、匈牙利、立陶宛、马其顿、波兰、罗马尼亚
第八届	2013	安徽	阿尔巴尼亚、保加利亚、克罗地亚、匈牙利、拉脱维亚、立陶宛、马其顿、黑山、波兰、罗马尼亚
第九届	2014	罗马尼亚	中东欧 15 国
第十届	2015	匈牙利	中东欧 16 国
第十一届	2016	昆明	中东欧 16 国＋德国、泛亚 4 国
第十二届	2017	斯洛文尼亚	中东欧 16 国
第十三届	2018	立陶宛	中东欧 17 国
第十四届	2019	杭州	中东欧 17 国

二、双边机制

截至 2020 年底，中国农业农村部已与中东欧 17 国签署了农业合作协定。中国与爱沙尼亚、保加利亚、波兰、克罗地亚、塞尔维亚、斯洛伐克、斯洛文尼亚、匈牙利 8 个国家建立了司局级农业合作工作组。其中，中国与波兰和匈牙利农业合作机制稳定，开展活动形式多样，中国与波兰和匈牙利分别召开了 8 次和 7 次农业工作组会议。

中国与中东欧国家的农业合作可追溯到 20 世纪 50 年代，早期以农业科技合作为主，在科技合作机制下带动农业全方位合作，中波（兰）、中匈农业工作组是在科技合作组基础上升级建立的。合作初期，中国同波兰、罗马尼亚、匈牙利等国签署了科技合作协定，成立了科技合作委员会。20 世纪 90 年代以来，由于中东欧国家政府更替，大部分协定已更新或重新签署，合作范围更广，扩大到农业经贸投资、人员交流等多个领域。

第四节　中国与中东欧国家农业科技交流合作

中国与中东欧国家的农业科技合作是带动中东欧农业合作的引擎，也是合作亮点。从 20 世纪 50 年代开始，中国与大部分中东欧国家开展了农业科技人才的友好交流。受历史因素影响，这一交流一度出现中断。从 20 世纪 90 年代末开始，中国与绝大部分中东欧国家农业科技领域的交流得到恢复和发展，部分国家的交流合作还得到进一步加强。长期以来，中国与中东欧主要国家在农业科技领域建立了合作机制并开展了一系列合作项目，重点在农业生产、育种技术、农产品加工技术、搭建共享农业信息平台、科技成果推广、人才交流与联合培养等领域开展了大量合作。

一、农业科技合作主要成效

20 世纪 90 年代以来，通过科技合作协定、农业合作协定等多种方式，中国与中东欧各国的农业科技合作机制开始逐步建立起来。

一是建立了农业科技合作机制。目前中国与波兰、匈牙利已建立畜产品、水产品等产业的农业科技合作项目，并成立了中波、中匈农业科技中心，中塞（中国—塞尔维亚）农业促进网等双边农业科技合作平台。

二是农业科技合作交流不断强化。中国农科院及地方农科院等国内农业科研单位已与波兰、匈牙利、罗马尼亚、保加利亚等 10 个国家开展了农业科技研究、人才培养、科技产业发展等交流合作，合作形式包括人员交流、共同申报执行项目、建立联合实验室以及境外联合育种试验等。其中部分农业科技合作成果显著，如引进的匈牙利霍尔多巴吉优质种鹅已在中国安徽、内蒙古和山东等多个省份成功推广。

三是农业科技示范有序推广。在保加利亚成立的"17＋1"农业合作示范区中，天津市农业科学院、天津农垦集团联合普罗夫迪夫农业大学，以设立"鲁班工坊"和"17＋1"联合实验室等为平台，推动开展中国与中东欧国家的农业科技合作示范，继续深化多边、双边农业科研合作与人员培训等活动。

二、农业科技交流重点领域

20 世纪 70 年代以来，中国与中东欧国家在种植业、养殖业、食品加工业等领域开展了技术交流合作。重点在特色果蔬育种、种质资源交换以及油料作物育种等方面开展技术交流与项目合作（表 22-2）。

表 22-2　中国与中东欧国家农业科技合作领域

合作国家	科研合作领域
波兰	植物保护；农药残留控制；蔬菜育种
罗马尼亚	油葵育种，引进油葵播种、授粉和制种阶段的优势技术
塞尔维亚	开展玉米、大豆杂交育种和种质基因库合作；引进亚氟石土壤改良技术，成功改良中国皖南地区酸性土壤
匈牙利	开展樱桃等果品育种；无病毒苗木繁殖栽培技术；核果类病毒研究等领域的合作
保加利亚	开展种质交换和生物防治技术合作；建立果树联合实验室，开展果树育种栽培合作研究；在"Erasmus＋"计划框架下加强人才交流与培养
捷克	开展超矮化果树品种引进合作；建立农业研发联合中心，在植物遗传育种、作物逆境抗性等方面开展深入合作
马其顿	开展葡萄栽培及酿酒合作；养殖技术；农业机械；小水电技术
阿尔巴尼亚	油橄榄育种

（续）

合作国家	科研合作领域
斯洛伐克	植物育种；动物繁育；盆景技术
克罗地亚	海水养殖技术；禽流感防控
斯洛文尼亚	葡萄酒酿造技术
波黑	农业科技信息交流

第五节 中国与中东欧国家农业合作展望

中国与中东欧国家农业合作基础扎实，合作机制完善，虽然面临来自世界经济增速普遍放缓、新冠肺炎疫情冲击以及欧盟政策调整等制约因素，但总体来看，机遇大于风险，合作大于分歧。农业作为民生重点领域，在中国—中东欧国家合作机制不断完善、"一带一路"倡议协调推进、中欧经贸合作不断深入的背景下，农业合作将向多元、深化、升级等方向不断发展。

一、中国与中东欧国家农业合作机遇

尽管面临内外部各种挑战与压力，中国与中东欧国家农业贸易及投资合作仍在区位优势、合作机制和外部环境方面存有较好发展优势与机遇，主要体现在以下五个方面。

（一）"17＋1"合作机制逐步完善，合作向专业性和精细化发展

近年来，"17＋1"农业合作机制逐渐成熟，中国—中东欧国家农业部长会议和中国—中东欧国家农业经贸合作论坛已召开 14 届，成为"17＋1"合作重要品牌活动，是双方开展农业合作的重要平台和纽带。《中国—中东欧国家合作杜布罗夫尼克纲要》宣布 2020 年为"中国—中东欧国家农业多元合作年"，这为进一步深化中国—中东欧国家农业合作带来新的契机。

除了农业之外，各种专业性平台陆续落地，据不完全统计，2020 年"中国—中东欧国家合作"专业性平台（含在建的）已经有 37 个，涉及旅游、高校、投资促进、农业、技术转移、智库、基础设施、物流、林业、卫生、能源、海事、中小企业、文化、银行和环保等领域，这些专业性和精细化的运营

平台，为推进农业合作项目提供了有力的支撑。①

（二）中央和地方合作"双轮驱动"，激发地方参与合作的积极性

"中国—中东欧国家合作"采取中央和地方的"双轮驱动"，多个地方政府积极参与中东欧国家合作，中国和中东欧国家地方合作也步入最活跃时期。为了推动地方企业"走出去"步伐，实现更高程度的国际化并提升地方的知名度和开放水平，浙江、辽宁、山东和河北等省份均出台了参与"中国—中东欧国家合作"的方案并开展了具体活动，宁波、天津、北京、厦门、深圳、上海、杭州、成都、大连和郑州十个城市与中东欧国家合作水平居前列，成为"中国—中东欧国家合作"的领跑者和重要参与者②。截至 2018 年 12 月 31 日，中国和中东欧 16 国共结成 173 对友好城市，遍布除爱沙尼亚外的其他 15 国。

（三）互联互通基础设施迅速改善，为农产品贸易提供更多便利条件

中东欧国家是中国"一带一路"倡议合作的重点区域，近年来，大型投资项目纷纷落地中东欧国家，如"中欧陆海快线"、中远海运比雷埃夫斯港项目、匈塞铁路、黑山南北高速公路、中欧班列、波黑斯塔纳里火电站项目、北马其顿科佳水电站项目。大型基建项目为农产品贸易开辟了一条新的便捷路线、降低了成本、减少了风险。以中欧班列为例，中欧班列已成稳定国际供应链的重要支撑。铁路比空运便宜，比海运速度快，人员接触少，受疫情影响小，适合蔬菜、水果、水产品、畜产品等中国与中东欧贸易量比较大，但单品价格不高、且对运输条件有一定要求的货物。这些通道的运营以及冷链物流运输的增加，为推进中东欧国家农产品贸易奠定了基础。

（四）签署地理标志保护与合作协定将为双方农产品贸易带来机遇

《中华人民共和国政府与欧洲联盟地理标志保护与合作协定》已于 2020 年 9 月正式签署，第一批知名地理标志产品有 100 个。该协定是中国对外签的第一个全面、高水平的地理标志协定，不仅可以获得高水平保护，还能使用对方的官方地理标志，有利于相关产品开拓市场。协定将有利于中国相关产品获得

---

① 刘作奎. 中国—中东欧国家合作的发展历程与前景 [J]. 当代世界，2020 (4)：4-9.
② 据中国—中东欧国家智库交流与合作网络评估，从各地与中东欧国家的设施联通水平、经贸合作水平、政策对接水平、人文交流水平以及智库参与水平五个方面进行量化评估。

消费者认可，进一步推动产品对欧出口，并为阻止假冒伪造地理标志产品提供法律保障。该协定是中欧之间的首个重大贸易协定，将会进一步促进双方地理标志产品贸易发展，扩大中欧贸易规模，巩固中欧全面战略经贸基础。

（五）　中欧投资协定签署将为双方贸易投资提供更多便利条件

中欧投资协定文本于 2020 年底完成，协定将为中欧双方企业带来更多的投资机会。中欧投资协定采取准入前国民待遇加负面清单的模式，中方首次在包括服务业和非服务业在内的所有行业以负面清单的形式做出了开放的承诺，欧方也在协定中对中方承诺了较高的市场准入水平，双方保证相互投资获得保护，尊重知识产权，确保补贴透明性，确保投资环境和监管程序清晰、公平和透明，改善劳工标准，支持可持续发展。中欧投资协定对中欧全面的经贸关系将起到积极的推动和促进作用。中东欧国家有 12 个欧盟成员国，地理位置居于欧亚大陆交界处，交通便利，是中国很多企业进入欧盟市场的跳板和试水区，中欧投资协定的签署将为双方农业投资带来便利。

二、中国与中东欧国家农业合作方向

（一）　合作主体更加多元

随着中国—中东欧国家全方位、多领域合作机制不断完善，地方参与主体更加多元，未来中国与中东欧国家农业合作将会更加兼顾大国和小国的诉求和利益。中东欧国家农业合作大国、重点产业仍将发挥更大的带动作用，进一步带动小国、小众农产品的贸易和投资合作。① 波兰、捷克、匈牙利、罗马尼亚和保加利亚等农业投资基础好、贸易量大、合作机制完善的国家合作潜力较大，将进一步深化既有合作并拓展合作空间。畜产品和乳制品等中国存在缺口、能够满足多样化高质量消费需求的产品，以及葡萄酒等中东欧有优势特色的产品，市场潜力较大。随着中欧地理标志保护与合作协定、中欧投资协定等签署实施，将为中国—中东欧农产品贸易提供更多便利，实现规模效益，推动合作主体多元。

---

① 于敏，龙盾，江立君，张玲玲．推进"17＋1"框架下的中国—中东欧国家农业多元合作［J］．国际经济合作，2020（5）：72-79.

（二）合作方式更加多元

随着信息化、数字经济和电子商务的发展，以及互联互通的逐步推进，中国与中东欧 17 国交流将更加深入。除了传统农产品贸易和投资外，服务贸易和乡村旅游等合作方式将成为未来有潜力的发展方向。对 17 国进行更精准的定位、精细的分类，深入分析每个国家的区位优势、市场优势、资源优势以及合作诉求，深入挖掘和重点打造每个国家最具特色的优质农产品。

（三）科技支撑作用更强

未来农业科技合作对推动中国与中东欧农业深化合作将发挥更大作用。中波、中匈和中塞农业科技合作中心在动物疫病防控、有机农业、食品加工技术、农业机械、果树育种栽培和葡萄酒加工等领域引领深化中国与中东欧国家农业合作，通过技术合作带动兽药和疫苗等产能走出去，推动技术与产业有效结合。

（四）交流方式更加多元

在"一带一路"倡议下中国与中东欧国家在政治、社会、文化方面的人员交流互访将更加频繁，有更多青年农民、政府官员、研究人员和企业家代表参与互访交流，通过线上线下培训、旅游、科技交流、互访等形式，交流农产品电子商务、数字经济、农产品加工技术、有机农业生产管理经验。开展更多形式的贸易投资促进活动，通过媒体宣传等形式促进双方加深了解，推动中国与中东欧国家农业合作推向更高层次。

参考文献

References

博扬·茨韦特科维奇，2017. 塞尔维亚投资指南 [J]. 中国投资 (21)：48-49.

董晓霞，汤松，2005. 克罗地亚农产品供销体系的变迁 [J]. 世界农业，(2)：29-30.

范传鸿，2009. 农业基础设施建设：基于公共产品供给的分析 [J]. 商业研究 (7)：191-193.

范丽萍，2013. 中国与中东欧国家农业经贸合作探析 [J]. 世界农业 (2)：7-10.

功成，2015. 中东欧交通基础设施建设市场空间分析 [J]. 国际工程与劳务 (3)：48-51.

龚婷，2013. 欧盟产业结构调整之路 [J]. 国际融资 (6)：23-25.

郭雯，2014. 我国与中东欧国家产业合作问题研究 [J]. 对外经贸 (3)：31-33.

何伟，2020. 中东欧和独联体转型国家国有农地制度研究述评 [J]. 俄罗斯东欧中亚研究 (1)：93-116，157.

华红娟，张海燕，2018."一带一路"框架下中国与中东欧国家"精准合作"研究 [J]. 国际经济合作 (2)：31-36.

华红娟，2020. 中国与中东欧国家产业深度合作的实现路径研究 [J]. 区域经济评论 (5)：114-121.

李含，2016. 中国与中东欧国家基础设施合作面临的困难及政策建议 [J]. 现代经济信息 (11)：145.

刘作奎，2020. 中国—中东欧国家合作的发展历程与前景 [J]. 当代世界 (4)：4-9.

龙静，2014. 中国与中东欧国家关系：发展、挑战及对策 [J]. 国际问题研究 (5)：37-50.

娄昭，2004. 亚、欧两大洲自然地理环境结构的整体性和差异性教学初探 [J]. 世界地理研究 (2)：109-112.

孙琛，梁鸽峰，2016. 欧盟的渔业共同政策及渔业补贴 [J]. 世界农业 (6)：78-85.

覃鑫浩，等，2014. 爱沙尼亚林业发展现状及对中国的启示 [J]. 世界林业研究，27 (2)：77-82.

唐珂，2013. 欧洲三国农业印象 [J]. 农村工作通讯 (16)：61-63.

王明进，2019. 美欧贫富差距的对比分析 [J]. 人民论坛 (7)：114-116.

王南，江学珍，2017. 中国企业对中东欧国家农业投资战略分析 [J]. 科技经济市场 (6)：82-83.

王屏，2007. 21 世纪中国与中东欧国家经贸合作 [J]. 俄罗斯中亚东欧研究（2）：49-54，95-96.

王锐，2012. 欧盟共同农业政策的演进、走向与启示—基于区域经济一体化和贸易自由化的博弈 [J]. 国际经贸探索，28（8）：91-101.

魏海丽，2015. 欧盟农业补贴政策探析 [J]. 世界农业（11）：136-138.

吴志成，蒋方兵，2008. 合法性视角下的欧盟东扩 [J]. 南开学报（哲学社会科学版）（1）：21-31.

辛岭，胡景丽，2008. 克罗地亚农业现状及其与中国的合作 [J]. 世界农业（7）：46-48.

辛岭，2008. 塞尔维亚农业科技发展及其与中国的合作 [J]. 俄罗斯中亚东欧市场（9）：30-35.

徐坡岭，张鲁平，2009. 国际金融危机冲击下中东欧国家经济走势分析 [J]. 俄罗斯研究（3）：55-67.

薛玉凤，2017. 多瑙河畔的传奇国度——塞尔维亚 [J]. 世界文化（12）：50-52.

闫国庆，殷军杰，2019. 中东欧大数据报告 [M]. 北京：清华大学出版社.

杨道玲，王璟璇，李祥丽，2016. "一带一路"沿线国家信息基础设施发展水平评估报告 [J]. 电子政务（9）：2-15.

杨帅，2016. 中东欧国家政治转型研究 [D]. 济南：山东师范大学.

于敏，龙盾，江立君，等，2020. 推进"17＋1"框架下的中国—中东欧国家农业多元合作 [J]. 国际经济合作（5）：72-79.

张存洲，2019. 中国对中东欧直接投资影响因素及潜力研究 [D]. 保定：河北大学.

张海森，2008. 中国与中东欧国家农业合作战略研究 [M]. 北京：中国农业科学技术出版社.

张琳，姚海华，2015. 克罗地亚外商投资与产业结构优化的灰色关联分析——兼论中国企业对克投资对策 [J]. 欧亚经济（6）：40-53，124.

张薇，单炜力，2015. 中国与欧美国家农药管理制度比较分析 [J]. 农药，54（6）：464-468.

张文英，刘国庆，王宝强，等，2014. 塞尔维亚玉米产业考察报告 [J]. 作物杂志（4）：145-147.

周弘，金玲，2019. 中欧关系 70 年：多领域伙伴关系的发展 [J]. 欧洲研究（5）.

左娅，2014. 塞尔维亚接受国际援助的回顾及发展趋势 [J]. 欧亚经济（5）：50-62，127.

Dragan Grčak1，Milosav Grčak1，Dragana Grčak1，et al，2019. The Raspberry—An Analysis of Production in the Republic of Serbia from 2006 to 2016 [J]. Acta Agriculturae Serbica，24 (47)：19-25.